本书系国家社科基金一般项目"TPP 环境章节文本分析及我国法律对策研究"(16BFX204)结项成果

ENVIRONMENT AND TRADE

CPTPP Environmental Rules
and
China's Legal Countermeasures

环境与贸易

CPTPP环境章节解读及我国法律对策研究

郑玲丽 著

人民出版社

责任编辑：洪　琼

图书在版编目（CIP）数据

环境与贸易：CPTPP 环境章节解读及我国法律对策研究／郑玲丽　著．—
　北京：人民出版社，2021.12
ISBN 978 – 7 – 01 – 024353 – 5

I.①环… II.①郑… III.①自由贸易 – 国际贸易 – 贸易协定 – 研究
　IV.① F744

中国版本图书馆 CIP 数据核字（2021）第 266726 号

环境与贸易
HUANJING YU MAOYI
——CPTPP 环境章节解读及我国法律对策研究

郑玲丽　著

人民出版社 出版发行
（100706　北京市东城区隆福寺街 99 号）

北京中科印刷有限公司印刷　新华书店经销

2021 年 12 月第 1 版　2021 年 12 月北京第 1 次印刷
开本：710 毫米 ×1000 毫米 1/16　印张：21.75
字数：350 千字

ISBN 978 – 7 – 01 – 024353 – 5　定价：79.00 元

邮购地址 100706　北京市东城区隆福寺街 99 号
人民东方图书销售中心　电话（010）65250042　65289539

序　一

20 世纪末以来，全球价值链（GVC）的发展不但对国际分工格局和全球生产体系产生了重大影响，而且引发了国际贸易规则新变化。传统的以 WTO 为标志的多边贸易体制仍主要着眼于市场准入导向的规则谈判以推动"边界"开放，促进贸易投资便利化和自由化。但是，随着经济全球化的深入发展，"边界上"的开放措施已经难以满足当前全球价值链分工对全球贸易与投资治理的需要，将开放措施向"边界后"延伸，促进国内规制的融合，建立高标准的国际贸易新规则，已是大势所趋。新一轮全球范围内兴起的区域经济一体化浪潮，正是国际贸易规则对全球价值链引致的新需求的响应，CPTPP 等新的区域贸易安排方兴未艾，国际贸易投资规则面临重塑，区域经济一体化发展出现新特点。

2021 年 9 月 16 日，我国商务部正式提交加入 CPTPP 的书面信函。中国作为最大的发展中国家，一个正在和平发展的世界第二经济大国，如何在新一轮国际经贸规则制定中掌握主动权，如何应对环境与贸易的新挑战，如何在亚太自由贸易区和多边贸易体制中发挥其应有的作用，是值得认真研究的重大课题，也引起了学界高度关注。

目前国内外学者对 TPP 及 CPTPP 等已有较为深入的理论分析和实证分析，然而专门针对 CPTPP 环境章节及我国对策研究仍然较为零散，缺乏系统化的梳理。南京师范大学副教授郑玲丽博士的专著《环境与贸易——CPTPP 环境章节解读及我国法律对策研究》作为国家社科基金资助项目的成果，在归纳总结前人研究成果基础之上，选取 CPTPP 环境章节作为切入点进行专门研究，以小见大，较好地把握了新型区域贸易协定如何处理环境保护与自由贸易之间的关系，并针对我国提出加入 CPTPP 相应的法律对策，具有较高的学术价值和应用价值。

如果说基于 WTO 现有框架下的全球贸易规则可以称为第一代全球贸易规则，那么适应 21 世纪高标准与高质量的全球贸易和投资新规则可以称为第二代全球贸易规则。第二代全球贸易规则寻求国内规制法律及政策与国际协定之间的协调和融合，旨在通过结构改革促进"边界内措施"的市场化、法治化与国际化，从而消除因国内规制问题而导致的经济扭曲，为经济发展提供一个更透明、公正与竞争性的商业环境以及健全的法规制度和法治体系。而第二代全球贸易规则的管制改革，则需要充分考虑本国在产品内分工中的分工地位与收益分配状况，其难点是如何实现放松管制和为公共政策目标（如公平竞争、标准、安全、健康、环境、劳工权利等）进行监管之间的平衡。由于第二代全球贸易规则以"边界内"措施为主，因而对国内法律及政策具有很强的侵略性，留给国内的法律及政策空间也较小。CPTPP 对非传统议题的扩展将国际贸易规则进一步向"边界后"的国内法律及政策延伸，主要表现在细化、提高此前区域贸易协定中已有的涉及的非传统议题，以及率先涉及的新的非传统议题。贸易的可持续发展基础在于生态、自然资源均能良性发展的环境。在贸易自由化和环境日益冲突的情况下，环境问题由国内议题发展成区域甚至世界议题。WTO 并未对环境问题进行系统而全面的回应。与 WTO 现有相关协议及其他区域贸易协定相比，CPTPP 的制度框架达到了更高的开放水平，涉及议题与承诺范围更广且约束力更强，尤其在环境规则上，设立了相对于多边贸易体制和既往区域贸易协定更高的标准。对于这些问题，作者都做了深入细致的分析，显然有助于读者准确理解和把握CPTPP 关于环境与贸易的制度框架。

如何从全球价值链分工的视角正确认识新一轮区域经济一体化发展新趋势，对于我国采取正确的区域开放战略，进一步提升开放发展的水平和层次，实现我国与 CPTPP 签署国在全球和区域经贸领域的互利共赢具有重要意义。仅对 CPTPP 的条款内容进行比较可以看出，环境议题虽在我国签署的自由贸易协定已有涉及，但标准明显低于 TPP 的要求。CPTPP 环境规则将对中国、亚太地区及全球贸易规则产生深远影响。本书的研究对于我国推进制度型开放，实现规则、规制与标准与国际接轨，无疑具有重要指导价值。

我们正处在一个变革的时代，变革时代的社会实践必然呼唤并催生变革的理论。建设中国特色的哲学社会科学既是中国改革开放和现代化建设伟大实践的迫切需要，也是繁荣发展哲学社会科学自身的内在要求。本书作为国家社科基金重要成果，紧扣时代脉搏，植根社会实践，以深入研究我国改革开放基本理论和现代化建设实际问题为主攻方向，体现了作者高度的社会责任感和历史使命感。作为一位具有良好学术素养的青年学者，作者并不仅限于探讨 CPTPP 环境章节本身，而是先从国际法基本理论出发，深入探讨了第二次世界大战后贸易协定的演进、区域贸易协定环境规范概况及展望，还对 CPTPP 环境章节文本进行了生态经济学分析，显示了一代青年学者严谨治学的学风和大胆探索前沿问题的学术精神。

本书付梓恰逢中国正式申请加入 CPTPP。作为国际贸易学、国际贸易法领域的最新研究成果，本书可作为全国高等院校国际贸易、国际贸易法专业教学参考书，也可资有关参加 CPTPP 谈判实务人员、经贸及法律实务工作者及相关人士参考。

是为序。

2021 年 9 月 28 日于南京大学
南京大学商学院教授、博士生导师

序　二

　　环境问题属于可能与现有国际经济法规则特别是 WTO 规则相冲突的议题。贸易与环境的关系，似乎与多边贸易体制的发展保持同步，大致可以分为四个阶段。

　　第一个阶段是 GATT 时期（1947—1995）。环境问题并没有引起足够重视，GATT 第 20 条"一般例外"条款并未明确提及环境保护，但是已经有六起案件，如美国金枪鱼案、泰国香烟案，引起了人们对于二者关系的关注。第二个阶段是 WTO 初期（1995—2001）。作为乌拉圭回合谈判中已经涉及的内容，二者关系成为多边贸易谈判中的一项议题，具体体现为"新加坡议题"（1996）和"多哈议程"（2001）的内容。但从专家组和上诉机构处理美国海虾海龟案等环境相关的贸易争端来看，WTO 没有解决贸易与环境冲突的根本性问题。第三个阶段是 WTO 中期（2001—2015）。"多哈议程"谈判举步维艰，最终宣告失败，贸易与环境问题的多边规则也无从谈起，形成一个"真空"状态。第四个阶段是 TPP 时期（2015—　）。11 个 WTO 成员在"跨太平洋伙伴关系协定"（Trans-Pacific Partnership Agreement，TPP）基础上达成一项全面综合的贸易协定（Comprehensive and Progressive Agreement for Trans- Pacific Partnership，CPTPP），其中包括环境章节（第 20 章）。鉴于 CPTPP 内容的先进性及其成员的代表性，其环境章节成为贸易与环境关系的重要内容，甚至有可能成为未来 WTO 多边贸易体制中环境协定的模板。

　　因此，贸易与环境关系的发展，似乎与 WTO 的发展同步，从 GATT 无意关注，到 WTO 试图规制，到困难重重，再到最后由区域协定填补空白。

简而言之，贸易与环境关系的发展，比较典型地反映了多边贸易体制的发展，特别是在WTO不能有效吸纳环境这样的新议题的情况下，区域协定就会先行一步。

CPTPP在整个国际经济法法律体系中的地位，可将它视为国际市场深度自由化的一个表现，是新的多边国际贸易体制的"探路者"。CPTPP显然是当今世界具有"先进性"和"代表性"的经济贸易协定。相对于WTO贸易与环境规则，CPTPP环境章节更与时俱进、全面综合。

以上只是对贸易与环境关系的一个素描，虽然大致勾勒了其轮廓，但是线条简略，内容不详。随着贸易与环境问题的冲突加剧，国内学者对于贸易协定中的环境规制条款研究逐渐增多。郑玲丽老师长期专注于贸易与环境问题的研究，本专著作为其最新研究成果，采用文本解读与法理分析相结合的方法，率先对CPTPP环境章节进行了系统而深入的研究。本专著以煌煌三十万言翔实的资料和充分的论证，丰富多彩地展现了贸易与环境的关系，并且聚焦在CPTPP环境及其相关章节，是目前国内法学界研究CPTPP为数不多的专著之一，也是目前国内付梓出版的研究CPTPP环境规则的唯一国际法学专著。相信读者阅读本书，会有欣赏一幅油画之感，从细节到笔触，从色彩到运笔，从背景到焦点，匠心独运，栩栩如生，令人赏心悦目，大饱眼福。

国际法学界逐渐清醒地认识到，当今国际贸易规则的发展，已经离不开对于环境保护的关注。而CPTPP环境规则也成为最新实践，使得这项全面的贸易和投资协议，具备了"进步性"（progressiveness）。TPP后来称为"CP（Comprehensive and Progressive）TPP"就有这个原因。具体而言，CPTPP环境一章不仅确定了缔约方的目标和合作的一般承诺，而且还规定了一些环境问题上可强制执行的实质性义务。CPTPP强调环境条款内容的可执行性，将环境保护与贸易制裁相挂钩。CPTPP很可能是一个基础性的法律结构，可以依靠它来制定未来贸易与环境的协议，成为新一代贸易和投资协议的典范，也成为未来多边贸易体制的趋势。

CPTPP秉承自由贸易、公平竞争和可持续发展等核心价值理念，加入

CPTPP 有利于我国有效参与全球贸易投资新规则体系的构建，有利于平衡中美经贸摩擦，有利于进一步推进国内法治变革。正因为环境及 CPTPP 环境规则的重要性，系统专门研究 CPTPP 环境规则的本书，就成为我国国际贸易规则的学习者、研究者和决策者的必读之作。

　　是为序。

2021 年 9 月 1 日于清华园

清华大学法学院教授、博士生导师

中国法学会 WTO 研究会副会长

WTO 临时上诉仲裁机构仲裁员

序 三

自从 1972 年联合国环境会议提出环境问题是一个综合性问题之后，各国政府、国际组织和研究机构开始关注环境与贸易之间的问题。1972 年 11 月，GATT 开始关注贸易与环境的关系问题，成立了环境措施与国际贸易工作组。1995 年生效的 WTO 协定增添了可持续发展的因素，为解决环境与贸易关系问题提供了新的法律依据。

通过 GATT 环境保护条款的判例法解决环境与贸易的冲突问题不失为一条有效的路径，但远远不能解决环境与贸易的所有问题。区域贸易协定作为国际经济法的先行和试验规范，对贸易和环境问题作出更为全面和更具实质性的规定，势在必行。在众多的区域贸易协定中，CPTPP 的环境规则被认为是涵盖最广和标准最高的，有不少规则创新。在我国已经表示要积极考虑加入 CPTPP 之后，研究中国加入该协定需要做出哪些法律调整，也成为一个现实问题。因此，对 CPTPP 的环境规则进行系统研究不仅具有显著的现实意义，也有较高的学术价值。

郑玲丽教授的专著选取 CPTPP 环境章节进行专门研究，以小见大，从宏观上把握新型区域贸易协定如何处理环境保护与自由贸易之间的关系，尝试为 21 世纪贸易与环境的法律冲突与协调提供新的研究视角和路径。该书有以下几点创新之处：

第一，该书以国际习惯法在环境与贸易问题上的作用为切入点，为研究环境与贸易法律关系问题提供了一种新的理论视角。该书认为，习惯国际法的构成要件逐渐"松绑"，习惯国际法在国际经济新秩序中逐渐显形，区域贸易协定环境规则是特殊习惯国际经济法。这些观点颇有启发也会引发进一步的争论。不少论者认为，国际经济习惯法是相对缺乏的，WTO 实践也难以形成国际经济习惯法，那么，为什么以 CPTPP 为代表的巨型区域贸易协定可以形成特殊习惯国际经济法，并对非缔约国（例如现在的中国）具有一定的拘束力？这需要进行更为深入的理论思辨和论证。

第二，该书较为深入地探讨了多边贸易体制与区域贸易协定的关系，进一步丰富了这一领域的学术积累。数十年来，经济学对多边贸易体制与区域贸易协定的关系有着持续的讨论，观点纷呈。相较而言法学的研究还不够充分。从法律角度来看，多边贸易体制与区域贸易协定是协调的还是冲突的？该书认为，区域贸易协定的环境规则开辟了调整贸易和环境法律关系的新范式，是对多边贸易体制的减损。这一观点也具有启发性并可能引发争论。从多边贸易体制赋予区域贸易协定合法性的角度来看，两者是协调的，那么，如何看待区域贸易协定环境规则对多边贸易体制环境规则的发展，还是一个值得进一步探究的问题。

第三，该书对 CPTPP 环境规则进行了原理化的探讨，分析了这些规则所蕴含的条约创新元素以及条约僵化问题，具有一定的创新性。CPTPP 环境规则是贸易和环境领域的最新法律发展，该书较好地分析了这些规则的理论和实践缘起、规范意义上的义务要求以及可能的实践效果，对人们认识和理解这些新规则具有引导意义。

第四，该书还比较详尽地分析了我国签订的区域贸易协定环境规则的现状、这些规则与 CPTPP 环境规则的差异以及我国如何应对等问题，并提出了政策建议。这些研究结论对我国的相关实践具有参考价值。

该书文献翔实，信息丰富。在国际经济法原理方面，对杰克逊、彼特斯曼、丹若夫、曾令良等学者的学术观点进行了阐述，在环境与贸易法律关系方面，对 Weiss、Charnovitz、Vranes、Steinberg、Delimatsis、徐淑萍等学者的观点都有引用和阐发，在习惯国际法和国际条约领域，参考了 White、Baxter、Akehurst、Crawford、Murphy、王铁崖等学者的著述。阅读该书，将是一次穿越国际法学术森林的旅行，旅途结束时会摘取到智识和精神之果。

　　该书表达流畅，文字优美，对国际法、国际经济法、环境与贸易关系感兴趣的读者来说值得一读。

　　郑玲丽教授在武汉大学国际法研究所攻读硕士学位时我曾担任他的硕士生导师。这些年来，看到她在国际法学术园地里辛勤耕耘，收获颇丰，也时常为她感到高兴。希望她不断努力，取得更大的成绩。

　　是为序。

左海聪

2021 年 10 月 2 日于北京朝阳惠园

对外经济贸易大学法学院教授、博士生导师

中国法学会国际经济法学研究会副会长

缩 略 语

ACTA，Anti-Counterfeiting Trade Agreement，《反假冒贸易协定》

ADB，Asian Development Bank，亚洲开发银行

APEC，Asia-Pacific Economic Cooperation，亚太经合组织

AUSFTA，Australia-United States Free Trade Agreement，澳美自贸协定

BCA，Border Carbon Adjustment，碳边界调节税

BTA，Border Tax Adjustment，边界调节税

CAFTA-DR，United States-Dominica-Central American Free Trade Agreement，美国—多米尼加—中美洲自由贸易协定

CAS，Complex Adaptive Systems，复杂的适应性体制

CBD，Convention on Biodiversity，《生物多样性公约》

CCAEC，The Canada-Chile Agreement on Environmental Cooperation，加拿大—智利 RTA

CCSBT，Convention for the Conservation of Southern Bluefin Tuna，《南方蓝鳍金枪鱼养护公约》

CET，Committee on Trade and Environment，贸易与环境委员会

CETA，Comprehensive Economic and Trade Agreement，《加拿大—欧洲联盟全面经济和贸易协定》

CIGI，Centre for International Governance Innovation，加拿大国际治理创新中心

CITES，Convention on International Trade in Endangered Species of Wild Flora and Fauna，《濒危野生动植物物种国际贸易公约》

CPTPP，Comprehensive and Progressive Agreement for Trans-Pacific Partnership，《全面与进步跨太平洋伙伴关系协定》

CRTA，Committee on Regional Trade agreements，区域贸易协定委员会

CSP，Certificate of Supplementary Protection，补充保护证书

CSR，Corporate Social Responsibility，企业社会责任

CTPA，United States-Colombia Trade Promotion Agreement ，美国—哥伦比亚贸易促进协定

CUs，Customs Union，关税联盟

DFAT，The Department of Foreign Affairs and Trade，澳大利亚外交和贸易部

DSM，Dispute Settlement Mechanism，WTO 争端解决机制

DSU，Dispute Settlement Understanding，WTO 及其争端解决谅解

ECA，Agreement on Environmental Cooperation，环境合作协议

EFTA，European Free Trade Association，欧洲自由贸易协会

EFTA，European Free Trade Association， 加拿大—欧洲自由贸易协会 EIA，Environmental Impact Assessment，环境影响评估

EMIT，Group on Environmental Measures and International Trade， 环境措施与国际贸易工作组

ERPs，Environment-related Provisions，RTAs 环境条款

ETS，Emission Trading Scheme，碳排放权交易机制

EU，European Union ，欧盟

FTAs，Free Trade Agreements，自由贸易区协定

GATS，General Agreement on Trade in Services，《服务贸易总协定》

GATT，General Agreement On Tariffs and Trade，《关贸总协定》

GDP，Gross Domestic Product，国内生产总值

GI，Geographical Indication，地理标志

GR，Genetic Resources，遗传资源

GTAP，Global Trade Analysis Project，全球贸易分析项目模型

IAs，Interim Agreement，临时协议

ICA，Investment Canada Act，《加拿大投资法》

ICJ，The International Court of Justice，国际法院

ICSID，International Centre for Settlement of Investment Disputes，国际投资争端解决中心

ICTSD，International Centre for Trade and Sustainable Development，贸易与可持续发展国际中心

IELO，International Economic Legal Order，国际经济法律秩序

IIA，International Investment Agreement，国际投资协定

IIU，Illegal，unreported and unregulated fishing，无管制捕捞

LLP，Low-level Presence，低水平混杂

IMF，International Monetary Fund，国际货币基金组织

IP，Intellectual Property，知识产权

IPCC，Intergovernmental Panel on Climate change，政府间气候变化专门委员会

ISDS，Investor-State Dispute Settlement，投资者与国家间争端解决机制

ITLOS，International Tribunal for the Law of the Sea，国际海洋法法庭

KAFTA，Korea–Australia Free Trade Agreement，韩澳自由贸易协定

KORUS，U.S.-South Korea Free Trade Agreement，美韩自由贸易协定

MARPOL，International Convention for the Prevention of pollution from ships，《国际防止船舶造成污染公约》

MEAs，Multilateral Environmental Agreements，多边环境协定

MTS，Multilateralism Trade System，多边贸易体制

NAAEC，North American Agreement on Environmental Cooperation，《北美环境合作协定》

NAFTA，North American Free Trade Agreement，《北美自由贸易协定》

NIEO，New International Economic order，国际经济新秩序

NTMA，National Treatment of goods and Market Access，《国家货物待遇

和市场准入》

OECD，The Organization for Economic Co-operation and Development，经济合作与发展组织

PPMs，Process & Production Methods，工艺与生产方法

PTAs，Preferential Trade Agreement，优惠贸易协定

PTPA，U.S.-Peru Trade Promotion Agreement，美国—秘鲁贸易促进协定

RCEP，Regional Comprehensive Economic Partnership Agreement，《区域全面经济伙伴关系协定》

RTAs，Regional Trade Agreements，区域贸易协定

SCM，Agreement on Subsidies and Countervailing Measures，《补贴与反补贴措施协定》

SDGs，United Nations Sustainable Development goal，联合国可持续发展目标

SSE，Steady-state Economics，稳态经济学

SPS，Agreement on the Application of Sanitary and Phytosanitary Measures，《实施卫生和植物卫生措施协定》

TBT，Agreement on Technical Barriers to Trade of The World Trade Organization，《世界贸易组织贸易技术壁垒协定》

TIFAs，Trade and Investment Framework Agreements，《贸易和投资框架协定》

TREND，Trade and Environment Database，环境与贸易数据库

TRIPs，Agreement on Trade-Related Aspects of Intellectual Property Rights，《与贸易有关的知识产权协定》

TPM，Technical Protection Measures，技术保护措施

TPP，Trans-Pacific Partnership Agreement，《跨太平洋伙伴关系协定》

UNCLOS，The United Nations Convention on the Law of the Sea，《联合国海洋法公约》

UNEP，United Nations Environment Programme，联合国环境署

UNFCCC，United Nations Framework Convention on Climate Change，《联合国气候变化框架公约》

UPTPA，United States-Panama Trade Promotion Agreement，美国—巴拿马贸易促进协定

USMCA，United States-Mexico-Canada Agreement，《美墨加协定》

VCLT，Vienna Convention on the Law of Treaties，1969 年《维也纳条约法公约》

WEO，World Environmental Organization，世界环境组织

WTO，World Trade Organization，世界贸易组织

目　录

引 言

一、选题理由及意义

目前在国际贸易法领域，一个棘手又亟须解决的问题，就是环境与贸易[①] 的冲突与协调。

首先，贸易义务是国际性的，但实质上还是双边的。贸易是全球经济的重要组成部分，近几十年来，世界各国越来越多地依赖贸易协定来促进国际贸易。[②] 贸易协定也可以成为环境保护的强有力阵营。其次，环境条约的目标和实施虽然是国家事务，但由于环境污染无国界，因此环境义务又是国际性和集体性的。[③] 环境与贸易秉承不同的价值目标，沿袭相对独立的规则体系，本应"井水不犯河水"。但随着气候变化，环境保护问题日益严峻。20世纪环保主义者康拉德·冯·莫尔克（Konrad Von Moltke）曾告诫我们，"未经管理的环境问题变成了贸易问题。"[④] 千真万确，环境问题现在已经成为一

---

① 本书将"环境"置于"贸易"之前，并无意将"环境"凌驾于"贸易"之上，而是凸显环境保护之紧迫性，凸显贸易协定纳入环境条款之必要性与可行性。

② See IMF Staff, Global Trade Liberalization and the Developing Countries, International Monetary Fund（Nov.2001）<https://www.imf.org/extemal/np/exr/ib/2001/110801.htm>.

③ ［比］约斯特·鲍威林著，周忠海等译：《国际公法规则之冲突——WTO 法与其他国际法规则如何联系》，法律出版社 2005 年版，第 85—87 页。

④ Steve Charnovitz, "The World Trade Organization and Social Issues, " *Journal of World Trade*, 1994, pp.17–34.

个主流的贸易问题。[①] 经济合作与发展组织（OECD）研究证实，环境问题并非因自由贸易本身造成，而是由市场失灵造成。[②] 由于环境污染的外部性特征，加之环境资源产权难以界定，市场失灵、政府干预不力等因素，环境保护与自由贸易存在冲突早已是学界的共识。

环境保护与自由贸易冲突的本质在于环境保护与贸易自由化目标、环保措施与国际贸易原则、环保措施与贸易规则出现了冲突，冲突的法律根源在于环境权与发展权的失衡、环境规则与贸易规则的兼容性缺陷、相关国际规则的"软法"性质。[③] 问题的核心在于如何协调环境保护与自由贸易，实现可持续发展？国际社会既要防御"假环境保护之名，行贸易保护之实"的贸易保护主义，又要防范环境保护矫枉过正，对正常的自由贸易造成"限制或扭曲"。总之，如何把握二者之间的度，是国际贸易法与国际环境法日益交叉渗透产生的共同难题。

国际贸易法与国际环境法之间存在着基本差异。全球贸易体制主要解决的是消除重商主义或贸易保护主义壁垒，它经常试图在国家层面限制或禁止贸易政策。然而，全球环境体制经常涉及濒危物种、跨境污染、全球变暖等外部问题，主要解决的是市场失灵问题。虽然两种体制都寻求国家间的合作，但贸易自由化通常符合各国自身的利益，最终更有可能实现自愿合作。由于环境污染的外部性，环境制度中很可能出现搭便车现象。如何协调这两种体制，是摆在决策者面前的紧迫问题。[④]

所幸若干国际机构及其条约在处理环境与贸易的困境方面发挥了重要作用，堪称"环境友好型"国际组织 / 条约。这些组织除了关贸总协定（GATT）

---

① Steve Charnovitz, "Trade and the Environment in the WTO", *Journal of International Economic Law*, Vol.10, September 2007, p.3.

② OECD, *The Environmental Effects of Trade*, Paris: OECD Publications, 1994. p.8.

③ 唐海涛、陈功:《CPTPP 环境规则：承诺、创新及对我国法完善的启示》,《重庆理工大学学报》（社会科学）2019 年第 8 期。

④ Winston W. Chang, "World Trade and The Environment: Issues and Policies", *Pacific Economic Review*, Vol.22, 2017, p.436.

和世界贸易组织（WTO），还包括经济合作与发展组织（OECD）、欧盟和联合国专门机构等。1947 年成立的 GATT 作为一个临时性机构，对日益突出的贸易和环境问题所造成的困境作出了反应。1972 年 11 月，GATT 设立"环境措施与国际贸易工作组"（EMIT），标志着环境问题开始进入多边贸易体制（Multilateral Trading System，以下简称 MTS）。1995 年 WTO 还专门成立了贸易与环境委员会（CET），但其成就并不显著，最引人注目的是标志着环境问题制度化并进入 WTO 争端解决程序。①20 世纪 90 年代以来，自由贸易与环境保护的矛盾日益激化。环境问题并没有直接在 GATT 乌拉圭回合谈判得以解决。从富有传奇色彩的金枪鱼/海豚案引发 20 世纪 90 年代环保主义者反对 GATT 的运动，到 WTO 成立后的海虾海龟案，在 GATT/WTO 层面持续出现贸易与环境问题的激烈争论。②GATT1994 第 20 条"环境例外"条款，美国海虾海龟案、美国金枪鱼案及美国精炼汽油案，表明在贸易与环境的问题上，从 GATT 到 WTO，其立法及司法实践已从单纯强调自由贸易转向意图兼顾环境与贸易的协调与平衡，从而形成了一套以规则协调为基础，争端解决为补充的环境与贸易冲突协调机制。但 GATT/WTO"环境友好型"贸易规则无论在实体法上还是程序法上，都备受争议。WTO 并未正式有效解决环境相关的国际贸易法问题，相反，WTO 是成员政府就诸多与贸易有关的问题进行谈判的舞台。这种有限的组织能力是 WTO 的一个决定性特征。③

　　环境无国界，环保有国界。由于 WTO 法与国际公法，包括多边环境协定（MEAs）所载的条约法之间的"横向"冲突，基于国家主权的国内环境法实施产生域外效应的治外法权问题，WTO 管辖权与国家主权的"纵向"

---

①　The WTO Secretariat describes environment as a "horizontal" issue. WTO Secretariat, "Trade and Environment", http://www.wto.org/english/tratop_e/envir_e/envir_e.htm（visited on 6 June, 2020）.

②　郑玲丽：《应对气候变化措施同 WTO 的冲突——理论与实证分析》，《太平洋学报》2012 年第 6 期。

③　Steve Charnovitz, The World Trade Organization in 2020. Available at: https://www.researchgate.net/publication/238088621_The_World_Trade_Organization_in_2020（Last visited on July 31, 2020）.

冲突，环境与贸易的国内法与国际法的"二元对立"冲突，在国际法碎片化愈演愈烈的场景下，环境与贸易的困境不仅未能在 GATT/WTO 层面得以有效处理，反而更加剧了二者之间的矛盾与冲突。

环境问题是全人类共同面临的问题，它关系到人类的共同利益和可持续发展，具有不可逆转性、跨界性、关联性和严重性等特点。① 环境与贸易的冲突，是以自由贸易为基本原则的国际贸易体制与国际环境条约、国内环境政策间的冲突，更多地表现为发展中国家的贸易需求与发达国家的环境政策的冲突。在国际经济旧秩序被打破、新秩序的建立蓄势待发之际，选择环境与贸易冲突的协调路径对于处理国际经济法中的"南北矛盾"至关重要。

WTO 的多边贸易体制由于多哈回合谈判停滞而面临体制性危机，区域贸易协定（Regional Trade Agreements，以下简称 RTAs）② 作为贸易自由化的次优选择，基于 GATT 第 24 条获得 WTO 合法性而蓬勃发展。当代 RTAs 的适用范围已大大超出传统上 GATT/WTO 的管辖范围。"非边界措施"的磋商协调成为 RTAs 的主流。③ 自 1994 年《北美自由贸易协定》（*North American Free Trade Agreement*，以下简称 NAFTA）引入环境条款以来，RTAs 逐渐成为处理环境与贸易问题的适格主体。因此，RTAs 环境条款不免让人产生这样一种思考与期待：如果将 RTAs 环境条款作为一种协调环境与贸易、多边与区域的条约法理论与实践路径，它究竟能在多大程度上、多大范围内发生法律效力？

2007 年国际金融危机爆发以来，世界各地出现了抵制全球化的浪潮，环境与贸易之间的冲突一直是反全球化运动的主题之一。2020 年新冠疫情爆发，与贸易保护主义以及可持续发展等因素加持，对当今国际贸易体制构成前所未有的挑战。专家预测，全球化进程将随之发生深刻而持久的变

---

① 王曦：《国际环境法》，法律出版社 2005 年版，第 8 页。

② 本书采用 RTAs 这一术语仍遵循 GATT/WTO 下的惯例，仅涵盖货物贸易自由化协定的 RTAs，包括 GATT 第 24 条项下的自由贸易协定（FTA）和关税同盟（CU）。

③ 盛斌：《区域贸易协定与多边贸易体制》，《世界经济》1998 年第 9 期。

革。① 在这场尚未见底的危机下，经济的不确定性增加了对以规则为基础的贸易承诺的必要性。② 由于各国目前忙于应对危机，甚至纷纷采取禁止或限制紧急物资出口的"以邻为壑"的政策，减缓了全球各种国际贸易倡议的进展。如取代 NAFTA 的美墨加协定（United States-Mexico-Canada Agreement，以下简称 USMCA）早已得到三国批准，但推迟到 2020 年 7 月 1 日才生效③。为了解决当前国际经贸失衡问题，需要深刻反思当前的环境与贸易政策法律制度，重塑全球经济治理。首当其冲应该变革目前的国际贸易体系中的环境规则，使其对环境的破坏内在化。当代挑战需要采取联合行动，将环境规则纳入国际贸易制度体系，以便使最低环境标准成为其规范框架的一部分。贸易本身不应被理解为一种目的，而应视为一种工具，以实现人类最崇高的目的，即孟德斯鸠和康德所说的人与人之间的和平与和谐。

2016 年 2 月 4 日，美国等 12 国正式签署了《跨太平洋伙伴关系协定》（Trans-Pacific Partnership Agreement，以下简称 TPP）。由于美国 2017 年 1 月 23 日退出 TPP，其余 11 国将 TPP 升级为 CPTPP（Comprehensive and Progressive Agreement for Trans-Pacific Partnership，以下简称 CPTPP）并于 2018 年 12 月 30 日生效。在此前后引起国内外学术界的热烈争论，尤其是 CPTPP 的"高环境标准"刷新 RTAs 环保制高点。选取 CPTPP 环境章节进行专门研究，以小见大，宏观上把握新型 RTAs 如何从条约角度处理环境保护与自由贸易之间的关系，微观上秉承可持续发展的理念，在贸易协定中纳入环境条款并非国家解决"环境与贸易"问题的唯一途径，然而却可能是最有效的途径。在理论上分析研究 CPTPP 环境章节，在实践中正确处理贸易与环境及

---

① H James, "A Pandemic of Deglobalization?", Project Syndicate, 28 February 2020<https://bit.ly/3bK1o3e>.

② OECD Policy Responses to Coronavirus, COVID-19 and International Trade: Issues and Actions, June, 2020. Available at: https://read.oecd-ilibrary.org/view/?ref=128_128542-3ijg8kfswh&title=COVID-19-and-international-trade-issues-and-actions（Last visited on June 14, 2020）．

③ https://usmcanow.org/（Last visited on July 1, 2020）．

环境保护的条约法和国内法关系，具有重要的学术价值和应用价值。

1.学术价值：CPTPP 环境章节是现有 RTAs 中篇幅最长、条款数目最多、款项最多的独立环境章节。对 CPTPP 环境章节条款进行深入系统的理论研究，为 21 世纪贸易与环境的冲突与协调提供新的研究范式和路径，是国际法学者义不容辞的学术责任和学术使命。鉴于国际法学界目前尚缺乏关于 COVID-19 大流行下贸易与环境议题的系统性学术研究，本书希冀提供一种新颖而独特的视角，帮助利益攸关方为建立国际贸易法新秩序做理论铺垫。

2.应用价值：美国主导下的 CPTPP 对中国产生新的严峻挑战，这就迫使我国尽快拿出切实可行的方案，以维护我国在亚太乃至多边贸易体制中的合法权益。以开放的态度对待 CPTPP，认真研究 CPTPP 环境规则，为我国未来签署 RTAs 环境条款提供理论依据，势在必行。本课题的研究成果将包含丰富的 CPTPP 文献资料、法律分析和应对之策，从而为我国的外交决策和法律立改废提供支撑。此外，当前新冠疫情大流行可能加剧目前各国对外贸易壁垒，主要国家更公开地争夺全球贸易规则的主导权。本书对曾饱受疫情肆虐的我国应对疫情下环境保护措施可能构成的新型贸易壁垒，在公共健康危机和疫情大流行下辅佐贸易谈判代表制定和实施 RTAs 示范条款，以改进未来RTAs环境条款的设计方案，具有重要的现实意义和积极的应用价值。

二、国内外研究综述

自从 1972 年联合国环境会议提出环境问题是一个综合性问题之后，各国政府、国际组织和研究机构开始关注环境与贸易之间的问题。尤其是 1995 年 WTO 成立以来，国际经济法学术界普遍认为协调环境保护与贸易自由化之间关系的一个关键问题就是处理多边贸易体制与环境之间的关系。在此背景下，欧美国家的学者、研究机构、政府机构甚至是有关的国际组织都在积极地研究 WTO 与环境之间的关系。[①]

---

① 秦天宝：《WTO 与环境问题研究报告》，《武大国际法评论》2007 年第 1 期。

（一）环境（法）与贸易（法）的冲突与协调

综观环境法与国际贸易法理论分析框架和范式，新自由主义思潮下西方占主导地位的立场坚信，贸易自由化在促进经济增长和可持续发展方面具有中心地位，指导所有其他政策法律，在国际贸易谈判中应捍卫缔约国所需要的政策空间。西方代表性国际经济法学家对此问题的研究可以分成美国派和欧盟派。

美国乔治敦大学已故著名教授 John Jackson 于 1999 年发起环境与贸易的国际法研讨会，并编辑出版《环境与贸易的协调》（2001，2008 再版）[①] 这一鸿篇巨著。这本书有 21 章和 5 个附录，犹如带着读者踏上了一段涵盖当今国际法中环境与贸易许多重要和有趣话题的旅程。该书通过汇集大量的最新研究，以及介绍解决环境与贸易关键问题的新方法，对该领域的研究人员和实践者而言，其学术影响力都是发人深省和鼓舞人心的。

美国著名学者 Steve Charnovitz 早在 1994 年《自由贸易，公平贸易，绿色贸易：消除争论》[②] 一文集中探讨了在环境与贸易争论中引起混乱的具体问题，并论述了美国和欧盟的贸易与环境政策，得出结论：虽然为环境目的实施贸易限制措施受到 GATT 严厉批评，且环境贸易措施（Environmental Trade Measures）可能影响其他缔约方，但可基于 GATT 第 20 条获得正当性；在 GATT 项下对国内环境法域外效力的指控是有法律根据的；保护环境不能与贸易保护主义画等号，对单边环境贸易措施的指控许多都站不住脚。接着他在 2007 年《WTO 的贸易与环境》[③] 一文中指出，贸易和环境辩论也产生了一些更广泛的影响。第一，环保主义者通过向其输出规范来影响贸易体制

---

① E. Brown Weiss&John Jackson, *Reconciling Environment and Trade*, 2nd ed.New York, Transnational, 2001/ Leiden, Martinus Nijhoff, 2008.

② Steve Charnovitz, "Free Trade, Fair Trade, Green Trade: Defogging the Debate", *Cornell International Law Journal*, Vol.27, 1994, pp.460–525.

③ Steve Charnovitz, "Trade and the Environment in the WTO", *Journal of International Economic Law*, Vol.10, September 2007, pp.1–28.

的透明度。尽管贸易体制一直强调国家层面上的透明度，GATT 有一个关于自身缺乏透明度的盲点。在他看来，是环保人士、其他非政府组织和贸易学者在 20 世纪 90 年代早期起到了带头作用，贸易官员开始开放贸易体制。今天，WTO 网站在提供活动概要和文件下载方面，是所有国际组织中做得最好的。环保非政府组织最先想到的是将"法庭之友"的简报发送给世界卫生组织，这些曾经不切实际的努力最终导致上诉机构向法庭之友敞开了大门。也是环保主义者首先呼吁开放贸易小组听证会，最近在 WTO 得到了尝试。① 第二，贸易和环境问题在 GATT/WTO 层面对环境制度产生了一些系统性影响。最重要的是各国从 20 世纪 90 年代国际社会开始认识到加强环保对贸易制度的好处。90 年代初期关于环境条约的贸易法地位的辩论也导致 MEAs 的地位讨论，并使这些条约具有更大的共同体特性。今天，MEAs 是多哈谈判正在考虑的一个问题。他又在 2007 年《贸易与环境的新WTO 范式》② 一文中指出，由于环境治理的碎片化，WTO 置身于国际环境机构密集星系中，无论将"环境"置于"贸易"之上还是之下，均将招致诟病，因为 WTO 是"贸易"组织。因此，新范式提倡将 WTO 作为一个包括污染控制、生物多样性和保护公共健康多目标的贸易组织，增加环境产品和服务的市场准入，控制政府环境补贴等。该观点为美国后续缔结《跨太平洋伙伴关系协定》（TPP）的环境条款，乃至 WTO 多哈回合的《环境产品协定》谈判提供了强有力的理论支持。2020 年，他进而在《应对世界贸易的挑战》③ 一文中探讨了世界贸易及 WTO 正面临的六大根本性挑战：生态、公平、公正、道德、安全和地缘政治。WTO 的衰败表明了"宪法的失败"。国

---

① WTO News, 'WTO Opens "Hormones" Panel Proceedings to Public', 27 September 2006. Available at: https://www.wto.org/english/news_e/news06_e/hormones_panel_27sept06_e.htm（Last visited on August 2, 2020）.

② Steve Charnovitz, "A New WTO Paradigm for Trade and the Environment", *The Singapore Year Book of International Law,* Vol.11, 2007, pp.15–40.

③ Steve Charnovitz, "Solving the Challenges to World Trade", *The George Washington University Law School Public Law and Legal Theory Paper*, No.2020–78.

际贸易体系虽然被视为环境和气候制度应寻求相互和谐的外生法律约束，但他旗帜鲜明地反对 WTO 承担应对气候政策的重任。首先，在 WTO 内部和周边的贸易官僚不适合制定气候政策。其次，气候政策的设计应该以科学为主导，而贸易政策很难建立在科学的基础上。再次，贸易体制促进非歧视和开放市场的专门使命本身对经济发展至关重要，赋予 WTO 不同的使命将阻碍 WTO 履行自身职责。最后，WTO 过于以国家为中心，对制定气候变化解决方案所需的关键社会和经济行为者，特别是企业界、环保非政府组织和地方政府不透明。他一直支持 WTO 解决对渔业和贸易都有害的渔业补贴问题，但对于棘手的气候变化贸易限制问题，应交给 UNFCCC 和《巴黎协定》，WTO 越权是错误的。WTO 新一轮谈判的首要任务应该包括：（1）减少高收入国家的农业补贴，（2）减少环境商品和服务的贸易壁垒，（3）减少医疗用品、医疗设备和药品的贸易壁垒，（4）为电子商务（数字贸易）制定必要的规则，以及（5）修复 WTO《补贴与反补贴措施协定》（《SCM 协定》）执行中出现的缺陷。

Erich Vranes 在 2009 年《贸易与环境：国际法、WTO 法和法学理论中的根本问题》[①]一书中，从三个相互补充的角度以相当独特的方式介绍了贸易与环境之间的法律联系，提出了以相互支持和建设性的方式处理贸易和环境辩论的实际方法和法律分析，以避免国际法支离破碎的境况，从而为环境规则与贸易规则之间法律关系的辩论提供了宝贵的学术资源。

美国加利福尼亚大学 Richard Steinberg 教授认为，贸易与环境问题的探讨不能分开来制定规则，应当合并讨论从而作出协调。将贸易与环境规则向环境友好的方向发展，并将这些问题搬到非贸易的论坛上去是欠考虑的，因为这将使发展中国家失去平衡贸易与环境的杠杆。[②]

---

① Erich Vranes, *Trade and the Environment: Fundamental Issues in International Law, WTO Law, and Legal Theory,* Oxford University Press, 2009.

② Richard Steinberg, *The Greening of Trade Law, International Trade Organizations and Environmental Issues*，Lanham，MD: Rowman & Littlefield Publishers, 2002.

　　欧盟学者中，荷兰 Panagiotis Delimatsis 教授[①] 认为，国际贸易法的碎片化尤为严重，通过关注争端裁决、法律渊源及条约解释，主张在解释国际贸易规则时对非贸易法（如国际环境法）更加开放。他在 2016 年《气候变化与贸易法研究手册》一书中汇集了研究当前气候变化制度与贸易法相互作用的杰出文献，如 Thomas Cottier 和 Tetyana Payosova 两位教授提出一个根本性问题：在贸易监管与气候政策发生冲突时，贸易规则的解释是否应遵循"共同但有区别责任"等原则？还有碳税等措施在 WTO 项下的合法性？进而分析了气候和贸易政策之间关系面临的全球性挑战，接着从区域层面实证分析二者的相互作用及其兼容性。此外，还有一些学者呼吁创建一个更强健的世界环境组织（World Environmental Organization，WEO），其地位和政治影响力可与 WTO 相媲美。如伦敦大学 Macmillan 教授提议创设新的"国际环境组织"，以超越现存的 WTO 体制和公共国际环境体制。[②]

　　总体来看，欧美学者对环境与贸易的冲突与协调的法学研究主要侧重于宏观和中观的理论研究，规范分析和实证分析并重，形成了较为系统的理论体系，并在 WTO 多边贸易协定谈判、多边环境协定谈判及区域贸易协定谈判和条约缔结方面发挥了举足轻重的作用。

　　我国对环境与贸易法律问题的研究起步较晚。早期论著是徐淑萍的《贸易与环境的法律问题研究》（2002）[③]，该书从多边贸易体制内涉及环境问题的规定进行规范分析和案例实证分析，进而具体剖析 WTO 项下的环境贸易措施和 MEAs 项下的贸易环境措施，最后分析发展中国家面临的挑战及对策。刘敬东教授的专著《WTO 中的贸易与环境问题》（2014）[④] 推陈出新，从贸易与环境问题产生的法理根源入笔，以 GATT/WTO 体制为考察中心，

　　① 　Panagiotis Delimatsis, "The Fragmentation of International Trade Law", *Journal of World Trade*, Vol.45, Issue 1, 2010, pp.87–116.

　　② 　Fiona Mac Millan, *WTO and the Environment*, Sweet & Maxwell, 2001.

　　③ 　徐淑萍：《贸易与环境的法律问题研究》，武汉大学出版社 2002 年版。

　　④ 　刘敬东：《WTO 中的贸易与环境问题》，社会科学文献出版社 2014 年版。

对环境与贸易相关的法律问题从 GATT/WTO 文本角度和案例角度进行分析研究，特别是对 WTO 改革和中国对策研究提出有前瞻性的学术性解决思路和方案；同时指出，我国对 WTO 中的贸易与环境关系问题的研究主要针对在实践中出现的问题进行相对单一的学术分析，跨学科的综合研究相对不足。对中国环境与贸易今后的发展趋势和应对策略，大多也是针对某一或某几个问题提出相应对策，缺乏完整系统的发展战略；同时，对于国内贸易中的环境问题研究基本上处于空白状态。

我国学者环境与贸易法律问题研究的代表性论文主要有：何志鹏教授在《WTO 的环境立场与环境规则》（2002）① 中指出，经过 30 年研究、讨论、争端解决过程，WTO 逐渐在贸易规则中加入了环境保护的内容，但这些规则仍有待进一步深化、具体、明确。可以预期环境问题将会成为国际贸易的主要问题，WTO 多哈回合会在环境问题上建立更多的规则。中国应当在国际法和国内法层面为实现可持续发展努力。左海聪教授在《GATT 环境保护例外条款判例法的发展》（2008）② 中认为，GATT 第 20 条环境保护例外条款的判例法通过赋予 GATT 第 20 条（b）项和（g）项新的含义，已经基本实现了保护环境和自由贸易之间的微妙平衡，在赋予环境保护价值优先于贸易自由价值的同时，对环境贸易措施的采取施加了严格的限制，即必须对环境保护目标和贸易限制效果进行相称性分析；一国实施贸易限制措施不得造成歧视；贸易限制措施的实施必须符合正当程序的要求，应具有灵活性；贸易限制措施不得构成变相的贸易保护。戴瑜在《WTO 框架下环保条款的判理演进及挑战》（2021）③ 中通过对与环保有关的贸易纠纷案件判理演进的梳理，得出 WTO 从严格保障自由贸易向有限度倾向环境保护的立场转变的结论。WTO 通过演进解释构建了与当代国际法衔接紧密的环保条款的适用规则。但这种演进解释本身亦存在一定问题。"碳关税"、"碳

---

① 何志鹏：《WTO 的环境立场与环境规则》，《法制与社会发展》2002 年第 4 期。

② 左海聪：《GATT 环境保护例外条款判例法的发展》，《法学》2008 年第 3 期。

③ 戴瑜：《WTO 框架下环保条款的判理演进及挑战》，《中国海商法研究》2021 年第 1 期。

排放权交易"和《环境产品协定》定性等 WTO 环保新议题也对当前的演进解释提出了新的挑战。本书作者在《环境问题的冲突协调模式研究——以〈跨太平洋伙伴关系协定〉为例》（2015）[①] 中指出，《跨太平洋伙伴关系协定》在谈判之初即被定位为"标准最高、深度合作、最为全面"的区域贸易协定，它的一个典型特征即是对非传统议题的深化发展。其从 P4 协议中的附属协议内容升级为 TPP 协定的独立章节的环境议题尤其引人关注，一定程度上反映了新型区域贸易协定中环境章节的发展趋势，即环境条款由分散到集中、地位由附属到去边缘化、内容从空泛到具体，对未来区域贸易协定的制定具有极大借鉴意义。

此外，以那力[②]、万霞[③]、陈红彦[④]、李威[⑤] 等国内学者为代表，深刻披露了 WTO 环境规则下南北贸易冲突的实质，并就发展中国家应对环境与贸易问题提出切实有效的法律对策方案，为我国对外谈判及缔结协定奠定了坚实的理论基础。

（二）环境与贸易的区域贸易协定新规则

贸易与可持续发展国际中心（International Centre for Trade and Sustainable Development，以下简称 ICTSD）发布的《TPP 的环境议题：法律分析》

---

① 郑玲丽、刘畅：《环境问题的冲突与协调模式研究——以〈跨太平洋伙伴关系协定〉为例》，《太平洋学报》2015 年第 2 期。

② 那力：《WTO 与环境保护法律问题》，《法制与社会发展》2001 年第 2 期。

③ 万霞：《对环境与贸易国际法律问题的初步研究——兼论中国加入 WTO 面临的相关问题与对策》，《外交学院学报》2001 年第 3 期。

④ 陈红彦：《气候变化制度引入边界措施的现实困境及应对》，《法学》2015 年第 1 期。
陈红彦：《碳关税的合法性分析——以边界税收调整的适格性为视角》，《法商研究》2013 年第 4 期。

⑤ 李威：《论气候与贸易国际法和国际机制的互动与协调》，《上海对外经贸大学学报》2014 年第 5 期。
李威：《论 WTO/DSB 贸易与环境争端的新发展》，《世界贸易组织动态与研究》2012 年第 4 期。

（2016）① 政策咨询报告首先向政策制定者简要概述了 TPP 环境方面的亮点。TPP 环境章节反映了可能通过协商一致达成的最广泛、最全面的协议。环境一章不仅确定了缔约方的目标和合作的一般承诺，而且还规定了一些环境问题上可强制执行的实质性义务。TPP 很可能是一个基础性的法律结构，可以依靠它来制定未来的协议。其次，该报告预测了 TPP 的潜在影响。第一，TPP 可能为未来贸易协议中的环境问题设定基准，特别是那些涉及美国的贸易协议，因为环境和其他标准对美国的谈判地位至关重要。第二，TPP 各方代表着一系列不同的利益和关切事项，因为该集团既包括发达国家，也包括发展中国家。TPP 可能会加强或以其他方式扩大 WTO 等贸易论坛上各国继续就现有多边贸易体制进行谈判，包括环境产品和服务的自由贸易以及渔业补贴有关的协定。第三，亚太地区其他国家可能有兴趣加入 TPP，特别是如果它们与 TPP 任何缔约方都没有预先缔结自由贸易协定，而且 TPP 似乎将生效。

美国迈阿密公诉辩护律师 Paul Nuilez 在《并不存在自由贸易协定：TPP 的环境成本》（2016）② 中认为，自贸协定最根本、最不利的环境影响之一是随着自贸协定预计将带来的经济活动增加，环境破坏加剧，因为自贸协定具有创造污染避风港的潜力。从而预测 TPP 有可能加剧气候变化，至少未能有力地应对气候变化。

巴西圣保罗大学 Alberto do Amaral Júnior 教授在《PTAs 贸易与环境的新规则》（2017）③ 文中认为，在 PTAs 中加入环境条款的重要性日益增加。迄今为止的 PTAs 中，TPP 是最先进的环保条款。他分析了 TPP 中关于优惠

---

① ICTSD, Environment in the Trans-Pacific Partnership: A Legal Analysis, December 2016. Available at: https://ictsd.iisd.org/sites/default/files/research/environment_in_the_trans-pacific_partnership_a_legal_analysis_0.pdf.

② Paul Nunez, "There's No Such Thing as a Free Trade（Agreement）: The Environ-mental Costs of the Trans-Pacific Parternship", *Miami Inter-American Law Review*, Vol.48 No.2, 2016, pp.224–267.

③ Alberto do Amaral Júnior, "The New Rules on Trade and Environment Linkage in Pref-erential Trade Agreements", *Brazilian Journal of International Law*, Vol.14, 2017, pp.388–411.

贸易协定（PTAs）的环境条款的进展情况。TPP 所建立的规则代表了贸易和环境联系的新基准，在促进国际贸易和环境保护相互支持和实现可持续发展目标的努力中，已经在指导多边、诸边和双边谈判。然而，TPP 的分析表明，应进一步评估实施优惠贸易协定的环境后果。

瑞士 Joost Pauwelyn 教授在《贸易体制作为复杂的适应性体系：探索和利用贸易协定中的环境规范》（2017）[①] 一文中，从 680 个贸易协定中 280 种不同类型环境条款的数据集中，展示了贸易体制和其中包含的环境规范是如何通过保持稳定而非混乱、动态而非静态来实现法律创新。

国内学者对于贸易协定中的环境规制条款研究逐渐增多，但缺少从人类命运共同体的角度高屋建瓴地进行全景式分析研究。林迎娟认为美国主导下的 TPP 是迄今为止包含最为严格环境条款的自贸协定，其确立的环境监管框架在议题领域、机构设置、环境贸易争端解决机制的规定，与多边环境条约关系的处理等维度上都更为深化，并对新的国际经贸规则的构建产生外溢效应。[②] 中国社科院东艳研究员认为环境议题是贸易规则发展的新趋势，发展中国家要把握机遇共求环境治理话语权。[③] 中国社科院周亚敏研究员认为，北方国家在 RTAs 中大量嵌入环境条款，以环境规则外溢来建立并强化符合自身利益的全球绿色治理体系。这类环境条款因其非中性特征而成为北方国家干预南方缔约国国内环境政策的有效手段。北方国家策略性地绕开多边框架，并因其权力优势而在贸易协定谈判中居于主导地位，南方国家难以在谈判中公平合理地表达自身的环境利益诉求。南方国家应抱团争取绿色知识和绿色技术在价值链上的自由流动，反对借助贸易协定干预国内环境治理主权。中国在"一带一路"框架下倡导贸易协定的自愿性环境条款，为沿线国家的内

[①] Jean-Frederic Morin, Joost Pauwelyn and James Hollway, "The Trade Regime as a Complex Adaptive System: Exploration and Exploitation of Environmental Norms in Trade Agreements", *Journal of International Economic Law*, Vol.20, No.2, 2017, pp.365–390.

[②] 林迎娟：《TPP 环境条款的监管框架与外溢效应：内涵与应对》，《当代亚太》2016年第 6 期。

[③] 东艳：《全球贸易规则的发展趋势与中国的机遇》，《国际经济评论》2014 年第 1 期。

生性绿色治理创新营造有利条件，符合实现全球价值链绿色化的根本方向。①

　　而国内从法学角度分析 TPP 的文献相对较少②，且具体研究 TPP 环境与贸易的法学论文更少，而系统研究 TPP 环境章节的论著付诸阙如。较早的有甘瑛教授在《论国际贸易与环境规则——兼评区域性国际组织对 WTO 的影响》中提出欧盟、NAFTA 等日益强化贸易—环境规则，美欧等积极主张达成贸易与环境的专门协定，发展中国家应增强在国际贸易谈判中的集体力量，参与制定国际贸易规则。肖冰教授在《〈跨太平洋伙伴关系协议（TPP）〉挑战 WTO 现象透视》③（2012）中指出，TPP 于静态层面，强烈挑战 WTO 现行制度，于动态层面，严重阻滞 WTO 的发展进程；但 TPP 未来统一亚太 PTA 和取代 WTO 的可能性都很小。李丽平在《TPP 环境议题动向、原因及对我国的影响》④（2014）中深度剖析了 TPP 突出设置环境内容的原因，并分析了 TPP 对中国环境的影响，最后提出我国对策建议。朱京安教授在《应对 TPP 高标准环境政策的新思路——适度环境标准》（2017）⑤中认为，TPP 高标准的环境政策对我国有较强的不适应性，从而提出"适度环境标准"是在加入 TPP 背景下的一种折中性或均衡性的制度安排。姚铸在《TPP 环境规则的特征变化及制度启示》（2018）中指出，TPP 环境条款涵盖议题广泛，

　　①　周亚敏：《全球价值链中的绿色治理——南北国家的地位调整与关系重塑》，《外交评论》2019 年第 1 期。

　　②　已付梓出版 TPP 法学论著有：韩立余主编：《〈跨太平洋伙伴关系协定〉全译本导读》（上、下册），北京大学出版社 2018 年版；杨国华编著：《〈跨太平洋伙伴关系协定〉规则研究》，上海人民出版社 2020 年版；贺小勇、黄琳琳：《TPP 对服务贸易规则的重构及中国对策研究》，北京大学出版社 2021 年版；丛立先：《TPP/CPTPP 知识产权问题研究》，中国法制出版社 2020 年版；余楠：《国际法与国际关系视野下〈跨太平洋伙伴关系协定〉（TPP）知识产权谈判》，法律出版社 2016 年版。

　　③　肖冰、陈瑶：《〈跨太平洋伙伴关系协议（TPP）〉挑战 WTO 现象透视》，《南京大学学报》2012 年第 5 期。

　　④　李丽平：《TPP 环境议题动向、原因及对我国的影响》，《对外经贸实务》2014 年第 7 期。

　　⑤　朱京安：《应对 TPP 高标准环境政策的新思路——适度环境标准》，《甘肃政法学院学报》2017 年第 2 期。

是环境保护规则的"升级版",是现有环境规则的"集大成者",虽短期影响趋弱,但展示了国际经贸协定中环境规则发展的深远趋势。我国应审时度势,对 TPP 环境规则及其涉及的相关问题进行全面研究,认真考虑现有的经贸投资与环境制度是否兼容,确定应对措施,积极争取国际贸易投资规则的"制度性话语权"。边永民教授在《〈美墨加协定〉构建的贸易与环境保护规则》(2019)① 中认为,该协定在环境保护上综合了《跨太平洋伙伴关系协定》的环境章节和世界贸易组织多哈回合的环境议题谈判取得的成果,叠加了美国在贸易与环境问题上一直重视的几个传统议题,同时又增加了美、墨、加三国所关心的近几年环保领域内的几个新议题,具有高度综合性。与中国的自由贸易协定环境章节相比,《美墨加协定》更加强调实施,有强制的争议解决机制,的确在该领域内树立了很高的标准。这些对于 TPP 环境条款及相关研究大多是从环境保护、环境与贸易的冲突与协调等角度论述,迄今为止尚未出现 TPP 环境规则的全面系统的研究成果。

目前学术界对 TPP 的关注集中在 TPP 本身的内容、特点、障碍和前景,大多为政治层面分析,鲜有从国际法角度对 TPP 进行专门研究的研究成果,尤其是对 TPP 环境章节的实质性条款进步在哪、未来可能性在哪、如何发展才能成为一套对未来世界贸易规则的建立更有影响的机制、中国应采取怎样的法律对策等方面研究非常薄弱。加之环境与贸易问题本身的复杂性与多元性,本课题研究实属在国际贸易法与国际环境法纵横交错的荆棘丛林中砥砺前行。

三、内容及体系安排

引言"环境与贸易的冲突与协调"提出问题,系全书总体脉络的起点。环境保护与自由贸易冲突的本质在于环境保护与贸易自由化目标、环保措施

---

① 边永民:《〈美墨加协定〉构建的贸易与环境保护规则》,《经贸法律评论》2019 年第 4 期。

与国际贸易原则、环保措施与贸易规则出现了冲突，冲突的法律根源在于环境权与发展权的失衡、环境规则与贸易规则的兼容性缺陷、相关国际规则的"软法"性质。问题的核心在于如何协调环境保护与自由贸易，实现可持续发展？国际社会如何防御"假环境保护之名，行贸易保护之实"的贸易保护主义，又要防范环境保护矫枉过正，对正常的自由贸易造成"限制或扭曲"？总之，如何把握二者之间的度，是国际贸易法与国际环境法日益交叉渗透产生的共同难题。

第一章"'二战'后贸易协定的演进"，从国际法是避免战争维系和平的法律基本原理出发，认为贸易协定又是维系和平促进合作与发展的重要纽带。本章首先分析非歧视原则作为多边贸易体制的基石，具有极其重要的条约法地位，但非歧视原则尚未构成习惯国际法，进而论述区域贸易协定（RTAs）对多边贸易体制的背离和自适性调整，最后论述贸易体制环境保护目标范式从多边贸易体制转变为 RTAs，对 WTO 的多边贸易体制具有减损作用。

第二章"区域贸易协定环境规范概述与展望"，着重考察了习惯国际法构成要件"松绑"，RTAs 环境规范构成现代特殊习惯国际经济法。在此基础上，重点探讨了 RTAs 环境条款的国家实践和法律确信。最后对 RTAs 环境与贸易新规则进行分析和展望。

第三章"CPTPP 环境章节文本分析"首先运用生态经济学原理对 CPTPP 环境章节进行跨学科分析，然后对 CPTPP 环境章节进行条约法解析，认为 CPTPP 环境章节进行了若干条约创新，但在环境与贸易问题上也存在若干条约僵局，进而对 CPTPP 环境章节进行习惯国际法分析，最后对 CPTPP 环境章节的实体法、程序法及其特性进行详细论述。

CPTPP 一共 30 个章节，除了环境章节之外，其他章节对缔约国环境与贸易也值得深究。因此，第四章"影响缔约国环境与贸易的 CPTPP 其他章节概览"分别从 CPTPP 初始章节、货物贸易章节、投资章节、金融服务贸易章节、知识产权章节、发展章节、监管协调章节、透明度和反腐败章节进行文本分析和评价，通过规范分析和比较分析方法，进行系统梳理和深入探析。总之，CPTPP 协定的范围及其谈判方的影响意味着它们的条款有可能对未来的条约设计产生重大影响。

第五章"CPTPP 环境章节对中国的影响和法律对策"，认为中国虽非CPTPP 缔约国，但 CPTPP 环境章节对中国也产生了条约法效应，且 CPTPP作为 21 世纪 RTAs 的典范，其环境章节对中国产生了习惯国际法效力。本章进而对中国已签署生效的 RTAs 环境条款与 CPTPP 环境章节进行比较分析，认为二者之间在目标、文本内容、争端解决诸多方面存在差距。为应对CPTPP 环境章节的挑战，我国应加强 RTAs 环境条款设计，确立环境可持续性的具体标准，完善贸易协定环境承诺的具体内容，斟酌"中国版本"的RTAs 环境条款，并与"一带一路"沿线国家在环境保护措施和环境标准上相互承认，合理运用 WTO 争端解决机制，解决与"一带一路"沿线国家和CPTPP 成员之间的环境贸易争端。

第一章 "二战"后贸易协定的演进

由于缺乏任何统一的中央立法机关，国际法一直被认为是分散的横向法律体系。甚至哈特认为，国际法规则"构成的不是一个体系，而是一个法律的集合"。① 国际法的碎片化（Fragmentation）或"不成体系"意味着，在国家主权平等的国际社会中，国际法的制定和实施，很大程度上取决于国际社会各主体特别是各国的自由意志。因此，国际法以任意法（Jus Dispositivum）居多，强行法（Jus Cogens）居少。在国际贸易法领域尤其如此，因为国家对强行法作出贸易承诺的代价实在太高。

由于没有固定的具有法律约束力的法源，传统的以国家为中心（State-centric）的国际法模式几乎所有权威（Authority）均来自于不断演变的国家实践（State Practice）。② 国际贸易法领域的谈判、妥协和大量的契约性权利义务关系，使得国家实践大有用武之地。在全球化浪潮下，更由于国际立法主体的多元化、国家意志演变的时间因素、中央裁判机关的缺失等国际法的固有性质，以及现代国际法从"共存"向"合作"性质的转变，更导致各种国际法规则大量增长。③ 在国际法日益碎片化、去中心化的今天，本书试图提供一个规范性分析框架，对第二次世界大战后国际贸易协定演进中条约与习惯国际法在处理贸易与环境的冲突与协调方面所发挥的规范性功能做系统

① H.L.A. Hart, *The Concept of Law*, Oxford: Clarendon Press, 1961，p.14.

② Sue S. Guan, Jus Cogens, "To Revise a Narrative", *Minnesota Journal of International Law*, Vol.26 No.2, 2017, p.465.

③ Joost Pauwelyn, *Conflict of Norms in Public International Law*, Cambridge University Press, 2003, pp.13–21.

全面的梳理。

第一节　非歧视——多边贸易体制的基石与险象

　　1996 年出版的《奥本海国际法》第 9 版，作为"二战"后国际法权威
著作之一，在其第二卷末尾简要讨论了 GATT，涉及最惠国概念。[①] 从 1996
年 WTO 上诉机构第一份报告[②] 到 2003 年 Joost Pauwelyn 的开创性工作[③]，理
论界和实务界都在努力解决 WTO 法与国际公法之间的棘手关系。从更广泛
意义上说，整个 WTO 法是以 WTO 为组织基础的、以多边条约为制度基础
的国际公法的重要组成部分。WTO 法包括 WTO 协定（WTO Agreement）、
涵盖协定（covered agreements）和纳入涵盖协定的协定（agreements incor-
porated to the covered agreements），这些是 WTO 法主要的法律渊源。最近，
在根据习惯国际法和非 WTO 条约对 WTO 条款进行解释和适用方面出现的
问题，反映了人们对更普遍的国际法"碎片化"的关注。这种潜在的分裂原
因之一在于不同的国际法体系下承载着不同的争端解决机制，包括区域贸易
协定（Regional Trade Agreements，以下简称 RTAs）与 WTO 争端解决机制
的冲突。

　　随着多哈回合谈判破裂、RTAs 激增，RTAs 与其他机构以及国际公法
方面的关系变得更加重要。评估 RTAs 利益的国家必须充分认识到 RTAs
所产生的更广泛的国际背景以及每一个 RTA 的发展对国际法的影响。此

---

　　① Robert Jennings and Arthur Watts（eds），*Oppenheim's International Law*, 9th ed. Lon-
don/New York: Longman, 1996, vol.1 parts 2 to 4, 1332/1233.

　　② WTO Appellate Body Report, United States – Standards for Reformulated and Conven-
tional Gasoline（"US –Gasoline"），WT/DS2/AB/R（circulated 29 April 1996, adopted 20 May
1996）.

　　③ Joost Pauwelyn, *Conflict of Norms in Public International Law: How WTO Law Relates
to Other Rules of International Law*, Cambridge: Cambridge University Press, 2003.

外，现有的 RTAs 成员可以寻求对其权利和义务的额外确定性，以及在发生与国际法其他领域有关的争端时可能产生的结果。更广泛地说，对国际公法和 RTAs 之间关系的调查提供了对国际法碎片化问题的另一个案例研究。

无论 RTAs 还是 GATT 乃至 WTO 协定，均为政府部门为协调不同目的和利益、明确国际贸易交往中具体权利义务关系而达成的贸易协定，本属于契约性条约。但由于 GATT/WTO 多边贸易体制的多边性、开放性和成员的普遍性，为数众多的国家规定了必须遵守的贸易原则和规则、法律制度，从而兼具造法性条约的特征。

在国际贸易法领域，RTAs 与 MTS 矛盾与冲突的根源是歧视与非歧视（Discrimination & Non-discrimination）的法律问题。探讨非歧视原则的概念与内涵、相关法律规范以及它与 MTS 的关系，可以为后文进一步解读 RTAs 与 MTS 的关系提供法理依据。[1]

非歧视原则（Principle of Non-discrimination）是世贸组织及其法律制度的一项首要的基本原则，也是现代国际贸易关系中最基本的准则。它是国际法上国家主权平等原则在国际贸易关系中的延伸[2]。

GATT1947 的主要目的之一就是禁止国际贸易中的歧视性待遇，通过第 1 条（最惠国待遇）对外的非歧视和第 3 条（国民待遇）对内的非歧视，一再强调非歧视原则的地位和重要性。非歧视原则也蕴含在 WTO 协议的诸多条款中，非歧视原则的条文化使得该原则成为 WTO 成员必须履行的明确的

---

[1]　郑玲丽：《WTO 关于区域贸易协定的法律规范研究》，南京大学出版社 2008 年版，第 31 页。

[2]　曾令良：《世界贸易组织法》，武汉大学出版社 1996 年版，第 38 页。
"非歧视原则是国际法上国家主权平等原则在国际贸易关系中的延伸"这个命题也有学者明确表示反对。反对观点认为，最惠国原则与各国政治关系中的主权平等原则的根本区别在于：它并不是根据"平等"、"公平"等这类抽象的道义观念，而是以发挥市场机制这个经济概念为基础的。（参见赵维田：《最惠国与多边贸易体制》，中国社会科学出版社 1996 年版）

法定义务。① 非歧视原则为世界贸易体系构建了公平、公正的体系，强化了成员一律平等的理念。

一、非歧视——多边贸易体制的基石

非歧视原则在国际贸易关系中有着悠久的历史，已成为后现代国际经济法的核心支柱之一。第一次世界大战之后，大国之间普遍存在的利益冲突削弱了它们集体应对大萧条到来的能力。相反，全球经济秩序瓦解，它们纷纷转向歧视性的贸易壁垒和贸易集团，"以邻为壑"。由于亲眼目睹贸易歧视加剧了二战期间爆发的政治紧张局势②，政策制定者们痛定思痛，决定将两场战争之间猖獗的贸易歧视扔进历史的垃圾箱，在"二战"后创建了一种将非歧视制度化的国际经济新秩序。

考虑到历史和现实的原因，国际经济法被分割成无数独立的条约，也就不奇怪大多数国际经济法学术文献倾向于关注非歧视原则，因为它适用于国际经济法的几乎所有特定的子领域。

(一) 最惠国待遇与关税同盟、自由贸易区

非歧视原则首先主要是基于这样一种考虑，即任何形式的歧视必然导致更严重的歧视。虽然施行歧视性待遇可能会给一些国家带来短期的贸易利益，但是从长远来看，如果放任这种情势继续发展，所有国家将深受其害。这便是 GATT 缔约方无条件地相互给予最惠国待遇的力量基础，从而使得 WTO 下的最惠国待遇从双边走向了多边，实现了最惠国待遇的多边化。③

---

① Julia Ya Qin, "Defining Nondiscrimination under the Law of The World Trade Organization", *Boston University International Law Journal*, Vol.23，No.2, 2005, pp.215–297.

② Thomas W. Zeiler, *Free Trade, Free World: The Advent of GATT*, Chapel Hill: University of North Carolina Press, 1999, pp.30–36.

③ 王贵国：《世贸组织与最惠国待遇原则》，见陈安主编：《国际经济法论丛》（第 6 卷），法律出版社 2003 年版，第 142 页。

　　国际贸易法中的非歧视原则促进了比较优势的效用发挥，因为它通过消除国家间歧视性贸易保护政策，促进了从生产率最高的外国生产者那里购买商品。相比之下，歧视性措施会造成资源分配不当，因为它会导致资源向生产率较低的生产者转移。[1] 此外，不歧视，特别是最惠国待遇，加速了贸易自由化进程。当一个国家降低关税时，关税的降低会自动扩大到所有国家，并使所有国家受益。二战后国际经济秩序建立的历史进程证明，最惠国条款"可能是最重要的单一概念"，是 GATT 多边贸易体制的基石。[2]

　　百余年来，最惠国条款一直是国际贸易协定的核心内容，并被广泛接受为 GATT/WTO 体系的"支柱"之一。GATT 第 1 条开门见山规定了最惠国待遇条款，鼓励采取实际上矫正贸易歧视的做法和政策。最惠国的本质是一视同仁、平等相待、不以任何理由加以歧视；而它自身的巧妙规则结构却因此而具有一种自动减少贸易限制的多边效应。优惠的反面是限制，而双边或多边最惠国的网络能使任何一国的放松限制（给予优惠）做法，产生连锁反应，迅速多边化或普遍化。[3]

　　然而，最惠国条款一直被怀疑在多边贸易谈判中造成"搭便车"（free rider）的问题，因为最惠国的外部性（MFN externality），只要 WTO 成员相互之间进行贸易壁垒削减，他们必须同时将这些削减给予所有其他 WTO 成员，即使后者不给予任何回报。一些 WTO 成员可能避免参与谈判，希望搭上其他国家贸易自由化的顺风车；而参与谈判的国家可能效率低下，因为他们没有完全将贸易自由化的好处内部化。

　　第二次世界大战后，美国决心彻底打破经济民族主义和经济孤立主义的

　　① Robert E. Hudec, "Tiger, Tiger in the House: A Critical Appraisal of the Case Against Discriminatory Trade Measures", in *The New GATT Round of Multilateral Trade Negotiations: Legal and Economic Problems*, 2d ed.1991, p.170.

　　② Joanne Gowa & Raymond Hicks, "The most-favored nation rule in principle and practice: Discrimination in the GATT", *The Review of International Organizations*, September 2012, Vol.7, Issue.3, pp.247–266.

　　③ 赵维田：《论关贸总协定的最惠国条款》，《外国法译评》1993 年第 1 期。

传统，把非歧视原则的复兴作为其对外贸易政策的重中之重。① 实施非歧视原则虽然并非美国多边主义的唯一目标，但在降低贸易壁垒和战后重建方面，非歧视原则是至关重要的。这一政策倾向于支持强有力的非歧视条款，并严格限制其例外情形。英国同样渴望恢复自由贸易体制，但两国最大不同在于，英国视削减贸易大国间的贸易壁垒为首要任务，尤其是削减美国对外贸易壁垒。英国一方面要保持英联邦国家的特殊经济关系，另一方面希望扩大本国出口，弥补战争损失。

由于美英之间达成一致对于建立"二战"后多边贸易机构至关重要，两国在英联邦优先地位问题上的分歧日益削弱了支持英联邦的共同利益。GATT 最惠国待遇概念的演变可以从这段历史推演，表明这一原则的目的是为 GATT 各缔约国提供市场准入保证。其结果是最惠国待遇原则往往带有重商主义的意图，主要目的是支持多边贸易体制，这有别于传统国际法上具有更广泛作用的最惠国待遇。国际社会力图使正在出炉的多边最惠国待遇原则与既有的 RTAs 相协调。事实上，早在 1860 年英法两国就签订了《科伯登条约》（*The Cobden-Chevalier Treaty*），这是以自由贸易精神签订的第一项贸易条约，其中列有最惠国条款。② 美国直到 1923 年才在贸易条约中完全接受无条件的最惠国待遇。③

正如著名经济学家雅各布·维纳所言，关税同盟（Customs Unions）形式的区域贸易安排，长期以来被最惠国待遇作为双边关税协定予以豁免，这一条约实践在日内瓦会议之前就已实施，并通过哈瓦那会议和最后的《国际贸易组织宪章》（*ITO Charter*）获得通过。帝国特惠制被新兴的多边最惠国

---

① Richard N. Gardner, *Sterling-Dollar Diplomacy in Current Perspective*, New York: Columbia University Press, 1980, p.12.

② 张二震、马野青：《国际贸易学》，南京大学出版社 2009 年版，第 174 页。

③ Rodney Ludema& Anna Maria Mayda, Do Countries Free Ride on MFN? Center for Economic Policy Research, Discussion Paper No.5160, http://faculty.georgetown.edul amm223/ LudemaMaydaJulyO6.pdf [http://perma.cc/9VSH-EEZE]〔2008-06-01〕（2019-12-17）.

待遇所挑战。① 哈瓦那各方还争取为发展中国家之间今后的优惠贸易协定保留某些特权。因此，关于最惠国待遇生效后允许哪些优惠制度继续存在，以及允许建立哪些新制度的争论，本质上是关于最惠国待遇条款本身适用范围的谈判。哈瓦那会议的结果证明，各成员在对外贸易法律和制度上各异，可以根据本国国情来决定未来的发展方向。但是，雅各布·维纳并未提及自由贸易区下的任何制度。而且他确实认为，《哈瓦那宪章》(Havana Charter)草案在许多方面给予了最惠国待遇太多的例外情形。②

美国和英国关于最惠国条款的提议遵循了两国为筹备 1946 年联合国贸易和就业会议而达成的协议。这一妥协规定了《哈瓦那宪章》第 15 条英联邦特惠制的法律地位，并最终纳入 GATT 第 1 条第 2 款，号称"祖父条款"。③此外，美国还提交了后来成为 GATT 第 24 条的提案草案。这些条款遵循了根据美国《互惠贸易协定法》(Reciprocal Trade Agreements Act) 建立的双边最惠国协定模式。美国自此正式承认给予关税同盟形式的最惠国待遇例外。④ 但美国的提议也没有包括开放互惠协定 (Open-reciprocity Agreements) 的任何例外。

根据法国的提议，《哈瓦那宪章》应黎巴嫩和叙利亚代表团的要求将有关关税同盟的规定扩大到自由贸易区。⑤ 最终，《哈瓦那宪章》第 42 条首次将"自由贸易区"这一概念纳入其中。允许自由贸易区纳入最惠国待遇例外的前提是，它们也要以类似关税同盟的方式消除内部贸易壁垒。否则，将自由贸易区与其他不符要求的优惠贸易安排剥离开来将缺乏法律基础，最惠国待遇条款起草者的意图也将受到严重损害。因此，消除内部贸易壁垒的自由

① Jacob Viner, *The Customs Union Issue*, Carnegie Endowment, 1950, p.51.

② James H. Mathis, *Regional Trade Agreements in the GATT/WTO: Article XXIV and the Internal Trade Requirement*, Hague: H.M.C. Asser Press, 2002, pp.31–32.

③ Karin Kock, International Trade Policy, and the GATT, 1947–1967, Almqvist &Wiksell, Stockholm, 1969, p.114.

④ Kenneth W. Dam, *The GATT: Law and International Economic Organization*, The University of Chicago Press, 1970, Midway Reprint, p.274.

⑤ C.3/11, Item 13. E/CONF.2/C.3/78.

贸易区这一区域性组织可以作为最惠国待遇的例外而得到支持。

由于自由贸易区在 GATT 之前的惯例中根本不为人知，雅各布·维纳得出结论："这一术语作为技术术语，是由《哈瓦那宪章》列入，因此，就《宪章》缔约目的而言，其含义必须完全在《宪章》文本范围内进行解释。"①

首先，GATT 条款本身必须构成这些术语性质的主要法律渊源。其次，在某种程度上，自由贸易区的规定模仿了关税同盟的规定，当出现歧义时，任何以前发展到关税同盟的实践在确定适用于自由贸易区的条款含义方面确实起到了信息提示作用。再次，由于缺乏自由贸易区例外的经验，而自由贸易区的运作不能与关税同盟实践相提并论，因此，在起草《哈瓦那宪章》时不太可能理解自由贸易区例外的影响。在该条生效后短时间内，列入自由贸易区例外必然迫使人们在实践中对自由贸易区这一"区域"与以前被谴责的特惠贸易制这一"制度"做出新的法律上的区分。对二者做出始终一致的区分，被证明是 GATT 缔约方乃至 WTO 成员最为棘手的问题之一，它甚至在当代实践中继续给 WTO 审查 RTAs 的进程带来麻烦。②

总之，第 24 条关于"自由贸易区"的审查标准非常宽松，一旦形成，它们可能面临比关税同盟更宽松的监管。正如 Haight 所言，将自由贸易区"实质上等同于关税同盟"是"政策上的严重背离"。③

（二）GATT 第 1 条与第 24 条——主根与枝蔓

毋庸置疑，GATT 第 1 条是 GATT/WTO 整个自由贸易法律帝国大厦的主要根基，而 GATT 第 24 条是 GATT/WTO 为融合 RTAs 生出的枝蔓。根随枝蔓生，久而久之枝蔓牵缠，甚至枝蔓过盛削弱根基，是国际贸易法之大忌。

---

① Jacob Viner, *The Customs Union Issue*, Carnegie Endowment, 1950, p.124.

② James H. Mathis, *Regional Trade Agreements in the GATT/WTO: Article XXIV and the Internal Trade Requirement*, Hague: H.M.C. Asser Press, 2002, p.43.

③ Haight, F. A."Customs Unions and Free-Trade Areas under GATT: A Reappraisal", *Journal of World Trade Law*, Vol.6 No.4, 1972, pp.391–404.

1.缔约目的

这两条缔约的主要目的是试图用最精确的法律语言，要求关税同盟和自由贸易区必须满足最惠国待遇条款例外要求，从而对这两种天然具有歧视性的RTAs进行约束。担心GATT第1条最惠国待遇区域例外条款被滥用，是GATT第24条精心设计宏伟蓝图背后的立法原动力。GATT第24条第4款强调"关税同盟或自由贸易区的目的应为便利成员领土之间的贸易，而非增加其他缔约方与此类领土之间的贸易壁垒"。

2.内容

从内容来看，GATT第1条与第24条均要求在区域内"实质上取消关税和其他贸易限制"，在没有相反规定的情形下，二者都表明有一种迫不得已的意图，要使这两者的国内贸易要求相同。GATT第24条试图为第1条最惠国待遇例外的两种形式施加两个最基本的法纪。第一个是概念要件。第二个是执行条件。无论关税同盟还是自由贸易区，不得对其他GATT缔约方施加新的贸易壁垒。GATT第24条的逻辑起点仍然是GATT第1条。

GATT第24条第5款规定，"本协定的规定不得阻止在缔约方领土之间形成关税同盟或自由贸易区，或阻止通过形成关税同盟或自由贸易区所必需的临时协定；但是（a）就关税同盟或导致形成关税同盟的临时协定而言，在建立任何此种同盟或订立临时协定时，对非此种同盟成员或非协定参加方的缔约方的贸易实施的关税和其他贸易法规，总体上不得高于或严于在形成此种同盟或通过此种临时协定之前，各成员领土实施的关税和贸易法规的总体影响范围；（b）就自由贸易区或导致形成自由贸易区的临时协定而言，每一成员领土维持的且在形成此种自由贸易区或通过此种贸易协定时对非自由贸易区成员或非协定参加方的缔约方实施的关税或其他贸易法规，不得高于或严于在形成该自由贸易区或签署协定之前相同成员领土内存在的相应关税或贸易法规。"一言以蔽之，关税同盟或自由贸易区对外不得比诞生前"更歧视"。

GATT第24条第8（a）款进一步规定，"关税同盟是以一单一关税领土替代两个或两个以上关税领土，以便（i）对于同盟成员领土之间的实质上所有贸易或至少对于原产于此类领土产品的实质上所有贸易，取消关税和其他限制性贸易法规；(ii) 同盟每一成员对同盟以外领土的贸易实施实质相同的关税或其他贸易法规。"GATT 第 24 条第 8（b）款又规定，"自由贸易区是在两个或两个以上的一组关税领土中，对成员领土之间实质上所有有关原产自此类领土产品的贸易取消关税和其他限制性贸易法规。"① 一言以蔽之，关税同盟或自由贸易区对内不仅不"歧视"，而且"更优惠"。

对 GATT 第 24 条第 5 款和第 8 款的条约解释和文本顺序的分歧，已经导致 GATT 缔约方对于第 24 条要求的主要分歧。有学者指出，GATT 第 24 条首先要求区域内部高度贸易自由化与非歧视原则是自相矛盾的，因为这肯定会加剧对区域外成员歧视的影响。如果 GATT 第 24 条第 5 款构成该条的唯一标准，或能够超越 GATT 第 24 条第 8 款的定义要求，则结果将是增加在最惠国待遇例外情形下运作的区域一体化例外的数量。尽管任何一项这样的区域协定对非成员贸易的损害可能更小，但更多此类协定的总和可能在总体上对 GATT 多边贸易体制造成更大的损害。当我们通过 GATT 的条约实践来研究 GATT 第 24 条的适用时，可以得出结论，这种损害已经发生并持续进行，甚至可能构成这一条款对 MTS 基石的根本侵蚀。②

RTAs 之所以引起人们广泛关注，特别是在 MTS 领域，就是因为它与生俱来的歧视性，背离了"以规则为导向"的 WTO 所明确规定的法定义务，从而构成多边最惠国待遇最重要的例外。

作为 MTS 基石的最惠国待遇，其最重要的例外更是 MTS 最大的法律漏洞。这样的法律漏洞对于 MTS 本身的权威性及稳健性乃至今后的发展都会有极其不利的影响，这就是所谓的"法律漏洞说"。③

---

① 对外贸易经济合作部国际经贸关系司译：《世界贸易组织乌拉圭回合多边贸易谈判结果法律文本》，法律出版社 2000 年版，第 460 页。

② James H. Mathis, *Regional Trade Agreements in the GATT/WTO: Article XXIV and the Internal Trade Requirement*, H.M.C. Asser Press, Hague, 2002, p.53.

③ Anne O. Krueger, *The WTO as an International Organization*, The University of Chicago Press, 1998, pp.214–215.

（三）GATT 第 24 条的实施及争端解决实践

1. GATT 第 24 条的实施

GATT 第 24 条在 MTS 监管 RTAs 的过程中发挥着"看门狗"（watch dog）的职能。然而事实证明，GATT 第 24 条的这一职能履行并不成功。[①] 而且 GATT 八轮回合谈判很少谈及 GATT 第 24 条，表明 GATT 缔约方将 RTAs 仅视为"世界贸易关系中的次要因素"。[②]

1957 年成立的西欧六国"经济共同市场"，GATT 缔约方工作组难以判断其是否符合 GATT 第 24 条。1960 年根据《斯德哥尔摩公约》（*The Stockholm Convention*）成立的"欧洲自由贸易联盟"（European Free Trade Association，以下简称 EFTA），由英国牵头其他欧洲七国形成"自由贸易区"，决定取消各成员间的工业品关税和限制性贸易措施，但对农产品既未取消或降低关税，亦未消除非关税壁垒。EFTA 成员指出，第 24 条用语是"实质上所有贸易"，而不是"实质上所有产品的贸易"，唯独排除农产品贸易而实现工业品贸易自由化的 EFTA 并未违反 GATT 第 24 条。GATT 缔约方全体几次派工作组对其进行调查，但都得不出结论。最大的争议是：像 EFTA 这样的"自由贸易区"，是否符合 GATT 第 24 条第 8 款（a）项的"实质上取消了所有关税及其他限制性贸易法规"，对"实质上所有"（substantially all）应如何解释？GATT 缔约方全体工作组内因意见分歧无法达成一致，最后只得在调查报告中指出应从长计议，"对该公约应暂缓采取任何行动"。[③] 在 GATT 长达 48 年的历史中，除了 1994 年对捷克和斯洛伐克关税同盟作出回应外，缔约方全体几乎从未对 RTAs 是否全部符合 GATT 下结论，更未对

---

① Somasri Mukhopadhyay, "Regional Trading Arrangements under the Multilateral Trading System: Issues for Future Negotiation", *CEA 38ᵗʰ Annual Meetings Ryerson University*, Toronto, June 2004, p.24.

② WTO, *Regionalism and the World Trading System*, Geneva:WTO, 1995, p.11.

③ James H. Mathis, *Regional Trade Agreements in the GATT/WTO: Article XXIV and the Internal Trade Requirement*, H.M.C. Asser Press, Hague, 2002, p.152.

RTAs 实施有效的司法管辖权。

哈特（Haight）早在 1972 年就指出，"GATT 要想在世界贸易政策中保持举足轻重的地位，首要的问题是解决如何理解 1947 年 GATT 第 24 条的含义及其适用。这个条款允许关税同盟和自由贸易区的形成，可能是整个 GATT 中最容易被滥用的条款，也可能是 GATT 不得不背负的最沉重的负担。"① 巴哈瓦蒂（Bhagwati）1993 年进一步指出，"无视 GATT 第 24 条的法定要求，对欧共体共同市场这一有缺陷的区域一体化形式迁就宽容，恰恰是 GATT 法纪涣散的开端。"②

从条约实践来看，GATT 第 24 条关于自由贸易区的漏洞一直困扰着国际贸易法理论界与实务界。GATT 第 24 条是自 1947 年 GATT 生效以来令人困惑的根源。这一条款免除了自由贸易区和关税同盟在国际贸易中给予最惠国待遇的义务。对于其批评者而言，第 24 条是"富有弹性的"（extremely elastic）③，"异常复杂的"（unusually complex）④，"充满漏洞的"（full of holes）⑤，因为其语言充满了"含糊的措辞"（vague phrases）⑥，Dam 则称其

---

① Haight, F. A., "Customs Unions and Free-Trade Areas under GATT: A Reappraisal", *Journal of World Trade Law*, Vol.6 No.4, 1972, p.397.

② Bhagwati, Jagdish, "Regionalism and Multilateralism: An Overview", in Jaime de Melo and Arvind Panagariya（eds.）, *New Dimensions in Regional Integration*, New York: Cambridge University Press, 1993, p.48.

③ Curzon, *Gerard, Multilateral Commercial Diplomacy: The General Agreement on Taris and Trade and Its Impact on National Commercial Policies and Techniques*, London: Michael Joseph, 1965, p.64.

④ Dam, Kenneth W., *The GATT: Law and International Economic Organization*, Chicago: University of Chicago Press, 1970, p.275.

⑤ Bhagwati, Jagdish, "Regionalism and Multilateralism: An Overview", in Jaime de Melo and Arvind Panagariya（eds.）, *New Dimensions in Regional Integration*, New York: Cambridge University Press, 1993, p.44.

⑥ Haight, F. A., "Customs Unions and Free-Trade Areas under GATT: A Reappraisal", *Journal of World Trade Law*, Vol.6 No.4, 1972, p.397.

为"失败，如果不是惨败的话"（a failure, if not a fiasco）①。

2. 土耳其纺织品案

随着 WTO 及其争端解决谅解（Dispute Settlement Understanding, DSU）的生效，在 GATT 第 24 条下制定一项 RTA，无论是关税同盟还是自由贸易区都将面临法律挑战，这也许只是时间问题。1999 年土耳其纺织品及服装进口限制案②（Turkey-Restrictions on Imports of Textile and Clothing Products）是 WTO 成立以来直接涉及 GATT 第 24 条的第一案，对解释和适用 GATT 第 24 条具有重要的判例法意义。

《关于解释 1994 年 GATT 第 24 条的谅解》（*The Uruguay Round Understanding on Article XXIV of GATT 1994*）③ 明确规定，"在实施第 24 条中……产生的任何事项，可援引由《争端解决谅解》详述和适用的 1994 年 GATT 第 22 条和第 23 条的规定"；"如争端解决机构裁定 1994 年 GATT 的一项规定未得到遵守，则负有责任的成员应采取其所能采取的合理措施保证其遵守。如遇无法保证遵守的情况，则适用有关补偿和中止减让或其他义务的规定。"从而开辟了 WTO 对 RTAs 行使司法管辖权的先河。

土耳其纺织品案起源于土耳其与欧共体根据 1963 年《安卡拉协议》（*Ankara Agreement*）建立的土欧关税同盟。土耳其从 1996 年起对产自印度等国的纺织品及服装进口施加数量限制措施。1998 年 3 月 13 日，WTO 应印度请求设立专家组。专家组否决了土耳其关于 1994 年 GATT 第 24 条授予它在与欧盟成立关税同盟后可以违背 1994 年 GATT 及《纺织品与服装协定》实施数量限制的主张。1999 年 5 月 31 日专家组报告④ 裁定，土耳其的

---

① Dam, Kenneth W., *The GATT: Law and International Economic Organization*, Chicago: University of Chicago Press, 1970, p.275.

② *Turkey-Restrictions on Imports of Textile and Clothing Products*, WT/DS34/AB/R.

③ 《关于解释 1994 年 GATT 第 24 条的谅解》第 12 条明确规定："对于在实施第 24 条中关于关税同盟、自由贸易区或导致关税同盟或自由贸易区形成的临时协定的过程中产生的任何事项，可援引由《争端解决谅解》详述和适用的 GATT 第 22 条和第 23 条的规定。"

④ Panel Report, 31 May 1999, WT/DS34/R.

数量限制措施与 1994 年 GATT 第 11 条、第 13 条不符，也因此同《纺织品与服装协定》第 2 条第 4 款不符。土耳其对专家组在法律解释上存在的问题提出上诉。上诉机构部分维持了专家组的结论：GATT 第 24 条不允许土耳其在与欧共体结成关税同盟时，采取被裁定与 1994 年 GATT 第 11 条、第 13 条不符，也因此同《纺织品与服装协定》第 2 条第 4 款不符的数量限制。但上诉机构认为专家组在对第 24 条的解释的法律推理中出现错误。上诉机构报告① 于 1999 年 10 月 21 日分发。

专家组特别考察了 GATT 过去对 RTAs 的审查。在 GATT 下由缔约方全体工作组对 RTAs 进行审查，在 WTO 下由 RTAs 委员会（Committee on RTAs，以下简称 CRTA）进行审查。在 GATT 历史中除了 1994 年捷克和斯洛伐克关税同盟外，缔约方全体从未对某一 RTA 是否完全符合 GATT 作出结论。在 WTO 下成员仍需对 RTA 是否完全符合 WTO 协定作出结论。过去所有对 RTAs 的工作组报告实质上都不是结论性的。

专家组认为，GATT 第 24 条并非 WTO 专有法，并不构成自足的（self-contained）法律体系，应与 WTO 其他条款共同构成 RTAs 成员在 WTO 项下的义务。专家组更强调希望以灵活的方式解释第 8 款，以避免 GATT 有关条款间的冲突。

上诉机构肯定了专家组裁决中的大部分意见，即土耳其实施的数量限制与 GATT 第 11 条、第 13 条不符，也与《纺织品与服装协定》第 2 条第 4 款不符。上诉机构对于 GATT 第 24 条第 4 款、第 5 款和第 8 款的关系做了深入阐释，认为：首先，第 4 款是目标性条款，构成第 5 款至第 8 款的前提，从而在法律逻辑上间接强化了专家组的宗旨至上或目的论；其次，第 5 款前言构成解决本案上诉问题的关键条款，明确了在某种情况下可以采取与 GATT 其他规定不符的限制性贸易措施，并可作为不一致裁定的抗辩，但必须符合两个条件：第一，在关税同盟成立时，这样的措施必须完全符合 GATT 第 24 条的规定，特别是符合该条第 5 款和第 8 款；第二，如果没有

---

① Appellate Body Report, 21 October, 1999, WT/DS34/R.

实施这项措施，关税同盟的成立已经受到阻碍。上诉机构在放松 GATT 第 24 条适用范围的同时，收紧了 RTAs 设立的要求。此外，上诉机构对"实质上所有贸易"作出了两项贡献，认为该术语既有质量的要求也有数量的要求。

最后，本案争端解决机构对 RTAs 的司法管辖权问题仍未彻底澄清。专家组称"争端解决专家组可否评估 RTA 是否符合 WTO 规则是可争论（arguable）的一个问题"。[①] 而上诉机构在裁决中回避了这一问题，认为本案中只需审查是否允许土耳其实施数量限制。因此，争端解决机制可否全面审议一个 RTA 是否符合 WTO 规则仍无定论。但本案毕竟开辟了 WTO 争端解决机构与 CRTA 分别对 RTAs 行使司法管辖权和行政管辖权的先例，是 WTO 对 RTAs 实施"双轨制"职权（dual track authority）的有益探索。

3. GATT 第 24 条的修订

学者们一直在为 GATT 第 24 条是否应修缮而争论不休。20 世纪 90 年代 WTO 成立前后，美国学者 Bhagwati、McMillan、Krueger 等人纷纷提议对区域贸易安排的规则进行修改，而 Lawrence 则呼吁更有效地执行现有条款。很明显，对第 24 条的审查在实践中并不顺利。一位 GATT 前副总干事抱怨说："在关贸总协定的所有条款中，这是被滥用最多的条款之一，而这些滥用是最不引人注意的。"

GATT 第 24 条的实践，揭示了非 RTAs 成员的利益与其作为作为 GATT 缔约方的地位之间的分歧，以及拟议第 24 条的部门性问题所面临的压力。这种考虑与其说是一种悖论，不如说是一种直接的利益冲突。有必要建立一种单独的贸易审查机制，来专门审查 GATT 第 24 条的实施情况。

虽然 GATT 内在最重要的法律问题至今尚未解决，这些系统性问题有待继续在 WTO 体系内进一步深入探讨，但我们不可低估 GATT 对 RTAs 安排的累计效果。下文将从条约和习惯国际法的角度探讨 WTO 非歧视原则在国际法上的总体地位。

---

① James H. Mathis, *Regional Trade Agreements in the GATT/WTO: Article XXIV and the Internal Trade Requirement*, H.M.C. Asser Press, Hague, 2002, p.256.

二、非歧视原则的条约法地位

从 GATT 到 WTO，从实体规范到争端解决案例，国际贸易法领域正在形成一种非歧视法理学，其规范核心是以保护合法国内贸易政策的方式消除隐蔽的贸易保护主义。[①] 隐性贸易保护主义给 WTO 带来了一系列挑战，特别是在成员保护环境等公共政策目标方面具有潜在的危险。WTO 为应对这些潜在危险而制定的非歧视规范，揭示了多边贸易组织所反映的结构限制和实质性承诺之间的微妙平衡。

国际贸易法领域的非歧视法理学有别于国际人权法领域。其最惠国待遇的内核自始就受到区域一体化的外来侵蚀，如 WTO 自身肌体无法分泌出足够的"珍珠质"，将层出不穷的 RTAs 层层包围，使其内化为"珍珠囊"，则非歧视法律帝国犹如一盘散沙，随时可能会崩溃。因为与贸易保护主义无关的合法公共利益（如环境保护）与保护国内经济不受竞争影响的国家利益如此错综复杂地交织在一起，以至于像 DSB 这样的司法机构都无法精准地完全区分这两种立法动机。在这些情况下，深入探讨非歧视原则的国际法依据，对于捍卫多边贸易体制的根基，抵御区域贸易体制的侵蚀，至关重要。

（一）非歧视原则是强行法吗？

根据国际法，同意的概念和国家主权平等原则意味着各国可以自由地加入它们希望加入的任何国际协定。值得注意的是，从国际组织法的角度来看，国际组织文件与国际组织主持下通过的相关条约之间可能存在等级关系。[②]

---

① Ari Afilalo & Sheila Foster, "World Trade Organization's Anti-Discrimination Jurisprudence: Free Trade, National Sovereignty, and Environmental Health in the Balance", *Georgetown International Environmental Law Review,* Vol.15, No.2, 2003, p.635.

② Yenkong Ngangjoh-Hodu, "'Regional Trade Courts' in the Shadow of the WTO Dispute Settlement System: The Paradox of Two Courts", *African Journal of International and Comparative Law*, Vol.28 No.1, 2020, p.33.

　　然而，除了那些具有强行法性质的规则不得减损之外，从条约法的角度来看，主权国家或独立领土签署的国际协定，无论是双边、诸边还是多边，通常没有等级制度。①GATT 第 1 条最惠国待遇原则被视为 MTS 的基石。为了确保 RTAs 以支持 MTS 的方式运作，WTO 制定了其成员在缔结此类协定时必须遵守的规则——GATT 第 24 条、GATS 第 5 条和授权条款。

　　与以单一立法者和宪法秩序为特征的国内法不同，国际法是由多个主权国家制定规则共同构成的，主权国家之间不存在等级关系，导致这种水平的规则系统不允许根据规范价值对规范或冲突解决进行排序。而强行法是国际法中为数不多的表达某种规范等级的工具之一。② 因此，探讨非歧视原则的条约法地位时，首当其冲的问题就是：非歧视原则是国际强行法吗？任何脱离 GATT/WTO 基本原则理论与实践的不假思索的答复都将是失之毫厘，谬以千里。

　　强行法（Jus Cogens），又称强制法或绝对法，最早起源于罗马法上的"私人协议不能改变公法"的古训。国际法上强行法的理论萌芽于格劳修斯《战争与和平法》中的近代自然法学说。强行法学说吸引了激烈的倡导者和强烈的怀疑论者，他们争论这类规范的性质、功能是否存在。就像夏洛克·福尔摩斯一样，强行法的概念出现在法学家的想象中。随着时间的推移，夏洛克·福尔摩斯和强行法都使人们产生了对其现实的普遍相信，但这是一个由每个追随者主观塑造的现实。早期创立和发展国际法的学者假定存在约束国家主权行使的超共识规范，这一理论在很大程度上源于基督教神学凌驾于神律之上的观念。后来，宣传家认为不可减损的规范起源于自然法、"必要的"法、"公众良心的要求"、"普遍法"或国际道德的必要性。

---

① 等级制度只可能出现在例外情况下，例如在 WTO 中，一个条约凌驾于另一个条约之上，否则将适用关于解决冲突的一般规则：后法优于先法，特别法优于一般法。

② Maarten den Heijer and Harmen van der Wilt, "Jus Cogens: Quo Vadis?" *Netherlands Yearbook of International Law*, Vol.46 No.8, 2015, p.16.

最近的一些学者根据《维也纳条约法公约》①提出相反的论点，认为绝对法规范在其起源上与其他国际规则并无根本区别；它们只有在国家同意的情况下才会出现，并被"国际社会的国家作为一个整体"确定为强行性规范。在关于强行法起源的文献中，由于没有国家实践，理论家们对这一概念的功能有不同的看法，有些人认为它只适用于条约法。另一些人则认为，这种规范对国家、政府和个人的行为施加了绝对限制，并建立了规范的等级制度。②

时代的迅速发展，不断出现的国际法新实践，给强行法的理论和观念带来反思的机会和更新的挑战。不仅在西方学界呈现出持续的强行法研究，中国学者对此也予以关注。20 世纪 80 年代初，李浩培教授就对这一问题进行了专题讨论③，十余年后，万鄂湘教授、张潇剑教授在这一领域较早地出版了专门著作，此后国内学者不断有新的论述出现，特别是张辉教授在著作中对此进行了较细致的分析。万鄂湘教授认为，国际强行法是经国际社会作为整体接受为不得以任何行为背离，并以维护全人类的基本利益和社会公德为目的，具有普遍拘束力的最高行为规范。④

那么，主权国家间非歧视原则到底属不属于强行法呢？虽然一般国际法领域尚无司法判例，但在人权法领域有类似判例可循。2003 年墨西哥向美洲国家间人权法院提请咨询：非歧视原则的本质是什么？一般国际法所建立的关于法律面前人人平等和人人有权获得有效保护的规则是否可以表述为强行法？这些强行法规范的法律后果是什么？墨西哥认为基本人权属于国际强行法，援用了大量国际法学者论著，并援引了国际法委员会和一些国际法院

① 《维也纳条约法公约》第 53 条："强行法是经国际社会全体接受并公认为不许损抑，且仅有以后具有同等性质之一般国际法规律始得更改之规律。"

② Maarten den Heijer and Harmen van der Wilt, "Jus Cogens: Quo Vadis?" *Netherlands Yearbook of International Law*, Vol.46 No.8, 2015, p.23.

③ 李浩培：《强行法与国际法》，见《中国国际法年刊（1982）》，录入《李浩培文选》，法律出版社 2000 年版，第 489—514 页。

④ 万鄂湘、石磊、杨成铭、邓洪武：《国际条约法》，武汉大学出版社 1998 年版，第 318 页。

法官关于强行法法律效果的观点。① 美洲国家间人权法院则认为：对于所有美洲国家组织成员国而言，无论其是否是《美洲人权公约》当事国，都将自然法视为一种更高级义务的渊源或表现形式。一切人员所具有的人格尊严都不应受到非法侵害，这意味着所有人都可以成为人权基本权利的享有者，且这些权利不应被废弃，它们甚至高于国家权力，而无论国家具体的政治形式结构为何。法院在意见中先后引用了关于非歧视的 19 项国际条约和 14 项国际软法来证明，非歧视属于强行法，因为国内和国际公共秩序的整体法律结构都以非歧视为基础，其构成了渗透于所有法律中的一种基本原则。

人权领域的非歧视原则的强行法地位依靠美洲国家间人权法院在个案中的意见得以确立。有学者认为，这一原则的强行法地位是以区域司法机构在个案中发表咨询意见的方式确立的，这样的方式不仅缺乏普遍说服力，而且缺乏正式的法律约束力。② 那么，从人权领域非歧视原则的强行法地位进行类比推理，从国际强行法的概念进行推理，主权国家间非歧视原则是国际强行法吗？

第一，非歧视原则是经国际社会作为整体接受与承认的法律规范吗？其中，"经国际社会作为整体接受"一语较为精确地表达了确认国际强行法的适当标准。截至 2021 年 6 月 15 日，WTO 成员已多达 164 个，③ 占世界上所有国家和地区 70% 以上，基本代表了全体国际法成员。成员在加入 WTO 时即一揽子接受货物和服务贸易、投资保护或知识产权保护领域的最惠国待遇原则、国民待遇原则，它们适用于所有类型的政府贸易障碍，包括边界措施（如关税和数量限制）和内部规定（如国内税、费）。在 WTO 管辖领域内，各成员一致承诺，公平、公正、平等地一视同仁地对待其他成员的包括货物、服务、服务提供者或知识产权所有者或持有者。

第二，非歧视原则是以维护国家间主权平等为主要目的，符合全人类最

---

① "Juridical Condition and Rights of the Undocumented Migrants", *Advisory Opinion, Inter-American Court of Human Rights* (ser.A) No.18, 2003, para.47.

② 廖诗评：《司法视野下国际强行法规则的新发展——基于不同机构司法实践的一个比较分析》，《华东政法大学学报》2008 年第 6 期。

③ https://www.wto.org/english/thewto_e/whatis_e/tif_e/org6_e.htm，2021 年 6 月 15 日访问。

重要的公共利益吗？国家主权平等原则和非歧视原则一直是国际舞台上法律和政治辩论的焦点。尽管这两个概念都很突出和普遍，但国际经济法文献很少关注到它们在条约法和国际习惯法上的相互关系。

在冷战期间，社会主义国家及其法学家试图直接和明确地把非歧视性待遇同国家主权平等联系起来，并声称后者是习惯法规则。这一尝试对有关国际贸易的法律辩论产生了重大影响，并指引着国际法委员会关于最惠国待遇的起草工作。社会主义国家和学者认为，《联合国宪章》第二条第四款规定的国家主权平等原则禁止贸易歧视。[1] 苏联领导人尼基塔·赫鲁晓夫在 1959 年联合国大会上发表历史性讲话时，明确将贸易不歧视问题与《联合国宪章》规定的国家主权平等原则联系起来。[2]

Khursid 在其 1968 年关于该主题的专著中指出："国际法中的贸易歧视应在国家平等原则的大背景下进行审查，以确定它是否在商业事务中设立了强制性的平等标准。"[3]

英国学者 Michail Risvas 认为，贸易中的非歧视既与国家主权平等原则无关，也并非源于国家主权平等原则。无论如何，主权平等涉及的是法律能力，而不是实质性的权利和义务。[4] 同样，如果贸易中的非歧视是主权平等的表现，那么习惯法就应禁止这种做法。然而，根据国际判例法、国际法委员会和著名国际法学者的研究，习惯国际法并不禁止国际经济关系中的

---

① Friedl Weiss, The Principle of Non-Discrimination in International Economic Law: A Conceptual and Historical Sketch, in International Law Between Universalism and Fragmentation, Festschrift in Honour of Gerhard Hafner , Leiden; Boston: Martinus Nijhoff Publishers, 2008, pp.274–275.

② H.E. Mr. Nikita S. Khrushchev, Chairman of the Council of Ministers of the Union of Soviet Socialist Republics, Address at the 799th Plenary Meeting, ［44, U.N. Doc. A/PV.799］（Sept.18, 1959）.

③ Khursid Hyder, *Equality of Treatment and Trade Discrimination in International Law*, Springer, 1968, p.15.

④ Michail Risvas, "Non-Discrimination in International Law and Sovereign Equality of States: An Historical Perspective", *Houston Journal of International Law*, Vol.39 No.1, 2017, p.98.

歧视。

我国著名 WTO 学者赵维田教授也提请学界注意，在我国及国外某些论著中，都有将最惠国和习惯国际法中"主权平等原则"混为一谈的说法。他认为，从历史发展角度说，最惠国与主权平等，是分别沿着各自经济的和政治的不同历史轨迹，平行演化出来的互不搭界的规范。主权平等处理的是国际政治关系，其理论根据是国际道义，是一条习惯国际法规则；而最惠国则是在经济生活里按市场竞争、机会均等的思路产生的，是经双方或多方约定才起作用的，对非缔约方无约束力的东西。

诚然，要充分论证非歧视原则与国家主权平等原则之间的法理逻辑，并非易事。GATT/WTO 禁止贸易歧视，并不涉及主权歧视。只有得到适当的条约解释和实践，GATT/WTO 非歧视原则才能促进各成员的贸易利益，直至 WTO 在不非法侵犯各成员主权权利的情况下促进全球贸易自由化。

第三，非歧视原则对全体国际社会成员具有普遍拘束力，对任何其他国际法律规范都有否决效力，与之相抵触者无效吗？

非歧视原则在 GATT/WTO 诸项原则与规则中，当之无愧地扮演着"主角"。但无论如何，最惠国待遇和国民待遇都属于条约项下义务，根据条约相对效力原则，仅对 WTO 成员有法律约束力，对非 WTO 成员并不具有约束力。

在整个国际法体系中，《联合国宪章》明确规定了国际社会成员需普遍遵守的基本原则和规则、法律制度，如国家主权平等原则、可持续发展原则等，这些才是对其他国际法规范具有否决效力，与之相抵触者无效。① 非歧视原则是"市场驱动型"的 GATT/WTO 的法律基石，充其量只在国际贸易法领域对 WTO 成员具有法律约束力，但并不总是通过明显的确定的规则来加以体现。德国汉堡大学欧洲研究中心主任 MeinhardHilf 认为，WTO 序言并未将基本原则明确列出，看来 WTO 体系不存在一个最重要的原则，但是存在能帮助阐释者充分理解 WTO 体系本质的若干项基本原则。GATT 体系从"以权力为导向"到"以规则为导向"或"以规则为基础"的演变，最终

---

① 《联合国宪章》第 2 条第 4 款规定的国家主权平等原则禁止贸易歧视。

发展成为 WTO 体系"以原则为导向",是以对各种 WTO 协定中规定的规则起决定作用的原则为基础的。这些原则并不经常在特定的规则中得到明确提及,而是在很大程度上源于 WTO 体系之外的法律渊源。①

(二)非歧视原则下"合法的歧视"

在国际贸易非歧视原则下,基本不存在没有国际条约的情况下给予最惠国待遇或国民待遇。② 最惠国待遇和国民待遇都是纯粹基于条约的义务,因此它们的约束力都来自体现它们的条约。《国际贸易法委员会关于最惠国条款草案》第 7 条明确规定,"任何国家都无权从另一国家获得最惠国待遇,除非该国已承担给予这种待遇的国际义务。"③

当国家主权平等原则成为国际公法的核心支柱时,非殖民化浪潮和冷战的结束、新自由主义在国际经济体系中的兴起以及全球北方和南方之间持续的经济不平等从根本上改变了历史、政治和外交背景。重要的是,新独立的发展中国家发现自己处于这样一个国际经济体系中,其特征原则上是形式上的法律平等,但在全球化市场的生产、发展和竞争力方面存在明显的事实不平等。正是在这种背景下,GATT 以及后来在 WTO 框架内,发展中国家一再要求特殊和差别待遇,而不是一刀切地遵守非歧视原则。④Sarooshi 在

---

① MeinhardHilf, "Power, Rules and Principles-Which Orientation for WTO/GATT Law?" *Journal of International Economic Law*, Vol.4 No.2, 2001, pp.112–113.

② Martins Paparinskis, "MFN Clauses and International Dispute Settlement: Moving Beyond Maffezini and Plama?", *ICSID Review- Foreign Investment Law Journal*, Vol.26, Issue.2, 2011, pp.14–58.

③ *Report of the International Law Commission on the Work of its Thirtieth Session*, 1978, p.24.<legal.un.org/ilc/documentation/english/reports/a_33_10.pdf>.

④ Petros C. Mavroidis, *Trade in Goods: The GATT and Other Agreements Regulating Trade in Goods*, 137–147(2007); John H. Jackson, *The World Trading System*, 2d ed.1997, pp.321–325;Lorand Bartels, "The WTO Enabling Clause and Positive Conditionality in the European Community's GSP Program", *Journal of International Economic Law*, Vol.6, Issue 2, 2003, pp.510–513.

WTO 背景下指出：非歧视原则所体现的平等的实质性价值在实践中根本没有可信的现实。也就是说，各国在实质上并不平等，也不认为自己是平等的，那么它们为什么要承诺像对待自己一样对待彼此？[1]

因此，第二次世界大战以来，由于实践需要，国际经济关系需要一种稳定的秩序，这种秩序能够承受政治秩序的严重困扰。当国际经济法规定的条约条款保证实施时，国际经济法发展得最好。然而，变幻莫测的经济现实往往需要在规范性和灵活性方面采取重大措施。这种灵活性必须由其他机制来保障，而不是由条约难以捉摸的解释和适用来提供。这种机制包括在要求机会均等的条约中广泛采用了大量内容各异的"保护性"或"例外"条款。权威学者证明，只要这些措施是非歧视性的，并被包括在一个国家所有相同范围的条约之内，它们就不能称为"平等的例外"。相反，这些措施构成"合法的歧视"（Legitimate Discrimination）。

为解释例外机制而提出的各种理论包括：（1）实行政治歧视的愿望；（2）GATT 的独特性和它必须应对的独特的经济压力；（3）适应环境根本变化的需要。例外机制的先例和做法在某种程度上与所有国内法律秩序所知并为国际法所承认的公共秩序和公共道德的一般概念有关。[2] 更重要的是，这些机制可能是建立在广泛的国家福利概念基础上的，而国家主权的广泛概念又是建立在这一基础之上。这一广泛的概念是根据多年来许多条约对非歧视的例外情况推断出来的。

1. GATT 第 20 条和第 24 条

最广为人知和最完整的例外条款出现在 GATT/WTO 体系中，该体系最突出的例外条款——GATT 第 20 条和第 24 条证明了这种普遍适用的例外的最佳当代价值观。以 GATT 第 20 条为例，列举了缔约方可以采取或实施某

---

[1]　Dan Sarooshi, "The Move from Institutions: The Case of the World Trade Organization", *American Society of International Law: Proceedings of the Annual Meeting,* Vol.100, 2006, pp.298–302.

[2]　Pieter Van Themaat, *The Changing Structure of International Economic Law*, The Hague: T.M.C. Asser Institute, 1981, p.148.

些歧视性措施的具体情形。GATT 第 24 条给予关税同盟、自由贸易区等区域一体化例外以"合法的歧视"地位。但是，GATT 缔约方全体从未对不符合 GATT 安排的缔约方提出具有约束力的建议，导致 WTO 成立以来这样的 RTAs 越来越多，"合法的歧视"几近主观上"不限制"客观上也"无法限制"的局面。

"合法的歧视"一个合乎逻辑和长期建立的基础涉及环境与贸易的矛盾与冲突问题。GATT 第 20 条（b）款使"保护人类、动植物生命或健康必需的措施"合法化。但是，每个国家"保护人类、动植物生命或健康必需的措施"的立法和司法实践不一，导致在非歧视原则根基之上，这种"合法的歧视"条约枝干结出范围和标准不一的"奇异果"。例如，美国海虾海龟案、美国金枪鱼案等基本否决了美国单边环境保护措施的域外效力，WTO 成员不能单方面决定其他成员与环境相关的贸易法律法规，那么，美国另辟蹊径，在 GATT 第 24 条项下"合法的歧视"庇护下，通过 TPP、USMCA 等新型 RTAs，推行环境保护的"合法的歧视"的单边主义，也就在情理之中了。这些推行更高环保标准的 RTAs 与 WTO 不一致所带来的经济效益值得怀疑，然而由于它们在政治上的受欢迎程度，从而被当作"合法的歧视"。GATT 秘书处发表了两份评估美国贸易政策的报告，这些声明指出，NAFTA 等区域贸易集团"不仅会影响第三方同美国的贸易，同时也破坏了关贸总协定的基本原则"。①

2."合法的歧视"叠加

WTO 协定涵盖了成员国愿意并能够达成一致的问题。因此，那些 WTO 没有涵盖的问题，如果这些问题不影响贸易，或通常被认为是独立的，与货物贸易无关，例如竞争法，在理论上是"不受 WTO 管辖的"。在这种情况下，它们可以列入国家间自愿协定如 NAFTA。但如果这些问题直接影响到贸易，而没有得到 WTO 的明确覆盖，例如产品标准或对环境的关注，情况

---

① See *GATT Trade Policy Review-USA*, GATT/1536, 1992. <docs.wto.org/gattdocs/q/g.htm>.

就复杂得多。从理论上讲,这些问题应该根据 WTO 的相关规则来处理,如SPS、TBT 协议或 GATT 第 20 条。但在这一点上,由于 RTAs 是自愿协定,它们可以而且通常是在不提及 WTO 的情况下解决此类问题。①

环境与贸易的问题在 GATT 第 20 条下已明确提及,但由于环境保护乃至气候变化问题愈演愈烈,而 GATT 第 20 条的模糊性和不确定性,导致法纪松弛,WTO 应对环境与贸易的冲突问题显得越来越力不从心。在理想的情况下,例如欧盟,已经协调并取消了区域内贸易壁垒,并涵盖了所有或至少基本上涵盖了各方之间的所有贸易。但大多数现有的 RTAs 并不理想,处理环境与贸易问题也并未以遵守 GATT/WTO 基本原则——非歧视原则为前提。不管非歧视原则的条约法地位如何,实际上是由 RTAs 各成员自主决定是否允许环境问题纳入 RTAs,而且在大多数情况下是允许的,而 RTAs 环境规范② 也成为非歧视原则之下叠加的"合法的歧视"。

"垫脚石"也好,"绊脚石"也罢,RTAs 这种"合法的歧视"叠加对GATT/WTO 非歧视原则到底会产生哪些法律效力?

这一问题理论层面的答案取决于 WTO 在国际贸易法中的地位,追根溯源还要对《维也纳条约法公约》第 30 条进行深入分析阐释。更具体而言,如果 WTO 协定被视为签约国之间的一种契约型协议,那么各国可以自由设计和签署其他协议,并承诺遵守这两类协议。但是,如果 WTO 法被视为一种关于如何处理贸易关系和监管的国际标准,那么签约国将受其规定的约束,而不能在随后的条约中中止履行其 WTO 项下义务。WTO 法的法律性质的真谛应该在这两种假设情形之间。虽然 GATT 开始是作为缔约方全体

---

① Amin Alavi, "Potential Trade Agreements and the Law and Politics of GATT Article XXIV", *Beijing Law Review*, Vol.1 No.1, 2010, pp.7–13.

② 本书称为 RTAs 环境规范(norm)而不是"条款"(provision)或"规则"(rule),并非反映其环境义务水平,因为有些环境规范仅仅是一种愿望,而另一些环境规范则是高度可强制执行的。相反,本书使用"RTAs 环境规范"来明确说明它们指的是环境相关法条本身,并且独立于 RTAs 缔约机构。一种规范,如国家对自然资源的永久主权,可以在同一 RTA 的几个章节中重现,这些重现仍然可算作该协定的一项环境规范。相反,一个呼吁在可再生能源和能源效率方面加强合作的单一条约条款将会算作两种不同的规范。

之间的协议而问世，但它开创了一项国际协议，涵盖几乎所有国家与国家之间、国家与单独关税区之间贸易的大部分权利义务关系，并在 WTO 协定群中得以全面继承和发展，因此更接近于后者——一个国际标准协议。①

与此同时，这一问题实践性更强的答案取决于从哪个视角出发和适用。如果从 RTAs 角度出发，这种中止履行 WTO 项下义务是可取的，因为这种做法可以防止当事国在可适用的争端解决机构间挑选法庭，避免争端解决机制的冲突。然而在大多数情况下，例如 NAFTA 和南方共同市场（MER-COSUR），RTAs 各方可以在 WTO 争端解决机制（DSM）和 RTAs 争端解决机制之间进行选择。另一方面，从 WTO 的角度来看，根据 DSU 第 23 条，"当成员寻求纠正违反义务情形或其他利益的丧失或减损的情形，或寻求纠正妨碍适用协定任何目标的实现的情形时"，WTO 成员"应当"求助于 DSM。

争端解决的冲突由此产生。第一，这两个争端解决机构之间的冲突将出现在 WTO 和 RTAs 所涵盖的问题上。第二，从 DSU 的角度来看，它把 DSB 视为主要的争端解决机构。然而，DSU 第 3.7 条规定，在提起一案件前，各成员应审议"根据这些程序采取的行动是否有效"并自行作出判断。这为各国打开了大门，不仅要考虑它们是否应该提起诉讼，而且还要考虑哪个法庭更有能力解决它们的争端。当然，这一许可没有什么特别之处，因为它只是证实了各国通常的贸易争端解决实践，这种实践不仅考虑到其案件的法律价值及其可能的结果，而且也考虑到其现有资源以及任何可能案件的经济方面和政治后果。②

在任何情况下，WTO 和 RTAs 之间的冲突只在涉及争端解决以及如果它影响到非 RTAs 缔约国时才具有实质性意义。这是因为，RTAs 的缔约方不太可能挑战 RTAs 的合法性及其相对于 WTO 的法律地位。在此背景下，

① Amin Alavi, "Potential Trade Agreements and the Law and Politics of GATT Article XXIV", *Beijing Law Review*, Vol.1 No.1, 2010, pp.7–13.

② Amin Alavi, "Potential Trade Agreements and the Law and Politics of GATT Article XXIV", *Beijing Law Review*, Vol.1 No.1, 2010, pp.7–13.

有必要研究一下在 DSB 面前哪些类型的 RTAs 或 RTAs 哪些方面会受到挑战。为了回答这个问题,有必要描述一下关税联盟(CUs)、自由贸易区(FTAs)或导致 CU 或 FTA 的临时协议(IAs)这三种类型的 RTAs 的区别。这是因为虽然三种形式的 RTAs 有一些共同的特点,但在一些核心的程序性和实质性方面存在差异。

各国在 GATT/WTO 中对 RTAs 的处理实际上消除了 CUs、FTAs 和 IAs 之间的程序差异。因此,这些挑战很可能被视为最后的手段,只有非缔约方才会对主要的 RTAs 提出质疑。RTAs 也可以因其实质性规则受到挑战。在这里,最普遍的挑战将是质疑 RTAs 是否与"实质上所有的贸易"要求相关。但是,正如上文所言,各国以及研究人员对如何理解这个短语提出了不同的看法。土耳其纺织品案上诉机构写道:"关贸总协定缔约方和世贸组织成员从未就本条款中'实质性'一词的解释达成一致。然而,很明显,'基本上所有的贸易'并不等于所有的贸易,而且'基本上所有的贸易'远远不止是贸易的一部分。"[1]

三、非歧视原则尚未构成习惯国际法

非歧视原则虽然是多边贸易体制的基石,但并不属于国际强行法[2]。那

---

[1] Turkey-Restrictions on Imports of Textile and Clothing Products, WT/DS34/AB/R, adopted 21 March 1996.

[2] M. M. Whiteman 在 1977 年发表的文章 "Jus Cogens in International Law, with A Projected List", *Georgia Journal of International and Comparative Law*, Vol.7 No.2(1977)列举了 20 种不同的强行法规范:禁止灭绝种族;奴隶制和奴隶贸易;海盗行为;境外政治恐怖主义,包括恐怖主义活动;空中劫持;诉诸战争,除自卫外;以武力威胁或使用武力侵犯另一国家的领土完整或政治独立(干预);武装侵略;承认武力造成的局势,包括侵略的成果;接受以武力强加的条约规定;战争罪;危害和平与人类的罪行;危害人类和平和(或)安全的行为;散布细菌,以危害或毁灭人类生命;所有大规模毁灭性手段,包括核武器;污染空气、海洋或陆地,使之对人类有害或无用;恶意改变天气;占用外层空间和/或天体;干扰国际通讯,以扰乱和平;以扰乱世界银行系统、货币、能源或食品供应为目的的经济战争。

么非歧视原则构不构成习惯国际法（Customary International Law）① 呢？虽然有些学者承认某些国际经济协定，如关贸总协定及世贸组织法有可能发展成为习惯国际法，② 但西方国际法学者普遍不愿意承认这些协定模式自动成为习惯国际法。例如，最惠国条约中的条款被视为享有非习惯国际法地位。我国著名国际法学者赵维田教授也认为，不论最惠国还是国民待遇，都属一种有约定才产生的或者约定创设的权利与义务关系，它们并非习惯国际法。③

（一）多边条约成为习惯国际法的条件

习惯国际法的形成要满足两大基本要素：国家实践（state practice）和法律确信（opinio juris）。而据以判断这两大要素是否得以满足的证据主要来源于以下三种情况：①国家间的外交关系，表现于条约、宣言和声明、各种外交文书等；②国际机构的实践，表现于决议、判决等；③国家内部行为，表现于国内法规、判决、行政命令等。④

国际法历史上的确有通过多边条约创造习惯国际法的情形，例如，在维也纳会议通过的条例影响下创建一种外交级别制度。此外，国际组织的规范性文件是习惯国际法体系的重要组成部分，它与国际组织的内部规则、职能和权限有关。"联合国法"一词已适用于以这种方式形成的有关《联合国宪章》的法律。根据国际法建立习惯，根据多边条约建立的制度得到非缔约国的承认和尊重。

---

① 《国际法院规约》第 38 条规定，习惯国际法是指"作为通例之证明而经受为法律者"。

② Gllian M. White, Principles of International Economic Law: An Attempt to Map the Territory, in *International Economic Law and Developing States: Some Aspects*, Hazel Fox ed., London: British Institute of International and Comparative Law, 1988, p.148.

③ 赵维田：《WTO 不歧视规则的新发展——论〈中国入世议定书〉有关"不歧视"的规定》，《政法论坛》2002 年第 4 期。

④ 王铁崖：《国际法导论》，邓正来编：《王铁崖文选》，中国政法大学出版社 2003 年版，第 165—166 页。

多边条约可能被确认为习惯国际法，只有通过以下两种方式：①编纂。即编纂既有的国际习惯法规则，该规则在条约缔结前就已存在；②承认。作为国际法规则雏形后来获得了各国的同意，从而演变成为习惯法。③发展新的法律。某些国际协定的谈判和通过，经过国家实践，经国际社会确信为新的习惯国际法。在前两种情况下，该条约都可被视为国际惯例的证据，条约所具有的分量大致与条约缔约国的数目成比例。例如，如果五十个国家是一项自称反映习惯国际法的条约的缔约国，那么该条约就具有与证明五十个国家的国家实践同样的说服力。此外，由于条约是用一种声音而不是五十种声音说话，因此它比通过审查每一个国家的实践而可能积累的相互冲突的、含糊不清的和多方面的证据更清楚和更直接地证明了法律的现状。考虑到国际惯例的数量有限，一般认为足以在习惯国际法中确立一项规则，一项有相当数量的国家为缔约国的条约必须被视为是该法律的极其有力的证据。当然，正如从若干国家的国际惯例中提取的任何规则一样，由于其他国家没有或存在相互冲突的惯例，所谓的规则的效力就会增强或减弱。①

关于国际协定的谈判、通过和缔结在发展新的习惯国际法准则方面可能发挥的作用，现在也出现了类似的冲突。人们早就认识到，国际协定在制定这种规范方面具有重要作用。然而最近，国际法学家、国际法院和政治家都支持这样一种观点，即国际协定所能产生的新的习惯国际法，可能对所有国家都具有约束力，不论它们是否参加谈判或成为协定的缔约国。有些人甚至支持这样一种观点，即尚未生效的国际协定可能产生速成国际法（Instant International Law）②。建立习惯国际法规则的这种发展可能对国际法律制度产生深远的影响。

但速成习惯国际法从根本上冲击了习惯国际法理论，并引发了国际法学

---

① R. R. Baxter, "Multilateral Treaties as Evidence of Customary International Law", *British Yearbook of International Law*, Vol.41 No.5, 1965, pp.275–300.

② H. Thirlway, *International Customary Law and Codification*, Leiden:A.W.Sijthoff, 1972, pp.85–86.

界的长期论战。① 速成习惯国际法本质在于对法律确信的强调，不再考虑国家实践的一般性；不充分的国家实践不影响速成习惯国际法仅靠法律确信的形成。具体包括如下三点：②

首先，速成习惯国际法对法律确信提倡的基础是相关国际组织决议、宣言、条约等国际规则、规范而非其后国家具体实践情况。速成习惯国际法的反对者认为，法律确信须建立在包含权利、义务观念的一般惯例的基础上；国家不仅需明知惯例内容，而且需要对其行为合法性有所认识。这种法律确信不仅指向应然法，更指向实然法；不仅关注国际法的精神倡导，还关注国际法能否有效引导和规制国家行为。③ 因此，在速成习惯国际法与主流习惯国际法的不同语境下，法律确信的具体内涵亦存在差异。

其次，ICJ 曾在"北海大陆架"案④ 表明习惯国际法的形成并非必须经过漫长的时间，并被多数速成习惯国际法支持者作为主要论据。这错误地将短时间内形成的习惯国际法等同于速成习惯国际法。速成习惯国际法仅注重法律确信，法律确信往往可以迅速形成；形成时间的短暂只是速成习惯国际法在结果上的表现，更直白地说，时间因素不是速成习惯国际法的构成要素。

最后，单凭法律确信可以形成速成习惯国际法，而被视为速成习惯国际法的规则、规范的确具备一定程度的法律效力，这也被视为速成习惯国际法的论据之一，从而反过来加强了速成习惯国际法存在的合理性。

因此，速成习惯国际法在构成要素和理论依据方面均难以自圆其说，但参照其相关理论和实践，可以推论，各种国际经济法律原则可能已经演变成

---

① James Crawford, ed., *Brownlie's Principles of public international law*, 8th ed. Oxford: Oxford University Press, 2012, pp.23–26.

② 何志鹏：《速成习惯国际法的重思》，《东北师大学报》（哲学社会科学版）2019 年第 6 期。

③ Report of the International Law Commission, Sixty-eighth Session, Supplement No.10, A/71/10［R］.

④ North Sea Continental Shelf Cases, I.C.J Report 1969, p.41.

广泛而具体的规范。[①] 特别是 GATT/WTO 非歧视原则对习惯国际法的发展产生了潜在和深远的影响。

（二）非歧视原则如何对习惯国际法发挥作用？

1. 内在要素

国际贸易协定、税收协定等不太可能轻易地产生习惯国际法，因为这涉及义务的技术性质。国际法确实允许在国际协定中发现一些个别原则、规则并入习惯法，但不包括整个协定。在确定一项国际协定内的一项原则是否可能产生新的习惯国际法时，应适当考虑以下诸项因素。

一是主题的性质。一项涉及国际社会普遍利益和愿望的协定可能比一项侧重于具体国家利益的协定更有可能产生新的法律。二是谈判的性质。一个特定的规则，是在协议的一系列条款中妥协的产物，可能不太适合合并成习惯法，而更适合由一个更分散的谈判产生的规则。三是义务的性质。如果一项规则与协定中的其他规定相互联系，就不太可能被认为是一项脱离协定结构的习惯规则，而是一项独立于其他义务的规则。四是规则的性质。一项规则需要高度技术性的执行方法，这将需要一项国际协定的特殊性，而比较普遍的义务则可能作为习惯来执行。此外，如果需要使用或建立国际机构，习惯法是不适当的。

众所周知，国际法作为一个系统的法律制度是脆弱的。如此强烈地依赖谈判者创造国际法的意图可能会削弱习惯国际法的基础。就习惯法作为法律有效性而言，它必须反映国际社会成员的真正利益。在某种程度上，它也必须反映社会的规范愿望。同时，不能与国家的实际行动和真正的国家利益相背离，成为不切实际的空想。[②] 因此，决定是否有习惯国际法规则的传统规

---

① Edward A. Laing, "Equal Access/Non-Discrimination and Legitimate Discrimination in International Economic Law", *Wisconsin International Law Journal*, Vol.14 No.2, 1996, pp.246–348.

② See Hans Kelsen, *General Theory of Law and State*, Cambridge, Mass: Harvard University Press, 1945, p.498.

则力求对各国的立场作出最准确的评价。这就是为什么在实际情况中考虑国家的实际行为非常重要的内因。①

2.外部因素

然而国际组织的决议，例如联合国大会的决议，已成为公认的支持国际法规则的证据，但关于它们的效用仍有许多争论。引起辩论的原因是，决议很可能代表国家脱离国际社会现实的高度政治化立场。即使利用一项决议作为国际法的证据，也应注意确定该决议的具体性质及其通过的事实。② 国际会议上的国际协定谈判介于面临具体实际情况的国家行动与国际组织会议上通过决议的投票之间。有些谈判比其他谈判更接近真实和紧迫的国际争端，在前者采取的立场更可能代表参加国的真正决定。一个国家遵守国际协定是一个更强有力的决定，但谈判和协议确实有所不同。

环境恶化、人权保护不力、高科技迅速发展等外部因素凸显了条约法的滞后性，弱化了习惯国际法产生的国家实践要素，强化了习惯国际法产生的国家确信要素。北海大陆架案件③ 只是旧的习惯国际法不足以应付技术的迅速发展所造成的普遍问题的一个缩影。

国际法委员会于 2012 年决定在其议程中增加一个关于"习惯国际法的确定"（Identification of Customary International Law）新专题，一系列的结论草案已经通过，现在正是各国政府、国际组织、非政府组织、学者和其他方面权衡这些结论草案的大好时机。

提请国际法委员会审议的议题包括：（a）国际组织在制定或确认习惯国际法方面的作用；（b）其他非国家行为者的作用；（c）条约对建立或确认习惯国际法的影响；（d）"特别受影响国家"的作用；（e）"顽固反对者"规则；（f）存在"特别"或"区域"习惯国际法以及"双边习惯"；（g）这一法律

---

① Scott & Carr, "The International Court of Justice and the Treaty Custom Dichotomy", *Texas International Law Journal*, Vol.16 No.3, 1981, pp.347–359.

② See Texaco Overseas Petroleum Co. v. *Government of the Libyan Arab Republic*, reprinted in 17 I.L.M.1.27–31（1978）.

③ North Sea Continental Shelf Cases, [1969] I.CJ.3.

来源的时间问题（包括各国如何能够脱离现有的规则，以便建立新的规则，同时真正相信新的规则已经"被接受为法律"）。①

值得注意的是，半个世纪以后，国际法委员会现在才寻求确定国际法主要来源之一——习惯国际法的生成，拖延的部分原因是希望保留这一法律来源固有的灵活性，这种灵活性在很大程度上发挥了良好的作用，而没有任何编纂的必要。另一原因可能是近年来，习惯国际法已成为国内法的一个重要法律来源。

因此，评估 GATT/WTO 非歧视原则在产生新的习惯国际法规则的作用时，应考虑 WTO 成员的所有现有国家实践，必须具有充分的广泛性、代表性和一致性，作为一个整体加以评估，但"不需要特别的期限"。

那么，WTO 协定作为绝大多数国家加入的一项重要多边条约，在什么情况下能够产生习惯国际法的效果，从而对非缔约国也有约束力？如果那些漠不关心或不采取行动的非当事方表现出默许的迹象，可能会出现一项习惯规则吗？如果那些非缔约国似乎认真考虑并拒绝了 WTO 协定，是否可以阻止一项习惯规则？如果 WTO 协定对产生习惯国际法有影响，那么这种影响是否只发生在 WTO 协定的"实质性"规则方面，而不发生在诸如接受强制解决争端等程序规定方面？

诚如鲍威林教授所言，事实上很难看到任何具体的，且独立于 WTO 条约之外的 WTO 习惯法存在。但是，这并不意味着在国际贸易法领域内完全不可能出现习惯法。这种习惯法可以出现于尚存争议的非歧视原则，这种习惯法对所有国家都具有约束力，不管它们是否是 WTO 的成员。他进一步认为，WTO 规则不大可能成为促使习惯国际法产生的引擎。②

那么以上这些问题难以从 WTO 协定及非歧视原则中寻找答案，因为在确认 WTO 非歧视原则为新的习惯国际法提供有利证据之前，还应慎重

---

①　See D. Murphy, "Identifying the Rules for Identifying Customary International Law", *American Journal of International Law*, Vol.108 No.3, 2014, pp.169–173.

②　[比] 约斯特·鲍威林：《国际公法规则之冲突——WTO 法与其他国际法规则如何联系》，周忠海等译，法律出版社 2005 年版，第 60 页。

考量 RTAs 层面的国家实践和法律确信。这种审慎做法可能导致的结果是，习惯国际法与各国根据 WTO、RTAs 承担的义务有很大的不同。如果这种差别变得不可接受，各国当然可以采取必要的行动，制定新的习惯国际法。因此，第二节将从 RTAs 对多边贸易体制的背离及自适性调整来进一步分析。

第二节 区域贸易协定对多边贸易体制的减损和自适性调整

在国际法星空中，让人匪夷所思而又绞尽脑汁试图澄清的现象莫过于学习和探索国际法的人时常找不到真正的"法律"。国际法学者是在缘木求鱼吗？国际法碎片化下，国际法的规范等级是怎样的？运用清代诗人查慎行《舟夜书所见》这首诗用来形容国际法的"法律性"，竟然有异曲同工之妙。"月黑见渔灯"——国际社会有国际法，但国际法却不具备国内法的特性，人们见到的只是国际法的轮廓和影子。"见"是"不见"中的"见"，写的是影像，有突然发现之意蕴。"孤光一点萤"——相对于"国内法"璀璨星空而言，国际社会只有孤零零的一点点"国际法"灯光闪烁着，仿佛一只只萤火虫在"国际法"原野里发出忽明忽暗之光。"微微风簇浪，散作满河星"——当国际社会成员产生争端腾起细浪，倒映在国际法"池"中的国际法规范像渔火散开，犹如满天星。它们散是满天星，聚是一团火。

一、国际法碎片化下的规范等级

（一）国际法碎片化

国际法中最令人烦恼的问题之一，莫过于国际法的"碎片化"。尽管学者们都意识到国际法的"碎片化"会危害国际法的权威性和稳定性，使各国陷入无所适从的困境，但目前国际法学家尚未给出国际法"碎片化"的确切定义，就像GATT/WTO从未对"同类产品"给出确切定义一样。

国际法碎片化（Fragmentation of International Law），是指国际法各领域日趋明显的专门化和板块化现象，即发展出越来越多分支或部门或专门类别，这些类别、部门和板块无法用一个统一的上下级体系排列，加之国际法律关系主体在不同领域的交叉和变化，在国际法所涵盖的诸多领域，法律原则适用等问题上出现了重叠、不协调和冲突。[1] 也有学者用"巴尔干化"、"意大利面碗"等来描述特定部门法体系的碎片化问题。

哈特认为，国际法不同于国内法，因为它缺少国际立法机关、有强制管辖权的法院和集中组织起来的制裁等因素。[2] 这一特点是人们对国际法"法律"性质产生质疑的根源。[3] 国际社会明显的无政府秩序，这倒不是因为它混乱无序，而是因为它缺乏一套集中的、层级分明的立法和执法权威。作为一种规范，国内的法律体系确实类似于高度发达和复杂的"金字塔"体系，从而赋予了立法、行政和司法强制性的权力。相比之下，国际法被认为是一个很大程度上的横向治理体系，其中司法权威和关键法律职能的行使是碎片化和去中心化的。

第二次世界大战后，威斯特伐利亚传统的"共存国际法"向"合作国际法"迈进，导致了密集的国家间条约的制定和超越民族国家的国际法法律秩序的出现，然而以协商一致为基础的国际法决策机制导致了一种僵化状态。国际法"立法"和（准）司法主体多元化、全球化导致调整对象的复杂化、规范数量的激增、国际法分支部门的分离与融合以及共同的价值基础导致了国际法的体系化和"碎片化"并存。传统国际法以国家利益为核心的价值取向、

---

① 莫世健：《国际法碎片化和国际法体系的效力》，《法学评论》2015年第4期。

② ［英］哈特：《法律的概念》，张文显等译，中国大百科全书出版社1996年版，第206页。

③ Oona A. Hathaway, "Between Power and Principle: An Integrated Theory of International Law", *The University of Chicago Law Review*, Vol.72, No.2, Spring 2005, pp.469–536.

治理结构及追求共存的国际法体制受到全球化的巨大冲击。①

2000 年在国际法委员会第 52 届会议上，奥地利维也纳大学 Gerhard Hafner 教授做了 "Risk Ensuing From Fragmentation of International Law" 的报告。该报告将国际法碎片化或不成体系问题抛出，通过国际贸易规则与国际环境规则之间的冲突、《联合国海洋法公约》和《国际渔业条约》之间的冲突等案例实证分析，进而总结导致国际法碎片化的七个原因，提出碎片化对国际法的可靠性和可信度产生了威胁，并提出了解决这个问题的紧迫性及解决办法。② 该报告将国际社会对国际法碎片化现象关注程度推到了一个新高度。

联合国国际法委员会从 2002 年开始专题研究，2006 年作出了 "国际法的碎片化：国际法的多样化和扩展引起的困难" 的综合研究报告。③ 该报告堪称研究国际法 "碎片化" 的代表性成果之一，在西方国际法学界引起了较大反响，褒贬不一。

国内学者对国际法碎片化的理解与国际法委员会报告的主旨基本相同。2007 年我国国际法学者古祖雪教授在《法学研究》上发文《现代国际法的多样化、碎片化与有序化》，提出有必要在《维也纳条约法公约》框架内，通过国际组织间的合作和国家间的协调来寻求解决规范冲突的办法，提高国际法的有序化程度。④ 此后，杨永红教授以 Mox Plant 案为例对国际法碎

---

① 冯寿波：《论条约解释对国际法体系的维护——以 VCLT 第 31.3 条（c）项为例》，《西南政法大学学报》2014 年第 6 期。

② Gerhard Hafner, "Risk Ensuing from Fragmentation of International Law", Report of the ILC on the Work of its 52nd Session, General Assembly Official, Records, 55th Session, Supplement No.10, A/55/10, p.325.

③ Report of the Study Group of the International Law Commission（Finalized by M. Koskenniemi），Fragmentation of International Law: Difficulties Arising From the Diversification and Expansion of International Law, 13 April 2006, A/CN.4/L.682.<http://www.un.org/law/ilc/index.htm>.

④ 古祖雪：《现代国际法的多样化、碎片化与有序化》，《法学研究》2007 年第 1 期。

片化引发的管辖权冲突进行分析，提出了一些缓解碎片化的方式。① 由此可见，中国学者普遍认为国际法碎片化是一种国际法体系内各分支部门、小体系间的不协调或各自为政的现象，与国际法的多元化和发展相关。国际法从一般国际法管辖演进为摆脱了一般管辖的多元管辖，而多元管辖则导致了碎片化。②

（二）理论之争：国际法规范是否存在等级

国际法规范等级，亦称国际法规范位阶。法律位阶是"规范性法律文本在法律体系中的纵向等级。下位阶的法律必须服从上位阶的法律，所有的法律必须服从最高位阶的法。"法律位阶与法律效力等级、法律效力层次等语义基本相同。本书研究国际法规范等级，主要目的旨在探索 WTO 与 RTAs 规范间的冲突及解决路径。

关于国际法规范间是否存在等级，西方不同学派从其特有的视角处理国际法位阶问题③，形成了以下三种主要观点。

第一种"否定说"，认为根据国家主权平等原则，国际法中不存在也不可能存在任何正式等级，国际法规则的产生方式和形式渊源都是等同的，都来源于国家的意志。④

第二种"肯定说"，认为国际法中存在且必须存在明确的等级。以凯尔森为代表的实在法学派认为，国际法律秩序是一个不同级的诸规范的等级体

① 杨永红：《分散的权力：从 Mox Plant 案析国际法庭管辖权之冲突》，《法学家》2009 年第 3 期。

② 莫世健：《国际法碎片化和国际法体系的效力》，《法学评论》2015 年第 4 期。

③ J. H. Weiler and Andreas L Paulus, "The Structure of Change in International Law or is There a Hierarchy of Norms in International Law?" *European Journal of International Law*, Vol.8 No.3, 1997, p.545; MarttiKoskenniemi, "Hierarchy in International Law: A Sketch", *European Journal of International Law*, Vol.8, Issue 4, 1997, pp.566–582.

④ Pierre-Marie Dupy, "The Danger of Fragmentation or Unification of the International Legal System and the International Court of Justice", *Journal of International Law & Policy*, Vol.31 No.4, 1998, pp.791–808.

系。这些规范的国际法律规范之所以有效，乃是因为其从高一级的规范中获得授权。而高一级的规范依次从其上一级规范中获得效力来源，直至最后到达基础规范。①

第三种"折中说"，认为传统国际法中确实不存在正式等级，不过，从国际法体系的统一性考虑，国际法应该具有等级，而且认为随着强行法等概念的出现，国际法确实已经具有一定的等级。20 世纪 60 年代，美国 Wolfgang Friedmann 教授在其《变动中的国际法结构》鸿篇巨著中详细论证了国际法的等级问题，并预言：在适当的时候，国际法无疑要么建立起更为明确的规范位阶和更强有力的制裁，要么衰落并消亡。而目前所处的时期不是黎明，就是黄昏。②

我国国际法学者万鄂湘教授③认为，强行法并不会使整个国际法体系变成"垂直体系"，即类似金字塔式的层次结构。④清华大学车丕照教授则认为，强行法和拟议法⑤的出现使国际法规范呈现出等级化的趋势，国际法规范的等级化对传统条约法中的自由同意原则、条约效力不及于第三国原则，特殊法优于普通法原则及非多数裁决原则都形成一定冲击。国际法规范的等级化是国际法发展的自身要求，反映着国际政治力量对比的变化。⑥

法国学者 Prosper Weil 率先研究国际规范体系的"病理学"（Pathology of the International Normative System）。他并不赞同国际法的相对规范性，认

---

① ［奥］凯尔森：《法与国家的一般理论》，中国大百科全书出版社 1996 年版。

② Wolfgang Friedmann, *The Changing Structure of International Law*, New York: Columbia University Press, 1964.

③ 万鄂湘教授所著《国际强行法与国际公共政策》（武汉大学出版社 1991 年版）是我国第一部较为系统地论述和探讨国际强行法问题的专著。

④ 万鄂湘：《国际强行法与国际法的基本原则》，《武汉大学学报》（社会科学版）1986 年第 6 期。

⑤ 拟议法（Lex Ferenda）是一个与现行法（Lex Lata）相对应的概念，"想要制定但还没有正式采用的法律"。

⑥ 车丕照：《国际法规范等级化的趋势及其影响》，《吉林大学社会科学学报》1991年第 2 期。

为这是一种趋于病态的发展，在国际社会中，一些相对强大的国家会利用国际法的名义将有利于自己一方的法律或者规范推至较高的等级，从而在国际法中产生等级差异，进而出现冲突。①但德国学者 Ulrich Fasterath 从法哲学角度进行分析，认为国际法规范相对性不可避免。②C. Tomuschat、Louis Henkin 和 H. Lauterpacht 等则认为，国际法的相对规范性（等级）的合理性在于国际公共秩序的原则。

　　国内学者张辉教授从国际法规范效力等级的视角对于强行法进行了较为细致的研究③，其中阐释了强行法的起源、条约法公约起草前关于强行法的讨论、条约法公约起草过程中强行法的定义和相关条文、条约法公约中强行法的定义、特征，说明了强行法规范的范围、判断标准、类型划分（维护国际秩序、维护国际公共道德和伦理价值、维护国际公共利益），分析了强行法与普通国际法规范（条约、习惯、一般法律原则、国家单方行为）的冲突与效力等级关系的一般情况。结论是为了解决目前国际法体系内的冲突，实现国际法的和谐统一目标，对国际法的规范效力进行等级划分具有现实必要性，但也面临等级判断标准和判断主体的问题。从国际法效力等级化的理论和实践发展来看，国际司法机构对其适用仍较为谨慎，国际法规范效力等级化将是一个漫长的过程。④

二、区域贸易协定与多边贸易体制的辩证关系

RTAs 与 MTS 及全球贸易自由化的关系，一直是经济学、国际法学和国

---

① Prosper Weil, "Towards Relative Normativity in International Law", *American Journal of International Law*, Vol.77, Issue 3, 1983, p.413.

② Ulrich Fastenrath, "Relative Normativity in International Law", *European Journal of International Law*, Vol.4 No.2, 1993, pp.305–340.

③ 张辉：《国际法效力等级问题研究》，中国社会科学出版社 2013 年版，第三章。

④ 张辉：《国际法效力等级问题初探》，《海南大学学报》（人文社会科学版）2010 年第 4 期。

际政治学关心和探讨的重要问题。WTO 与 RTAs 之间的关系堪称当代国际经济法研究中最具有挑战性的难题之一。[①]WTO 上诉机构前主席巴克斯先生曾赞誉 WTO 第一次向世界展示了其"自足"的条约体系为真正的"国际法"，这一点连怀疑论者都无法否认。WTO 已经采取行动超越了无政府主义，超越了原始主义，超越了怀疑主义，来构建一个国际规则和国际裁决共同制定和执行的体系。[②] 但是，RTAs 与 WTO 共存于主权林立的国际法丛林，既可谓国际法碎片化的原因，亦可谓国际法碎片化的结果。MTS 仅仅通过 GATT1994 第 24 条维系 RTAs 与 WTO 之间的条约法关系，既不现实也已过时。

虽然 GATT 第 24 条例外并非最惠国待遇原则的唯一例外，但可能是最重要的例外。随着 RTAs 数量不断增多议题范围不断扩大，RTAs 多大程度上构成最惠国待遇原则的例外？ WTO 实际保留了哪些核心功能？ 这些都是悬而未决的难题。GATT 第 24 条作为 RTAs 与 WTO 的接口，直接界定了 MTS 本身的作用及其运作。通常通过审查为确保这种关系而提供的实质性规则和体系监管来理解这种关系。[③]

国外研究 RTAs 较为著名的国际法学者有巴哈瓦蒂（Jagdish Bhagwati）、鲍迪温（Richard Baldwin）、科迪尔（Thomas Cottier）、胡德（Robert Hudec）、杰克逊（John H.Jackson）、彼得斯曼（Ernst-Ulrich Petersmann）、赵圣俊（Sungjoon Cho）等。他们的代表性理论主要有：

1. 宪政理论

尽管 20 年前，被誉为"WTO 之父"的美国学者约翰·杰克逊（John H. Jackson）就指出，WTO 法必须被视为管理世界贸易的宪法（或宪章）[④]。

---

① Moshe Hirsch, "The Sociology of International Law: Invitation to Study International Rules in Their Social Context", *University of Toronto Law Journal*, Vol.55 No.4, 2005, p.278.

② James Bacchus, "Address to Harvard Law School", Cambridge, Massachusetts, October 1, 2002. *Harvard International Law Journal*, Vol.44, Number 2, 2003, p.215.

③ Debra P. Steger, *Redesigning the World Trade Organization for the Twenty-first Century*, Ottawa: Wilfrid Laurier University Press, 2009, p.417.

④ John H. Jackson, *The World Trading System: Law and Policy of International Economic Relations*, Cambridge: The MIT Press, 2nd Edition , 1997, p.575.

GATT 第 24 条、GATS 第 5 条和授权条款为 RTAs 规定了多边宪法限制，使
RTAs 只能在 WTO 管辖范围内活动。Thomas Cottier 和 Marina Foltea 将这
一理论起点阐述为："WTO 的原则和规则……发挥压倒一切的宪法原则的作
用，这些原则构成了优惠协定的形式和内容，所有这些原则都是为了支持
贸易创造，作为贸易管制和自由化的基础，同时避免不必要的贸易扭曲和
转移。"① 尽管 WTO 的宪法结构"在创造更大的可预见性、纠正不公平的权
力失衡和防止国际紧张局势升级方面具有潜在价值"，杰克逊教授承认，对
目前存在的"世界贸易宪法"仍有相当多的不满。不满的理由之一恰恰是
WTO 和 RTAs 之间的关系。

国际法学家认为，RTAs 的迅猛发展会导致监管失灵。最近，区域贸易
安排的目的不仅仅是为了关税和配额的自由化。它们包含一些章节，涉及诸
如劳动、环境和人类健康等社会规范。然而，RTAs 所包含的许多社会议题
条款与 WTO 规则不一致，从而破坏了在多边基础上建立监管规范的努力。
一些双边协定削弱了公共卫生方面的多边原则，因为它们包括有关贸易和知
识产权的条款。例如，美国—约旦自由贸易协定包含了将贸易和劳工联系起
来的条款，这可能与 WTO 成员通过国际劳工组织达成的监管共识不一致。
多重监管只会阻碍全球贸易，破坏监管问题的多边协调。②

欧洲彼得斯曼教授进而提出"宪法性解释"学说。他指出，《维也纳条
约法公约》要求对国际条约作出"合理的"解释，符合正义原则，尊重人权
和基本自由，并符合其他有关国际法规则。法庭的独立性和公正性要求法官
解释国际经济法条约时"平衡"相互冲突的法律诉求（例如关于政府限制个
人经济自由和财产权的"必要性"和"相称性"），并适当考虑到普世人权和

① Thomas Cottier & Marina Foltea, Constitutional Functions of the WTO and Regional
Trade Agreements, in *Regional Trade Agreements and The WTO Legal System*, Lorand Bartels &
Federico Ortino eds., 2006, pp.43–44.

② Stephen Joseph Powell; Trisha Low, "Is the WTO Quietly Fading Away: The New
Regionalism and Global Trade Rules", *The Georgetown Journal of Law & Public Policy*, Vol.9
No.2, 2011, pp.261–282.

其他"宪法正义"原则，包括立法和司法上对人权和正义原则解释合理分歧的尊重。他从欧盟、欧洲经济区和欧洲人权公约构建多层次司法合作一体化（judicial integration）的范例得出结论，最好是通过宪法性解释来减少以权力为导向的政府间条约规则的碎片化和分配不公，从而达到对相互竞争的规则、原则和司法管辖权的司法"平衡"，进而减少潜在的国际法规范碎片化。这种基于程序性和实质性"宪法原则"的"司法宪政化"（judicial constitutionalization）的政府间条约制度，被公民、国家法院、议会乃至政府广泛接纳，因为司法上的"欧洲公共推理"（European public reasoning）既保护了个人权利，又保护了欧洲"公共物品"（public goods）如欧共体共同市场、法治和民主和平，从而比以国家为中心的三权分立体系更有效。在司法上尊重各国人权和民主传统的合法多样性，是对欧盟各成员国之间的条约进行司法重新解释的先决条件，这些条约是保护欧洲公民不受本国政府滥用权力的宪法性文书。①

2."制度性融合"（institutional convergence）理论

美国 Sungjoon Cho 教授认为监管自主权增加可能会出现贸易宪法 2.0。② 还认为，多边贸易体制宪政化经历了三个里程碑事件——1947 年 GATT 诞生，1995 年 WTO 创立，和 2001 年多哈"发展回合"谈判启动。而多边贸易体制碎片化又经历了三大失败——贸易失败、规制失败和发展失败。从而提出多边化的去碎片化路径：开放的区域主义、规制融合和多边化的监管。③ 他还倡议全球贸易体制需要一种新的范式，能够克服第 24 条的缺陷和过时

① Ernst-Ulrich Petersmann, "De-Fragmentation of International Economic Law Through Constitutional Interpretation and Adjudication with Due Respect for Reasonable Disagreement", *Loyola University Chicago International Law Review*, Vol.6, Issue.1, 2009, pp.209–210.

② Sungjoon Cho, "Trade Constitution 2.0"（International Economic Law and Policy Blog, 28 March 2014）<http://worldtradelaw.typepad.com/ielpblog/2014/03/trade-constitution20.html?cid=6a00d8341c90a753ef01a73d9c8289970d#comment-6a00d8341c90a753ef01a73d9c8289970d>.

③ Sungjoon Cho, "Defragmenting World Trade", *Northwestern Journal of International Law & Business*, Vol.27 No.1, 2006，pp.39–88.

因素，以建设性而非破坏性的方式奉行多边主义，以便使贸易区域主义与之兼容。这个新范式必须从一个全面的角度出发，通过强调各个领域来打破区域主义和多边主义之间的障碍，从而实现"制度性的融合"（institutional convergence）。①

1999年纽约大学《国际法与政治》期刊第31卷专题刊登了12位世界知名国际法学者关于"碎片化"与"宪政化"专题系列论文。美国杰克逊教授和法国皮埃尔—马瑞·杜帕教授（Pierre-Marie Dupuy）的文章分析了WTO与其他国际机构、国际法体系间的"碎片化"与"统一化"问题。还有学者认为，RTAs争端解决中的管辖权竞合问题是对WTO争端解决机制最严峻的挑战，如处理不当，会对WTO争端解决机制构成削弱和侵蚀，严重影响其业已建立的法律权威性和国际公信力。②

---

① Sungjoon Cho, "Breaking the Barrier between Regionalism and Multilateralism: A New Perspective on Trade Regionalism", *Harvard International Law Journal*, Vol.42 No.2, Summer 2001, pp.421–422.

Monica Pinto, "Fragmentation or Unification Among International Institutions: Human Rights Tribunals", *New York University Journal of International Law and Politics*, Vol.31 No.4, Summer 1999, pp.833–842;

EyalBenvenisti, "Margin of Appreciation, Consense, and Universal Standards", *New York University Journal of International Law and Politics,* Vol.31 No.4, Summer 1999, pp.843–854;

Bartram S. Brown , "U.S. Objections to the Statute of the International Criminal Court: A Brief Response", *New York University Journal of International Law and Politics*, Vol.31 No.4, Summer 1999, pp.855–892;

Gennady M. Danilenko , "The Economic Court of the Commonwealth of Independent States", *New York University Journal of International Law and Politics,* Vol.31 No.4, Summer 1999, pp.893–918;

Georges Abi-Saab, "Fragmentation or Unification: Some Concluding Remarks", *New York University Journal of International Law and Politics,* Vol.31 No.4, Summer 1999, pp.919–934.

② The Changing Landscape of RTAs, Prepared for the Seminar on Regional Trade Agreement And The WTO Regional Trade Agreement Section, *Trade Policies Review Division*, WTO Secretariat, Geneva, Nov.14, 2003, pp.2–8.

3.“条约拥堵”（Treaty Congestion）理论[①]

美国乔治敦大学 Weiss 教授指出，各国在大量新的国际环境协定谈判方面取得的成功，却产生了一个重要的负面问题——条约拥堵。这影响到整个国际社会，特别是国际机构，以及可能希望参与协定的谈判和执行、但缺乏专业资源的各国政府。条约冲突的根源在于公平。

4.“囚徒困境”（Prisoners'Dilemma）理论

新西兰威灵顿维多利亚大学法学院学者 Meredith Kolsky Lewis 在 2011年《芝加哥法律评论》上发文[②]，借助经济学理论，认为纳什均衡并非帕累托最优，并进一步解释为何“以邻为壑”的 FTAs 不符合 GATT 第 24 条的精神，并对多边贸易体制构成严重挑战。尽管成员通过 WTO 追求贸易自由化是最优选择，但它们的主导战略是追求 FTAs 这种次优选择，并产生“多米诺骨牌”效应。这种“囚徒困境”难题可通过开放加入条款和区域主义多边化加以解决。该解决方案在亚太经合组织（APEC）、区域全面经济伙伴关系协定（RCEP）中得以践行。

5.“意大利面碗”理论

除了经济学家巴哈瓦蒂率先提出“意大利面碗”理论外，也有一些国际法学者分析了优惠贸易协定的“意大利面碗”效应及对 WTO 的减损[③]。在管理“意大利面碗”效应过程中，透明度正发挥着越来越重要的作用。尽管进

---

① Edith Brown Weiss, "International Environmental Law: Contemporary Issues and the Emergence of a New Order", *Georgetown Law Journal*, Vol.81 No.3, 1993, pp.675–710. Bethany Lukitsch Hicks, "Treaty Congestion in International Environmental Law: The Need for Greater International Coordination", *University of Richmond Law Review*, Vol.32, No.5, 1999, pp.1643–1674.

② Meredith Kolsky Lewis, "The Prisoners'Dilemma Posed by Free Trade Agreements: Can Open Access Provisions Provide an Escape?" *Chicago Journal of International Law*, Vol.11 No.2, 2011, pp.631–661.

③ Brad Kloewer, "The Spaghetti Bowl of Preferential Trade Agreements and the Declining Relevance of the WTO", *Journal of International Law & Policy*, Vol.44 No.3, 2016, pp.429–440.

行了透明度机制改革,但发展中国家仍处于由主要贸易国家主导的"意大利面碗"之外。而且 FTAs 不仅建立了专门的贸易体制,还建立了较少涉及自由贸易、更多涉及标准化的监管框架。为了保持相关性,WTO 需要坚持作为一个积极的"第三方",系统地监管"意大利面碗",特别是 WTO 专家组和上诉机构应积极参与核查 FTAs 是否符合 WTO 法。[1]

国内研究 RTAs 较为著名的国际法学者有曾令良教授、刘敬东教授、何志鹏教授、石静霞教授、杨丽艳教授等,形成的系统性理论有如下几种。

1."治内法权"理论

"特惠制"的区域性体制就是一种比最惠国待遇还要优惠的体制,具有天然歧视性。[2] 这种"特惠制"性质的区域性体制原本与最惠国待遇原则格格不入,然而在 WTO 体制中却属于合法的例外,是 WTO 多边体制中的"治内法权"。[3]

2."冲突与侵蚀"理论

当前各种 RTAs 正在朝着跨地区、跨大陆、跨大洋的方向迅猛发展。过多的 RTAs 直接威胁着多边贸易谈判进程和前景,越来越严重地侵蚀着 WTO 的基石、精神和宗旨。且发达国家在实施普惠制的过程中,存在着普遍的"再次侵蚀"或"二度侵蚀"最惠国待遇原则的做法。[4] 国内许多学者从 RTAs 与 WTO 的管辖权冲突与竞合[5]、裁决冲突、争端解决机制的法律

---

[1] Maria Panezi, The Spaghetti Bowl of Free Trade Agreements: Four Proposals for moving Forward, CIGI Policy Brief No.87 Sept, 2016. Available at: https://www.cigionline.org/publications/wto-and-spaghetti-bowl-free-trade-agreements-four-proposals-moving-forward(Visited at Feb 24, 2020).

[2] 赵维田:《世贸组织的法律制度》,吉林人民出版社 2000 年版,第 82 页。

[3] 刘敬东:《多边体制 vs 区域性体制:国际贸易法治的困境与出路——写在 WTO 成立 20 周年之际》,《国际法研究》2015 年第 5 期。

[4] 参见曾令良:《区域贸易协定的最新趋势及其对多哈发展议程的负面影响》,《法学研究》2004 年第 5 期。

[5] 何志鹏、隽薪:《WTO 与 NAFTA 争端解决机制管辖权冲突研究》,《世界贸易组织动态与研究》2011 年第 2 期。

适用冲突①、跨 WTO 体制的规则冲突及其解决路径②等角度进行研究，提出 WTO 与 RTAs 可考虑以适当的方式借鉴国际私法中规制管辖权冲突和相互承认裁决的传统规则来解决这一问题③。还有学者深入研究 WTO 与 FTA 知识产权条款冲突与协调④、TPP 中选择性排他管辖权条款的效力⑤、区域贸易优惠与最惠国待遇关系的冲突与法律协调及我国应对措施⑥。

3.“囚徒困境”的国际经济法理论

还有学者借鉴国际经济学“博弈论”，认为无论是 WTO 协定为代表的多边经济贸易法律规则，还是形形色色的区域或双边经贸协定，都是一种国与国之间为了克服“囚徒困境”，增进国际社会福利的集体行动机制。国际经济法律制度可以有效解决“囚徒困境”，确保国与国之间合作的稳定性和外在约束的有效性。⑦

4.“适度规制”论

另有学者认为 GATT 第 24 条存在内部缺陷，WTO 现行有关 RTAs 的法律规范需要进一步发展以适应实践需要，因而提出 WTO 对 RTAs 的“适度规制”论，主张 WTO 放下“规制者”的架子，更强调 WTO 与 RTAs 之间的合作协调。⑧

---

① 刘敬东：《多边体制 vs 区域性体制：国际贸易法治的困境与出路——写在 WTO 成立 20 周年之际》，《国际法研究》2015 年第 5 期。

② 许楚敬：《跨 WTO 体制的规则冲突及其解决路径》，《法学家》2011 年第 2 期。

③ 刘彬：《论国际贸易协定司法管辖权冲突——迈向功能竞赛》，《云南大学学报》（法学版）2011 年第 2 期。

④ 陈咏梅：《国际知识产权协定之间的冲突与协调——以世贸组织和自由贸易区的知识产权协定 / 条款为视角》，《法商研究》2015 年第 1 期。

⑤ 陈儒丹：《TPP 中选择性排他管辖权条款的效力研究》，《政法论坛》2016 年第 5 期。

⑥ 沈木珠：《区域贸易优惠与最惠国待遇关系的冲突与法律协调——兼论我国应对措施》，《国际贸易问题》2005 年第 2 期。

⑦ 陈儒丹：《解开“囚徒困境”的国际经济法律制度——博弈论方法和中国问题视角》，《国际商务》2014 年第 1 期。

⑧ 刘彬：《WTO 对 RTAs 的“适度规制论”——有关 GATT 第 24 条讨论的启示》，2006 年中国青年国际法学者暨博士生论坛。

（三）WTO 法与 RTAs 在国际法中的地位

同样诞生于国际法这个银河系，WTO 法好比太阳，RTAs 好比地球，RTAs"星球"受 WTO 法"太阳"引力吸引，WTO 法这个"太阳"靠自身热量来维持 RTAs 上的生命之光。但时过境迁，国际法"银河系"不再按照 RTAs 围绕 WTO 运行的模式生活。

学术界对成员在 WTO 项下义务的性质争论不休。从缔约方权利义务关系性质来分析，Pauwelyn 提出，与集体义务或普遍义务相比，WTO 义务具有双边性质。Pauwelyn 认为，违反 WTO 义务的行为发生在违反 WTO 义务的成员国和受害者之间。一个集体制度将以集体的方式对一个单一成员的违反作出反应，所有集体成员都可以声称他们的权利和义务受到侵犯。在国内法中也可以发现类似的区别：一项罪行是由国家作为集体发出的惩罚，而违反合同则是在两者之间的关系中包含的补救措施。为了支持 Pauwelyn 的观点，上诉机构在日本酒精饮料案中坚持认为，"WTO 协议是一项条约——相当于国际契约。"虽然学术界争论不休，WTO 继续制裁并强制执行违反其规则的行为。杰克逊则对 WTO 的双边主义主张提出了质疑。他认为，必须记住的是，"多边贸易体制"一词确实包括"多边"一词，法治应是一项普遍原则。

三、多边贸易体制的碎片化——案例实证分析

1994 年乌拉圭回合多边贸易谈判的结束和 1995 年世界贸易组织的成立，为多边贸易制度提供了体制上的支持，是多边贸易制度演变中的一个重要里程碑。它在全球范围内大大加强了对国际贸易的多边管制。[1] 建立 WTO 的主要目的是建立规范国际贸易行为的全球规则和原则，促进降低贸

---

[1]　Y. S. Lee, "Bilateralism under the World Trade Organization", *Northwestern Journal of International Law and Business,* Vol.26 No.2, 2006, p.357.

易壁垒的谈判，以实现自由和公平的国际贸易。相对于国际投资法、国际金融法领域而言，国际贸易法领域以其统一性和争端解决机制的权威性而备受瞩目。

然而多边贸易体制正面临着日益严重的碎片化危险，其运作方式——多边主义正日益被"优惠性区域贸易集团扩散所造成的贸易壁垒所阻碍"，多边贸易体制的碎片化、边缘化、巴尔干化现象值得高度关注。截至 2016 年 6 月蒙古与日本达成双边 FTA，WTO164 个成员至少是一个 RTA 的缔约方或正在 RTA 谈判过程中。RTAs 无处不在，规模如此庞大，已经演变为 WTO 的一个系统性问题。RTAs 的扩散意味着对 WTO 核心非歧视原则的侵蚀，从而损害了国际贸易法的统一性。多边贸易体制有可能沦为自身成功的牺牲品。RTAs 日益普及并建立了越来越强有力和影响深远的争端解决制度。本书将从争端解决视角进一步探讨区域贸易安排的扩散如何危及多边贸易体制。

（一）管辖权重叠 / 冲突——墨西哥软饮料案[1]

世界贸易组织争端解决机制与区域贸易协定争端解决机制之间的关系表明，在管辖权重叠 / 冲突问题和国际法规范等级制度问题上存在困难。[2] 管辖权通常是根据立法或司法管辖权来定义的，即对某一事项进行立法或裁决的权力。可以从水平（国家间或国际组织间管辖权的分配）和垂直（国家与国际组织间管辖权的分配）的角度分析管辖权。下文将探讨 RTAs 与 WTO 之间司法管辖权的横向分配问题。

多边条约体系和区域条约体系创建了问题驱动型（issue-driven）、重叠

---

[1] Appellate Body Report, Mexico – Tax Measures on Soft Drinks and Other Beverages, WT/DS308/AB/R, adopted March 24, 2006, and Panel Report, WT/DS308/R, adopted as modified by the Appellate Body Report.

[2] Joel Trachtman, "Institutional Linkages: Transcending 'Trade and ...'", *American Journal of International Law,* Vol.96 No.1, 2002, p.77.

的治理机制，但缺乏一个共同的治理主体。[1] 当不同法律制度或不同规则同时适用于一个问题时，就会发生规则和体制上的冲突。当我们把RTAs与多边贸易体制视为国际贸易的独立法律体系和司法管辖区时，它们之间显然存在冲突的可能性。与此同时，大多数体系的执行机构在行使管辖权时都要求具有优于其他体系的管辖权和合法性。[2] 例如在环境保护领域，当代的需要导致了国际环境协定的"巴尔干化体系"产生，这些协定之间的界限也不清晰。

第一种情形涉及 RTAs 义务和 WTO 义务的"双重违约"，这两种强制性争端解决机制对完全相同的措施都有管辖权，随后发生了管辖权冲突。在国际贸易法中，这种"双重违约"的情况在墨西哥软饮料案中得到了解决，下面将对此案进行详细讨论。

1. 案件事实

1991—1992 年美国和墨西哥进行 NAFTA 谈判时，美、墨之间就食糖贸易达成协议：在 2008 年完全自由贸易之前，墨西哥在从食糖净进口国变为剩余生产国后，每年都可以按一定量免税向美国出口食糖。之后，美国政府迫于国内压力与墨西哥重新协商修改 NAFTA 协议，协商所达成的文本草案，虽经双方谈判代表签署，但未经两国贸易部长签署和换文。美国认为新文本已生效，拒绝根据 NAFTA 免税进口墨西哥食糖。墨西哥坚持新文本未生效，要求美方执行 NAFTA 协议。

鉴于美、墨之间存在争议，墨西哥于 1998 年试图启动 NAFTA 项下争端解决程序，但由于美国阻挠，NAFTA 争端解决程序一直无法进行。墨西哥 1998 年对美国高糖玉米糖浆采取反倾销措施，但在 2000 年被 WTO 裁定

---

① Panagiotis Delimatsis, "The Fragmentation of International Trade Law", Available at: http://ssrn.com/abstract=1554909.

② R. Howse, "Adjudicative Legitimacy and Treaty Interpretation in International Trade Law – The Early Years of WTO Jurisprudence" in J. Weiler (ed.) , The EU, the WTO and the NAFTA: Towards a Common Law of International Trade, London: Oxford University Press, 2000, p.239.

违反《反倾销协定》而不得已于 2001 年撤销。于是，墨西哥在 2002 年 1 月开始对美国高糖玉米糖浆的饮料征收 20% 的进口税。

美国因此在 2004 年将墨西哥成功诉诸 WTO。美国认为这些税与 1994 年 GATT 第 3 条不符，特别是与 1994 年 GATT 第 3 条第 2 款和第 4 款不符。墨西哥根据 GATT 第 20 条（d）款提出辩护。2006 年 3 月，WTO 裁定墨西哥违反 WTO 第 3 条国民待遇规则，且不能根据 GATT 第 20 条（d）款获得豁免。2006 年 7 月，美国和墨西哥就各种甜味剂达成协议，包括取消在这次争端中有争议的税收。从 2008 年 1 月 1 日起，NAFTA 关于甜味剂优惠的过渡安排结束，以后，墨西哥和美国之间的优惠政策一直是免关税和免配额的，尽管双方的制糖业都有重新监管的提议。

2. 案件启示

第一，在什么情况下，WTO 专家组可以且应该拒绝行使管辖权？

在管辖权重叠问题上，墨西哥认为，这一争端涉及两个 NAFTA 国家，涉及 NAFTA 的各项规定，因此应视为 NAFTA 争端，而不是 WTO 争端。因此，墨西哥请求 WTO 专家组拒绝行使其管辖权，赞成根据 NAFTA 第 20 章设立仲裁小组。[①]

WTO 专家组作出初步裁决，指出根据 WTO 秘书处的规定，专家组无权决定是否就适当提交的事项行使管辖权。因此，专家组拒绝了墨西哥的要求。专家组在其推理中提到了 DSU 第 3.2 条和第 19.2 条，并指出，如果 WTO 专家组决定不对某一特定案件行使管辖权，它将损害申诉成员根据 DSU 和其他 WTO 涵盖的协议享有的权利。

关于 NAFTA 与 WTO 两个争端解决制度之间的管辖权重叠问题，专家组没有作出任何结论或裁决。因为专家组认为："本小组的任何调查结果及其在本案中的结论和建议仅涉及墨西哥在 WTO 涵盖的协议项下的权利和义务，而不涉及墨西哥在其他国际协议，如 NAFTA 或其他国际法规则项下的

[①] Panel Report Mexico-Tax Measures on Soft Drinks and Other Beverages, para.7.1, WT/DS308/R.

权利和义务。"

该案件在 WTO 上诉机构进行上诉。上诉机构处理的问题是,该专家组是否应拒绝对美国根据 1994 年 GATT 第 3 条提出的诉求行使管辖权?上诉机构从欧盟荷尔蒙案中得出结论,WTO 专家组有"处理未明确规定的特定情况的自由裁量权"①。上诉机构举例,WTO 专家组可运用司法经济原则,避免就某些诉求作出裁决,而该等裁决对解决争端中有争议的事项并无必要。② 但上诉机构认为:"虽然专家组在确定其工作程序时可能享有一定的自由裁量权,但这种自由裁量权并不包括修改 DSU 条款。DSU 中没有给予专家组无视或修改 DSU 明确规定的权力。"③

这意味着,WTO 成员可以发起 WTO 争端,并始终有权在另一成员损害其利益时获得 WTO 裁决。因此,根据上诉机构的意见,拒绝有效确立的管辖权的决定将削弱申诉成员对违反 DSU 第 23 条规定的义务寻求补救的权利,以及根据 DSU 第 3.3 条提出索赔的权利。拒绝行使管辖权与 WTO 专家组根据 DSU 第 3.2 和 19.2 条承担的义务不一致。

与专家组一样,本案的上诉机构选择不就相互竞争的管辖权问题作出任何裁决。这反映了一种避免冲突的态度。但最重要的是,它反映了这样一个现实,即一旦 WTO 专家组有了管辖权,它就必须行使该管辖权,不管其他任何法庭是否有管辖权,或是否更适合处理争端。

WTO 规则具有"影响全面"的特征。为此,即使争端仅仅相对地涉及贸易方面,也可以诉诸 WTO 争端解决机制解决。④ 特别考虑到所有 WTO

① "WTO Appellate Body Report EC-Hormones(US, EC)", adopted 16 January 1998, WTO Doc. WT/DS48/AB/R DS26, at: http://www.wto.org/english/tratop e/dispi e/cases e/ds48 e.htm(accessed on 2 Feb, 2020).

② WTO Appellate Body Report US- US-Wool Shorts and Blouses(US, India), adopted 23 May 1997, WTO Doc. WT/DS33/AB/R DS33, p.19 para.340.

③ WTO Appellate Body Report India- India-Patents(US, India), adopted 16 January 1998, WTO Doc. WTD S50/AB/R DS50, p.9 para.92.

④ [比]约斯特·鲍威林著,周忠海等译:《国际公法规则之冲突——WTO 法与其他国际法规则如何联系》,法律出版社 2005 年版,第 28 页。

成员都对如何解决 WTO 项下争端更感兴趣。如果允许或鼓励 WTO 成员将涉及 WTO 项下权利义务的争端提交给 RTAs 解决争端，而其他 WTO 成员并无发言权，这似乎是不明智的。事实上，如果让 WTO 成员放弃其申诉权，也同时剥夺了其他 WTO 成员本应享有的第三方权利。从而不利于维护 WTO 成员在实体法和程序法上的合法权益。①

第二，专家组和上诉机构能在多大程度上考量 RTAs？还是在所有情况下必须优先考虑 WTO 法？

关于这个问题，学界有不同争论。第一种观点坚持 WTO 争端解决中不考虑 RTAs。最常见解释是，RTAs 不属于 WTO 法，RTAs 条款不构成 WTO 专家组和上诉机构解决争端的条约法依据。WTO 法体系已由《马拉喀什最后文件》、1994 年 GATT、GATS、TRIPs 等构成完整和明确的 WTO 协议群，是一个自足的法律体系（self-contained legal system）。

这是一种极端狭隘的法律观点，并不是 WTO 专家组和上诉机构完全支持的观点。因为 WTO 一些案例表明，WTO 法必须更广泛地涵盖基本的国际法规则和一般法律原则。② 如果 WTO 争端解决机构拒绝考量 WTO 成员制定的其他条约，同时又愿意利用国际公法的其他原则和规则，这是自相矛盾的。

本案上诉机构认为，即使墨西哥提到的法律原则适用于 WTO 争端解决机制，也需要确定美国是否一贯或不一贯地履行其 NAFTA 项下义务。DSU 第 3.2 条规定，WTO 争端解决机制"旨在维护成员在协议项下的权利和义务，并澄清这些协议的现有条款"。接受墨西哥的解释意味着可以利用 WTO 争端解决机制来确定所涉协定之外的权利和义务。③

WTO 成员非常"嫉妒"WTO 协定"条约的主人"（masters of treaty）

---

① William J. Davey & André Sapir, "The Soft Drinks Case: The WTO and Regional Agreements", *World Trade Review*, Vol.8, No.1, Jan.2009, p.19.

② http://www.wto.org/english/ tratop_e/dispu_e/repertory_e/p3_e.htm.

③ Appellate Body Report, para.56, Mexico-Tax Measures on Soft Drinks and Other Beverages, WT/DS308/AB/R, adopted March 24, 2006.

地位，成员国并不希望 WTO 作为一个国家间组织，过度限制主权国家在 WTO 协议群内外的管辖权边界。因此，当要求专家组或上诉机构考虑 RTAs 或根据 RTAs 作出相关案件的裁决时，专家组和上诉机构通常采取灵活而开放的立场。这一立场最具说服力的依据不是法律，而是政策上的理由。如果 WTO 要维持国家间最低限度的贸易自由化，就必须提供解决争端的中心手段。如果 WTO 争端解决机制确实是强制性的、有约束力的，那么就不允许 WTO 成员选择退出争端解决机制，也不允许提出保留。所有 WTO 成员，无论大小强弱，都必须依赖 WTO 争端解决机制维护其合法权益。作为一个政策问题，这是一个很有吸引力的论点，特别是如果有学者认为 RTAs 有削弱 WTO 结构和 WTO 法的严重风险。因此，允许设立 RTAs，但绝不能让其稀释甚至淹没 WTO，使其成为解决贸易争端的主要机构及模式。

为此，Pauwelyn 提出了一个让人信服的主张，即向所有国家增加 WTO 义务是被禁止的；但在 WTO 争端解决具体过程中，将 RTAs 应用于 WTO 成员，仅对 RTAs 缔约方有约束力，而不会增加其在 WTO 项下的一般承诺。[1] 如果采取这种方式，RTAs 缔约方将被要求履行其 RTAs 项下义务，而不影响其在 WTO 项下的一般权利和义务。[2]

总而言之，许多 RTAs 包括与 WTO 协定平行的实质性权利和义务。通常，这些 RTAs 提供自己的争端解决机制，这使得缔约方有可能基于甚至类似的义务诉诸不同但平行的争端解决机制。这种情况并不独特，因为国家往往受多项条约的约束，而这些条约的争端解决制度是并行运作的。与此同时，WTO 争端解决机制宣称是强制性和排他性的。《关于争端解决规则和程序的谅解》（DSU）第 23 条规定，对于违反 WTO 的行为，DSU 享有专

---

[1] Joost Pauwelyn, "The Application of Non-WTO Rules of International Law in Dispute Settlement", in Patrick Macrory, Arthur Appleton and Michael Plummer (eds), The World Trade Organization: Legal, Economic and Political Analysis, New York: Springer, 2005, pp.1405-1416.

[2] Armand C. M. de Mestral, "Dispute Settlement Under the WTO and RTAs: An Uneasy Relationship", *Journal of International Economic Law*, Vol.16, No.4, 2013, pp.777-825.

属管辖权。WTO 成员只要声称某项措施影响或损害其贸易利益，就有权触发 WTO 准自动、迅速和强有力的争端解决机制，从而排除任何其他机制审查违反 WTO 法律行为的权限。提出质疑的成员不需要证明任何具体的经济或法律利益，也不需要提供任何证据证明被质疑的措施对贸易的影响，以便启动 WTO 争端解决机制。因此，WTO 将经常"吸引"对具有（潜在）贸易影响的争端的管辖权，即使这些争端也可以通过 WTO 以外的其他机构来处理。①

此外，NAFTA 规定②，可由提出申诉的一方自行选择法庭，但在涉及环境、卫生和动植物检验检疫措施、标准有关的措施时，应优先选择 NAFTA 争端解决。因为在 NAFTA 缔结时，这些规定比 GATT 的规定更为先进。如果申诉方已经就该事项启动了 GATT 程序，申诉方应退出 GATT 程序，并可启动 NAFTA 下的争端解决程序。

然而，根据 DSU 第 23 条，违反 WTO 协定的行为只能根据 WTO 争端解决机制来处理，援引 NAFTA 条款是否足以阻止 WTO 裁决机构？ DSU 第 23 条和准自动程序如何能与对 NAFTA 争端解决机制的偏爱协调？以及在某些情况下对同一事实在 NAFTA 和 WTO 中类似义务的排他性优先权相协调？③

毋庸置疑，这些规定为今后美、加、墨之间环境与贸易争端在 NAFTA 乃至 USMCA 争端解决机制与 WTO 争端解决机制之间的冲突埋下伏笔。

---

① Kyung Kwak & Gabrielle Marceau, "Overlaps and Conflicts of Jurisdiction between the World Trade Organization and Regional Trade Agreements", *The Canadian Yearbook of International Law*, Vol.41, No.3, 2003, pp.85–86.

② North American Free Trade Agreement, December 17, 1992; Model Rules of Procedure for Chapter Twenty of the North American Free Trade Agreement; Code of Conduct for Dispute Settlement Procedures under Chapters 19& 20 of the North American Free Trade Agreement [hereinafter NAFTA]，text is available at <http://www.sice.oas.org/cp-disp/English/dsm-II.asp>.

③ Kyung Kwak & Gabrielle Marceau, "Overlaps and Conflicts of Jurisdiction between the World Trade Organization and Regional Trade Agreements", *The Canadian Yearbook of International Law*, Vol.41, No.3, 2003, p.88.

（二）裁决结果冲突——巴西轮胎案[①]

解决争端的管辖权重叠可以定义为将同一争端或同一争端的有关方面提交两个不同的机构或两个不同的解决争端制度的情形。这种情形可能导致"挑选法庭"（Forum-shopping）的困难，即有争议的实体可以在两个裁决机构之间或在两个不同的司法管辖区之间就同一事实作出选择。当两项协议的争端解决机制同时或先后触发时，存在两个层面的问题：第一，两个法庭可能对该事项主张最终管辖权（至上权）；第二，它们可能得出不同甚至相反的结果。

第二种情形发生在 RTAs 和 WTO 就类似事实作出相互矛盾的裁决时，相互冲突的问题不仅涉及对国际贸易义务的不同解释，而且提出了 WTO 争端解决机制是否比 RTAs 争端解决制度在等级上更优越的重要问题。巴西轮胎案是与这个问题相关的典型案例。

1. 案件事实

这场争论的背景是巴西登革热疾病引起了公共健康危机。巴西认为用过的轮胎和翻新的轮胎是最受欢迎和最广泛的伊蚊繁殖场所，威胁到人类生命健康。2000 年开始巴西政府采取了立法措施，禁止翻新轮胎进口。2002 年巴西恢复进口原产于南方共同市场（MERCOSUR）的轮胎，但是对原产于其他国家(包括欧共体）的翻新轮胎却持续禁止，不论进口还是销售、运输、仓储等，违者处以罚金。禁止进口这些轮胎的立法在 MERCOSUR 和 WTO 争端解决机构都受到挑战。[②]

---

① Brazil - Measures Affecting Imports of Rethreaded Tyres, Panel Report adopted 12 June 2007, WTO Doc. WT/DS332/R, at http://www.wto.org/english/tratop e/dispu e/cases e/ds332 e.htm （visited at Feb 21, 2020）. Appellate Body Report adopted 3 December 2007, WTO Doc. WT/DS332/AB/R 3 December 2007, at http://www.wto.org/english/tratop e/dispu e/cases e/ds332 e.htm （visited at Feb 21, 2020）.

② N. Lavranos& N. Vielliard, "Competing Jurisdictions between MERCOSUR and WTO", *The Law and Practice of International Courts and Tribunals*, Vol.7, No.2, 2008, pp.205–234.

乌拉圭 2001 年在 MERCOSUR 发起仲裁程序，声称巴西进口禁令 SECEX 8/2000 侵犯了 MERCOSUR 条约保障的自由贸易权利①。法庭裁定，MERCOSUR 第 22/2000 号决定禁止新的贸易限制。由于这一决定是在 SE-CEX 8/2000 之前通过的，因此巴西不能对翻新轮胎贸易施加新的限制，因为这种限制不符合巴西现有的 MERCOSUR 贸易法义务。为了遵守 MER-COSUR 仲裁庭的裁决，巴西不得不通过新的立法。

为此，巴西颁布了第 2/2002 号 SECEX，取消对原产于 MERCOSUR 国家的翻新轮胎的进口禁令。这意味着只有来自 MERCOSUR 成员国的翻新轮胎才能免于进口禁令。巴西进一步将这一 MERCOSUR 豁免纳入第 14/2004 号 SECEX 第 40 条。

这些执行 MERCOSUR 仲裁庭裁决的措施促使欧共体将争端提交 WTO。在禁令实施前，巴西进口的翻新轮胎大部分来自欧盟。禁令实施后，欧盟对巴西的翻新轮胎出口到 2002 年已降为零。因此，欧共体声称，这一禁令违反了 GATT 第 11 条。欧共体还声称，MERCOSUR 豁免歧视欧共体，因此违反了 GATT 第 1 条和第 13 条。实质上，欧共体向 WTO 专家组提出的论点是巴西进口禁令和 MERCOSUR 的豁免是否符合 WTO 法律。

WTO 专家组在其推理中承认，MERCOSUR 的豁免是对仲裁庭裁决的执行，并非出于"反复无常和不可预测的原因"。专家组认为，由于 GATT 第 24 条规定给予自由贸易协定成员优惠待遇而损害其他国家的利益，因此，根据第 24 条，MERCOSUR 的豁免是合理的。

在向 WTO 上诉机构提出上诉② 时，巴西认为，为了遵守 MERCOSUR 仲裁庭的裁决，进口禁令确实是必要的，因此不能被视为"反复无常或随机

---

① Remoulded Tyres 9 January 2002（Uruguay v. Brazil），MERCOSUR ad hoc Arbitral Tribunal, at http://www.mercosur.int/msweb/portal%20intermediario/pt/controversias/VI%2OLAUDO. pdf（accessed on 8Feb 2020）.

② Appellate Body Report Brazil- Measures Affecting Imports of Rethreaded Tyres（Brasil, EC），adopted 3 December 2007, WTO Doc. WT/DS332/AB/R 3 December 2007, at http://www. wto.org/english/tratop e/dispu e/cases e/ds332 e.htm（accessed on 8 Feb 2020）.

的"。但是,上诉机构认为,进口禁令是歧视性的。这是因为"MERCOSUR 特别仲裁庭的决定不是歧视从欧共体进口的理由,因为它与进口禁令所要达到的合法目标毫无关系,而且实际上是违反这一目标的"。该条款的适用构成了任意和无理的歧视——变相限制国际贸易。因此,上诉机构裁定 MER-COSUR 的豁免违反了 GATT 第 20 条的前言。

2. 案件启示

RTAs 争端解决机制与 WTO 争端解决机制是相互竞争甚至是对立的?还是相辅相成的?他们能共存吗?还是会永远对立?它们是平行的还是从本质上隶属于 WTO?

巴西轮胎案经过了三个层次的裁决,从 MERCOSUR 仲裁庭开始,到 WTO 专家组,最后到 WTO 上诉机构。本案中专家组和上诉机构对 MER-COSUR 的尊重及其程度有很大的不同。[①]WTO 上诉机构通过审查 MERCO-SUR 的决定,对 RTAs 或 RTAs 争端解决机构作出的决定行使了 WTO 法律的最高权力。上诉机构实际上主张 RTAs 争端解决机构的裁决应符合 WTO 法律。其含义是,上诉机构通过将 WTO 法律秩序置于最高层,已将 WTO 与 RTAs 之间的横向关系转变为纵向关系。[②]

巴西轮胎案可以被视为是墨西哥软饮料案的演变,因为 WTO 专家组和上诉机构无法回避这一事实,即这一争端的基础是 MERCOSUR 仲裁庭的裁决。这一争端特别令人感兴趣,因为它表明 WTO 专家组和上诉机构对 MERCOSUR 仲裁庭的裁决所应给予的权重采取了相反的态度。[③]

专家组接受了巴西的辩护,即采取该措施是为了执行 MERCOSUR 仲裁

---

① Nikolaos Lavranos, "The Solange-Method as a Tool for Regulating Competing Jurisdictions Among International Courts and Tribunals", *Loyola of Los Angeles International & Comparative Law Review,* Vol.30 No.3, 2008, pp.275–334.

② N. Lavranos, "On the Need to Regulate Competing Jurisdictions between International Courts and Tribunals", *Heidelberg Journal of International Law,*Vol.8, No.3, 2009, p.32.

③ Nikolaos Lavranos, "The Solange-Method as a Tool for Regulating Competing Jurisdictions among International Courts and Tribunals", *Loyola of Los Angeles International and Comparative Law Review*, Vol.30 No.3, Summer 2008, p.301.

庭的裁决，以履行其国际义务。由于 MERCOSUR 是 GATT 第 24 条意义上的自由贸易区 / 关税同盟，一项有利于 MERCOSUR 成员国的措施自然歧视非成员国。这不仅是自由贸易区和关税同盟的全部目的，而且根据 GATT 第24 条也是可以接受的。① 因此，专家组没有对 MERCOSUR 仲裁庭的裁决进行审查或批评，而是将其作为一个事实和整个争端的起点予以接受。此外，WTO 专家组在 MERCOSUR 仲裁法庭上避免评估巴西的国防战略，这是非常正确的。WTO 成员在另一个不受 WTO 法律约束的争端解决机构面前的防卫策略完全是其自己的事情。WTO 专家组对其进行的任何评估都将远远超出专家组的职权范围。

总而言之，WTO 专家组和上诉机构在这一点上的不同做法揭示了 RTAs（如 NAFTA 和 MERCOSUR）和 WTO 争端解决机制之间争端解决制度相互竞争的潜在问题。② 鉴于在区域一级建立和加强的争端解决制度的数目越来越多，要求对其他争端解决机构的生效裁决诉诸 WTO 上诉机构最高权力等级，是否是解决这一问题的最佳合作方案，的确值得怀疑。③

四、多边贸易体制的自适性调整

必须根据可靠的研究和数据进行彻底的分析，以便为今后在国家、区域和全球各级制定规则奠定基础。由国际贸易法建立和发展起来的全球贸易体制大厦由两大相互关联的支柱擎起：多边贸易体制和区域贸易规则制定和在

---

① James H. Mathis, *Regional Trade Agreements In The GATT/WTO: Article XXIV and The International Trade Requirement*, Hague: Asser Press, 2002, p.136.

② Rafael Leal-Arcas, "Choice of Jurisdiction in International Trade Disputes: Going Regional or Global?," Minnesota Journal of International Law, Vol.16, Issue 1, pp.1–59, 2007; L. BARTELS, Regional Trade Agreements and the WTO Legal System, New York aty: Oxford University Press, Bartels &Ortino eds., 2006, pp.447–575.

③ Nikolaos Lavranos, "The Solange-Method as a Tool for Regulating Competing Jurisdictions among International Courts and Tribunals", *Loyola of Los Angeles International and Comparative Law Review*, Vol.30 No.3, Summer 2008, pp.303–304.

多边、区域贸易规则基础上裁决争端。①

现在可以为世界贸易多边规则的未来发展确定的现实目标首先是保留和维持现有的制度，并取得实质性的成就。与此同时，监管体系的"全球获取"（Global acquis）应该可以得到改善和发展，并与特定的、有限领域的新需求和现实相适应。在许多领域，环境保护、人权的发展与解决国际贸易问题具有同等甚至更大的适切性。不仅是最广泛和更抽象意义上的国际贸易正在发生迅速变化，而且社会、政治、经济等需求和期望也在加强，并对多边和区域规则的制定产生更大的影响。

WTO前总干事拉米指出："多边主义正处于十字路口。要么以共享的精神推进价值观和加强合作，否则我们将面临多边主义退缩的危险。"② 多边贸易体制似乎已经到达了它的极限。不仅多哈回合谈判几乎进入冰封期，被誉为"皇冠上的明珠"的WTO争端解决机制处理着WTO各成员之间越来越多、越来越复杂、分歧越来越严重的争端，这个争端解决机制越来越超负荷运转，因此成为"自身成功的受害者"。非贸易问题日益增多，专家组和上诉机构需要在非贸易问题与贸易问题之间求得平衡，这就使得它们的任务有时几乎不可能完成。同时，WTO争端解决机构过于笃信争端解决司法功能可以接管立法功能的一部分，从而产生从自由贸易到自由贸易与环境保护的拉锯战。

尽管存在这些挑战，多边贸易体制仍然是世界贸易制度中最成功的领域，它并不完美，但却是相对公平和有效的。这就是多边争端解决机制在与区域争端解决机制的角逐中胜出的根本原因。这种对WTO争端解决机制的偏爱，源于其在实体和程序方面都更具法律性质。

然而，世界贸易体制"皇冠上的明珠"不仅暴露在实体和程序法律风险之中，也暴露在一般性和根本性威胁中。"山雨欲来风满楼。"多边贸易

---

① János Martonyi, "Multilateralism and Regionalism in International Trade Law", *Hungarian Journal of Legal Studies*, Vol.58 No.4, 2017, p.385.

② Pascal Lamy, former WTO Director-General, speech at the Humboldt-Viadrina School of Governance in Berlin（26 June 2012）.

体制的地平线上正乌云密布。如果这个功能被严重破坏，整个系统可能会受到致命的打击。因此，必须尽一切努力来改进争端解决机制，使其适应新的挑战以及国际法现实。必须澄清的是，司法功能本身不能拯救和保证多边贸易体制的未来。争端解决机制如果没有坚实的立法背景和规则为基础，就无法适当地履行其职能，而只能根据经济和政治环境的变化而演变、适应和发展。立法和司法职能不能截然分开，它们最终不仅是相互联系的，而且是相互依存的，缺一不可。最近迹象再次表明，恢复 WTO 制定规则的雄心依然存在，对 WTO 的希望是最不可能消失的。WTO 多边规则制定的僵局是 RTAs 快速发展的主要原因之一。与此同时，多边贸易体制的分化早在多边规则制定放缓或停滞之前就开始了。最惠国待遇原则的例外和减损在法律上和实践上以几何指数增长。WTO 由过去的一般法变成了现实中的例外。

随着 WTO 谈判的推进，区域主义正像野火一样席卷世界贸易体系。[1]RTAs 的增长是过去 20 年大多数国家贸易政策改革的最重要来源。[2]令人匪夷所思的是，RTAs 数量激增恰恰发生在 GATT 乌拉圭回合多边贸易谈判结束暨 1995 年 WTO 正式成立以来。[3]RTAs 的增长并不局限于其数量增加，其覆盖范围也越来越全面，包括知识产权、竞争、政府采购、保护人类和动植物生命健康、环境、劳工、社会福利和人权等宽泛的领域。RTAs 覆盖范围的过度扩张意味着 RTAs 的世界遭遇了与之前多边规则所面临的挑战非常相似的挑战。然而，在多边规则制定和区域贸易安排中，受管制领域扩大的后果有很大不同。RTAs 本质上主要是自由贸易协定，它们的规定远远超出了缔约国"边界"，对缔约方的国家监管自主权进行了更深入的干预。

---

[1]　Baldwin, R. E., and Jaimovich, D, "Are Free Trade Agreements Contagious?" *Journal of International Economics*, Vol.88 No.1, 2012, pp.1–16.

[2]　Limão, N.. "Preferential trade agreements", In K. Bagwell and R. W. Staiger Eds., *Handbook of Commercial Policy*, Vol.1, Part B, 2016, p.281.

[3]　Freund, C, "Multilateralism and the Endogenous Formation of Preferential Trade Agreements", *Journal of International Economics*, Vol.52 No.2, 2000, pp.359–376.

这就是严重的政治冲突爆破口，并转变为日益加深的分裂双方之间的意识形态冲突，日益为政治目的所利用。这可能危及旨在促进更多的自由，更多的公平和基于规则的贸易协定。

缓解由 RTAs 与 WTO 相互冲突所造成的紧张局势的一个办法是在扩大这些协定的范围方面实行更多的克制，这些协定的最初作用碰巧是促进自由和公平贸易。无论如何，政治争议都是难以避免的，因为不仅有对立的意识形态信念，还有潜在的物质利益，即经济利益。还应指出，要求尊重本国管理主权的政治和社会运动经常强烈要求确认其他国家的社会、劳工、环境议题，也得到尊重，因此在协定中列入这些规定。

第三节　贸易体制环保目标范式的转变

一、环境法与贸易法之冲突：只见树木不见森林

（一）冲突之缘由

建立在比较优势原则基础上的国际贸易法旨在通过贸易自由促进经济增长。[①] 它要求各国降低关税、进口配额、补贴和其他非关税壁垒，以推动贸易自由化。与国际环境法相反，国际贸易法所关心的并不是生产过程在环境上是否可持续，而是对针对生产过程的环境法规可能构成贸易壁垒的担忧。环境与贸易之间的交集在政府、非政府组织、公司和其他行动者之间，或在不同的非政府组织之间，都会引起冲突。虽然许多环保主义者和自由贸易者认为环境保护和贸易自由化是相容的，但环境法界和贸易法界之间在理

---

① John H. Jackson, "World Trade Rules and Environmental Policies: Congruence or Conflict?" *Washington & Lee Law Review*,Vol.49, Issue 4,1992, pp.1221–1226; Anne O. Krueger, *Perspective on Trade and Development*,1900， Chicago: University of Chicago Press, 1990, pp.56–62.

论上和实践中仍然存在着重要的分歧。WTO 法奉自由贸易为圭臬，建立在市场经济基础上，尽量减少政府干预和管制，而环境法追求生态文明、可持续发展，要求一定程度和形式的政府管制和干预，实行一定范围的权力集中。

Jeffrey Dunoff 在一篇高引用率文章[①] 中，确定争议事项趋同（Subject-matter convergence）为贸易和环境争端的驱动因素。环保主义者关注的是，WTO 是否对保护环境的国内（包括地方）措施和国际措施不符合 1994 年 GATT 和其他 WTO 协定作出裁决，并将使这些措施无效？他们担心，自由贸易将践踏环境的稳健和完整性。环境保护在几十年甚至几百年的时间范畴内才能起作用，而开放和自由化的贸易则在更短的时间范畴内即可发挥作用。环保主义者认为，一两个世纪后，当人们回顾这段时间时，后人会谴责我们对地球生物多样性的快速破坏。

著名 WTO 专家彼得斯曼曾指出："所有文明社会有一个共同特征，都需要一套适用与解释规则的和平解决争端的规则和程序，这是国际国内法律制度的共同经验。"由于国际贸易法具有基于资历的先天优势，国际贸易法体系由来已久，定义大多清晰明确，且通过具有强制约束力的争端解决机制有效实施，纯属"武装到牙齿"的"硬法"。相形之下，大量的国际环境法律文书在很大程度上是互不关联的，诸多条款属于"愿景性"而非"强制性"法律义务的"软法"，随着国际环境争端的日益频繁，目前国际环境法中环境争端解决机制已经明显落后。因此，环境与贸易的问题通常被框定为保护环境的措施是否符合国际贸易法，也就不足为奇了。

虽然今天的国际贸易法以具有若干基本法律原则和规则特别是一个统一的 WTO 法而著称，但专门针对环境与贸易问题的 GATT1994 第 20 条"环境例外"条款、TBT 协定及 SPS 协定等差强人意，相关 GATT/WTO 案件彰显，奉自由贸易为圭臬的 WTO 颇受环保主义者的歌声所吸引，在自由贸易

---

① Jeffrey Dunoff, "The Death of the Trade Regime", *European Journal of International Law*, Vol.10, Issue 4, 1999, pp.733–762.

的主航道上逐渐偏离了航线。环境与贸易的问题伴随着国际贸易法的碎片化而日益复杂棘手。

与国际贸易法有过之而无不及，国际环境法从立法机关、执法机关到基本原则、规则体系都更加碎片化。在环境保护方面没有统一的国际协议，而是有许多单独的，有时是重叠的协议。各国际环境协定的秘书处是分开的，其监测和报告制度是针对每一协定而制定的，但1992年《联合国气候变化框架公约》（*United Nations Framework Convention of Climate Change*，UNFCCC）①和《生物多样性公约》（*Convention on Biodiversity*，CBD）②例外。与作为"贸易体制之家"的WTO相比，没有任何一个组织作为"国际环境协定之家"。这在很大程度上是因为各项环境协定是由不同的国际机构各自为政谈判达成，也未合并在一个机构框架内。联合国环境规划署1972年成立后，在其主持下谈判了许多环境协定，但并非全部。先前存在的国际海事组织、教科文组织、联合国粮农组织、国际热带木材组织、世界卫生组织以及其他组织都是国际环境协定的缔约机构。在某种程度上，这种制度上的分散存在的原因是，环境保护领域包括非常多样化的活动、许多不同的自然资源和环境，并且没有明确划定其外部边界。鉴于这种差异，有学者甚至可能认为这是不可避免的，大多数环境活动都是根据其与贸易制度的兼容性来衡量的，而不是相反。考虑到正式国际贸易制度的优先地位，情况尤其如此。③

"没有买卖就没有杀戮。"以野生动植物资源保护为例，由于野生动植物跨境非法贸易，作为生物多样性重要组成部分的野生动植物资源遭到了巨大破坏，许多物种已经灭绝或濒临灭绝，因此濒危物种的保护问题日益

① Framework Convention on Climate Change, done at New York on May 9, 1992, U.N. Doc. A/CONF.151/26, reprinted in 31 I.L.M.849（1992）.

② Convention on Biological Diversity, done at Rio de Janeiro on June 5, 1992, UNEP/Bio. Div./Conf./L.2, reprinted in 31 I.L.M.818（1992）.

③ E. Brown Weiss&John Jackson, *Reconciling Environment and Trade*, 2nd ed.（New York, Transnational, 2001/ Leiden, MartinusNijhoff, 2008, p.13.

引起全世界的关注。目前国际社会已经制定了许多关于野生动植物保护的国际条约，其中比较典型的有《濒危野生动植物物种国际贸易公约》[①]（*Convention on International Trade in Endangered Species of Wild Flora and Fauna*，CITES）、《生物多样性公约》[②]及其议定书、《国际植物保护公约》等。但是，濒危物种国际保护是一个制度性难题，涉及物种生态环境保护、贸易管制等方面的规定，这些规定在不同的国际条约中都有不同程度的涉及和描述。哪怕是CITES这样一部专门针对野生动植物国际贸易管制和监督，且最具操作性、执行情况最好的"武装到牙齿"的全球性政府间多边环境公约，也处于"贸易、环境与可持续发展"的十字路口，在巨大贸易利益的驱使下，其法律约束力及履约机制敏感而脆弱。[③]

习惯国际法也没有填补这一空白。各国从未同意或接受作为适用于环境问题的习惯国际法的一套总的法律原则，尽管专家组已为起草这些原则

[①]　Convention on International Trade in Endangered Species of Wild Fauna and Flora, done at Washington on Mar.3, 1973, 993 U.N.T.S.243, 27 U.S.T.1087, T.I.A.S.8249, reprinted in 12 I.L.M.1088（1973）.

[②]　Convention on Biological Diversity, done at Rio de Janeiro on June 5, 1992, UNEP/Bio. Div./Conf./L.2, reprinted in 31 I.L.M.818（1992）.

[③]　如非洲象作为旗舰型物种，部分国家提出应开启象牙合法贸易，部分国家提出在禁止国际象牙贸易的基础上进一步禁止国内贸易。由于分布国分为两个阵营并主张不同的保护措施，为兼顾各方诉求，1997年以来，非洲象一直作为CITES附录特殊情况而分列于两个附录。如今，这两个维系艰难平衡的重要内容均已经失效。在2016年10月CITES第17次缔约方大会上，象牙贸易决策机制经过三度拖延，因各方不可弥合的分歧最后无疾而终。2019年5月23日至6月3日CITES第18次缔约方大会上，非洲象的三项提案显示，该物种分布国家对如何处理大象产品的国际贸易存在意见分歧：两个旨在放松对非洲象产品国际贸易的控制，另一个则要求禁止所有商业贸易。

作出了若干努力。①《关于环境与发展的里约热内卢宣言》也许是阐明环境法原则最密切的政府间协定，但它显然没有约束力，只有那些代表习惯国际法的条款才被视为具有约束力。各国从未规定哪些里约热内卢原则可以被视为习惯国际法。国际法院在其1996年《核武器咨询意见》中朝这个方向迈出了重要的一步："各国普遍有义务确保其管辖和控制范围内的活动尊重其他国家或国家控制以外地区的环境，现在已成为有关环境的国际法的一部分。"②

从一开始，与环境有关的国际法不仅是在双边，而且是在区域和全球层面制定。有些问题最好在区域一级处理，如特定水道或湖泊的分配或污染，某些跨界空气污染，区域海洋污染和区域渔业。联合国环境规划署在其区域海洋工作中取得了特别成功，为近12个区域海洋缔结了框架协议和两份或两份以上关于特定问题的附件。其他环境需要可以通过区域协定和全球协定来解决，例如保护生物多样性和保护生态系统的协定。在许多全球性的国际环境协定中，缔约国越来越多地求助于区域措施来帮助执行这些协定。③

---

① See Experts Group on Environmental Law of the World Commission on Environment and Development, Legal Principles for Environmental Protection and Sustainable Development, U.N. Doc. WCED/86/23/Add.1（1986），A/42/427, Annex I, reprinted in EXPERTS GROUP ON ENVIRONMENTAL LAW OF THE WORLD COMMISSION ON ENVIRONMENT AND DEVELOPMENT, LEGAL PRINCIPLES FOR ENVIRONMENTAL PROTECTION AND SUSTAINABLE DEVELOPMENT（1987）; Report of the Expert Group Meeting on Identification of Principles of International Law for Sustainable Development, United Nations Commission on Sustainable Development, 4th Sess., Background Paper #3（1995）; Final Report of the Expert Group Workshop on International Environmental Law Aiming at Sustainable Development, United Nations Environment Programme, UNEP/IEL/WS/3/2（1996）; Commission on Environmental Law of IUCN—The World Conservation Union, International Covenant on Environment and Development（Mar.1995）.

② Legality of the Treaty or Use of Nuclear Weapons, Advisory Opinion, 1996 I.C.J.66, 82, para.29.

③ See Edith Brown Weiss, The Five International Treaties: A Living History, in ENGAGING COUNTRIES: STRENGTHENING COMPLIANCE WITH INTERNATIONAL ENVIRONMENTAL ACCORDS ch.5（Edith Brown Weiss & Harold K. Jacobson eds., 1998）.

不谋全局不足谋一域，不谋长远不足谋一时。以解决现有环境问题为导向，评估环境贸易措施是否符合 GATT/WTO 法，由于缺乏对环境问题及其解决方案的全局视野，"只见树木不见森林"。协调环境法与贸易法的努力仍然任重而道远。对于国际法所有的参与者而言，一是选择协调二者关系的组织，二是选择协调二者关系的法律制度。毫无疑问，从目前多边贸易体制可用于环境保护的条约及机构资源来看，WTO 被寄予超越权能的期望。处理贸易争端的多边手段远远超过目前在非贸易领域的任何手段。总而言之，虽然 GATT/WTO 目前尚未有效地处理环境问题，但环境保护与国际贸易之间的历史性紧张关系，可以而且必须在目前的国际贸易法体系内，在可持续发展目标指引下加以解决。

最近国际贸易谈判在区域层面的蓬勃发展表明，隧道的尽头有一线光明。所有对环保感兴趣的人有理由相信，尽管"剪不断，理还乱"，国际 / 内环境法与国际贸易法可以"握手言和"，达到相辅相成的政策效果。

（二）冲突之类型

在许多领域，促进环境保护的法律法规与促进国家间贸易自由化的法律法规相冲突。这些产生冲突的措施包括：为保护国内人类及动植物生命健康和环境而限制进口的国家措施；限制进口以保护本国管辖范围以外的环境或人体健康的单边国家措施；国家因产品对环境或者人体健康有害而限制出口的措施；含有限制国际贸易措施的国际协定；补贴出口或补贴国内产品以促进使用无害环境技术的国家补贴；以及国家和国际上针对生产过程而不是产品的措施。在具有歧视性经济影响的行动方面也存在着潜在的冲突，如未能执行环境法，但根据国际贸易法，这些行动可能不会产生法律上可起诉的影响。

由于具有合法目的的两个不同价值取向的目标相互冲突，如何区分那些保护环境的环保措施和那些伪装的贸易限制措施？如何更有效地保护环境的同时施加更少的贸易限制？如何确保 WTO 成员善意履行国际贸易法义务而不迫使其违背意愿降低环保标准，抑或如何防范 WTO 成员为确保环保标准的执行而构成对国际贸易的变相限制或扭曲?

1.WTO 成员环境贸易措施(environment-related trade measures)与 WTO 的冲突

1991 年墨西哥诉美国金枪鱼 / 海豚案① 是 GATT 时代环境与贸易争论的标志性案件之一。GATT 专家组的裁决②,认定美国旨在防止商业捕鱼者偶然杀害海洋哺乳动物如海豚的贸易禁令③ 是非法的。虽然该专家组报告尚未通过,但此案开创了 GATT 对其缔约方的环境贸易措施合规性进行审查的先河。

2002 年美国贸易法④ 制定了整体贸易谈判目标,尤其"确保贸易和环境政策相互支持,加强国际范围内寻求保护环境的手段,优化世界资源的使用;并在贸易协定中缔结条款,使这些协定的缔约方努力确保它们不削弱或减少国内环境和劳工法中作为鼓励贸易而提供的保护"。该贸易法案还提出了与主要环境问题有关的谈判目标,"在美国和这些国家之间的贸易协定生效后,通过影响贸易的方式持续或反复出现的行动或不行动,以确保缔约方有效执行其环境或劳工法,通过促进可持续发展,加强贸易伙伴保护环境的能力;为美国的环保技术、产品和服务寻求市场准入;并确保与美国签订贸易协定的各方在环境、健康或安全方面的政策和做法不任意或无理歧视美国出口产品,或构成伪装的贸易壁垒"。

与贸易相关的美国环境保护法及 GATT 专家组裁决充分表明,为保护环境采取的贸易措施并非总是正当的,实施国内环境贸易措施可能与 WTO 规则存在着现实或潜在的冲突,也必须遵循 WTO 规则,否则就可能面临指

---

① United States-Restrictions on Imports of Tuna, GATI Doc. DS21IR(Report of the Panel)(Sept.3, 1991), reprinted in 30 I.L.M.1594(1991)[hereinafter Tuna Dolphin].

② GATT Panel Report, United States – Restrictions on Imports of Tuna, DS21/R, DS21/R, 3 September 1991, unadopted.

③ Marine Mammal Protection Act, 16 U.S.C.§§1361–1407(1988), amended by U.S.C.A'§§1361–1407(West 1994)[hereinafter MMPA].

④ The United States Trade Act of 2002, available at http://www.state.gov/g/oes/rls/or/81534.htm.

控、违法、赔偿甚至贸易制裁、贸易报复。WTO 法律框架内各主要法律文件在授权各国有权采取环境贸易措施的同时，也都规定了相应的规则和前提条件。

一是国内产品标准或技术法规①，可能违反 GATT1994 第 20 条和 TBT 协定。根据 GATT1994 第 20 条规定，WTO 成员可以采取或实施为"保护人类、动植物的生命或健康所必需的措施"和"为有效保护可能用竭的自然资源的有关措施"，但"不能对国际贸易造成任意的、武断的或不公平的歧视和限制"。TBT 协定第 2 条、第 5 条规定，为了实现"保护动植物的生命或健康及保护环境"的"合法目标"，各成员有权制定、采用和实施有关环保的技术法规或标准，用以对贸易实施必需的限制。但是，不能对国际贸易造成任意的、武断的或不公平的歧视和限制。这些规定历来被认为是与环境保护最密切相关的条款，赋予 WTO 成员方"环保例外权"，亦肩负防范"绿色贸易壁垒"的职能。

二是禁止进口对环境有害的产品②，可能违反 GATT1994 非歧视原则。在西雅图会议期间，美国拒绝从未采取濒危海龟保护措施的亚洲四国印度、巴基斯坦、泰国和马来西亚进口海虾，因此对海龟的困境采取了相当强有力的国内法措施。而 WTO 的海虾 / 海龟案专家组及上诉机构裁决③，敦促美国根据 WTO 非歧视原则等，善意履行多边贸易体制项下义务，而不能仅依据国内法单方面地将亚洲四国海虾从美国市场排除在外。

---

① Agreement on Technical Barriers to Trade, Apr.15, 1994, Agreement Establishing the World Trade Organization, Annex 1A, reprinted in Final Act Embodying the Results of the Uruguay Round of Multilateral Trade Negotiations, 33 ILM 1125（1994）[hereinafter TBT Agreement].

② General Agreement on Tariffs and Trade, art. XI, Oct.30, 1947, 61 Stat. A-11, T.I.A.S 1700, 55 U.N.T.S 187 [hereinafter the GATT]. The first General Agreement on Tariffs and Trade came into effect in 1947, however, as a result of the various negotiating rounds, including the major overhaul in 1994, the agreement exists in its current form as GATT 1994.

③ US-Import Prohibition of Certain Shrimp and Shrimp Products, Report of the Appellate Body, AB-1998-4, WT/DS58/AB/R（8 Oct, 1998）.

三是对环境友好型产品或生产方法的补贴①，可能违反 SCM 协定。2013年加拿大可再生能源案②，WTO 专家组和上诉机构最终没有判定加拿大的措施是否构成 SCM 协定中的补贴，因为无法判定该行为是否授予了利益。但发展中国家为实现区域开发、技术研究补助、环境友好型生产方式的开发与实施等合理的发展目标而实施的补贴措施，与 SCM 协定第八条的三种不可诉补贴尤其是环境补贴大致对应。由于美国反对恢复不可诉补贴，认为补贴不仅降低了国内产业竞争力，还影响政府财政收入，并提出对基础设施的投资和建设远比直接补贴厂商更为有效，③ 未来发展中国家实施环境补贴极有可能招致发达国家在 WTO 层面的补贴之诉。

2. 单边国家措施与 WTO 的冲突

许多工业化国家希望将环境作为"与贸易有关的"议题列入未来 WTO 谈判议程，其目的是将环境标准纳入 WTO 法律框架体系，或为单边国家措施开辟更多的途径。相反，许多发展中国家和非政府组织强烈抵制，认为全球环境问题不能通过单边解决，④ 单边环境法律法规不具有域外效力，也可能违反 GATT1994 非歧视原则。

最典型的单边环境措施莫过于实施碳减排的国家对进口产品征收"边界调节税"（Border Tax Adjustment, BTA），俗称"碳关税"。"碳关税"在GATT/WTO 框架下具有合法性吗？ 2009 年 6 月，美国国会众议院通过《2009 年美国清洁能源与安全法案》，抛出"碳关税"的单边措施方案，在

---

① Agreement on Subsidies and Countervailing Measures, Apr.15, 1994, Agreement Establishing the World Trade Organization, Annex 1A, reprinted in Final Act Embodying the Results of the Uruguay Round of Multilateral Trade Negotiations, 33 ILM 1125（1994）［hereinafter SCM Agreement］.

② WTO, Canada—Certain measures affecting the renewable energy generating sector，WT/DS412R，WT/DS426/AB/R，5 February 2013，6 May 2013.

③ 单一:《WTO 框架下补贴与反补贴法律制度与实务》，法律出版社 2009 年版，第120 页。

④ Bradly Condon, "Multilateral Environmental Agreements and the WTO: Is the Sky Really Falling"，*Tulsa Journal of Comparative & International Law*, Vol.9, Issue 2, 2002, p.566.

国际上引起轩然大波。这意味着，美国已有意抛开《联合国气候变化框架公约》的多边束缚，强行推行其气候变化解决方案。与此同时，在联合国哥本哈根大会未获得成功之后，欧洲政策研究中心等智囊机构也纷纷游说欧盟征收碳关税。2021 年 7 月 14 日，欧盟委员会出台碳边界调整机制草案（Carbon Border Adjustment Mechanism，CBAM）。① 美欧"碳关税"似乎已箭在弦上。

虽然该单边措施尚未真正实施，但国外学者② 大多对"碳关税"持肯定态度，并极力在 WTO 框架下寻找其合法性依据。而国内学者③ 普遍认为，美国、欧盟等试图通过强推碳关税，掌握未来气候谈判主导权。但在国际贸易中征收"碳关税"，违背了《联合国气候变化框架公约》及《京都议定书》确定的发达国家和发展中国家在气候变化领域"共同但有区别的责任"原则，不符合 WTO 基本规则，是以环境保护之名，行贸易保护之实。

2009 年 6 月，WTO 和联合国环境署（UNEP）联合发布的《贸易与气候变化》④ 报告，将边界调整措施大致分为三类：一是针对排放交易制度的边界调整，如要求进口商在进口能源密集型产品时提供排放许可；二是针对国内碳税或能源税的边界调整，即对进口产品征收本国同类产品承担的税负，或在本国产品出口时退还已经征收的国内税；三是其他调整措施，如以政府不作为构成事实或隐蔽补贴为由，对未采取气候措施的国家的进口产品征收反补贴税或反倾销税，抵消减排成本。

---

① ec.europa.eu/info/sites/default/files/carben_border_adjustment_mechanism_o.pdf.

② Paul-Erik Veel, "Carbon Tariffs and the WTO: An Evaluation of Feasible Policies", *Journal of International Economic Law*, Vol.12 No.3, Sept 2009. Bradly J. Condon, "Climate Change and Unresolved Issues in WTO Law", *Journal of International Economic Law*, Vol.12 No.4, Sept 2009. Andrew Green, "Climate Change, Regulatory Policy and the WTO", *Journal of International Economic Law*, Vol.8 No.1, 2005.

③ 张向晨：《碳关税是否符合 WTO 规则?》，《WTO 经济导刊》2009 年第 12 期；李晓玲：《"碳关税"与 WTO 规则相符性研究》，《国际经济合作》2010 年第 3 期。

④ WTO-UNEP Report, Trade and Climate Change, 2009. <https://www.wto.org/english/res_e/publications_e/trade_climate_change_e.htm>.

3. MEAs 与环境有关的贸易条款与 WTO 的冲突

《联合国气候变化框架公约》（UNFCCC）和《京都议定书》（Kyoto Pro-tocol）允许引入具体的与环境相关的贸易措施，但任何具体的贸易措施都可能带来其是否符合 WTO 贸易规则的问题。作为对不遵守气候变化制度的回应而实施与环境有关的贸易措施，可能会被 WTO 视为一项歧视性贸易政策。如果任何 UNFCCC 或《京都议定书》的缔约国决定放弃其 WTO 项下的权利，使它们的环境措施成为执行具有约束力的环境规则的一种方式，它们之间就可以理解和尊重这些措施，而不会对 WTO 产生任何法律后果。然而，气候变化应该在全球层面上以共同的方式来面对，由于《京都议定书》参与国数量有限，以及在实施针对非参与国的潜在贸易措施方面存在的问题，该环境措施不能被用作有效的工具。

MEAs 越来越多地依靠限制性贸易措施来实现其目标，尽管这些措施是否违反 WTO 项下义务尚不确定。目前还没有一个简单的解决方案。[①] 自 2001 年《多哈宣言》授权并就 MEAs 与 WTO 之间的关系发表了具体声明以来，二者之间的冲突主题一直在演变，但没有取得任何重大进展。《多哈宣言》强调，多边贸易体制和环境保护与可持续发展的努力能够而且必须相互支持。多哈谈判授权建立了 WTO 和 MEAs 秘书处之间的定期信息交流，并为授予多个 MEAs 秘书处的 WTO 观察员地位开辟了道路。然而，关于不同 MEAs 制度的问题及其对 WTO 规则遵守情况的结论非常有限。

虽然迄今为止，尚无根据 MEAs 采取的贸易措施在 GATT/WTO 提起的案件，但 MEAs 与 WTO 项下义务的潜在冲突已在美国金枪鱼案和美国海虾/海龟案中有所显现。MEAs 为一系列目的使用限制性贸易措施，可能侵犯 GATT/WTO 核心原则，例如：（a）管制对环境造成危害的贸易，如濒危物种贸易；（b）保护各国免受有害环境物质，如有害废料的侵害；或（c）支持保护全球公地的协定，如减少使用消耗臭氧层物质的协定。

---

① Tania Voon, "Sizing up the WTO: Trade-Environment Conflict and the Kyoto Proto-col", *Journal of Transnational Law & Policy*, Vol.10, Issue 1, Fall 2000, pp.71–108.

4.针对"工艺与生产方法"的环境措施与 WTO 的冲突

以"工艺与生产方法"（Process & Production Methods, PPMs）为理由而实施的单边措施，往往由于其难以证明符合环境措施而出现特别棘手的问题。这些建立在 PPMs 基础上的措施是针对产品的加工过程或生产方法，而不是针对产品本身的内在质量。所以 PPMs 问题就成为单边措施与 WTO 规则的一致性分析的关键。[①] 学术界和各国国际贸易代表对于 WTO 是否允许成员方针对 PPMs 实施差别待遇或贸易限制措施的问题进行过激烈的争论。部分发达国家以环境保护为借口，不断提出应在 WTO 协议框架内允许适用针对 PPMs 的环境措施，并在多次谈判中反复提出讨论。

5.MEAs 与 WTO 争端解决机制的冲突

环境争端解决的司法机关以及争端解决方式呈现多元化态势。MEAs 的环境保护义务一般采用意愿性而不采用更具可执行性的条约文本。特别是 20 世纪 50 年代以前的国际环境条约，环境争端解决条款缺失。20 世纪 50 年代到 70 年代的国际环境条约开始出现争端解决条款，如 1959 年《南极条约》的规定[②]，但这一阶段的争端解决条款多是对一般国际法关于争端解决的规定的复述[③]。只有少数 MEAs 通过设立法庭来裁决缔约国是否违反了有关 MEAs 的规定，从而拥有更强有力的争端解决机制。[④]20 世纪 80 年代以后，缔结的 MEAs 基本上都有争端解决条款。1982 年《联合国海洋法公约》第十二部分及第十五部分关于争端解决的规定，确立了以风险预防原则为基础的新型争端避免机制。针对全球环境问题和环境公约的特点，1989 年《蒙特利尔议定书》（*The Montreal Protocol*）第 8 条首创了不遵约程序（Non-

---

[①] 郑玲丽：《应对气候变化措施同 WTO 的冲突——理论与实证分析》，《太平洋学报》2012 年第 6 期。

[②] 1959 年《南极条约》规定："如两个或更多的缔约国对本条约的解释或执行发生任何争端，则该缔约各方应彼此协商，以使该争端通过谈判、调查、调停、和解、仲裁、司法裁决或它们自己选择的其他和平手段得到解决。"

[③] 秦天宝、侯芳：《国际环境争端解决机制的新进展》，《人民法治》2018 年第 1 期。

[④] World Trade Organization, Trade and Environment, http://www.wto.org/english/tratope/envir_e/issu5_e.htm（last visited June.20, 2020）.

compliance Procedure）。该程序以促进遵约为目的，是一种具有预防性、灵活性、多边性以及非对抗性的履约保障机制，《巴塞尔公约》时发展为"促进履约与遵约的机制"，尤其在 1997 年《京都议定书》得以继承发展。这些国际环境公约遵约机制基本上都是以实体上的"促进遵约＋处理不遵约"为模式。

如果我们试图找到 MEAs 与 WTO 之间的直接联系，最明显的例子莫过于 WTO 裁决的环境案件。在 WTO 的 DSU 与其他争端解决机制（如 MEAs 争端解决机制）关系方面，最主要的法理依据是 DSU 第 23 条。其标题是"加强多边体制"（Strengthening of the Multilateral System），不仅禁止可能威胁 MTS 的单边措施或反措施，而且还规定 WTO 对违反 WTO 行为采取补救措施享有排他性管辖权[1]。因此，WTO 成员似乎事先在 WTO 裁决机构规定了处理违反 WTO 规则行为的专属管辖权[2]。

即使 MEAs 与 WTO 争端解决机制在严格意义上没有冲突，二者之间的关系仍可能因适用的顺序与时间而趋紧。WTO 的 1996 年 CTE 报告在其结论和建议中规定："如果 MEAs 缔约方与 WTO 成员之间就它们根据 MEAs 所采取的贸易措施发生争端，它们应考虑设法通过 MEAs 所规定的争端解决机制来解决争端。"[3] 然而，该条规定充其量只具有 WTO CTE 建议的法律价值，但不构成 DSU 第 23 条的修正案。更直接地说，如果 MEAs 迫使其当事方在发生分歧时适用其争端解决机制，拒绝适用这种 MEAs 机制可能构成对 MEAs 本身的违反。但是，由于没有关于 MEAs 争端机制将在何时普遍适用和／或就 WTO 机制作出任何 MEAs 规定，是否有义务在发起 WTO 争端之前"用尽"MEAs 机制？或者，这一解释是否会被视为在 DSU

---

① United States-Import Measures on Certain Products from the EC, WT/DS165/R, at para.6.133, WTO 17 July 2000.

② Alexandra Gonzalez-Calatayud; Gabrielle Marceau, "The Relationship between the Dispute-Settlement Mechanisms of MEAs and those of the WTO", *Review of European Community and International Environmental Law*, Vol.11 No.3, 2002，pp.275–286.

③ Report（1996）of the Committee on Trade and Environment（WT/ CTE/1）, para.178.

下的 WTO 成员认为利益受损或无效时，限制其发起正式争端的权利？

虽然大多数 MEAs 没有匹配具有强制约束力的争端解决机制，也不涉及排他性管辖权，而是规定争端解决手段的"菜单"，通常包括国际法院或仲裁①。如国际海洋法法庭和国际法院都是解决海洋争端可供选择的司法机关，但是国际海洋法法庭及其海底争端分庭使得由国际法院行使单一国际司法权的局面被打破，体现了一种国际司法权的平行扩散的趋势。② 接踵而来的问题是：MEAs 缔约国因不遵守 MEAs 的政府行为或不行为，该行为或不行为及其贸易影响可能招致违反 WTO 的指控。在这种情况下，各国受到同时适用的多种条约义务的约束，并受到平行管辖权的制约。例如，在国际海洋法法庭的南方蓝鳍金枪鱼案③ 中，管辖权问题是该案件的核心，具有特别重要的意义，因为日本打算挑战国际海洋法法庭在仲裁程序开始时规定临时措施的管辖权。此外，《联合国海洋法公约》的指令可以理解为，作为《公约》附属的区域渔业协定都可能受到《联合国海洋法公约》的管辖，除非这些区域协定明确排除《公约》的管辖，并包含其本身具有约束力的争端解决程序。④ 然而，RTAs 改变了这种情形，因为它们可以容纳实质性的环境规定，并可以包括执行 MEAs 的规定。

---

① The exception to this rule is the International Tribunal of the Law of the Sea（ITLOS），which enjoys mandatory jurisdiction over all State parties to UNCLOS in disputes relating to activities based in the seabed area（section 5 of Part XI of UNCLOS）. For a detailed description of the ITLOS regime, see P Sands（ed.）, Manual on International Courts and Tribunals（Butterworths, 1999）, pp.39–40.

② 毛晶晶：《国际法院在处理国际环境争端中的不足及完善》，《知识经济》2010 年第 5 期。

③ Order–Request for Provisional Measures for Southern Bluefin Tuna（Nos.3 and 4），International Tribunal for the Law of the Sea Year 1999, 27 August 1999, see: http://www.un.org/Depts/los/ITLOS/Order-tuna34.htm.

④ Kristina Leggett, "The Southern Bluefin Tuna Cases: ITLOS Order on Provisional Measures", *Review of European Comparative*& International Environmental Law, Vol.9, Issue 1, 2000, pp.75–79.

二、贸易体制实现环境保护目标的范式转变

（一）贸易体制是复杂的适应性体制（Complex Adaptive Systems，CAS）

本书赞成给贸易体制一个宽泛的定义，它是指国际贸易的组织形式、机构设置、管理权限、经营分工和利益分配等方面的制度，包括 WTO 多边贸易体制、双边和区域性贸易协定（RTAs 或 PTAs）等。除了缔约方谈判缔结的贸易条约之外，它还应包括多边、区域争端裁决。但本书定义并不包括可能与贸易发生互动但并非贸易协定"本身"（如双边投资协定或多边环境协定）的条约。从横向来看，贸易体制是由不同贸易治理领域的规则、原则和制度组成的集合体，即部门结构；贸易体制在不同部门的发展状态可能并不一致，从而形成国际贸易体制的"部门差异"。从纵向来看，贸易体制又是由贸易法律理念、规范和运作等要素或维度构成，形成以贸易理念为引导，贸易规范为核心，贸易运作为支撑的规范体系。

约翰·奥斯丁认为，国际法并非主权者的命令，缺乏强制力。在缺乏中央权威的国际法体系中，贸易体制是一个复杂的适应性体制（CAS）。MelanieMitchell 将 CAS 定义为"一个由没有中央控制和简单操作规则的组件组成的大型网络产生复杂的集体行为、复杂的信息处理和通过学习或进化进行适应的系统"。[1] 尽管并非每个"复杂"体制都是"复杂的适应性体制"。复杂的系统可以通过将整体分解成其组成部分并研究它们如何相互作用来理解，因为"组成系统的各种元素保持着一定程度的独立"。贸易体制至少具有以下五个方面的典型特征。

1. 多个异构要素组成

贸易体制与任何其他体制或制度一样，由若干要素组成。包括贸易谈判

---

① Melanie Mitchell, *Complexity: A Guided Tour*, Oxford: Oxford University Press, 2009, p.13.

人员或裁决人员，以及数以百计的制度产物，如贸易协定、区域组织、条约和规范。① 贸易体制不仅由许多不同类型的行为者和机构组成，而且它们也有各种不同的利益和偏好，例如在不同贸易协定中应包括哪些环境条款。②

2. 缺乏中心协调机制

上述这些异构元素并不是集中协调的。国际法体系为国际贸易关系提供了磋商交流的平台，但并非能够为所有的国际法实践提供相互匹配或互为协调的规范基础和运行机制。国际法的规范性需求相应的是强制性，但规范性与强制性之间往往存在功能性"不平衡"③。贸易协定的缔结既不需要超国家的中央权力机构批准，也不涉及任何超国家的中央机关正式的协调。这也是解释 RTAs "意大利面碗" 现象的极佳诠释。

3. 相互依赖

尽管构成要素的异质性和缺乏等级安排，但贸易体制是由共同的原则和法律制度维系在一起。贸易协定和争端解决裁决都避免了明显的不一致，因为它们彼此都是在共同的自由信条庇护下，在 WTO 规则指导下进行谈判、解释、执行和裁决，这种相对连贯性来自于紧密的经济贸易、法律和政治关系，从而将系统中的每个元素与其他一些元素联系起来，并提供向心力。

4. 多尺度结构

贸易体制具有多层次多尺度结构，既有传统的一般原则如关税减让、最惠国待遇和国民待遇等，也有逐渐形成的规范如非关税壁垒，还有迅速涌现的新型规则如数字贸易规则。这些不同层次不同尺度的结构框架以相互依赖的方式在不同载体上同时运作。④

---

① Andreas Du̇r, Leonardo Baccini, and Manfred Elsig, "The Design of International Trade Agreements: Introducing a New Dataset", *The Review of International Organizations,* Vol.9, No.3, 2014, p.354.

② Henrik Horn, Petros C. Mavroidis, and André Sapir, "Beyond the WTO? An Anatomy of EU and US Preferential Trade Agreements", *The World Economy,* Vol.33, No.11, 2010, p.1566.

③ 李将、赵骏：《国际法体系的不平衡特征分析》，《理论探索》2016 年第 6 期。

④ John H. Barton et al., *The Evolution of the Trade Regime: Politics, Law and Economics of the GATT and the WTO,* Princeton: Princeton University Press, 2006.

5.开放性

国际贸易体制是存在于国际贸易关系中的开放体系,国际贸易原则、规则、规范、制度构成可鉴别且连贯的集合。作为"活的"和自我发展的体系,国际贸易体制囊括规范、实施和争端解决等层次,而且时刻通过发展来寻求自存和稳定。正如 WTO 上诉机构所言,它"不能与其他国际公法分开进行解读"。①

然而,国际贸易体制与其他国际公法在许多重要领域有所不同。首先,该体制的组成部分(如行为者和机构)具有可交易性和适应性,进而导致贸易体制的内生性。其次,与 WTO 多边贸易谈判"冻结"相比,RTAs 贸易谈判呈现出灵活性、多样性特征。虽然 WTO 争端解决机制存在大量的"微观层面的创新",但由于其贸易组织的天然屏障,许多复杂的非贸易问题无法通过 WTO 争端解决机制有效解决。再次,国际贸易体制具备较高的约束力和义务性,以及在此基础上可自我实施的制度体系,因而规范体系相对"平衡",而国际环境协定由于国家利益、搭便车等因素,体系不平衡更明显。

(二)GATT 第 20 条环境例外之疏漏

GATT 第 20 条目的是避免可能阻止任何缔约方采取或执行贸易措施,以追求该条中明确提到的某些合法公共政策目标。第 20 条(a)至(g)款规定了成员豁免 GATT 义务的一系列具体情形,而环境保护理所当然是这些合法的公共政策目标之一。(b)款允许采取为保护人类、动物或植物的生命或健康所必需的措施。就(g)款而言,允许采取保护可用竭自然资源的措施,如果这些措施与限制国内生产或消费相结合。如果一项多边措施满足(b)或(g)款条件,只有在也满足第 20 条序言条款之前,才暂时有理由这

---

① WTO Appellate Body Report, United States – Standards for Reformulated and Conventional Gasoline (US – Gasoline), WT/DS2ABR, adopted 29 April 1996, 17; Joost Pauwelyn, *Conflict of Norms in Public International Law: How WTO Law Relates to Other Rules of International Law*, Cambridge: Cambridge University Press, 2003, p.29.

样做。① 序言旨在防止滥用第 20 条所规定的一般例外。因此，要使一项措施成为永久的理由，它就不能导致任意或不正当的歧视，也不应构成对国际贸易变相的限制。

在不同的场合，GATT 缔约方和 WTO 成员都曾采取单方面的贸易措施来追求环境目标。单方面贸易措施是一个国家在没有得到其他国家或国际机构合作或同意的情况下为实现其国内决策程序所规定的某些环境目标而采取的措施。由于对 GATT 第 20 条环境例外的限制性、狭隘和非文本性的解释，采取单方面贸易措施的国家面临哪些无法克服的困难？这些国家试图在第 20 条环境例外情形中寻找理由时，必须面对哪些问题？

因此，GATT 第 20 条环境例外条款备受争议，从而呼应了有关环境与贸易体制之间关系的更广泛的学术辩论。一些学者认为，贸易体制瓦解了"30 年的全球环境规则的制定"，并出卖了"全球共同利益的重要维度"。② 自由贸易至上论者认为，贸易体制并不总是"将贸易置于环境保护之上"。③ 还有批评者认为，"国际贸易体制提供了国家追求环境政策的各种工具，即使是以牺牲自由贸易为代价。"④

（三）RTAs 成为践行环境保护目标的新范式

在贸易体制的演进中，"环境"逐渐从 GATT/WTO 协定下贸易义务的"例

---

① Appellate Body Report, United States--Standards for Reformulated and Conventional Gasoline, at 22, WT/DS2/AB/R（Apr.29, 1996）（adopted May 20, 1996）[hereinafter U.S. Gasoline case].

② Conca, Ken, "The WTO and the Undermining of Global Environmental Governance", *Review of International Political Economy,* Vol.7 No.3, 2000, pp.484–494.

③ DeSombre, Elizabeth R., and J. Samuel Barkin, "Turtles and Trade: The WTO's Acceptance of Environmental Trade Restrictions", *Global Environmental Politics*, Vol.2 No.1, 2002, pp.12–18.

④ Johnson, Tana, "Information Revelation and Structural Supremacy: The World Trade Organization's Incorporation of Environmental Policy", *Review of International Organizations*, Vol.10 No.2, 2015, pp.207–229.

外",演变为 RTAs 项下环境义务。

根据斯蒂芬·克拉斯纳和杰弗里·加勒特等认为强国制定国际制度规则的现实主义者观点[①],本书认为,国际贸易体制中环境—贸易议程是由具有相对严格的环境法规的富裕国家推动的。与贫穷国家相比,富裕国家倾向于采用更严格的环境标准和法规。当富裕强大的国家参与更深层次的区域一体化时,它们需要区域强化环境—贸易议题解决方案,以便带回本国批准。罗伯特·帕特南认为,贸易谈判代表必须同时玩两个"游戏",一个是在国际谈判桌上,另一个是在国内立法部门。[②]因此,随着区域贸易组织成员之间的贸易自由化更加广泛深入,强大的环境友好型国家既要求在该组织中建立一个环境友好型的环境—贸易规则网,又利用它们的权力得以维继。总之,国际贸易法中,"权力为导向"成为 RTAs 环境—贸易规则出台的原动力,"规则为导向"维持 RTAs 环境—贸易规则的稳定和有序。

在 NAFTA 之前,保护环境普遍做法基本是缔结一大批涵盖环境保护各个领域的 MEAs。鉴于 NAFTA 产生的政策关切和几个发展中国家经济实力的迅速增长,国际贸易、国际投资与环境的关系开始着眼于"污染者天堂"(Pollution Havens)的出现及其对环境的影响。美国从 NAFTA 伊始,开启了在美式 FTA 中纳入全面环境条款的先河。其他一些发达国家如加拿大、澳大利亚也有类似的保护环境目标范式的转变。虽然大多数发展中国家持观望态度,但已有一些发展中国家不仅同发达国家,而且同其他发展中国家在 FTA 中列入了环境条款。从数量上看,这可能尚未构成各国将综合环境条款纳入 RTAs 的国际惯例。但从性质来看,这根本性地改变了在国际贸易法

---

① Stephen Krasner, Structural Causes and Regime Consequences: Regimes as Intervening Variables, in International Regimes, Stephen Krasner ed., 1983; Geoffrey Garrett, International Cooperation and Institutional Choice: The European Community's Internal Market, 46 INT' LORG.533(1992).

② Robert Putnam, "Diplomacy and Domestic Politics: The Logic of Two-Level Games", *International Organization,* Vol.42, No.3, 1988, pp.427–460.

领域 RTAs 仅仅针对贸易问题的传统思维方式。①

虽然经济发展阶段决定了特定国家在自由贸易与环境保护政策空间范围内可能采取的总体立场，但其具体部门的国际竞争力也会影响国际贸易谈判中的立场。如许多北方发达国家在制造业方面具有竞争力，但在某些农产品或纺织品方面竞争力较弱。这种"相对主义"导致发达国家在与发展中国家的贸易谈判中的言行极度不一，甚至是"彻头彻尾的虚伪"——所言非所行，所行非所言。发展中国家常常在关于某一 FTA 的标题与公开宣言中获胜，结果却发现 FTA 详细进程的结果完全不同。②

无论发达国家还是发展中国家，在 RTAs 环境与贸易谈判中受到短期自身利益驱动，导致国家内部和国家之间不平等加剧。从 2007 年国际金融危机引起全球大衰退（Great Recession）以来，新自由主义危机演变为以规则为基础的多边贸易体制自身的生存危机。因此，区域一体化及其制度安排可以而且应该成为发展中国家，特别是那些国内经济规模较小的贫困国家，在问题日益严重的全球环境中推动工业化和经济可持续发展的重要工具。

（四）总结

从理论上讲，RTAs 确保了比多边环境协定（MEAs）更具法律约束力的环境保护，在贸易谈判中所给予的让步可以解决可持续发展的问题。因此，RTAs 可以有效地满足 MEAs 的许多目标。最重要的是，RTAs 通常包含有约束力的争端解决机制，这些机制在处理环境友好型争端时非常有效。如若 RTAs 成为确保减缓气候变化和实现多边环境协定下可持续发展目标的基石，谈判将需要谨慎地平衡贸易、发展和可持续增长。此外，战略性区域

---

① Chang-fa Lo, "Environmental Protection Through FTAS: Paradigm Shifting From Multilateral To Multi-bilateral Approach", *Asian Journal of WTO & International Health & Policy*, Vol.4, No.2, 2009, pp.309–334.

② Rob Davies, *The Politics of Trade in the Era of Hyperglobalisation: A Southern African Perspective*, Geneva: South Centre, 2019.

贸易协定的条约文本设计对可持续发展至关重要。①

环境与贸易在 RTAs 层面的协调也并非易事。一个更有效的办法是，RTAs 谈判缔结中应潜心研究 WTO 如何在环境与贸易问题的条约法和判例法中取得成功的，并考虑它是否容易在 RTAs 层面得以仿效。然而，这并不是一种权宜之计，因为 WTO 的建立及运作是一项酝酿了数十年的事业，不仅历经乌拉圭回合艰辛的八年谈判，细致观察环境与贸易相互冲突的利益相关方之间的外交及谈判立场，而且要密切关注环境与贸易冲突具体案件情况的发展，以及对大量不同法律体系的掌握，还有一场又一场谈判危机所需要的技能和智慧。

接踵而来的问题是：保护环境的 RTAs 路径就是最合理的吗？从本质上讲，除了各国选择在特定领域协调特定环境与贸易法律及政策的范围之外，其他选择归根结底是允许每个国家以自己的方式推行其贸易和环境法律及政策。这就会导致保护全球环境的任务遭受国家利益的反复无常和临时协调的偶然性的挫折。RTAs 与生俱来的歧视性和排他性，无时无刻不在提醒国际法所有成员，通过 RTAs 成功的经验和失败的教训，尝试协调环境与贸易的多边路径无疑是最明智的。因为多边规则及其机构可以消除谈判各方之间的权力不对称，从而达到环境、贸易和可持续发展权利义务的平衡与协调。

三、协调环境法与贸易法冲突的 RTAs 对多边贸易体制的减损

(一) 环保共识的海市蜃楼

事实证明，WTO 关于 RTAs 的规定在有效监管 RTAs 的现实方面明显

---

① Rafael Leal-Arcas, "Mega-regionals and Sustainable Development: The Transatlantic Trade and Investment Partnership and the Trans Pacific Partnership", *Renewable Energy Law and Policy Review*, Vol.6, No.4, 2015, pp.248–264.

不足。区域贸易协定委员会（CRTA）的任务是核查根据 GATT 第 24 条和 GATS 第 5 条通知的 RTAs 是否符合 WTO 的规定，但事实证明它实际上没有发挥应有的作用。①CRTA 仅有一次就 RTAs 与 WTO 的一致性达成了一致意见。② 这种令人沮丧的表现使人们对 WTO 在国际贸易关系中的"宪法"角色产生了怀疑。WTO 实际上没有能力就 RTAs 是否符合多边规则达成共识，这表明该组织在宪法理论中表达的期望与其在监管 RTAs 方面的实际能力之间存在重大的信誉差距。鉴于目前 RTAs 的扩散，这一问题特别严重。领先学者如 Cottier 和 Foltea 提出了强化 WTO 法律至上的原则，通过 WTO 法律学科，采用一个明确的宪法方法调节优惠贸易协定。"明确确立 WTO 法对 RTAs 的优先地位，违反 WTO 法的优惠协定将被宣布从一开始无效，或根据国际法宣布为不合法，从而引起国家责任。"③ 虽然从国际法的角度来看，这些建议是开创性的，但它们受到"宪法上的过度延伸"的影响，因此有可能进一步扩大 WTO 的实际能力与宪法期望之间的信誉差距。

在这个全球化大潮下逆全球化暗流涌动的时代，区域贸易协定（RTAs）继续迅速扩散。今天已不太可能理所当然地将 WTO 视为一种规则，而将 RTAs 视为例外。恰似人类早已认识到月球并非仅仅环绕地球旋转，RTAs 已"貌合神离"偏离了 WTO 预设的法治轨道。截至 2021 年 12 月 1 日，已向 GATT/WTO 通报的 RTAs 多达 352 个。其中 321 个 RTAs 基于 GATT 第 24 条通报，189 个 RTAs 基于 GATS 第 5 条通报，61 个基于授权条款通报。④ 而且大多数是在过去 15 年中缔结的，仅自 1995 年以来，就有 200 多个涉及货物或服务贸易的 RTAs 被通知给 WTO。WTO 成员要么是至少一个 RTA

---

① Negotiating Group on Rules, Compendium of Issues Related to Regional Trade Agreements, 13–21, TN/RL/W/8/Rev.1（Aug.1, 2002）.

② See Press Release, WTO, Lamy Welcomes WTO Agreement on Regional Trade Agreements, 1994.

③ Thomas Cottier & Marina Foltea, "Constitutional Functions of the WTO and Regional Trade Agreements", in *Regional Trade Agreements and the WTO Legal System*, Oxford: Oxford University Press, 2006, pp.563–585.

④ http://rtais.wto.org/UI/PublicMaintainRTAHome.aspx，2021 年 12 月 1 日访问。

的参与者，要么正在认真考虑加入一个 RTA。最重要的是，WTO 的两个主
要成员——美国和欧盟——正积极推进扩大其现有的 RTAs 网络并形成新
的 RTAs。如果这一趋势直接导致世界经济效率提高和全球福利增长，如果
区域主义是多边主义的必要基石，那么世界将毫无疑问地欢迎 RTAs 的持续
增长。

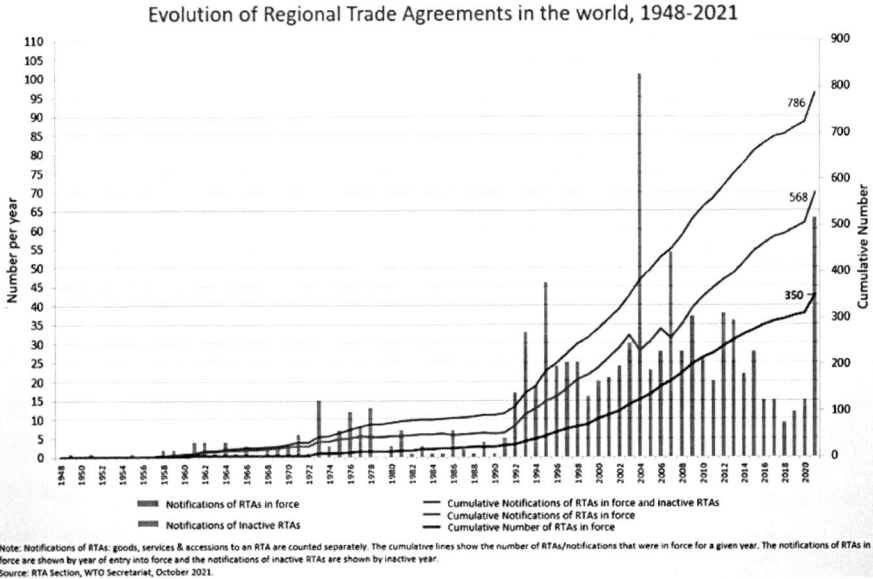

Evolution of Regional Trade Agreements in the world, 1948-2021

Note: Notifications of RTAs: goods, services & accessions to an RTA are counted separately. The cumulative lines show the number of RTAs/notifications that were in force for a given year. The notifications of RTAs in force are shown by year of entry into force and the notifications of inactive RTAs are shown by inactive year.
Source: RTA Section, WTO Secretariat, October 2021.

图1　1948—2021 年 RTAs 的演变（来自 WTO 官网）

第二章 区域贸易协定环境规范概述与展望

第一节 习惯国际法——国家言行不一的照妖镜

国际法渊源的多样性并不意味着国际法律秩序的终结，而是呼吁国际法最初理想的重新定义和重新聚焦。①RTAs 环境规范对多边贸易体制的减损，使得 WTO 法的权威性和效力等级在总体上被削弱。"把妖精放回瓶子里"是不可能的，所以比较现实的解决方案是坦然接受 RTAs 环境规范这种新常态，并在新常态中寻求出路。"问渠那得清如许，为有源头活水来。"RTAs提供了一个环境与贸易的新论坛，在这个论坛中国家主权概念并未被取代或剥夺，而是被解析、被重构。在当今国际法舞台上，制定国际法规范的主体本身是非集合的（disaggregated）。国家可以在环境领域和贸易领域同时采取行动，但必须协调这些行动。

RTAs 环境规范本属于条约法范畴，根据《维也纳条约法公约》第 34 条

---

① Kalypso Nicolaidis& Joyce L. Tong, "Diversity or Cacophony - The Continuing Debate over New Sources of International Law", *Michigan Journal of International Law,* Vol.25, Issue 4, 2004, p.1352.

"条约相对效力"原则，RTAs 环境规范非经第三国[1] 同意，不为第三国创设义务或权利。但是由于环境问题关涉全人类共同利益，保护环境、应对气候变化理应属于 RTAs 环境规范缔约国和非缔约国的共同义务和责任。而习惯国际法突破了"条约相对效力"原则，可以对国际法主体产生普遍的约束力。如学者们倡议：鲸在习惯国际法下有一种新兴的生命权[2]；各国必须采取措施保护濒危物种[3]；各国有义务就可能造成跨界损害的活动发出通知并进行协商[4]。因此，本章将从习惯国际法角度深入剖析 RTA 环境规范作为国际法渊源的法律约束力。

国际经济法学研究专著汗牛充栋，但很少提及习惯国际法。为何如此呢？许多专家认为，第二次世界大战后以国际经济组织的多边条约及立法为代表国际经济立法，已经取代了习惯国际法在调节国际经济法律关系中的任何潜在的作用。[5] 本书认为，事实恰恰相反，21 世纪以来以 WTO 法为代言人的国际经济条约所载规范并未取代习惯国际法的地位及作用。反复遵守国

---

① 第三国的情形有下列几种：一是未参加条约谈判和缔结的国家。二是"即使参加了该约的谈判，如果该国并未签署该约，或者签署而在需要做出批准、接受或核准的情况下并未作出，它仍然是第三国"。三是"即使已成为该约的当事国，如果它后来退出该约，那么它又回复第三国的地位"。四是在对多边条约发生保留的场合，一项保留经其他缔约国接受，在保留国与接受保留的国家就保留条款而言的关系上，保留国成为第三国。但是，在按条约规定的程序修改或修正该条约条款的情况下，条约的当事国不能主张未经其同意而成为第三国，但如果条约被重大修改，甚或被修订或重订，则不在此限。(参见万鄂湘等：《国际条约法》，武汉大学出版社 1998 年版，第 193 页)

② Anthony D'Amato & Sudhir K. Chopra, "Whales: Their Emerging Right to Life", *American Journal of International Law*, Vol.85, No.1, 1991, p.85.

③ Michael J. Glennon, "Has International Law Failed the Elephant?" *American Journal of International Law*, Vol.84, Issue 1, 1990, pp.1–43.

④ RudigerWolfrum, "Purposes and Principles of International Environmental Law", *German Yearbook of International Law*, Vol.33, Issue 2, 1990, pp.308–330.

⑤ American Law Institute (ed.), *Restatement (Third) of the Foreign Relations Law of the United States*, Vol.2, St. Paul, Minnesota 1987, p.261.

际经济条约所载规范可能会对非缔约国产生有法律约束力的习惯国际法。①当然，大多数学者假定，通常没有详细的理论分析，处理国际经济法主题的条约不能产生习惯国际法。如 D'Amato 指出："使贸易制度化的条约，如《关税及贸易总协定》，同样不能产生对非缔约国有约束力的习惯法。"② 殊不知"三十年河东，四十年河西"。下文将具体分析习惯国际法在国家践行 RTAs 环境规范中的特殊魅力。

一、习惯国际法构成要件的"松绑"

半个世纪前，沃尔夫冈·弗里德曼（Wolfgang Friedmann）在评估不断变化的国际法结构时指出，"习惯不适合作为国际'福利'或'合作'法的工具。后者要求对经济、社会、文化、行政等事务进行积极调控，只有具体制定和实施才能产生效果……［惯例］必须以更明确和具体的立法文书取代，即在没有国际立法机构的情况下，以双边或多边条约来管理国际或跨国利益。"③

弗里德曼教授正确地指出了为什么国际经济条约占主导地位，但他没有进一步解释：为何笃信习惯国际经济法完全缺失？很少有权威人士给出一个令人信服的解释，说明为什么习惯国际经济法不应该存在？也没有理论解释为什么当调整对象是国际经济法问题时，国家反复实践并逐渐被接受为法律确信这两个要素就没有导致习惯国际经济法逐渐生成呢？事实上，RTAs 环境条款遍地开花，预计将提供习惯国际经济法发展和认可的千载难逢的良机。在本书中，我将试图评估习惯国际法在国际经济关系中所起的作用。在考虑这些问题之前，首先应阐明一些对理解本书研究范围很重要的定义。

---

① Anthony A. D'Amato, *The Concept of Custom in International Law*, Ithaca/London: Cornell University Press, 1971, p.104.

② Anthony A. D'Amato, *The Concept of Custom in International Law*, Ithaca/London: Cornell University Press, 1971, pp.105–106.

③ Wolfgang Friedmann, *The Changing Structure of International Law*, New York: Columbia University Press，1964, p.122.

（一）两要素之争

除了白纸黑字的国际条约，习惯国际法是国际法最重要的法律渊源之一。但由于其不成文的特性，识别与确定习惯国际法一直以来都是国际法学界的难题。在关于习惯国际法的学说争论中，19世纪甚至有学者否认习惯国际法本身就是国际法的法律渊源。法律实证主义者约翰·奥斯丁认为，习俗只有在被君主采纳或被法庭采用时才成为法律。① 哈特② 、博比奥③ 等指出了奥斯丁的错误。由国家实践创造的习惯国际法，也一直受到自然法学派学者的质疑。劳特派特认为，律师所称的习惯国际法规范实际上是自然法规范。由于它们作为自然法规范的地位而具有法律效力，无论它们是否被社会实践承认为习惯法。在萨维尼的著作④ 中也可以找到类似的观点，他否认习惯国际法是通过国家实践而产生。

为此，《国际法院规约》第38条⑤ 中专门明确了习惯国际法作为国际法渊源的地位及其定义。根据《国际法院规约》第38条，习惯国际法是指"作为通例之证明而经受为法律者"。因此，习惯国际法有两个基本构成要件：第一是所谓的物质要素，需要有一般法律实践（General Practice），即各国在国际实践中对同一问题的长期地反复地采取的类似行为或不行为；第二是心理要素，强调法律确信（Opinio Juris），即要求各国认为这种一般实践具有一定的法律拘束力，各国都应该共同遵守。

《国际法院规约》给习惯国际法下的定义在整个国际法长河中具有较高的权威性，但也引起了当年历史法学派与实在法学派围绕两个构成要素之间

---

① John. Austin, *Lectures on Jurisprudence*, London: John Murray, 1885, pp.536–537.

② H.L.A. Hart, *The Concept of Law*, Oxford: Clarendon Press, 1994, p.44.

③ N. Bobbio, *"Consuetudine"*, in *Enciclopediadeldiritto*, Milano: Giuffrè, 1961, p.426.

④ F.K. von Savigny, *System des beutigenRiimischenRecht*, Berlin: Veit und Comp, 1840, pp.32–34.

⑤ Statute of the International Court of Justice（entered into force 24 October 1945）1 UNTS XVI, art 38（1）.

的关系展开了激烈争论，现在的条文措辞是双方妥协的产物。前者比较强调习惯（一般实践）本身的"造法"作用；后者则把"法律确信"视为决定因素。这个历史争论，今天仍以不同论据与方式持续进行着。惯例造法派指出：惯例本身必然含有法律判断在内，否则各国重复地实施某种行为，岂不成了"法律谬误"吗？此派中的极端派如分析法学派坚持：在惯例行为实施前，法律判断已先验存在。而温和一些的论点，则强调规约定义中"惯例的证据"这个因素。法律确信决定论者则恰恰相反，他们突出法律确信的主导作用，认为有些惯例的主观初始动机可能出自国际礼貌、政治上一时权宜之计等非法律意识，因而不构成习惯。他们还按自己的需要，将规约定义解释作"实践被普遍接受为法律的证据"。[①] 特别是在国际法的人权、环境保护等领域，其目的是保护整个国际社会的普遍共同利益，法律确信是形成现代习惯国际法更适当的要素。

（二）国际法委员会对习惯国际法的识别

联合国国际法委员会（International Law Commission）花费十年拟定了一份《习惯国际法识别》[②]（*Identification of Customary International Law*）的指南，提供"如何确定习惯国际法规则的形成及其证据"的权威性意见，并在其第 66 届和第 67 届会议期间通过草案。[③]

国际法委员会的意图并不是要建立新的规则来反对现有的条约规则，而是通过填补空白来建立更有利的规则，试图揭开习惯国际法神秘的面纱。正如国际法委员会所观察到的，"整个学科领域都没有习惯国际法或普遍性质

---

① 赵维田：《习惯国际法刍议》，《法学研究》1988 年第 5 期。

② "识别"（Identification）一词不同于传统国际私法中的"识别"概念，系指对习惯国际法进行"分辨"、"鉴别"、"明晰"而直至最终"确定"的过程。

③ 国际法委员会关于《习惯国际法的识别》的报告和结论草案中，对"两要素"方法广泛采用性做了总结。参见 International Law Commission, *Second Report on Identification of Customary International Law*, A/CN.4/672（2014），pp.7–13；亦可参见 United Nations, *Report of the International Law Commission*, A/73/10（2018），Chapter V, Part E, p.125。

的国际公约规定的基础"，① 因此需要起草一项全球性和完整的文书。这也解释了为什么国际法委员会设想以现有条约为起点，来描述国际法在这一领域的逐步发展。在很大程度上，国际法委员会并不依赖条约法作为国家实践的一个要素。国际法委员会通常认为现有条约是一种灵感的来源，而没有评估它们是否反映或得到国家实践和法律确信的支持。这种方法与适用于确定习惯国际法的方法相反，根据这种方法，"无论条约在习惯国际法方面可以发挥怎样的作用，条约文本本身不能作为习惯国际法规则存在或其内容的结论性证据……为了证明一项书面文本中确立的规则将形成习惯国际法，该规则必须得到外部实践实例的支持，同时被接受为法律。"② 但并非所有条约规定在作为习惯国际法规则的证据方面都具有同样的相关性，只有"具备根本的规范制定性质"的条约规定才能产生习惯国际法规则。而且条约缔约方的地域分布可以作为国家实践具有普遍性的证据。

我们不妨把国际法委员会十年致力于习惯国际法识别的工作及其研究报告视为公开邀请对习惯国际法感兴趣的每个人以批判的眼光和开放的心态阅读其研究报告，以了解支持这些研究报告的各种不同的方法，从而与时俱进地把握习惯国际法这一重要法律渊源的可预测性和合法性。其价值不仅在于他们提出的论点或给出的答案，而更在于他们提出了关于习惯国际法及其形成和法律效力的问题，到底是什么把习俗性社会行为变成一种规范或法律规则？其规范性和法律约束力的基础是什么？③20 世纪 90 年代以来，RTAs 环境规范是否可以作为一种习惯国际法存在而具有强大的生命力？它不仅对缔约国有法律约束力，而且由于环境保护符合全人类共同利益，非缔约国也心

---

① International Law Commission, Draft Articles on the Expulsion of Aliens, with Commentaries（2014）, http:// legal.un.org/ilc/texts/instruments/english/commentaries/9_122014.pdf [https://perma.cc/CZ4U9XLA].

② Michael Wood, Third Rep. on Identification of Customary International Law, U.N. Doc. A/CN.4/682 at 18（Mar.27, 2015）.

③ Vassilis P. Tzevelekos, "Beyond the Identification of International Customary Rules", *International Community Law Review*, Vol.19, Issue 1, 2017, p.2.

知肚明，应理性而自觉自愿地受其约束，从而具有普遍的法律约束力。当然，RTAs 环境规范毕竟是在区域层面，那么是否构成特殊习惯国际法呢？在无任何国家实践为基础的情况下，设想在没有地理联系、分布广泛的一群国家之间存在着特殊习惯，这是否导致习惯国际法的碎片化？

二、习惯国际法在国际经济新秩序中逐渐显形

随着国际经济新秩序（NIEO）运动的兴起，构成布雷顿森林体系的国际经济法规则经受了日益严峻的考验。发展中国家对现有的经济秩序表示不满，这种秩序是通过反映和维护工业化国家力量的进程，即多边会议和国际经济组织制定规则建立的。发展中国家通过各种决议和行为守则，试图通过非传统方式影响国际经济法的发展，其中一些决议和行为守则从未得到工业化国家的认可，也没有转化为具有约束力的国际协定。这一举动遭到了许多评论家的反对，尤其是那些来自工业化国家的评论家。[1]1977 年 Kapteyn 向荷兰国际法协会提交的一份报告提及：目前缺少一份构成国际经济新秩序基础的正式法律文件，这成为建立国际经济新秩序的薄弱环节。[2]

对国际经济新秩序的讨论，不仅涉及国际经济法的实体法规则，而且涉及规则建立的过程。因此，本书提出的问题是：是否存在习惯国际经济法？这个先决问题可视为国际经济新秩序一般性辩论的一部分。这场辩论的对立双方可分为"理想主义者"和"现实主义者"。

理想主义者认为，现行的国际经济法过分倾向于偏袒富裕国家的利益。一位批评家认为，传统的国际经济法主要由"发展中国家没有大量参与的国际条约"组成，"一种新的公共秩序确实已经出现，其基础是关于人类尊严

---

[1] Brower and Tepe, "The Charter of Economic Rights and Duties of States: A Reflection or Rejection of International Law?" *The International Lawyer*, Vol.9, No.2, 1975, p.295.

[2] P. J. G. Kapteyn, "De grondslayen van de 'Nieuwe Internationale Economische Orde'", （1977）75 Mededelingen van de Nederlandse Verenigingvoor Internationale Recht 54.

价值的国际共识"。① 这种新秩序涉及来自联合国《国家经济权利和义务宪章》
(the United Nations Charter on Economic Rights and Duties of States) ② 的四项
"规范性原则"——和平共处原则、国际经济合作原则、发展原则和建立国
际经济新秩序原则。该宣言虽然对各国没有强制约束力，但却是国际经济新
秩序一项核心元素内容。根据作者的说法，《国家经济权利和义务宪章》"作
为国家实践的证据，[而且] 还产生了一个强有力的假设，即其规则反映了
习惯法"。③

其他学者已经对国际经济新秩序及其立法效果进行了理论化解读。20
世纪 70 年代通过的跨国公司行为准则呼吁建立新的国际经济秩序。一些学
者讨论了这些不具约束力的文书可能会产生习惯国际法。Seidl-Hohenveldern
教授描述了国际经济新秩序独特的"软法"性质，如果它们被转化为国内
法，仍然有可能属于软性国际经济法，可以获得习惯国际法的地位。④Hans
Baade 教授在一篇论证特别充分的文章中说明了各国按照自愿行为守则或准
则行事，可导致制订关于多国企业活动的习惯国际法规则。⑤ 这些评论家并
不认同发展中国家建立国际经济新秩序的运动已经或正在引领习惯国际经济
法的创立。然而这种情况正在发生。

另一方面，现实主义者否认这样的效果。这些评论人士对习惯国际法
不以为然，认为它不如条约法重要。在对传统观点的强烈批评中，Phillip
Trimble 教授指出，美国法院很少适用习惯国际法。他认为在一个民主国家，

---

① Edward A. Laing, "International Economic Law and Public Order in the Age of Equal-ity", *Law and Policy in International Business,* Vol.12, Issue 3, 1980, pp.727–782.

② UN-Doc. A/Res.3281（XXIX）, of 12 December 1974, GAOR, 29th Session（Sess.）, Supplement（Suppl.）No.31, 50.

③ Edward A. Laing, "International Economic Law and Public Order in the Age of Equal-ity", *Law and Policy in International Business*, Vol.12, Issue 3, 1980, p.777.

④ See Ignaz Seidl-Hohenveldern, International Economic "Soft Law", Leiden: Brill, 2006, pp.165–246.

⑤ Hans Baade, "The Legal Effects of Codes of Conduct for Multinational Enterprises", *German Yearbook of International Law*, Vol.22, Issue 3, pp.11–52.

习惯国际法充其量只能宣称"微弱的合法性",因为它忽视了条约法赖以产生的政治共识和国家同意。因此,伪称存在习惯国际经济法削弱了对以条约为基础的"真正的"国际法的承认和遵守。而 Trimble 教授不局限于国际经济新秩序辩论,他的论点同样适用于它。其他像 Michael Reisman 教授这样的评论家并不否认习惯国际法存在,但却指出了习惯国际法在处理重要的经济问题时有其不足之处。①

在进一步探讨 RTAs 环境条款如何影响习惯国际经济法的发展之前,不妨先看一看习惯国际法创造的要素——习惯国际法的编纂。1947 年联合国专门设立国际法委员会,通过主持条约的起草和谈判来进行国际法"编纂"(codification)和"逐步发展"(progressive development)。"编纂"可以称为"将习惯法转变为书面形式",而"逐步发展"包括起草新的国际法规则。国际法委员会起草了多项国际条约,最著名的有《联合国海洋法公约》、《维也纳条约法公约》等,但唯独没有处理国际经济新秩序相关的重要问题。② 当然也有学者认为国际经济新秩序的目标不可能通过国际法委员会的"编纂"和"逐步发展"进程来实现。③

诚然,在某些领域,国际法委员会是巩固国际法的一个重要因素,但它对习惯国际经济法的影响不大。无论出于何种原因,国际法委员会很少参与处理国际经济事务。一个例外就是国际法委员会为了澄清最惠国待遇在双边和多边公约中的含义,专门起草了最惠国条款的公约草案。④ 此外,国际法

① W. Michael Reisman, "The Cult of Custom in the Late 20th Century", *California Western International Law Journal*, Vol.17, Issue 1, 1987, pp.133–145.

② Mark E. Villiger, *Customary International Law and Treaties*, Dordrecht: Martinus Nijhoff Publishers, 1985, pp.81–82.

③ Damian Hubbard, "The International Law Commission and the New International Economic Order", *German Yearbook of International Law*, Vol.22, No.3, 1979, pp.80–99.

④ International Law Commission (ed.), "Report of the Commission to the General Assembly on the work of its thirtieth session", in: *Yearbook of the International Law Commission*, 1978, Vol.2, part 2, 8.

委员会的进程将"编纂"和"逐步发展"结合在一起，① 因此几乎不可能确定国际法委员会草案中所表达的规则是对现有习惯国际法的宣示，还是习惯国际法新的发展。这种混乱使人难以辩称国际法委员会草案中所表达的规则对批准这些规则的国家和未批准国家同样适用。

乍一看，习惯国际经济法并不像习惯国际法那样脉络清晰，有迹可循。事实上，考虑到国家之间复杂的国际经济法律关系，具有普遍法律拘束力的习惯国际经济法似乎尚不存在。我们不妨先来探讨可能发现习惯国际经济法的特殊领域。

三、RTAs 环境规范是特殊习惯国际经济法

（一）RTAs 环境规范形成特殊习惯国际经济法的成因

特殊习惯国际法不像一般的习惯国际法，它的规范性是由它所约束的国家同意而产生。一般习惯国际法和特殊习惯国际法之所以具有约束力，是因为国家确信并接受这些惯例为法律。然而，如果在 RTAs 缔结环境规范的情况下，特定的习惯国际法包含使其更接近契约法（反映国家意志）的某些特征，那么默示协议理论可能并非完全无关。

为什么特殊习惯国际法也构成法律？也就是说，为什么少数国家对其特殊实践的法律确信就能创造出特殊法律规则呢？它的法律性质是否源于一种"全人类共同利益"立法模式？根据这种模式，国家的法律确信被视为"选票"，一旦该特殊规则得到承认，它就约束所有缔约国甚至影响非缔约国？是否存在强制性特殊习惯国际法规范？如果国家错误地认为它们的行为是法律允许或强制的，从而导致所谓的"法律确信悖论"，该怎么处理相关争端？

---

① Carl-August Fleischbauer, "The United Nations and the Progressive Development and Codification of International Law", *International Journal of International Law*, Vol 25, No.1, 1985, pp.1-7.

国家实践的主体必须限于国家还是包括非国家主体?

许多国际法学者忽略了国家间权力不对称这一至关重要的基础性问题。由于国家间权力不对称,从而将国际法塑造成一个无处不在的后威斯特伐利亚时代叙事体,把过于简单化的"主权终结"说成是当前国际法体系变革的关键。有谁会否认国家主权的金库已经被打开?或者说,"不干涉国家内部事务"已经成为一项备受争议的议题?问题是在什么程度上干涉?会导致什么后果?主权真的是一个"濒危物种"(Endangered Species)吗?

恰如斯蒂芬·克拉斯纳所言,主权一直是有条件的,有争议的。① 强大的国家对其他国家在其领土边界的行动从未采取过"不干涉"的方式。长期以来,联合国等国际组织一直在每个领域致力于管理此类事务。然而,国际法新课题的出现——爆发主权泡沫是世界范围内国际法主体扩大的原因和结果。经济全球化导致全球治理职能从国家层面到政府间或非政府间组织、区域和跨国机构的转移,即全球治理的去中心化。但国家并未从国际法棋盘中出局,而是处于一个更加拥挤版图的中心位置。在一定程度上,国家仍然是国际法渊源多样化的主要源头。

首先,最惠国待遇原则作为国际经济法最基本的原则,并未演变为习惯国际法。该原则最初是通过双边条约的广泛传播而得到普遍适用。尽管最惠国条款无处不在,但最惠国待遇原则并不是作为习惯国际法为国际社会成员普遍接受,而是通过协商一致和缔结条约而获得。②

从1964年开始,国际法委员会对将最惠国条款作为其条约法工作的一部分进行了审议。经过多年讨论,国际法委员会缔结了一套关于最惠国待遇的条款草案。尽管如此,条款草案从未得到批准而最终通过为一项公约。条约草案的宗旨是要根据事态发展澄清最惠国条款的含义,关于对发展中国家

---

① See Dan Sarooshi, The Essentially Contestable Nature of the Concept of Sovereignty: Implications for the Exercise by International Organizations of Delegated Powers of Government, *Michigan Journal of International Law*, Vol.25, Issue 4, 2004, p.1107.

② John H. Jackson & WilliamJ. Davey, *Legal Problems of International Economic Relations*, 2d ed., Minnesota: St. Paul,1986, pp.439–440.

的优惠待遇等。为此，国际法委员会关于最惠国待遇的条款草案体现了某些
国际经济新秩序的原则。国际法委员会谨慎地指出，最惠国待遇原则本身并
没有成为习惯国际法规则。但是，国际法委员会草案可以作为法律上关于最
惠国条款解释的习惯国际法规则"逐步发展"的基础。虽然有评论对国际法
委员会草案能否得到发达国家和发展中国家足够支持表示怀疑。① 恰恰由于
缺乏最惠国待遇原则的习惯国际经济法，各国在其国际经济关系中可以自由
地歧视其他国家，除非作出了相反的条约承诺。

其次，政府管制环境的域外效力问题。一国政府管制环境问题产生域外
效力时，习惯国际法是否会限制这种域外管辖权的行使？目前存在不同意
见。施瓦曾伯格（Schwarzenberger）教授在 1966 年海牙演讲集中写道："根
据习惯国际法，国家可以自由地制定关于域外效力的立法……也没有任何
文明国家普遍承认的法律原则限制这种自由裁量权。"② 如果这也是一种国际
法规则，那么政府管制环境的域外效力是否构成"被动"（passive）习惯国
际经济法呢？当然，政府管制环境的域外效力首先应该遵循"合理性原则"
（principle of reasonableness），而绝不仅仅是出于不具有法律约束力的国际礼
让。鉴于美国国内法产生域外效力的频率，美国就此问题发表的声明尤其值
得关注。这种"被动"习惯国际经济法如果存在，也不清楚到底国家实践和
法律确信是否足以支持其存在？问题的关键在于，超出"合理性原则"从而
具有高度破坏性的政府管制环境的域外效力理应受到国际经济法的有效规
制，这个新规制工具就是 RTAs 环境规范这一特殊习惯国际经济法。

（二）RTAs 环境规范作为特殊习惯国际经济法的特性

1. 被动性

作为习惯国际法规则而得到最广泛承认的规则是一个国家对其经济包括

---

① Mark E. Villiger, *Customary International Law and Treaties*, Dordrecht: Martinus Nijhoff Publishers, 1985, p.82.

② Georg Schwarzenberger, The Principles and Standards of International Economic Law, Leyden: A.W. Sijthoff, 1966, p.29.

环境的管制不应受到干涉。因此我们看到，在没有作出相反的条约承诺的情况下，各国可以自由地征用其境内的财产，允许或限制同其他国家的贸易，在其贸易关系中区别对待，并管制其本国环境。这些规则不是为习惯国际法创造积极的作用，而是消极或被动的性质——它们支持国家经济行为自由原则在国际法规定的限制下采取行动。在施加限制的情况下，例如要求对跨境环境污染作出公正的赔偿，习惯国际法规则有更大的不确定性，或根本不被承认。鉴于世界经济相互依赖的性质，国家拥有经济主权似乎是自相矛盾的，因为很明显，国家对其经济的管制根本不是至高无上的，而是不断由于外部经济力量甚至是非政府环保组织的游说而妥协。这种日益增长的相互依存关系并没有产生许多特殊习惯国际法规则。然而，这一直是各国在 RTAs 中让渡一定程度的经济主权包括环境规制权以换取互惠利益的主要动机。

2. 软法性

近年来，在建立新的国际经济体系的冲突中出现了僵局，通过国际经济法的"软法"规范作为克服困难的一种方法受到越来越多的关注。[①] 这种软法性有几个方面的原因。识别习惯国际法的过程需要从更具体的国家实践中提炼一般原则，而这种一般原则自然需要用更广义的语言来契合其他的国家实践。那么，这种软法性语言增加了该规则获得法律确信概念中所隐含的接受的可能性。基于模糊语言的软法达成共识，某种程度上源于对于这些规则应该如何适用缺乏可预见性。这些软法性法律规范的模糊性使得特殊习惯国际经济法在处理激烈的条约法冲突时作用非常有限，在这方面鲜有判例法指导。

3. 脆弱性

RTAs 环境规范作为特殊习惯国际经济法最后一个不可忽视的特征就是它的脆弱性。习惯国际法的识别基本规则似乎很简单，只要确立必要的国家

---

① Ignaz Seidl-Hohenveldern, *International Economic "Soft Law"*, Leiden: Brill, 2006, pp.165–246; Joseph Gold, "Strengthening the Soft International Law of Exchange Arrangements", *American Journal of International Law*, Vol.77, Issue 3, 1983, pp.443–489.

实践和法律确信，以表明各国积极或被动地遵守 RTAs 环境规范就高枕无忧了。然而，考虑到这些因素及其声明的异质性，实践证明这些因素的困难是压倒性的。而且缺乏一个强有力的国际机制来执行 RTAs 环境规范这一特殊习惯国际经济法，一个国家可能感受不到它没有参与创造的 RTAs 环境规范作为习惯国际经济法的限制，而且即使它自愿遵守该特殊习惯国际经济法，它也得不到什么即时的回报。因此，将习惯国际法适用于不断变化的国际经济关系带来了特殊习惯国际经济法的脆弱性。要证明特殊习惯国际经济法已实属不易，而要进一步证明一项特殊习惯国际经济法已被后来的国家实践或法律确信所扬弃更是难上加难。习惯国际法不允许轻易改变；偏离既定的规则，而不是代表着反映经济现实的必要修订，将被任何受到新规则不利影响者视为违反习惯国际法规则。有学者认为，习惯国际法的这种脆弱性不适合现代国际经济关系，因为现代国际经济关系需要越来越具体的规则处理复杂事务。[①] 但是，RTAs 环境规范的脆弱性可以通过"贸易利益"与"环境利益"的强弱联手达到外脆内实的效果。

（三）RTAs 环境规范作为特殊习惯国际经济法真正的作用

从前文讨论可以明显看出，RTAs 环境规范作为特殊习惯国际经济法对世界经济事务似乎无足轻重。由于其"软法"性质，证明其习惯国际法地位的困难重重，对法学家学术观点的过度信赖，似乎强调了一个学术界普遍接受的观点：国际经济组织如 GATT/WTO、世界银行和国际货币基金组织在调整国际经济法律关系方面如此成功，以致国际经济法学界习惯性认为国际经济法就是条约法，而且只是条约法。由于上述种种原因，在分析国际经济法的渊源时，习惯法一直被忽视。[②] 甚至有学者认为，国际经济法星系中充斥着大量高度发达的条约法，以致习惯国际经济法几乎没有藏身之地，即使

---

① W. Michael Reisman, "The Cult of Custom in the Late 20th Century", *California Western International Law Journal*, Vol.17, Issue 1, pp.142–143.

② E.g., ME Villiger, *Customary International Law and Treaties*, Dordrecht: Martinus Nijhoff Publishers, 1985, pp.81–82.

有也毫无用武之地。①

　　本书则认为，RTAs 环境规范作为特殊习惯国际经济法，虽然在司法层面无判例可循，但在政治层面上，在国家间谈判中意义非常深远。有学者可能马上辩驳说，习惯国际经济法在政治层面起作用的不是法律，因为它们不是被严格遵循，也不需要坚定不移地遵守。但是，即使是国际条约法规则在起草时最精确的条款，如 GATT 第 24 条、国际货币基金协定第 8 条，也同样缺乏严格的遵守。运用法律/非法律的简单二分法解释国际经济法在后布雷顿森林体系中的作用可能过于简单化。我们不妨从国际经济法在司法领域外被遵守而言，由一系列 RTAs 环境规范组成从国际经济法"总是被遵守"到"很少观察到的遵守"的光谱。条约法和习惯国际法规范都可以出现在这个光谱的不同点上。因此，RTAs 环境条款的实质性规则可以是"软法"的性质，却包含着"硬法"的形式，以一种具有法律约束力的国际协定面世。这样一种规则对国际经济法律关系的影响不亚于以"软法"的形式包含的"硬法"的实质性规则。

　　在后布雷顿森林经济体系中，条约法在确定国际经济合作框架和提供固定规则方面发挥着重要作用，这些规则即使有选择地适用，也会影响国际经济行为的模式。出于环境保护义务意识而采取的特殊习惯国际经济法也是影响国际经济法律关系的重要因素。即使这种做法不被认为是"法律"，因为它们很少在司法程序有效执行，它们至少应该被认定为国际经济法的规范性指南，从而深刻影响国际经济法律关系。

第二节　区域贸易协定环境规范的国家实践

　　现有的国际法体系以国家为基础，国家既是国际法的主体也是国际法的

---

① American Law Institute, 2 Restatement (Third) of the Foreign Relations Law of the United States, 1987, p.261.

客体。无论是正式的国际条约、国际惯例还是国际法基本原则，国家长期为国际法的调整范围、形式和界限而争论、斗争，使其服务于并约束国家主权这一基本准则。但在当今这个相互联系的世界里，国际法的版图看起来越来越像一个个不相连的马赛克：由许多手塑造，充斥着许多声音，被无数语境所着色，构成巨大的多样性。20 世纪 90 年代以来，在国际贸易法领域，与环境保护相关的贸易条款被纳入大批双边或区域贸易协定之中。然而关注并侧重研究 RTAs 环境规范的国内外文献并不多，且已有文献未能系统梳理清楚 RTAs 环境规范的国家实践。在一般惯例的考察中，国家实践具有首要意义，是国家实践首先促进了习惯国际法规则的创建。[①] 而这方面研究成果有助于各国权衡多边与区域贸易协定中环境规范相关的利弊得失，有助于各国探讨对外贸易与环境保护协调发展的适恰途径。本节研究有两个目的：第一，RTAs 环境条款的综合类型化分析；第二，RTAs 环境条款定量分析和定性审查。本节将阐述与环境保护有关的 RTAs 的起源和演变，RTAs 中环境条款的范围及不同范式，以及 RTAs 中环境保护争端解决等关键内容。本节旨在评估从以往适用多边贸易体制到近 20 年来青睐适用 RTAs 作为国家实现环境保护目标工具的范式转变。由于 RTAs 环境条款反复的国家实践，是否满足构成 RTAs 环境规范作为习惯国际法的第一要素呢？

一、国家缔结 RTAs 环境条款的动因及其特色

　　面对全球环境和气候变化问题的挑战，如何确保贸易自由化与环境保护相互支持？如何在不同国家间协调彼此的权利义务关系？RTAs 缔约国逐渐认识到贸易经济发展和环境保护是可持续发展的两个相互依存的组成部分，三者堪称"一体两翼"，缺一不可。最近 WTO 批准的 RTAs 越来越多地在其主要案文或附属协定中引入环境条款甚至是整个环境章节。2010 年之前，

---

① United Nations Report of the International Law Commission，A/73/10（2018），Chapter V，Part E，Conclusion 4.

只有 29% 的 RTAs 涉及环境条款。2010 年至 2012 年，在向 WTO 提交的所有 RTAs 中，有一半以上纳入了环境条款，而不仅仅是在序言提及环境合作或重申 GATT 第 20 条的环境条款。这些条款旨在保护环境，并建立靶向贸易与环境问题的区域合作路径。这些内嵌环境条款的 RTAs 在缔约国、范围和深度以及所涉法律和体制问题方面有很大的不同。尤其值得关注的是，新一代 RTAs 倾向于将环境问题纳入序言或一些处理投资问题或例外情况的条款。它们不仅重申了 WTO 协议的宗旨，而且在一些尚未得到 WTO 监管的议题上取得了进展，比如渔业补贴、非法采伐和野生动物走私。

（一）RTAs 环境条款设置的动因

RTAs 环境条款（Environment-related Provisions, ERPs）是指 RTAs 项下直接和明确提到保护环境、可持续发展和其他与环境有关的任何规定。下列关键字可用于识别 RTAs 环境条款：动植物，巴塞尔公约，蒙特利尔议定书，生物多样性，化工、气候、生态、濒危物种，能源，环境，自然资源、臭氧、污染，可再生，可持续，野生动物等。

一般而言，RTAs 环境条款要求：①指明环境保护水平；②执行环境保护的具体法律制度；③接受诸如多边环境协定[①] 等其他国际条约所载的环境保护义务；④维持缔约国在环境保护方面的现状。[②] 一些 RTAs 气候条款比《京都议定书》或《巴黎协定》等多边环境条约更具体、更具可执行性。RTAs 可增强国际环境法律制度的有效性，而这仅凭多边环境条约难以实现。

最早设置环境条款的 GATT1947 只包括两项环境条款，分别为"保护人类、动植物生命健康"和"可用竭自然资源"规定了两个例外情形。1971 年，GATT 专门设立了"环境措施与国际贸易"小组，绿化 GATT 规则，将环境

---

① 多边环境协定概分为三种：第一，调整某一特定类型产品（如野生动物）贸易；第二，保护国家不受有害物质对其国内环境的损害（如有害废料）；第三，保护所谓的"全球共同财产"，如臭氧层或全球天气系统。所有这三种类型都要求跨境合作，特别是第三种。

② J.-A. Monteiro and J.P. Trachtman, Chapter 18 Environmental Laws, *Handbook of Deep Trade Agreements*, World Bank Group, 2020, p.555.

保护与自由贸易的冲突与协调作为一个专门问题来对待。环境保护渗入国际贸易规则，现已成为一种世界潮流和必然趋势。但是伴随着多哈回合谈判陷入僵局，"山重水复疑无路"的境况之下，美国、欧盟等发达国家/经济体针对多边贸易体制中环境条款的缺失，纷纷在 RTAs 中纳入环境条款。这种在协调环境与贸易问题、解决二者矛盾与冲突方面的有效探索，给日益碎片化的国际法带来了"柳暗花明又一村"的新天地。

贸易谈判是促进环境保护的良好机遇吗？抑或环境条款只是一种粉饰，掩盖了贸易保护主义的真相？在此时代背景下，如何解释缔约国在 RTAs 中制定并遵守环境条款的内在动因？国际条约法如何影响塑造国家行为（state behavior），来应对全球气候变化带来的国际法全方位的挑战？

第一，RTAs 是协调环境与贸易冲突的次优选择。学术界越来越频繁地探讨"环境与贸易之间的冲突"，甚至有加拿大学者认为，世界上没有任何争论的分歧比国际贸易自由化支持者与反对者关于自由贸易与环境之间的争论更甚。[①] 但环境与贸易之间的冲突不应也不仅仅是一个单一的社会问题，而是各种困境的交集。由于 WTO 多边贸易谈判前景不明，相对于 WTO，RTAs 成员之间更容易就敏感议题达成协议，并且 RTAs 谈判及条约缔结具有相对的灵活性和实践可行性。RTAs 当之无愧成为协调环境与贸易二者冲突的次优选择。恰如 WTO 总干事拉米 2004 年所言，缔约方对 RTAs 嵌入环境条款拥有"集体偏好"[②]（Collective Preference）。

第二，缔约国政府可以利用环境条款来缓解贸易保护主义压力。因为确保其他缔约国的较高环境标准可以减少其产品对本国的竞争，至少一些环境条款可能构成贸易限制措施。例如，要求发展中国家提高环境标准的规定降低了发展中国家工业品的竞争力，进而可能减低与其签署 RTAs 的发达国家

---

① ［加］布莱恩·科普兰、斯科特·泰勒尔著，彭立志译：《环境与贸易——理论及实证》，格致出版社、上海人民出版社 2009 年版，第 1 页。

② Lamy, The emergence of collective preferences in international trade: implications for regulating globalization. Conference on "Collective preferences and global governance: what future for the multilateral trading system", Brussels, 15 September 2004.

的进口竞争。环境条款在限制特定产品（如转基因生物）贸易时，甚至可能产生更直接的贸易保护主义影响。RTAs 中的环境条款是限制贸易的次佳工具，因为在这种情形下，诸如关税等其他贸易限制措施已不复存在。RTAs 缔约国认识到，通过削弱或降低其各自环境法所提供的环保水平来鼓励贸易或投资都可能构成贸易保护主义或投资保护主义，与贸易、投资有关的环境条款成为 RTAs 缔约国抵制绿色贸易壁垒及投资壁垒的合法利器。

第三，国内环境法的域外效力是RTAs中纳入环境条款的另一推动因素。根据条约法的国家决策理论，条约法塑造国家行为的关键方式有两种：首先，国内执行机制是推动各国缔结并遵守条约的关键力量。正因如此，它们也是影响各国最初加入此类条约意愿的关键因素。其次，加入条约的可预期后果有利于国家利益。各缔约国不太愿意承担对其而言代价高昂的国际环境义务。[①] 换言之，如果一缔约国出口产品在损害环境的条件下生产，它不太可能赞成在RTAs中纳入环境条款[②]；相反，它将强调保持环境与贸易分离的必要性。如果遵守条约的代价很高，或者并无益处，那么这些国家首先就不太可能加入条约。研究发现，美国和欧盟在各自 RTAs 中分别纳入环境条款的承诺，源于其希望在国际上拓展其环境保护法律法规。而其他发达国家乃至发展中国家承诺签订可能限制其行为的 RTAs 环境条款，主要是欧美环境法域外效力使然。

综上所述，RTAs 环境条款跨越部门法界限，将现有国际贸易法与国际环境法两个交叉领域整合在一起，这种以国家利益为基础、以法律规范为模板的条约范式，比单独两个领域各自为营处理贸易问题或环境问题更能协同应对国际法带来的挑战。RTAs 通过保持稳定(但非静态）和动态(但非混乱)的贸易制度和环境条款来实现贸易与环境的有机整合。贸易谈判通过引入法

---

① Sprinz, Detlef, and Tapani Vaahtoranta, "The Interest-Based Explanation of International Environmental Policy", *International Organization*, Vol.48, Issue 1, 1994, pp.77–105.

② Copeland, Brian R., "Trade and Environment: Policy Linkages", *Environment and Development Economics*, Vol.5, Issue 4, 2000, pp.405–432

律创新和采用现有规范开拓已知领域，同时探索新的未知领域。①

自 2007 年以来，经合组织（OECD）对 RTAs 中如何处理环境问题进行了定期审查，并提供和更新了一份包含环境条款的 RTAs 清单。欧盟—智利 FTA② 和美国最近签署的 FTAs，均提及 RTAs 对环境的影响与其他因素很难分离开来。

当然，也有反对意见认为，RTAs 中包括环境条款是提高环境问题相关地位的一种手段，但这很容易使环境问题沦为贸易协定的附属，难以得出高水平的环境规则。因此，与贸易有关的环境问题可在 RTAs 中讨论，通过另外签署的相关协定加以解决。有的国家为加快贸易自由化进程或减轻贸易谈判的负荷，将环境问题从贸易谈判中单独剥离出来。如澳大利亚与新西兰均在国内重视环境保护，但 1983 年《澳新更紧密经济贸易协定》只字未提环境或环境保护③；澳大利亚对外缔结的 RTAs 几乎都没有保护环境的有关规定，只有与美国签署的 AUSFTA、与韩国签署的 KAFTA 专门设立了环境一章。

（二）RTAs 环境条款设置的特色

1. 实时的动态性

实际上，在 RTAs 中列入与环境有关的条款是一个动态的过程。是否列入与环境有关的条款的立场可能随着时间的推移而改变，也取决于参加谈判的国家。在这方面，各种各样与环境有关的规定可以被看做是各国对是否和如何在区域贸易安排中解决环境问题的不同看法的反映。与 2008 年以前签署的 RTAs 相比，大多数在 2008—2016 年谈判过几次 RTAs 的国家在其协议

---

① Jean Fre´de´ric Morin, Joost Pauwelyn and James Hollway, "The Trade Regime as a Complex Adaptive System: Exploration and Exploitation of Environmental Norms in Trade Agreements", *Journal of International Economic Law*, Vol.20, Issue 2, 2017, pp.365–390.

② Comprehensive FTA between EU and Chile which came into force in February 2003, <https://ec.europa.eu/trade/policy/countries-and-regions/countries/chile/>.

③ the Australia - New Zealand Closer Economic Relations Trade Agreement of 1983, Available at: http:lwww.austlii.edu.aulaulotherldfatltreatiesl1983/2.html.

中纳入了相对较多的环境条款。哥伦比亚、韩国和中国香港，紧随其后的秘鲁、巴拿马、约旦、多米尼加共和国和中国这些发展中国家，自 2008 年以来在区域贸易安排中与环境有关的条款的平均种类增加最多。同样，欧盟、新西兰、欧洲自由贸易联盟成员国、加拿大、瑞士和美国也大幅增加了 RTAs 和双边 FTAs 中环境条款。

RTAs 列入环境条款之所以具有动态性，部分原因是一些国家在处理区域贸易安排中的环境问题时并未界定概念，也未采用统一和标准化解决方案，而另一些国家则随着时间的推移调整了其解决方案。对环境条款广泛类型的识别和定义，有助于综合全面概述 RTAs 整体环境条款。RTAs 环境条款规定不仅在范围上不同，而且在语言、深度和可执行性方面也不同。如前所述，本节研究目的不是为了评估 RTAs 中纳入环境相关条款的优势，其目的是分门别类全面介绍 RTAs 所包括的各种与环境有关的规定及其特色。

2. 严格的外生性（Strict Exogeneity）

WTO 框架下并未就环境规制形成强有力的约束，但根据分工优势签署的诸多双边和诸边 FTAs、RTAs 中均嵌入了大量的环境条款，尤其见于南北贸易协定中。20 世纪 90 年代开始，在发达国家推动下，环境议题作为新议题被纳入国际贸易规则讨论的范畴，但环境议题又是涉及一国国内政策的议题。在全球价值链上通过贸易政策推动全球绿色治理已经成为发达国家的主要方向。然而，发达国家沿着全球价值链以贸易政策推行的外生性环境规制，并未使发展中国家实现经济与环境的双升级，反而丧失了环境治理主导权和国内环境政策独立性。[①]

发达国家和发展中国家之间的 RTAs 环境条款在生效前的影响不显著时，显现出严格的外生性。南北 RTAs 的长期累积效应在环境规范中仍然可以忽略不计，而南南 RTAs 环境条款的长期影响得到加强，因为它们对贸易有积极的预期影响。

---

① 参见周亚敏：《全球价值链中的绿色治理——南北国家的地位调整与关系重塑》，《外交评论》2019 年第 1 期。

3.环境章节地位日益彰显

将环境章节纳入 RTAs，可能会被主张提高环境标准的环保人士解读为一场环境保护战争的胜利，因为环境章节地位日益彰显，但最终的 RTAs 环境承诺不会威胁到大多数自由贸易支持者。

随着环境友好型贸易规范越来越普遍，随着 RTAs 更深层次的一体化，实力强大的发达国家需要进一步强化贸易环境解决方案，为贸易自由化产生的环境历史遗留问题及新问题建立一个日益环保的贸易—环境规则网络，提升环境议题地位并纳入贸易协定整体框架体系。

4.争端解决机制使得环境承诺日益司法化

正如鲍威林所言，争端迫使各国"组织起来，重新考虑决定，并从以往的错误中吸取教训"。[①] 值得注意的是，经常卷入环境—贸易争端的国家也属于环境—贸易领域最具创新性的国家之列[②]。美国、欧盟和加拿大最频繁地卷入与环境措施有关的争端，无论是在 WTO 还是在区域争端解决机制中；与此同时，它们也是 RTAs 中最具环境规范创新性的缔约国。其中，美国在 WTO 争端解决机制下采取的环境措施尤其受到挑战。GATT/WTO 与环境措施直接有关的九项争端中，有六项美国被诉。美国也最大限度地引领并参与了对贸易体制的环境革新。例如，"金枪鱼—海豚"案争端促使美国进行体制创新。

虽然 WTO 创立的争端解决机制（Dispute Settlement Mechanism，以下简称 DSM）号称"皇冠上的明珠"，但由于 WTO 并未对成员采纳或实施环境保护政策及措施施加强制性义务，DSM 对加强环境保护并无多大裨

---

① Joost Pauwelyn, "At the Edge of Chaos?: Foreign Investment Law as a Complex Adaptive System, How It Emerged and How It Can Be Reformed", *ICSID Review*, Vol.29 No.2, 2014, p.410.

② Jean Fre´de´ric Morin, "Joost Pauwelyn and James Hollway, The Trade Regime as a Complex Adaptive System: Exploration and Exploitation of Environmental Norms in Trade Agreements", *Journal of International Economic Law*, Vol.20, Issue 2, 2017, pp.365–390.

益。① 正如约翰·杰克逊教授所言，解决环境—贸易争端的准司法争端解决机构在对贸易协定进行司法解释时，并无意在现有案件之外产生重大的先例影响。②

但当环境承诺与贸易协定挂钩时，环境保护自始变得更具有可执行性。RTAs 将环境保护政策目标与日益司法化的争端解决机制联系起来。"司法化"（Judicialization）在这里被视为越来越依赖司法或准司法手段解决国际争端，并加强对具有约束力环境保护目标的执行。RTAs 争端解决机制使得 RTAs 以比 MEAs 更有效和更可靠的方式追求环境目标。

二、RTAs 环境规范的演变及创新

（一）RTAs 环境规范的时间轴

环境与贸易通过 RTAs 日益联系在一起，尽管贸易协定中的环境条款似乎具有包罗万象的性质，但关于环境与贸易在 RTAs 层面关联的前因后果的研究却不多见。在加拿大创新基金会、人文和社会科学研究委员会、国际治理创新中心和拉瓦尔大学国际贸易与投资跨学科研究中心资助下，Jean-Frédéric Morin、Andreas Dür 和 Lisa Lechner 三位学者开发出环境与贸易数据库（Trade and Environment Database，TREND）③，对 1947 年至 2016 年签署的 730 个 RTAs 近 300 种环境条款的原始数据进行分析，该数据集对 RTAs 环境条款设计及制度创新，环境与贸易政策复杂性、扩散性和制度有效性的

---

① Chang-fa Lo, "Environmental Protection Through FTAS: Paradigm Shifting From Multilateral To Multi-bilateral Approach", *Asian Journal of WTO & International Health & Policy*, Vol.4，No.2, 2009, p.312.

② John Jackson, "Greening the GATT: Trade Rules & Environmental Policy", in *Trade & The Environment: The Search For Balance*, Washington: James Cameron et al. eds., 1994, p.43.

③ www.trend.ulaval.ca（Visited on March 10, 2020）.

研究具有参考意义。①

　　本书认为，有必要对 RTAs 环境条款国家实践的基础上演化出的 RTAs 环境规范做一概念界定。借用 2019 年 TREND 数据集汇编② 中的定义，RTAs 环境规范中的"规范"（Norm），是指 RTAs 中的环境承诺，这种承诺不需要有高度的承诺，如"必须"、"应"、"将"等，承诺程度较低的规范，如"可能"、"可以"、"尽最大努力"、"鼓励"、"认可"等也包括在内。除另有说明，RTAs 的任何部分包括序言、附件、附则、脚注等均有规范。规范之间并不相互排斥，一个独立条文，甚至一句都可以被汇编成几种不同的规范。在同一 RTA 的不同部分可以找到一个单一的规范。而 WTO 项下的环境条款可视同本书所属环境规范。RTAs 环境规范中的"环境"（Environment），包括但不限于任何特定与环境相关的问题，如生物多样性、荒漠化、濒危物种、气候变化、臭氧层、酸雨、移栖物种、危险废物、野生动物贸易等。

　　RTAs 环境规范包括"绿色经济"、"可持续发展"、"可再生能源"、"自然资源养护"、"非法捕捞"等规范。虽然 RTAs 环境规范不需要专门与环境相关，也可以与其他问题领域相关，但如果该规范隐性适用于任何问题领域而不与环境明确相关，则不属于 RTAs 环境规范。如在"公共利益"、"可持续发展"、"公平贸易"、"传统知识"、"改善资源开发"、"企业社会责任"等领域完全不考虑环境，则不属于本书所述 RTAs 环境规范。关于"农业"、"农业植物品种"、"耕作"、"牲畜"、"水产养殖"、"林业"、"渔业"、"水"、"能源"、"采矿"或"其他自然资源"的规范，如不涉及环境（如其持续使用、养护或其栖息地的保护），不被视为 RTAs 环境规范。为植物、动物的健康、生命而采取的有关具体贸易问题的措施（例如技术性贸易壁垒）被视为 RTAs 环境规范，但卫生和植物卫生措施除外。卫生和植物卫生措施主要

---

　　① Jean-Frédéric Morin, Andreas Dür& Lisa Lechner, "Mapping the Trade and Environment Nexus: Insights from a New Data Set", *Global Environmental Politics*, Vol.18 No.1, 2018, pp.122–139.

　　② Jean-Frédéric Morin, Trade and Environment Database（TREND）2.0. <http://www.chaire-epi.ulaval.ca/en/trend>.

被认为与农业和人类健康问题有关，如果没有明确提到环境，则不被认为是环境措施，除非在本书中另有说明。因此，作为例外，在《SPS 协定》章节中仅提及人类、动物或植物的生命或健康不能被视为是指环境，因为它只能指农业或人类健康。"人类环境"可以被认为是与环境相关的，取决于上下文。然而，如果明确该措施的目标是保护人类健康而不是环境，则不应将其视为一项 RTAs 环境规范。任何包含在专门讨论环境的章节或关于环境的附带协议中的规范都被推定为与环境有关，除非事实并非如此。

本书在厘清 RTAs 环境规范的概念，捋清 RTAs 嵌入环境条款的内在动因之后，继而选取 1957 年至 2016 年 5 月间已通知 GATT/WTO 的所有现行有效的包含环境条款的RTAs①，分析RTAs环境规范的演变历程及创新之处。

1. 萌芽阶段

20 世纪 50 年代到 70 年代，纳入环境条款的 RTA 数量增长非常缓慢，但从 1979 年到 1991 年显著加速。1991 年以前，只有少数 RTAs 就环境条款进行谈判。

2. 发展阶段

1991 年是 RTAs 环境条款演变进程中一个至关重要的时间节点。1991 年美国在 GATT 金枪鱼—海豚案中败诉，导致美国国内环保主义者激烈的抗议，之后更加参与到贸易谈判过程中，其成果包括 1992 年 NAFTA 环境条款、GATT 关于环境措施的规定等。环境措施随后被进一步纳入乌拉圭回合谈判，并成为 WTO 新一轮谈判的一个非传统议题。从国别来看，美国是目前在贸易协定中嵌入环境条款最多的国家，同时也是卷入贸易—环境争端最多的国家。②

1992 年联合国环境与发展会议通过了《里约宣言》，在其影响之下，

---

① José-Antonio Monteiro, Typology of Environment-related Provisions in Regional Trade Agreements, WTO Working Paper ERSD-2016-13.<https://www.wto.org/english/res_e/reser_e/ersd201613_e.htm>.

② 周亚敏:《全球价值链中的绿色治理——南北国家的地位调整与关系重塑》,《外交评论》2019 年第 1 期。

1992 年至 2005 年期间含有环境相关条款的 RTAs 数量增长较快，但这些 RTAs 所包括的环境相关条款具体数量仍然有限，主要是与环境有关的例外情形和序言。然而，这一期间出现了一些纳入新环境条款的 RTAs。1992 年签署并于 1994 年生效的 NAFTA，是第一个在条约主体部分载有详细环境条款的 RTA，并附有专门的环境合作协定。NAFTA 规定了有效执行环境法律和标准的承诺，并且不会为了吸引投资而降低这些环境法律和标准。NAFTA 还包括一系列与环境有关的体制安排、审查和监测机制以及争端解决程序。

2000 年以来，每年签署的含环境条款的 RTAs 数量超过 20 世纪 60 年代的总和。从 2005 年开始，特别是自 2008 年以来，具有环境相关条款的 RTAs 数量持续增长，主要是由于涉及发展中国家的这类协定的数目激增。虽然权力不对称在一定程度上解释了 RTAs 环境条款创新的分布，但 RTAs 环境条款创新随着参与方的增加变得更加普遍。[1]

2010 年之前含有环境条款的 RTAs 一般只在序言中提及环境，而没有介绍缔约国各自的环境目标。美国现有 RTAs 序言中至少有一处提到保护和改善环境，但即使是美—澳 FTA 只是简单地声明，各方将执行该协定，以"符合它们对高劳动标准的承诺、可持续的方式"达成协议促进经济发展和环境保护。然而，"高标准"的基准并没有制定出来。

3. 强化阶段

2010 年以来，新一代 RTAs 环境规范进一步强化和夯实。如《跨太平洋伙伴关系协定》（the Trans-Pacific Partnership Agreement，TPP）序言在"认识到各自固有的监管权，并决心保留各缔约方在确定立法和监管优先事项、保障公共福利以及保护合法公共福利目标方面的灵活性，如公共健康、安全、环境、可用尽生物或非生物自然资源的保护、金融体系的

---

① 　Jean Fréderic Morin, Joost Pauwelyn and James Hollway, "The Trade Regime as a Complex Adaptive System: Exploration and Exploitation of Environmental Norms in Trade Agreements", *Journal of International Economic Law*, Vol.20, No.2, 2017, pp.365–390.

完整性和稳定性以及公共道德"的前提下,"通过有效环境执法等措施促进形成高水平的环境保护,并通过相互支持的贸易和环境政策与实践,促进实现可持续发展目标"。《美墨加协定》(US-Mexico-Canada Agreement, USMCA)序言则包括三个内容。第一,承认各方管理和保持其制定立法和监管重点的灵活性的固有权利,并保护合法的公共利益目标,如公共卫生、安全、环境、保护生物或非生物自然资源,金融系统的完整性和稳定性,与公共道德相符的本协议规定的权利和义务。该部分内容与 CPTPP 序言内容如出一辙。第二,各方同意保护缔约方领土内的人类、动物或植物的生命或健康,并推进基于科学的决策,同时促进它们之间的贸易。第三,促进高水平的环境保护,包括通过各方有效执行其环境法律,以及通过加强环境合作,促进可持续发展目标,包括通过相互支持的贸易和环境政策和做法。欧盟—新加坡 FTA 和欧盟—加拿大 CETA 都有两个类似的表述。双方在序言中均声明,双方决心 / 承诺在经济、社会和环境可持续发展目标的基础上加强经济、贸易和投资关系,并在促进贸易和投资的同时,注意保持高水平的贸易和投资环境和劳工保护以及它们所参加的有关国际承认的标准和协定。它们还重申每一方有权采取和执行必要的措施,追求合法的政策目标,如社会、环境、安全、公共卫生和安全,促进和保护文化多样性。

(二)RTAs 在探索和利用环境规范的边缘

贸易体制通过"利用"(Exploitation)和"探索"(Exploration)环境规范过程有机地、内源性地发展,使系统在有序和混乱的边缘保持平衡。[1]"利用"指的是通过诸如"复制、细化和实现"等活动来利用现有条约和判例,并逐步向已知环境规范移动,以及强制执行某种环境秩序。"探索"指的是

---

[1]　Stuart Kauffman and William Macready, "Technological Evolution and Adaptive Organizations: Ideas from Biology may find Applications in Economics", *Complexity,* Vol.1, Issue 2, 1995, p.26.

通过"探索、变化和发现"的方式努力创造未来的贸易体制，并意味着冒险进入未知的环境领域，可能给贸易体制带来混乱。对任何一个 CAS 来说，利用能带来短期效益，而探索能给一个体制带来长期效益。[①]

我们面临的挑战是如何在风险较大的探索和安全利用之间找到适当的平衡。正如 March 指出的，在动态世界中，探索的消除将使一个组织过时："从事利用而不进行探索的体制很可能发现自己陷入了次优的稳定平衡。"[②]同样，如果没有充分的利用，持续的探索将使贸易体制无法实现新发现的潜在收益。在本书中，我们将贸易体制中利用与探索之间的关系描述为识别新的联系或规范与巩固现有联系或规范之间的关系。虽然探索可以被利用，但从分析的角度来看，探索和利用就像进化论下的基因突变和选择，或者像商业中的研究和生产一样，是截然不同的。然而，探索和利用的共同运作维持贸易体制的增长。

1. 探索：在贸易协定中引入和创新环境规范

（1）贸易协定中环境规范的创新发展史

最早引入环境规范的贸易协定无疑就是 GATT1947，它只包括两项也被视为"创新"的环境规范：分别规定保护动植物健康和可耗尽自然资源的两项例外。相比之下，2016 年签署的《跨太平洋伙伴关系协定》（TPP）大约有 136 种不同的环境规范。

引入贸易体制的环境规范的累计数量，从 1947 年的 2 个到 2016 年的 288 个。在最初的几十年里（20 世纪 50—70 年代），累积的创新增长非常缓慢，但从 1979 年到 1991 年却大大加速。1992 年随着 NAFTA 的建立，这一数字突然大幅增加。然而从 1992 年开始，我们看到了一个更有规律的增长模式。21 世纪初以来，每个贸易协定的环境规范创新数量保持相对稳定，

---

① Spruyt, Hendrik Spruyt, "Institutional Selection in International Relations: State Anarchy as Order", *International Organization,* Vol.48, No.4, 1994, p.527.

② Spruyt, Hendrik Spruyt, "Institutional Selection in International Relations: State Anarchy as Order", *International Organization,* Vol.48, No.4, 1994, p.527.

因为环境规范创新数量和贸易协定数量都在平行增长。[①]

环境规范创新并非随机地分布在 RTAs 之间,事实上只有少数几个国家参与了 RTAs 大部分环境规范创新。一个国家参与多边贸易谈判的环境规范创新程度应该低于参与双边乃至区域性贸易谈判的环境规范创新程度。虽然美国和欧盟是领先的创新者,但它们主要在区域和诸边贸易协议(如 NAFTA、TPP 和洛美协定)中进行环境规范创新,大多数双边贸易协议几乎没有环境规范创新,虽然美国和欧盟在双边谈判中拥有的相对议价能力通常更高。事实上,发达国家 / 经济体签订了更多的贸易协定,提供了更多的环境规范创新机会,但当它们得到机会时,并没有像发展中国家那样充分利用机会。

(2)贸易协定中环境规范的扩散和相互联系

首先,贸易协定中环境规范的初次创新会催生二次乃至 N 次创新。在 20 世纪 50、60 年代,环境规范创新非常缓慢,因为在贸易谈判早期阶段,需要组合的环境规范要素很少。到了 20 世纪 70 年代初,环境规范创新达到了一个门槛,贸易协定中环境规范创新数量急剧上升。随着新的科学技术的发展,环境规范整合的可能性也在增加。[②] 在这种背景下,一些环境规范创新在不同的地方同时发生,因为不同的贸易谈判者可以利用相同的组成部分进行合并和创新。[③] 随着贸易谈判人员密集地探索和创新,累积起来的法律创新相对于累积起来的贸易协定的比例稳步增长。

其次,环境规范的多样性为法律创新提供了肥沃的土壤。如果创新源于现有要素的组合,那些直接接触到现有规范的国家能够更好地进行创新。事实也正如此,创新型国家在其以往的贸易协定中认可的环境规

---

① Eric D. Beinhocker, *The Origin of Wealth: Evolution, Complexity and the Radical Remaking of Economics*, Harvard: Harvard Business School Press, 2006, p.263.

② W. Brian Arthur, *The Nature of Technology: What It Is and How It Evolves,* New York: Free Press, 2009, p.164.

③ Andreas Wagner, The Origins of Evolutionary Innovations: A Theory of Transformative Change in Living Systems, Oxford: Oxford University Press, 2011, p.3.

范比非创新型国家要多。签署创新型协议的国家在签署时平均采用了现有环境规范的 39%，签署非创新型协议的国家平均采用了现有环境规范的 21%。

再次，法律创新是复杂的贸易协定网络的功能，部分是内生的。国家之间的贸易协定比较多样化（例如，在其先前的贸易协定中有不同的现有环境规范组合），或第一次谈判缔结贸易协定的国家之间的贸易协定似乎比较具有创新性。[①] 此外，有许多行动者参与的诸边协定也有较多的环境规范创新。在贸易体制中，有强有力的证据表明，有争议的争端裁决导致新的或重新谈判的协议的法律创新。[②] 正如 Pauwelyn 所指出的，争端迫使国家"组织起来，重新考虑决定并从以前的错误中吸取教训"。[③]

值得注意的是，经常卷入贸易争端的国家也是最具环境规范创新精神的国家之一。美国、欧盟和加拿大在 WTO 或区域争端解决机制中最频繁地卷入与环境措施有关的争端，它们也是贸易协定中对环境规范最具革新性的国家。美国在 WTO 争端解决机制下的环境措施尤其受到挑战。在 GATT 和 WTO 的 9 项直接与环境措施有关的争端中，有 6 项是美国作为应诉方。美国还参与了最多的贸易体制的环境创新。

比如，"金枪鱼—海豚"争端就促使美国进行了环境规范创新。20 世纪 90 年代初，美国限制从不符合特定海豚保护标准的国家进口金枪鱼产品。墨西哥认为这一限制是一项不必要的单边保护主义措施，并于 1991 年在 NAFTA 谈判即将开始时向 GATT 提出申诉。美国环保组织认为，墨西

---

① J. Hollway, J.-F. Morin, J. Pauwelyn, Endogenous Legal Innovation in the Global Trade Governance Complex, Working Paper, 2017.

② See Jean-Frédéric Morin and Gilbert Gagné, "What Can Best Explain the Prevalence of Bilateralism in the Investment Regime?", *International Journal of Political Economy*, Vol.36, No.1, 2007, p.68.

③ Joost Pauwelyn, "At the Edge of Chaos? Foreign Investment Law as a Complex Adaptive System: How It Emerged and How It Can Be Reformed", *ICSID Review*, 2014, p.410.

哥这是对"善待海豚"金枪鱼立法的挑战。[①] 在环境和劳工团体的共同压力下，比尔·克林顿宣布除非就劳工和环境达成附加协议，否则他不会签署 NAFTA 实施法案。此外，应美国谈判代表的要求，NAFTA 包括了几项保护 NAFTA 成员国监管主权的法律创新。[②] 总体说来，NAFTA 及其环境方面协定在所分析的 680 个贸易协定中包含的环境法规范创新最多。

2. 利用：在贸易协定中采纳现有环境规范

环境规范创新可能存在风险，甚至加剧环境与贸易的冲突或产生难以预料的新问题，成功地确定和引进创新型法律规范可能代价高昂，而且在已经存在广泛多样的环境规范的前提下，寻找新的解决方案可能效率低下。因此，利用现有的环境规范可以大大降低缔约风险、降低谈判成本并提高谈判缔约效率。

虽然贸易谈判代表仍然不遗余力地进行环境法律规范创新，但每个 RTA 的环境规范创新速度已经下降。例如，虽然 TPP 可能是有史以来"最绿色"的贸易协定，有不少于 136 种不同的环境规范，但其中只有关于防止对环境有害的补贴是真正具有创新性的。另外 135 项环境规范是从已有的贸易协定中复制的。[③] 另一个最近的例子是 CETA，它在 114 项环境规范中只包含了一项创新。这两个例子表明，人们越来越多地使用现有的环境规范，而不是创新的环境规范。

---

① Michael Strange, "Implications of TTIP for Transnational Social Movements and International NGOs", in Jean-Frédéric Morin, Tereza Novotná, Frederik Ponjaert and Mario Telò (eds) *The Politics of Transatlantic Trade Negotiations: TTIP in a Globalized World*, Routledge, 2016, p.82.

② Richard H. Steinberg, "Trade-Environment Negotiations in the EU, NAFTA, and WTO: Regional Trajectories of Rule Development", *The American Journal of International Law*, Vol.91, No.2, 1997, p.245.

③ Todd Allee and Andrew Lugg, "Who Wrote the Rule for the Trans-Pacific Partnership?" *Research and Politics*, 2016, pp.1–9. Todd Allee and Manfred Elsig, "Are the Contents of International Treaties Copied-and-Pasted? Evidence from Preferential Trade Agreements", *World Trade Institute Working Paper*, No.8, 2016.

贸易协定中越来越多地出现了环境规范。几乎所有最近签署的贸易协定都至少包含一项环境规范。此外，每份协议中发现的环境规范的平均数量也在稳步增加。1947 年贸易协定中环境规范的平均数量只有 2 个，但在 2014 年增长到 63.7 个。在自 2005 年以来缔结的所有贸易协定中，有 70.4%包含至少 10 种不同类型的环境规范。[1]

虽然环境规范在贸易协定中总体上越来越普遍，但有些环境规范比其他的更为普遍，特别是早期采纳的环境规范。如保护可用竭自然资源作为一个相对较小的例外发展成为贸易协定中最广泛采用的环境规范，至少在 323 个贸易协定中被采纳。

事实上，大多数的环境条款只能在少数贸易协定中找到。例如，共同但有区别的责任原则、批准《京都议定书》的义务、使用地理标志保护环境等，都只出现在欧盟的贸易协定中。同样，只有在美国的贸易协定中，我们才会发现，当一个国家未能遵守本国的环保法而不提供货币补偿时，美国可能暂停贸易优惠。

为了减少创新的成本，不仅要从现有资源中选择个别的环境规范，有时还要选择一整套的环境规范。机构的增多为谈判人员提供了强大的激励。[2] 通过重复标准化协定，谈判者在进行谈判时同时可以使其有限的环境规范资源合理化，并减少因监督若干协议而产生的交易和管理成本。这也许可以解释为什么一些国家或关税联盟设计了他们似乎不愿偏离的PTAs 模板或样板。[3] 随着贸易协定中的环境规范呈指数级增长，与利用

① Jean Fre´de´ric Morin, Joost Pauwelyn and James Hollway, "The Trade Regime as a Complex Adaptive System: Exploration and Exploitation of Environmental Norms in Trade Agreements", *Journal of International Economic Law*, Vol.20, No.2, 2017, p.24.

② Paul J. DiMaggio and Walter W. Powell, "The Iron Cage Revisited: Institutional Isomorphism and Collective Rationality in Organizational Fields", *American Sociological Review*, Vol.48, No.2, 1983, p.156.

③ Jean Fre´de´ric Morin, Joost Pauwelyn and James Hollway, "The Trade Regime as a Complex Adaptive System: Exploration and Exploitation of Environmental Norms in Trade Agreements", *Journal of International Economic Law*, Vol.20, No.2, 2017, p.29.

已知环境规范的相对低成本和积极的网络外部性相比，探索未知领域的必要性变得更低。贸易谈判人员在有足够解决办法的情况下探索新的环境规范可能性的动力减少了。从而出现贸易协定的环境规范"同质化"现象。

三、国家缔结 RTAs 环境条款的模式——基于文本分析

环境条款的引入与执行是衡量 RTAs 环保力度的两大指标。环境条款是直接引入到 RTAs 中还是以附属协定方式引入，是否具有强制约束力，这些都会影响到 RTAs 的环保力度。RTAs 中载有环境条款的种类和数量取决于 RTAs 所涉各方，从而在结构、语言、范围、广度和深度以及所涉及的法律和体制问题等方面具有异质性，从而使分析更为复杂。本书选取 1957 年至 2016 年 5 月已通知 GATT/WTO 的所有现行有效的 RTAs[①]，根据这 270 个 RTAs 中所包含的环境条款的广度和深度或相应的附属协定，进行全面的类型化和定量、定性分析，得出结论，RTAs 环境条款大致可以分为十一类。

（一）序言条款（Preamble）

此类总括性条款在所有含有环境条款的 RTAs 中出镜率非常高。毋庸置疑，给予环境保护和可持续发展以较高的政策优先顺序，在 RTAs 序言中概况性地提及环境保护、可持续发展，或对环境问题发表重要声明，是环境问题在 RTAs 条约体系重要性上的最佳佐证。

此类序言条款一般过于概括，这种立法模式体现的环境保护条款的可执行性有待商榷。如加拿大—欧盟自由贸易协定（Comprehensive Economic

---

[①] José-Antonio Monteiro, Typology of Environment-related Provisions in Regional Trade Agreements, WTO Working Paper ERSD-2016-13. <https://www.wto.org/english/res_e/reser_e/ersd201613_e.htm>（Last visited on Sept. 22, 2020）.

and Trade Areement，CETA）FTA 仅在序言中提及"为实现可持续发展而相互支持的环境与贸易政策的需要"，此外再无其他环境保护条款。没有具体制度安排的条款以及相应的争端解决机制，这样的 FTA 实现环境保护价值目标的局限性很大。[2]

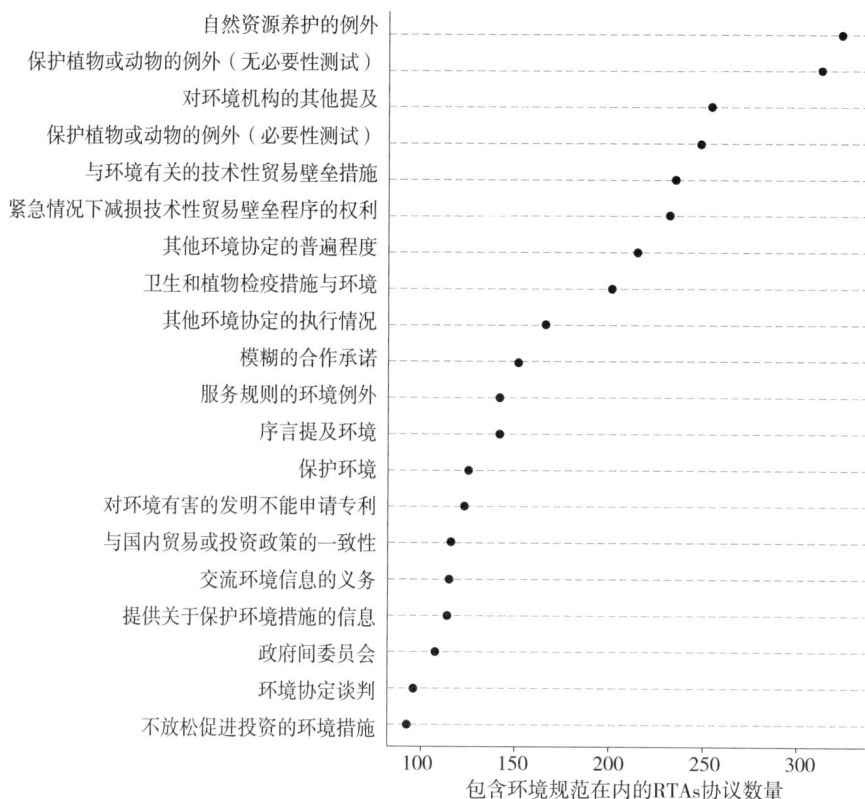

图 2　RTAs 中最普遍使用的环境规范[1]

---

[1]　Jean-Frédéric Morin, Andreas Dür, and Lisa Lechner，"Mapping the Trade and Environment Nexus: Insights from a New Data Set"，*Global Environmental Politics*, Vol.18 No.1, 2018, p.130.

[2]　李振宁：《环境保护的"多—双边"协调模式：基于自贸协定环境条款的文本分析》，《环境与可持续发展》2014 年第 5 期。

1969 年《维也纳条约法公约》①（Vienna Convention on the Law of Trea-
ties, VCLT）第 31 条规定，序言是条约文本的一部分，也是条约解释时"上
下文"的一部分。WTO 上诉机构也多次强调，VCLT 第 31 条是 WTO 争端
解决的基本参照点。因此，习惯国际法有一个基础，即任何条约的序言，包
括 RTAs，应作为执行和解决争端过程中的解释性指导。②

那么，什么类型的环境或可持续发展声明会在 RTAs 序言中独占鳌头？
哪些环境原则可能纳入 RTAs 中？在 RTAs 中纳入环境要素，各缔约方的授
权是什么？该授权的关键要素是什么？这些要素中哪些具有法律约束力？事
实上，RTAs 序言中的环境宣言或声明过于概括抽象，对缔约国并没有多少
法律约束力，仅在进行条约解释时起到一定作用。

（二）环境例外条款（Environment Exceptions）

这 270 个 RTAs 中有 262 个缔结了环境例外条款，亦称为缔约国"义务
减损条款"（derogation of obligations），可分为一般例外条款和特别领域例
外条款。前者参考 GATT 第 20 条和 GATS 第 14 条例外条款的内容，以保
证一国自然资源、环境保护等政策的自律性或独立性为目的，也就是可以
为环境保护而限制货物贸易或服务贸易。如中国—新西兰 FTA 在第十七章
第 200 条（一般例外）中规定："二、双方理解，并入本协定的 GATT1994
第 20 条（b）项及 GATS 第 14 条（b）项采取的措施可包括为保护人类、动
植物生命或健康所必须的环境措施，并入本协定的 GATT1994 第 20 条（g）
项适用于保护生物及非生物的不可再生自然资源的措施，但这些措施的实施
不应构成任意或不合理的歧视手段，或对货物或服务贸易或投资构成变相的
限制。"RTAs 承认缔约方有权采取必要行动保护其管辖范围内的环境，但前

---

① *Vienna Convention on the Law of Treaties*, 23 May 1969, in force 27 January 1980,
1155 UNTS 331.

② Kamala Dawar, "Assessing Labour and Environmental Regimes in Regional Trading
Arrangements". 2008. SIEL Inaugural Conference Working Paper No.55/08. Available at: http://
www.ssrn.com/link/SIEL-InauguralConference.htm.

提是这些措施不构成贸易歧视或贸易扭曲。

（三）单独设立环境、可持续发展专章

这一类型无疑是环境问题在RTAs条约体系中的最高级别。21世纪以来，美国、欧盟所签署的一系列RTAs都专门设立环境专章，除在序言中概况性地提及环境保护、可持续发展之外，还在环境专章中明确缔约国国内环境法的有效执行义务、有关环境保护标准的义务（不降低环境标准或与国际标准协调等）。其目的在于致力提高环境与贸易间的内在联系及平衡，为避免这一目标流于形式，通过专门章节来为妥善解决环境问题提供具有法律约束力的条约法依据。

这种独立成章模式下，环境保护或可持续发展不仅仅是一项与贸易壁垒、投资保护相关的事项，它具有了价值的独立性。欧盟尤其青睐"贸易与可持续发展"专章，如2018年12月21日生效的欧盟—日本FTA[①]第16章、2019年11月20日生效的欧盟—新加坡FTA[②]第12章。实践证明，可持续发展专章比环境专章在推进经济、环境社会的全面协调发展方面更具有优势。

（四）国内环境法规（Environmental Law）

此类条款在所有含有环境条款的RTAs出现频率也很高，因为这类条款是RTAs对缔约方国内环境立法施加影响的重要手段。许多RTAs要求保持或不放松国内环境标准，并应予以执行。第一，规定缔约国不得减损义务，即禁止缔约国以促进贸易或投资为目的削弱或减损环境法的效果。有关环境保护及其标准的水平问题是RTAs缔约国环境谈判的核心条款之一。第二，

---

①　Agreement between the European Union and Japan for An Economic Partnership which came into force at Feb.1, 2019. Available at: https://trade.ec.europa.eu/doclib/press/index.cfm?id=1684.

②　EU-Singapore trade and investment agreements，which came into force at Nov.20, 2019. Available at:http://trade.ec.europa.eu/doclib/press/index.cfm?id=961.

规定了缔约国环境法的有效执行义务，特别是对发展中国家中央政府和地方政府的有关环境法、规定、措施等的有效执行义务。

美国和加拿大的普遍做法是，强制要求 RTAs 缔约方执行本国的环境法，并规定环境保护的级别。如澳大利亚—美国 FTA 第 19.1 条 "保护级别" 一方面承认缔约方有权根据本国国情建立环境保护级别和环境发展优先顺序，另一方面要求各方确保其国内环境法鼓励并提供高水平的环境保护。几乎完全雷同的国内环境法规条款在美国—新加坡 FTA[①] 第 18.1 条和第 18.2 条中重现。美国—约旦 FTA 第 5.3 条将国内环境法规写进贸易协定中，一方未能执行国内环保法规时另一方对货物贸易生产商可以撤回贸易利益优惠。[②]

（五）公众参与（Public Participation）

此类条款是 RTAs 环境条款实施的基本组成部分。公众参与体现在环境信息公开、贸易措施的环境评估讨论、环境保护实施监督等各个阶段。信息公开是公众参与政府决策过程的前提，遵循有关信息公开原则，通过公众有机会参与决策过程，提供有效的机会让公众进入司法和行政程序，对确保 RTAs 环境条款的实施很重要。如美国—中美洲—多米尼加 FTA 第 17.6 条[③] 规定，缔约各方应考虑公众意见，并迅速告知另一缔约国及其国民该国的公众意见，且按照其国内程序对其进行审查和答复；每一缔约方间应尽最大努力满足公众就该缔约方执行本章情况与该缔约方交换意见的要求；每一缔约方应召集环境咨询委员会，由其公众成员就与本章执行有关事项提出意见等。当然，缔约国对哪些环境信息可以公开拥有国家自由裁量权。例如土地

---

① United States-Singapore Free Trade Agreement, available at: http://www.ustr.gov/sites/default/fdes/uploads/agreements/fta/singapore/asset-uploadfile708_4036.pdf.

② Sanford E. Gaines, "Environmental Protection in Regional Trade Agreements: Realizing the Potential", *Saint Louis University Public Law Review*, Vol.28, No.1, 2008, p.262.

③ Article 17.6 of Dominican Republic-Central America FTA which came into effect at July 1, 2006. Available at: https://ustr.gov/trade-agreements/free-trade-agreements/cafta-dr-dominican-republic-central-america-fta（Last visited on Nov.6, 2019）.

重金属污染的信息能否公开，中国和美国的答案显然不一致。①

（六）争端解决（Dispute Settlement）

包括环境问题在内的许多问题最终都是靠争端解决机制处理。为了更有效地解决环境—贸易问题，RTAs 有必要建立与环境义务有关的并具有法律约束力的争端解决程序，澄清以下疑惑：环境条款是可执行的，是否隶属于 RTAs 争端解决机制？将建立哪些机制来解决 RTAs 项下的环境争端？环保专家是否有权参与环境争端的解决？

（七）环境合作（Environmental Co-operation）

环境合作是 RTAs 最常见的环境条款之一，因为 RTAs 的缔结使得缔约方与环境合作相关的关税减让、非关税壁垒削减更有效实施，从而激励贸易伙伴就可执行的环境义务达成一致，提高环境议题的谈判地位，并建立必要的制度安排。

当然，不同缔约方会选择不同的环境合作形式。在谈判时，缔约方将考虑：双方环保合作的目标为何？如何才能最好地确定和处理合作领域？各方将如何落实 RTA 项下的合作安排？各方将如何审查、评估和更新合作成果？各方将如何确保 RTAs 项下的环境合作成为多边环境协定项下环境合作的补充？

某些国家会就涵盖广泛领域的合作协议达成一致，其他国家则将合作重点放在共同关心的具体环境问题上。发达国家和发展中国家之间的协定往往更关注能力建设。

（八）特定环境问题（Specific Environmental Issues）

此类条款包括了大量的子问题，所有这些子问题都不适用于任何特定的

---

① 边永民：《〈美墨加协议〉构建的环境与贸易保护规则》，《经贸法律评论》2019 年第 4 期。

RTA。因此，一个 RTA 不太可能在这个类别中独树一帜，而更倾向于在一类 RTAs 中嵌入"可执行性"或"有约束力"的子问题，如"shall"、"commit to"构成有约束力的承诺。通过这些规定，不仅提到一个主题，如气候变化，而且有一个具有约束力或可强制执行的规定的 RTA 可更有效地解决特定环境问题，而不仅仅停留在"strive to"、"encourage"等意愿性承诺上。总体而言，"特定环境问题"标准的广度较窄，因为它们通常采用简短的陈述。如 2004 年生效的美国—智利 FTA[①] 将特殊的社会问题——劳工与环境保护二者组合在一起进行规范，旨在提供强有力的劳工和环境保护。

（九）执行机制（Implementation Mechanism）

此类条款涉及环境承诺的实际执行情况，也具有举足轻重的地位。设立一个具体机构来监督 RTAs 环境条款的执行情况，这是确保条约中作出的承诺在实践中得到执行的一个有利因素。

许多 RTAs 包括与执行环境法有关的约束性义务。尽管一方无权决定自己的"实质性"环境标准，但一些 RTAs 中的"程序保障"建立了执法机制，以确定和讨论不遵守这些标准的情况。它们还可能包括更正式的争端解决程序。执行机制有两种基本类型：国家间磋商机制和涉及公众意见的机制。

在谈判时，缔约方将考虑：什么样的执行机制适用于所讨论的 RTA 类型？RTA 是否允许公众就一方是否遵守本国环境法提交意见？

（十）多边环境协定（Multilateral Environmental Agreements，MEAs）

RTAs 既有全面的环境规定，也包括 RTAs 环境章节与其他 MEAs 之间关系的规定。此类条款的承诺也被视为一项重要的环境条款，因为在某些情况下，当贸易自由化承诺与 MEAs 相关措施之间存在潜在的紧张关系时，MEAs 可以优先于贸易管制义务。如果某些多边和双边环境协定的规定与具

---

① Free Trade Agreement Between U.S. and Chile entered into force on January 1, 2004, available at: https://ustr.gov/trade-agreements/free-trade-agreements/chile-fta.

体贸易义务不一致，则应以 MEAs 的义务为准。

鉴于贸易义务与 MEAs 之间的不一致是目前 WTO 谈判中尚未解决的问题，这一类别条款出现频率也较高。NAFTA 第 104 条列举了七项 MEAs，并承诺如果 MEAs 与 NAFTA 存在分歧，MEAs 将优先适用。2002 年加拿大—哥斯达黎加 FTA 环境条款包括在该协定序言和正文中，而正文第 1.4 条专门规定了当 FTA 与环境和养护协定等 MEAs 之间不一致时，MEAs 优先适用。2005 年澳大利亚—美国 FTA 既包括序言、投资章节、环境章节等全面的环境条款，也包括第 19.8 条专门处理 FTA 与 MEAs 之间的关系，要求双方应继续设法加强它们都是缔约国的多边环境协定和国际贸易协定的相互支持，各方应就 WTO 内有关 MEAs 的谈判定期进行磋商。

也有学者认为，RTAs 中包括环境条款是提高环境问题相关地位的一种手段，但这使环境问题很容易成为贸易协商的附属，难以得出高水平的环境规则。

（十一）附属环境协定（Additional Environment Agreement）

即除了 FTA 环境条款之外，还有关于环境的附属协定或平行协定作为补充。通过 FTA 环境条款和附属环境协定，缔约国承诺维持环境标准，不通过削弱或降低各自环境法所提供的保护水平来鼓励贸易或投资。这种情况下，FTA 与附属环境协定相互独立，FTA 争端解决机制不适用于附属环境协定引起的争端。

如 2006 年中国—智利 FTA 第 108 条规定，中智双方应通过《中智环境合作协定》加强在环境领域的沟通与合作。2008 年加拿大分别与秘鲁和哥伦比亚签署了 FTA，又分别与其签署了专门的附属环境协定。2008 年加拿大—秘鲁 FTA 从序言到各章节都有全面的环境条款规定，其中包括题为"环境"的第 17 章，2008 年 5 月 29 日生效的《加—秘环境协定》要求两国高度重视环境保护和企业社会责任，制定和完善环境法律和政策。该协定包括关键的环境义务，要求双方有效执行其国内环境法，并避免为了鼓励贸易或投资而放松这些法律。

第三节　区域贸易协定环境规范的法律确信

环境与贸易冲突背景下，国际法的碎片化如何逆转？目前国际法法律渊源的多样化，反映了当今世界国际法的灵活性和适应性，作为其基础的主权规范正在进行重新校准。要解决不和谐与多样性之间的两难困境，就要回到国际法最原始的问题。对多样性的担忧当然是基于国家主权的普遍削弱，但从更简单实用的角度出发，这是国际法本身固有的关切，包括在制定和适用国际法的多个领域可能引起的冲突。事实上，自从联合国成立以来，国际社会就试图扭转国家主权绝对至上的传统国际法理念。眼前随时会失控的国际法律秩序，迫使我们正视各种国际法危机，并在不同价值观之间抉择。瞬息万变的国际社会，光靠旷日持久的条约谈判缔结，可能很难处理环境与贸易之间的冲突。所以我们需要去指认国际法主体之间的习惯。

习惯国际法的第二个要素是法律确信，即所涉惯例必须伴有一种法律义务感。那么在 RTAs 环境规范的国家实践基础上，国际社会有没有对 RTAs 环境规范形成法律确信呢？如何确信 RTAs 成员缔结并实施遵守环境规范，不是出于国际礼让原则呢？习惯国际法的法律确信可以通过以下方式体现出来：代表国家的官方声明、正式出版物、政府法律观点、外交通信、国内法院裁决、条约条文、与国际组织决议或国际会议相关的行为等。[①]

就环境规范而言，世界范围内 RTAs 环境规则和实践的统一在理论上是否有利于国际贸易法的统一？换言之，WTO 环境规范是否是国际环境法的最优路径？还是说 RTAs 环境规范比一套世界范围内 WTO 环境统一规则和实践更有优势？在原则和实践中，各国间的环境法律法规协调能否有效地把双边或区域贸易协定中环境规范转化为 WTO 层面环境规范？

---

① United Nations Report of the International Law Commission，A/73/10（2018），Chapter V，Part E，Conclusion 10.

一、贝克思特悖论

RTAs 毫无疑问属于区域性条约，那么 RTAs 环境条款能否作为 RTAs 环境规范形成习惯国际法的法律确信呢？在条约作为习惯国际法的证据方面，尤其是条约在证明法律确信方面的作用一直是学界与实务界的争论热点。[①]

首先，条约在确定习惯国际法方面的确具有宝贵的作用。作为书面文本，它们是用于"阐明"适用规则的可靠的材料。由于它们"相对精确的公式"，条约为"可能的规则提供了一个语言库"。[②] 然而 1945 年以来条约法的大量扩张导致了一场习惯国际法与条约法的冲突。条约法与习惯法本应是相辅相成的。根据国际法院的判例法，与条约有关的行为可作为国家实践的一种形式，或至少作为建立习惯国际法或确认已有习惯国际法内容的可能证据。此外，条约可以作为支持习惯法逐步发展的证据。国际法院在 1969 年"北海大陆架案"中认为，在所考察的国家实践中，有近一半的国家已经是或者即将成为 1958 年《大陆架公约》的缔约国，其实践是在条约框架下进行，因此不能作为习惯国际法的证据予以考察。[③] 正如国际法委员会秘书处在 2015 年发表的一份研究报告中所指出，"国际法委员会曾多次承认这一点——条约可能有助于一项国际习惯法规则的结晶或发展。"[④]

1970 年，理查德·贝克思特（Richard Baxter）在荷兰海牙国际法学院（Hague Academy of International Law）的演讲中，在分析条约和习惯国际

---

① 刘韵清：《预防原则的习惯国际法地位分析》，《国际法研究》2020 年第 4 期。

② See Michael Wood, Special Rapporteur on the Identification of Customary International Law, Third Rep. on Identification of Customary International Law, U.N. Doc. A/CN.4/682, Mar.27, 2015, pp.17–18.

③ North Sea Continental Shelf（Federal Republic of Germany v. Denmark; Federal Republic of Germany v. Netherlands），Judgment，I. C. J. Reports 1969，pp.43–44，para.76.

④ See Michael Wood, "Special Rapporteur on the Identification of Customary International Law", Third Rep. on Identification of Customary International Law, U.N. Doc. A/CN.4/682（Mar.27, 2015）.

法之间的相互作用时，指出了条约制定过程可能产生的不受欢迎的副作用。他特别指出，条约声明虽然澄清习惯国际法，但可能阻碍习惯国际法的进一步发展。"随着文书缔约国数目的增加，证明非缔约国的一贯行为模式变得更加困难。在制定习惯法的过程中，参与者的人数可能会变得非常少，以致于其国家实践的证据将会非常少或完全缺乏。因此，自相矛盾的是，随着条约缔约国数目的增加，就更加难以证明习惯国际法的状况是怎样随着条约缔约方数目增加，更难以表明独立于条约存在的习惯国际法的内容。因此，在条约被修订或修正之前，习惯国际法将保持条约的形象。"[①]这种理论也被称为"贝克思特悖论"（Baxter Paradox）。之所以说是悖论，是因为我们通常认为越多国家通过批准条约而遵守某项规则，则该规则似乎越有可能成为习惯国际法。"贝克思特悖论"解释了条约在证明法律确信方面的困境。无论这个悖论有什么价值，它可能以不同的形式影响国际法委员会在多边条约已经规定的事项上的工作。[②]套用贝克思特教授的观点，如果一项多边条约的缔约国数目增加，则事实上变得更加难以编纂和逐步发展国际法，把国际规则铭刻在多边条约上可能会阻碍习惯国际法的进一步发展。另一方面，根据著名的"贝克思特悖论"，发展多边条约也可以阻碍而不是刺激习惯国际法的发展。在条约规定的框架之外，习惯国际法的每一后续实践，而不是作为法律确信，将继续引起争议，并被视为越轨和违法国家实践的证据。因此，由条约推动的国家实践不应被视为习惯国际法推动的国家实践。

但是，国际法委员会认为"贝克思特悖论"并非真正的悖论。[③]该悖论只有在对条约的参与不够而达不到习惯国际法产生的两个要素要求才可能成立。而在具体情形下，习惯不是条约，但是习惯和条约同时存在的具体背景

---

① See Richard Baxter, *Treaties and Custom,* Leiden: Martinus Nijhoff, 1970, p.64.

② Forteau, Mathias, "A New Baxter Paradox: Some Observations on the ILC Draft Articles on the Expulsion of Aliens", Harvard Human Rights Journal, Vol.30, 2017, p.30.

③ International Law Commission, Third Report on Identification of Customary International Law, A_CN.4_682（2015）, para.41.

通常会破除这一悖论。真正重要的是有效的国家实践和国家最终的法律确信，而不是习惯或条约本身的任何内在性质。因此可以说，每一个规范，由于其本身的性质，在某种程度上都具有"造法性"也即规范性，可以用于背景解释。①

条约的条款本身不构成习惯国际法规则，但此类条款作为"国家意志的明确表示"，可能提供有关此类规则的存在或不存在和内容的有价值证据。特别是，这些条款可能载有拟议习惯国际法规则的相对准确表述，并反映各国对其性质的意见。② 因此，通过条约，可以初步审议"在认为有必要再次审查习惯的主要证据前，是否已经识别可适用于相关情况的习惯规则"；③ 国际法院确实已指出，它"在确定习惯国际法的内容时，可以而且必须考虑到条约"。

如国际法委员会第二次报告所述④，在大量双边FTAs中重复出现类似或相同的环境条款可能产生一条习惯国际法规则或证明其存在，但没有必然性。在这方面，同样需要根据有关背景和通过这些环境条款时的具体情况对这些条款以及订立这些条款的FTAs进行分析。尤其重要的是，存在多项条约事实上是一把双刃剑——即使相当多的条约彼此一致，其本身仍不足以证明，甚至不足以由此推定，整个国际社会都认为这些条约可作为一般习惯法的证据。

最后，国际法委员会第三次报告结论草案 12 认为，如果确定所涉条约规定符合以下条件，则该规定可反映或最终反映习惯国际法规则：（1）在订立条约时编纂现有的习惯国际法规则；（2）导致正在出现的新习惯国际法

---

① M.E. Villiger, *Customary International Law and Treaties*, 2nd edition, Kluwer Law International, 1997, p.39.

② R.R. Baxter, "Multilateral Treaties as Evidence of Customary International Law", *British Yearbook of International Law*, Vol.41, No.1, 1965, p.297.

③ P. Tomka, "Custom And the International Court of Justice", *The Law & Practice of International Courts And Tribunals*, Vol.12, No.1, 2013, p.201.

④ International Law Commission, *Second Report on Identification of Customary International Law*, A/CN.4/672（2014）, para.76（f）.

规则定型；（3）导致被接受为法律的一般惯例，从而产生新的习惯国际法规则。①

二、RTAs 环境规范的国家意志协调

著名国际法学家周鲠生提出"国家意志协调说"，认为国际法的约束力来源于"各国意志之间的协调"。② 许多环境问题是超越国界的，国际社会广泛共识认为国际环境问题的国际解决总比国家单边行动的拼凑要好。协商一致（consensus）适用于森林管理、渔业管理、保护海洋环境、濒危物种保护和气候变化等紧迫问题，这些仅仅是环境问题最突出的例子。国际环境法的软法弱点以及吸引 WTO 有效应对环境问题挑战的困境，间接反映了世界各国政府环境与贸易法律法规之间普遍的不平衡。因此，努力解决环境与贸易之间的冲突，提高对环境问题的关注并施加压力，将环境问题纳入国家一级的贸易法体系，不仅是国际贸易法与国际环境法之间的斗争，也是国家之间的一场斗争。

RTAs 无疑是加强环境保护的"试金石"。由两个或两个以上的政府就区域贸易安排进行谈判的承诺，为实现国内的环境利益提供了绝佳的政治机会，每个国家都要督促本国政府注意他们正在讨论的更紧密的环境法律法规协调，以及通过 RTAs 环境规范实现相互经济利益。

（一）RTAs 在环境法与贸易法一体化中的作用

从一开始就必须承认，世界各国处于不同的经济发展阶段，因此在环境保护方面无法作出一视同仁的承诺。虽然所有国家都承认有保护环境的义务，但在界定这一义务的性质和范围方面却无法达成协商一致。其次，保护

---

① International Law Commission, *Third Report on Identification of Customary International Law,* A_ CN.4_682（2015），para.44.

② 周鲠生：《国际法》，商务印书馆 1976 年版，第 8 页。

环境的承诺程度往往因区域而异，与应付这些环保问题的现有资源水平有关。再次，较繁荣国家将其较高环保标准强加于经济发展落后国家，有绿色贸易壁垒之嫌，将遭到发展中国家的拒绝。现实途径是缔约各方通过谈判，设法在本区域各国之间就其保护环境的承诺和贸易承诺找到共同点。在国际法碎片化的板块下，RTAs 是国际环境法与国际贸易法立体交叉不可或缺的组成部分，也是通向多边贸易体制这条高速公路的快捷匝道，因为环境标准可以更快地执行，也可以更容易地执行。环境与国际贸易法的趋同集中体现在 NAFTA 和欧盟。

1. "一马当先" 的 NAFTA/USMCA

环境法与贸易法应在何时何地进行一体化？最初，美国是将环境问题作为一项影响竞争政策、贸易、投资保护的议题进行讨论的，美国国会认为一国比较弱的环保措施或执行不力可能会创造额外的竞争优势，而另一个问题是较高的环保标准可能构成潜在的非关税贸易壁垒。①美国、加拿大和墨西哥之间的《北美自由贸易协定》（NAFTA）和《北美环境合作协定》②（NAAEC）成为前所未有地解决环境和贸易问题的重要区域场所。一方面允许各国政府在执行其法律时行使自由裁量权，另一方面建立一种机制来处理一方长期未执行其环境法的情形，并在二者之间达成微妙的平衡。③NAFTA 及后续RTAs 作为解决环境问题试验场所的重要性，可以从 GATT 乌拉圭回合最后案文所取得的进展中看出④。

---

① Robert Housman, "North American Free Trade Agreement Lessons for Reconciling Trade and the Environment", *Stanford Journal of International Law*, Vol.30 No.2, 1994, p.397.

② North American Agreement on Environmental Cooperation, Sept.14, 1993, United States, Canada-Mexico., 32 I.L.M.1480 [hereinafter NAAEC].

③ John J. Kim & James P. Cargas, "The Environmental Side Agreement to the North American Free Trade Agreement. Background and Analysis", *Environmental Law Reporter*, Vol.10, No.1, 1993, p.720.

④ Trade Negotiations Committee, Final Act Embodying the Results of the Uruguay Round of Multilateral Trade Negotiations, Dec.15, 1993, MTN/FA-UR-93-0246 [hereinafter Uruguay Round Final Act].

从 NAFTA 谈判开始，缔约各国内部就对贸易措施的环境影响表示关切。1991 年 9 月，美国金枪鱼和海豚案①的 GATT 专家组报告裁决，美国限制进口金枪鱼的规定违反了 GATT1947 的规定，从而更激发了 NAFTA 缔约国对环境问题的关注。"失之东隅，收之桑榆。"NAFTA 的最终案文载有旨在使其对环境更加敏感的条款。这些规定据说比 WTO 的"邓克尔文本"中类似条款更具有环保色彩。②加上美国的政治压力和欧洲内部的环保压力，NAFTA 的成果得以在更广泛的国际层面得到接受。NAFTA 第 104 条③尤其值得关注，因为它允许在特定情形下，包含在指定的国际环境协定④项下的贸易义务优先于 NAFTA 项下义务。NAFTA 还背弃了 GATT1947 中提出的"最少贸易限制"（least trade restrictive）要求，仅要求各方避免"不必要的贸易障碍"（unnecessary obstacles to trade）。

NAFTA 还呼吁各方采用商定的国际环保标准，除非这些标准对实现其合法目标无效或不适当。此外，NAFTA 鼓励各方协调国内和国际环保标准，但不降低现有国内法所提供的环境保护水平。这些条款以及 NAFTA 支持环境敏感投资的特别条款，表明了对向上协调（upward harmonization）环境标准的承诺。虽然 NAFTA 并未采用"协调"一词，但它要求缔约方在"不降低对人类、动植物生命或健康保护水平"的前提下，"追求对等"（pursue equivalence），并以"国际标准"为基础。NAFTA 第 1114 条⑤允许各方对

---

① United States-Restrictions on Imports of Tuna, GATT Doc. DS21IR（Report of the Panel）（Sept.3, 1991）, reprinted in 30 I.L.M.1594（1991）[hereinafter Tuna Dolphin].

② Daniel Magraw, "NAFTA and The Environment: Substance and Process", *American Bar Association*, 1995, pp.12–13.

③ USTR. North American Free Trade Agreement, art.104, para.1. https://www.nafta-sec-alena.org/Home/Texts-of-the-Agreement/North-American-Free-Trade-Agreement.

④ The MEAs mentioned in Article 104 are the Convention on International Trade in Endangered Species（CITES）, the Montreal Protocol on Substances that Deplete the Ozone Layer, and the Basel Convention on the Control of Transboundary Movement of Hazardous Wastes.

⑤ USTR. *North American Free Trade Agreement*, art.1104, para.1. https://www.nafta-sec-alena.org/Home/Texts-of-the-Agreement/North-American-Free-Trade-Agreement.

新投资实施严格的规定，同时拒绝通过放宽国内环境标准来引诱外商投资。NAFTA 促进向上协调与环境有关的贸易规则，"一马当先"，当之无愧地成为"最具环保特色"的 RTAs①。

通过在贸易框架内解决环境问题，NAFTA 和 NAAEC 的起草者朝着协调自由贸易与环境保护之间的历史冲突迈出了革命性的一步。其中规定的原则和目标是实现环境向上可持续发展的根本，它们为 GATT/WTO 提供了一个强有力的模式，可在今后的贸易谈判中加以确立。WTO 首先通过类似于 NAFTA 序言中要求在环境可持续发展的范围内进行贸易的目标。鉴于 GATT 序言没有提到"环境"一词，《建立 WTO 马拉克什协定》序言明确将"可持续发展"作为根本目标，2001 年多哈第五次部长级会议再次重申"可持续发展"目标，皆为 NAFTA 作为"最具环保特色"的 RTAs，在 WTO 多边贸易体制内拓印其环保目标重要性的第一步。

在解决争端方面，GATT 争端解决小组完全由贸易专家组成，它可以通过使其程序对环境更加敏感，在实现国际环境保护方面迈出巨大的步伐。《关于争端解决规则与程序事项的谅解最后文件》（以下简称《最后文件》）中规定，争端解决小组将有权向"它认为适当的任何个人或机构"征求资料和技术咨询意见，以便就一个有争议事项的某些方面征求意见。《最后文件》进一步规定，争端解决小组可要求相关专家作出一份书面咨询报告，该争端解决小组将在专家的指导下进行裁决。如果 WTO 争端解决小组呼吁科学专家评估环境问题的有效性，那么将环境和其他技术专门知识纳入 WTO 争端解决程序可以为具有环境意识的贸易铺平道路。但是，NAFTA 废除了 GATT 自动通过争端裁决的做法，使各缔约方在确定环境限制是否重要到足以证明忽视条约义务是合理的方面具有更大的灵活性。WTO 不宜采取类似的做法，因为在目前 WTO 多边贸易体制内，自由贸易的目标及价值理念仍然优先于环境保护，只不过这种自由贸易应在可持续发展的轨道上运行。融合了环保

---

① Steve Charnovitz, "NAFTA: An Analysis of its Environmental Provisions", *Environmental Law Reporter*, Vol.23, No.1, 1993, pp.10067–10071.

理念的自由贸易体制，对减少区域乃至全球环境污染大有裨益。

2. 更胜一筹的欧盟环境与贸易的区域一体化

环境与经济利益紧密结合最好的范例花落谁家？当然是欧盟环境与贸易的区域一体化。欧共体单一市场就为全欧洲环境保护提供了根本而强有力的承诺。随着时间的推移，这种承诺在欧盟成员国谈判时，由于环境保护被特别提升到国家和欧盟层面成为共同关注的问题而用条约的形式具体呈现。[1]

很少有 RTAs 遵循欧洲的深度一体化模式，更常见的是浅层一体化的RTAs，其中达成协议几乎只关注贸易问题，而不考虑其他政策领域，环境、劳工等由各方另行安排。NAFTA 及其相关的 NAAEC 生效实施给了欧洲环境合作一个强大的政治动力。

欧盟环境与贸易政策及立法发展经历了三个阶段。第一阶段从 1957 年欧共体成立到 1972 年联合国斯德哥尔摩会议召开，欧共体采取与环境有关的贸易措施的法律依据是 1958 年生效的《欧共体条约》第 100 条和第235 条[2]，主要是为消除扭曲贸易的国内环境规则而采取的有关产品标准的措施[3]。第二阶段从 1973 年到 20 世纪 80 年代中期，欧共体在环境保护是经济和社会发展的基础的思想指导下，利用现存的条约权利和机制不断对条约进行一些新的解释，填补了《欧共体条约》第 235 条的缺陷，并最终导致了将环境保护引入《单一欧洲法令》（Single European Act）。[4]《单一欧洲法令》第 130r 明确提到"环境保护"，从而明确将环境保护纳入欧共体。第三阶段从 1987 年《单一欧洲法令》生效到现在，加强了欧共体在环境保护方面采取有效措施的权限，增加了强化"欧洲意识"的内容，逐步形成了完整的欧

---

[1] Consolidated Version of the Treaty Establishing the European Community, arts.2, 174–76, 2006 O.J.（C 321）37.

[2] G. Close, "Harmonization of Laws: Use and Abuse of Powers under the EC Treaty?" *European Law Review*, Vol.6, No.1, 1978, p.461.

[3] Andreas R. Zieger, *Trade and Environmental Law in the EC*, Oxford: Clarendon Press, 1996, pp.132–133.

[4] 李寿平：《欧盟对环境与贸易问题的协调及其对多边贸易体制的启示》，《比较法研究》2005 年第 5 期。

盟环境贸易政策及法律体系。《里斯本条约》（TFEU）第 6 章确认了欧盟在环境事务方面的权限，并阐明了欧盟的目标、原则和标准。重要的是，"环境"在欧盟条约中没有定义，这意味着它可以被广泛地解释，赋予它一个法律上的变色龙一样的角色。① 环境是"可持续发展"的附加内容。② 今天，环境保护推动了欧盟成员国的环境立法。

欧共体内部环境保护制度被广泛视为其较明显的成功典范之一，③ 但欧盟也逐渐意识到跨界污染、气候变化和生物多样性丧失等环境问题都具有全球性层面，需要国际层面的合作和政策协调。欧盟对外缔结的 RTAs 就将能源资源、环境保护和可持续发展作为贸易政策必须关注的问题，其普遍做法是在 RTAs 中设置"贸易与可持续发展"的独立章节，从而影响欧盟非成员国。这种"新生代"RTAs 的典型代表是 2011 年生效的欧盟—韩国 FTA，还有 2016 年缔结的欧盟—加拿大 FTA 和欧盟—日本 FTA。

欧盟是落实《巴黎协定》和《2030 年议程》的关键力量。如果欧盟作为气候和可持续发展目标谈判的长期推动者，未能通过国家自主贡献和转型社会来实施雄心勃勃的政策以实现可持续发展目标，那么这样的区域环境与贸易一体化方式将失去可信度。从 2019 年起，欧盟拟在将气候和贸易政策议程联系起来方面发挥战略性作用。如环境影响评估的监测标准通过欧洲单一市场机制成为有效的环境与贸易区域协调机制，为构建一个综合的环境与贸易协调体制提供了成功的范例。

3. 欧美 RTAs 贸易—环境规则的溢出效应

虽然美国和欧盟都在贸易协定中以相对严格的环境法规推动贸易—环境

---

① The European Union Committee; House of Lords, Brexit: Environment and Climate Change.12th Report of Session 2016–17 HL109（[UK] House of Lords, 2017）.

② Article 11 TFEU.

③ Andrea Lenschow and Carina Sprungk, "The Myth of a Green Europe," *Journal of Common Market Studies*, Vol.48, No.1, 2010; Anthony R Zito, Charlotte Burns, and Andrea Lenschow, "Is the Trajectory of European Union Environmental Policy Less Certain?", Environmental Politics, Vol.28, No.2, 2019, pp.187–207.

谈判议程及条约缔结，但其联合力量在 WTO 中的效力较低，因为它们不得不面对众多发展中国家的贸易—环境问题。随着 WTO 成员通过 RTAs 区域经济一体化程度加深，更发达、更环保的国家对制定环境友好型贸易规则的兴趣与日俱增，这种与日俱增的兴趣可被认为是欧盟和美国过去及现在进行的贸易—环境冲突与协调区域一体化努力的"规则溢出效应"。① 而全球统一的环境与贸易协调体制对于应对气候变化的多边贸易体制至关重要。欧盟 RTAs 已经包括了一般性条款，如可持续发展条款，或通过相互承认条款维护国家环境标准。欧盟试图通过 MEAs 在区域层面推进其环境政策目标及贸易利益。2020 年 8 月 1 日生效的欧盟—越南 FTA（EVFTA），明确提到正确实施和执行 MEAs，通过信息交换策略、政策、规划、行动计划和消费意识活动，旨在保护生物多样性以及减少非法野生动物贸易。它还包括承诺加强合作，通过提议新的 CITES 名录来加强物种保护。欧盟 RTAs 的历史也表明了欧盟是如何一直在通过贸易协定将环境标准和规则向发展中国家和新兴国家传播。与气候相关的欧盟标准可以在未来几年在贸易政策和贸易协定中发挥带头作用。这也会对可持续发展目标和其他全球公共资源的保护产生溢出效应。通过《巴黎协定》框架将气候政策与其他国家的活动联系起来，可以对其他重要的环境问题产生积极影响，如提高材料使用效率、回收利用或可再生能源生产。②

此外，贸易协定可作为政治合作的工具，欧美 RTAs 贸易—环境规则存在明显的政治溢出效应。联合国大会投票的数据显示，在贸易—环境议题上合作的国家也在政治上更积极合作。当一项贸易协定生效时，联合国大会贸

① Richard H. Steinberg, "Trade-Environment Negotiations in the EU, NAFTA, and WTO: Regional Trajectories of Rule Development", *American Journal of International Law*, Vol.91, No.3, 1997, pp.231–267.

② Susanne Dröge and Felix Schenuit, Mobilising EU trade policy for raising environmental standards: the example of climate action, Nov.2018.<https://ieep.eu/uploads/articles/attachments/f879e810-832c-4c04-a1d5-5d8b887da770/Think%202030%20EU%20Trade%20policy.pdf?v=63710204189>.

易伙伴之间的投票模式会发生变化。总体而言，区域贸易协定（RTAs）使各国在联大决议中登记票数的可能性增加了4%。[①]

（二）回顾与总结

从理论上讲，RTAs 确保了比 MEAs 更具法律约束力的环境保护，在贸易谈判中所作出的承诺可以解决可持续发展问题。因此，RTAs 可以有效地满足 MEAs 的许多目标。最重要的是，RTAs 通常包含有约束力的争端解决机制，这些机制在处理环境友好型争端时非常有效。如若 RTAs 成为确保减缓气候变化和实现 MEAs 下可持续发展目标的基石，谈判将需要谨慎地平衡贸易、发展和可持续增长。此外，RTAs 的条约文本设计对可持续发展至关重要。[②] 一项 RTAs 环境规范取得成功的一个必要条件是，所有贸易伙伴国家在政治上都希望这项环境规范，因此它们给予充分支持。RTAs 环境规范特别需要缔约国自主贡献和自愿承诺。只有每个有关国家都有强烈的政治意愿，对环境的贸易承诺才会有效。RTAs 环境规范因市场或政治失灵而大大减损其效力。经济实力较弱的国家往往把环境保护视为经济发展的障碍。

环境与贸易在 RTAs 层面的国家意志协调绝非易事。RTAs 可以作为事先全球、区域和国家环境保护目标的政策工具，然而到目前为止，RTAs 环境规范范围虽然越来越广，但深浅不一，许多情况下在实践中明显缺乏可执行性。一个更有效的办法是 RTAs 谈判缔结中应潜心研究 WTO 如何在环境与贸易问题的条约法和判例法中取得成功的，并考虑它是否容易在 RTAs 层面得以仿效。然而，这并不是一种权宜之计，因为 WTO 的建立及运作是一项酝酿了数十年的事业，不仅历经乌拉圭回合艰辛的八年谈判，细致观察环

① Agree to Disagree: The Spillover of Trade Policy into United Nations General Assembly Voting, UNCTAD Research Paper No.28.< https://unctad.org/webflyer/agree-disagree-spillover-trade-policy-united-nations-general-assembly-voting#tab-2>.

② Rafael Leal-Arcas, "Mega-regionals and Sustainable Development: The Transatlantic Trade and Investment Partnership and the Trans Pacific Partnership", *Renewable Energy Law and Policy Review*, Vol.4, No.1, 2015, pp.248–264.

境与贸易相互冲突的利益相关方之间的外交及谈判立场，而且要密切关注环境与贸易冲突具体案件情况的发展，以及对大量不同法律体系的掌握，还有度过一场又一场谈判危机所需要的技能和智慧。

三、RTAs 环境规范国家意志协调的司法实践

国际法很大程度上被认为是一个横向治理体系，其中司法权威和关键法律职能的行使是碎片化和去中心化的。① 最困扰国际法学者的本体论问题可能是国家意志协调或国家同意。在多大程度上，国际法只有少数国家同意仍然能被视为国际法？少数同意当然有很多种形式：它需要明确表示还是可以默示？同意的意思表示应该多边还是区域或单方面地做出？在当今世界，以国家同意的权利作为国际法存在的先决条件，成为衡量是否尊重国家主权的杠杆。如果国家主权可以在环境保护等全人类共同价值基础上被堂而皇之地绕开或包抄，主权国家应如何摆正位置理性对待这些共同价值？②

习惯国际法极为神秘而且难以捉摸。不同于国际条约的成文法性质，习惯国际法属于一种司法法（judicial law），散落在国际法领域的诸多角落，一般只有在发生国际争端时，才会被"发现"，因此不易被识别与确认。③下面不妨探讨 RTAs 环境规范国家意志协调的司法判例。事实上，RTAs 环境规范已经是正在形成中的习惯国际法，法院才予以适用，而不是因为法院适用才认为 RTAs 环境规范是正在形成中的习惯国际法。

司法判例，包括国际性司法机关的判例以及各国国内法院的判例。基于国家主权平等原则，任何国家都不能强迫另一个国家服从任何法庭、法律或

---

① Hedley Bull, *The Anarchical Society: A Study of Order in World Politics*, New York: Columbia University Press, 1977, p.44.

② Kalypso Nicolaidis& Joyce L. Tong, "Diversity or Cacophony-The Continuing Debate over New Sources of International Law", *Michigan Journal of International Law*, Vol.25, Issue 4, 2004, p.1360.

③ 张炳南：《论习惯国际法的识别与确定》，《大连海事大学学报》2017 年第 4 期。

习惯的约束。而海洋国家之间的渔业争端与国际法一样古老。20 世纪末 21
世纪初，海洋资源的剧减凸显了当下这些争论的意义。以南方蓝鳍金枪鱼案
（Southern Bluefin Tuna Dispute）为例，该争议不仅涉及实质性渔业管理领
域，而且对 RTAs 争端解决机制及多边环境公约争端解决机制的影响也不容
忽视。为了保护舌尖上的南方蓝鳍金枪鱼，1994 年《南方蓝鳍金枪鱼养护
公约》（Convention for the Conservation of Southern Bluefin Tuna，以下简称
CCSBT）① 正式规定了澳大利亚、新西兰和日本之间现有的自愿管理措施，
并成立了保护南部蓝鳍金枪鱼委员会。其目标是根据预防原则（Precautionary
Principle）② ，通过适当的管理，确保成员国不采取单方行动，从而实现全球
金枪鱼种群的保护和最佳利用。该公约是澳大利亚、印度尼西亚、日本、韩
国和新西兰之间签署的区域性条约，属于本书所阐述的 RTAs 环境规范。

1999 年 6 月 30 日，澳大利亚、新西兰认为日本过度捕捞违反了《金枪
鱼养护公约》（CCSBT）和《联合国海洋法公约》（the United Nations Con-
vention on the Law of the Sea，以下简称 UNCLOS）③ ，从而根据 UNCLOS 附
件七提请组成仲裁庭，④ 并于 1999 年 7 月 30 日按 UNCLOS 第 290 条（5）
款请求国际海洋法法庭（International Tribunal for the Law of the Sea, ITLOS）
规定临时措施。澳、新、日三国都是 UNCLOS 缔约国，按照 UNCLOS 第
287 条，可选择国际海洋法法庭、国际法院、公约附件七组成的仲裁庭或公
约附件八组成的特别仲裁庭解决争端。而日本 8 月 9 日则辩称，附件七仲裁
庭在该案中没有管辖权，因为所涉争端并不涉及 UNCLOS 的解释与适用；

---

① 该公约经三国批准后，于 1994 年 5 月 20 日生效。并对其他任何捕捞南方蓝鳍金
枪鱼的国家或任何南方蓝鳍金枪鱼种群迁移 200 海里以内沿海国家开放。

② 预防原则见于 1995 年缔结的《执行 1982 年〈联合国海洋法公约〉有关养护和管
理跨界鱼类种群和高度洄游鱼类种群规定的协定》第 7 条："各国应广泛适用预防方法，养
护、管理和开发跨界鱼类种群和高度洄游鱼类种群"。

③ *The United Nations Convention on the Law of the Sea*, opened for signature Dec.10,
1982, 21 I.L.M.1261（entered into force Nov.16, 1994）.

④ ITLOS, Press Release 24, July 30, 1999, Dispute Concerning Southern Bluefin Tuna,
Australia and New Zealand v. Japan, Provisional Measures Requested（visited Jan.17, 2021）.

即使它有管辖权，也无权裁定临时措施。① 国际海洋法法庭根据澳、新的申请，认为其享有强制性司法管辖权，从而受理了首例渔业争端案。法庭经审理认为：日本的单方面"试验捕鱼"（Experimental Fishing Programme, EFP）行为，侵犯了澳、新两国的权利，并对南方蓝鳍金枪鱼资源造成威胁，日本没能妥善尽到 UNCLOS 规定的与其他各国合作养护南方金枪鱼鱼种的义务。因此规定以下临时措施：三方不得扩大事态；除另有三方一致协议外应按原先确定的配额捕捞，不得作出不利南方金枪鱼的行为和"试验捕鱼"规划；并督促各方立即恢复谈判，等等。

该临时措施的裁决是对澳大利亚、新西兰最具有说服力的法律依据，即日本的单方行动违反了 CCSBT 和 UNCLOS 规定的"合作义务"（Duty to Cooperate）。诚然，"合作义务"属于国家同意，但却是个非常模糊的概念。然而该案仲裁庭要求缔约国最低限度地按照有关条约义务行事，从而用裁决判例解释了这一术语。无论"合作义务"多么模糊，它都是一个在 CCSBT 和 UNCLOS 项下引起共鸣的主题，尤其是在现代渔业法下。如果一个区域渔业组织的缔约国为了更狭隘的国家利益而无视现有的管理框架，"合作义务"就不具有实质意义。在争议的国家利益（即日本的实验捕鱼）是对海洋渔业资源的消耗性使用时，情况尤其如此。此外，澳大利亚和新西兰毫无疑问会像他们在海洋法法庭上所做的那样，基于"预防原则"主张"预防措施"。最后，澳大利亚和新西兰可能会辩称，日本不是一个在 CCSBT 中毫无防备的旁观者，而是一个完全独立自愿的区域组织参加者。日本和澳大利亚、新西兰在所有问题上及其在谈判中的发言权是绝对平等的。回顾一下，作为 CCSBT 的成员，日本对其行使"否决权"。因此，很难断定日本在某种程度上是 CCSBT 行动的受害者。会员国之间的任何分歧都应该在 CCSBT 框架内处理。无论日本、澳大利亚和新西兰提出什么法律论据，此案都是一个法庭设法平衡和调和尽量保护和最佳利用目标的范例。

---

① ITLOS, Press Release 25, Aug.9, 1999, Japan files Response and counter Request for provisional measures in case concerning conservation of Tuna（visited Jan.17, 2021）.

这些目标名义上由当事方共享，最终 CCSBT 将是成功解决此类海洋渔业争端的必要条件。①

南方蓝鳍金枪鱼案只是当前许多渔业争端之一，在捕捞限制上的分歧导致了保护和现有利用之间更深层次的摩擦。这些争端应在 UNCLOS 和其他国际公约框架内解决。如果现行的法律制度和国际组织不能在渔业管理领域制订可行的政策，目前的争端就会恶化，新的争端就会发展。这无疑是现代国际海洋法面临的重大挑战。

这一争端突出了在一个指定的区域组织——南方蓝鳍金枪鱼养护委员会内进行合作与谈判的重要性。CCSBT 的成功将取决于澳大利亚、日本和新西兰共同努力的能力，以平衡对未来丰富储量的需求与当前捕鱼业的需求和消费者的需求。澳大利亚和新西兰决定等待海洋法法庭采取临时措施，表明了对海洋法法庭处理渔业争端能力的信心。海洋法法庭的临时措施令必须被视为养护渔业资源的胜利。特别是法庭的命令强调了单方面的"实验性捕捞"不能超过一个国家的配额。无论澳大利亚和新西兰是否根据案件的最终裁决而获得救济，海洋法法庭的命令都向任何可能试图以单方规避先前谈判达成的管理方案的国家发出了警告。海洋法法庭的命令对使用临时措施作为解决环境争端的工具也是一个好兆头。未来的仲裁庭将以它们在争端中的应用为指导。但是，撤销临时措施对 UNCLOS 未来的负面影响远远大于对金枪鱼采取临时措施的短期好处。UNCLOS、海洋法法庭及其在海洋环境保护领域所提供的保障是任何其他海洋法条约无法比拟的。必须找到解决办法，否则我们将面临失去这些"法宝"的风险，这些"法宝"不仅可以拯救濒危海洋物种，而且可以拯救处于奔溃边缘的自然环境。②

南方蓝鳍金枪鱼之争是 21 世纪海洋保护之争的先兆。CCSBT 和海洋法法庭解决这一争端的成败，将有助于决定今后类似争端的结果，也将有助于

---

① Howard S. Schiffman, "The Southern Bluefin Tuna case: ITLOS Hears Its First Fishery Dispute", *Journal of International Wildlife Law and Policy*, Vol.2 No.3, 1999, pp.332–333.

② Leah Sturtz, Southern Bluefin Tuna Case: Australia and New Zealand v. Japan, *Ecology Law Quarterly*, Vol.28, No.2, 2001, p.486.

确定解决此类争端的法律机构的必要作用。各个国家、区域组织和多边机构的协调努力保证了最大的成功可能性。①

遗憾的是，2000 年 8 月 4 日，国际海洋法法庭以 UNCLOS 尊重争端当事方之间的其他协定为由，认为应适用 CCSBT 争端解决机制，从而认定自身对本案缺乏管辖权，并撤销临时措施。问题的关键在于 CCSBT 在其争端解决中明确要求当事方同意。澳大利亚与新西兰因为过于依赖海洋法法庭而受批评，现在已经承诺寻找其他途径来拯救濒危鱼类。虽然南方蓝鳍金枪鱼还没有被列为濒危物种，但它已经被列入了世界保护联盟的濒危动物红色名单，环保人士正在敦促将其列为《濒危物种国际贸易公约》（CITES）下的物种。那么，CITES 那否成为南方蓝鳍金枪鱼风波的下一个避风港呢？

国际海洋法法庭具有一些特点，使其成为解决环境争端的一个非常有效的论坛：效率高、专门的法庭、发布有约束力的临时措施的权力，以及对非国家开放的唯一论坛。但是仲裁庭放弃管辖权，撤销"临时措施"，给 UNCLOS 整个强制争端解决机制特别是国际海洋法法庭的效力和信誉带来了质疑。首先，如果以南方蓝鳍金枪鱼案的判决为先例，它支持各方现在可以通过基于同意的附带协议规避 UNCLOS 的强制管辖。其次，这一逆转本身就使人怀疑国际海洋法法庭是否有能力作出各方可以信赖的一致判决，而这种担忧对海洋法法庭来说可能是致命的。这些担忧的情形一旦发生，将对环境和海洋法产生重大影响。如果 UNCLOS 的退出也受协商一致管辖，强制管辖将成为过去，不仅在渔业法而且在国际法的其他领域将导致不确定性、外交冲突和单方面自助。为避免危机的加深，国际仲裁庭宜采取"司法自限"这一路径，在案件的管辖权问题和实体问题方面作出更为谨慎的裁决。②

---

① See Howard S. Schiffman, "The Southern Bluefin Tuna case: ITLOS Hears Its First Fishery Dispute", *Journal of International Wildlife Law and Policy*, Vol.2 No.3, 1999, p.333.

② 参见张华：《国际海洋争端解决中的"不应诉"问题》，《太平洋学报》2014 年第 12 期。

第四节 区域贸易协定环境与贸易新规则及全景展望

一、NAFTA 环境与贸易的初次联姻

各国日益意识到保护自然资源以实现可持续发展的必要性，当环境保护与自由贸易之间的冲突抵达十字路口，且 GATT 争端解决过程中缔约方单方环境贸易措施往往被认为具有歧视性从而与 GATT 项下义务相冲突。[①] 迄今为止，缔结的多边环境条约往往要求将贸易制裁作为一种执行机制，但这些国际环境条约的执行条款也可能因为金枪鱼／海豚案和 GATT 其他专家组的决定而受到威胁。[②]GATT 到底有助于环境保护还是实质上阻碍了环境保护？美国著名学者 Jackson 等曾撰文探讨这一问题，至今尚未有定论。虽然 GATT 并没有切实有效地处理环境问题，但国际贸易和环境管制之间相互竞争的紧张关系可以而且必须在可持续发展的范围内，在目前的贸易结构内加以处理。[③]

1991 年，GATT 专家组断定，美国对进口金枪鱼的限制违反了 GATT 对进口限制的禁令。[④] 金枪鱼／海豚争端不仅唤醒了环保主义者加入 GATT，而且还刺激他们试图影响加拿大、墨西哥和美国之间正在进行的关于北美自

---

① GATT Dispute Settlement Panel Report on the United States Restrictions on Imports of Tuna, issued on Aug.16, 1991, 39th Supp. B.I.S.D.155,（1991–1992），reprinted in 30 I.L.M.1594（1991）[hereinafter Tuna/Dolphin #1]；GATT: Dispute Settlement Panel Report on the United States Restrictions on Imports of Tuna, 33 I.L.M.839（1994）[hereinafter Tuna/Dolphin #2].

② Betsy Baker, "Protection, Not Protectionism: Multilateral Environmental Agreements and the GATT", *Vanderbilt Journal of Transnational Law*, Vol. 26, Issue 3, 1993, pp.437–468.

③ Stefan R. Miller, "NAFTA: A Model for Reconciling the Conflict between Free Trade and International Environmental Protection", *University of Pittsburgh Law Review*, Vol.56, Issue 2, 1994, p.509.

④ Report of the Panel, United States-Restrictions on Imports of Tuna, GATT, DS21/R（Sept.3, 1991）（unadopted），reprinted in 30 I.L.M.1594（1991）（Tuna/Dolphin I）.

由贸易协定的谈判。作为 20 世纪末关注贸易和环境政策一体化之后通过的第一个重要 FTA，NAFTA 及其谈判过程为未来的贸易协定及其他处理贸易和环境问题的努力提供了许多宝贵的经验。①NAFTA 作为解决环境问题的试验场的重要性，可以从乌拉圭回合最后文本② 看出。NAFTA 缔约方能够把明显可行的环境规定提交 GATT 贸易谈判桌上。再加上美国的政治压力和欧洲内部的环保压力，使得 NAFTA 的成果得以在更广泛的国际层面上被接受。

如何将环境与贸易问题纳入协调一致的政策制定框架？这是贸易与环境辩论的中心问题之一。与此密切相关的第二个问题是：贸易与环境问题何时应实现这种结合？ NAFTA 的缔约历程较好地阐明了这两个问题。

在 NAFTA 谈判早期阶段，三方同意，与 NAFTA 环境相关的讨论将在独立于实际贸易谈判的平行轨道上进行。但这一将环境问题与贸易问题分开处理的决定受到了这三个国家环保团体的广泛批评。环保组织认为，将环境问题放在一个平行轨道上会严重限制各方进行跨轨道权衡的能力，而这是实现"绿色"NAFTA 所必需的。随着来自环保组织和美国国会议员的压力持续增加，环境问题开始对 NAFTA 能否在美国获得国会批准产生更大的影响。通过环境组织、劳工组织和消费者组织之间的联盟，环保工作获得进一步的动力。美国以外的组织也开始与他们的政府进行广泛的合作。三边努力最终导致了许多环境问题随后进入贸易轨道，其中一些问题最终成为了贸易协定的文本。虽然平行轨道的做法是为了简化 NAFTA 的进程，但最终却产生了相反的效果。谈判人员未能从一开始就将贸易和环境问题结合起来，在谈判和国会审议过程中为最终协议设置了障碍。在谈判过程中，环境问题在某种程度上必须在协议本身

---

① See Ambler H. Moss, Jr., "Free Trade and Environmental Enhancement: Are They Compatible in the Americas?", in Durwood Zaelke, et a., eds., Trade and the Environment: Law, Economics and Policy, *Washington: Island Press*, 1993, pp.109–116.

② Trade Negotiations Committee, Final Act Embodying the Results of the Uruguay Round of Multilateral Trade Negotiations, Dec.15, 1993, MTN/FA-UR-93-0246.

中加以处理，而且新的和未预料到的问题必须添加到内容广泛的谈判清单中。①

如果这些新出现的问题从一开始就被列入谈判日程，就可以更有效、更慎重地加以处理。相反，它们的加入造成了最后时刻艰难的谈判，推迟并威胁了该协议作为整体在国会阶段的通过。②环境补充协议并不是 NAFTA 的一部分，这一事实引起了人们对附加协议有效性的严重关注。③国会议员质疑补充协议的约束力，以及各方对其授权的承诺。这些担忧使得早期争取国会支持 NAFTA 的过程变得不必要地困难。然而，最终补充协议的相对弱点可能会让更多的共和党众议员支持该协议。NAFTA 在这方面的教训有两方面：其一，在某种程度上，NAFTA 的进程表明，一项贸易协定可以将贸易和环境问题结合在一起，不管这个过程有多晚。其二，NAFTA 平行轨道办法所造成的困难表明，从贸易和环境角度来看，从一开始就把贸易和环境问题结合起来会好得多。

尽管 NAFTA 为贸易与环境一体化提供了积极的教训，但它也表明了在贸易与环境的基础上广泛一体化所面临的困难。虽然 NAFTA 成功地解决了相对独立的环境问题（例如某些标准条款对某些环境法的影响），但该进程在处理辩论中提出的较大的宏观问题方面（例如 NAFTA 推动的农业的环境影响）就不那么成功了。这种对复杂宏观问题的厌恶似乎普遍困扰着贸易与环境辩论。然而，NAFTA 表明，将贸易与环境辩论分成更容易处理的议题或议题小组的价值。分组甚至可以帮助辩论更容易地处理在任何有意义的一

---

① Robert Housman, "Environment and Trade: Reconciling Trade and the Environment: Lessons from the North American Free Trade Agreement", *Global Environmental Law Annual*, Vol.3, No.1, 1995, pp.141–142.

② See Administration to Release NAFTA Text Next Week as Officials Scramble to Finish, Inside U.S. Trade, Sept.4, 1992, at 1, 11.

③ See Gephardt. Criticizes NAFTA Side Accord as 'Not Supportable', Inside U.S. Trade, Aug.16, 1993, at S–5, S–6.

体化努力开始时必须处理的宏观问题。①

值得注意的是，NAFTA 保留了缔约国执行可能与 NAFTA 项下义务不符的国际环境条约（例如《蒙特利尔议定书》、《巴塞尔公约》、《濒危野生动植物种国际贸易公约》等）所产生的贸易义务的权利。此外，NAFTA 明确授权一个缔约方在追求"安全或保护……的合法目标"时，建立自己的环境保护水平。这样，每个缔约国都有必要的自主权来管理其本身的环境利益，但其利益不得与 NAFTA 其他条款不符。NAFTA 还取消了 GATT 专家组裁决中提出的"贸易限制性最小"的要求，支持呼吁各方避免不必要的贸易障碍条款。NAFTA 试图将贸易与环境政策置于一个更公平的竞争环境中，呼吁各方"使各自的标准相关措施相容，以便促进各方之间的商品或服务贸易"。② 因此，NAFTA 向世界提供了"环保贸易"（environmentally conscious trade）的革命性概念。

此外，NAFTA 鼓励各方协调国内和国际标准，但不减少现有国内法提供的环境保护水平。这些条款连同 NAFTA 支持环境敏感投资的特别条款表明了对向上协调环境标准的承诺。这一原则虽然没有得到充分的阐释，但要求缔约方"追求等价性"，并以 1994 年的"国际标准"为基础，但"不得降低对人类、动植物生命或健康的保护水平"。第 1114 条允许各方对新投资实施严格的规定，同时拒绝通过放松国内环境标准来诱导投资。NAFTA 促进与环境有关的贸易条款的向上协调也许是该协定"最重要的环境特点"。③

最后，NAFTA 争端解决程序进一步表明承诺确保充分的环境保护。NAFTA 第 15 条允许争议解决小组要求包括环境专家在内的科学专家出具书

---

① Robert Housman, "Environment and Trade: Reconciling Trade and the Environment: Lessons from the North American Free Trade Agreement", *Global Environmental Law Annual*, Vol.3, No.1, 1995, pp.142–143.

② North American Free Trade Agreement, Dec.17, 1992, 32 I.L.M.296 and 32 I.L.M.605, art.906, para.2.

③ Steve Charnovitz, "NAFTA: An Analysis of its Environmental Provisions", *Environmental Law Reporter*, 1993, pp.10067–10071.

面报告，协助解决与健康、环境保护等有关的事实问题。此外，NAFTA 要求"谁主张，谁举证"，且允许被诉方坚持要求将争端提交 NAFTA 争端解决程序，而不是根据其他贸易协定程序寻求法律申诉。与 GATT 不同，一旦 NAFTA 争端解决小组作出不利于被诉方的决定，败诉方有权执行小组的决定，或对其法律作出必要的修改，或赔偿提出申诉的一方。如果败诉方选择不执行不利的小组报告，申诉方的唯一补救办法是暂停 NAFTA 的"同等效力的利益"，直到当事各方能够解决争端为止。这一特点使缔约方在确定贸易限制是否重要到足以忽视条约义务方面，享有更大的自由裁量权。①

二、逆全球化下强化的美式 FTA 环境条款

1993 年 NAFTA 谈判期间，美国担心墨西哥较低的环境保护标准会增强其产品在其他缔约国的竞争优势，甚至刺激其他缔约国企业将生产转移至环境保护监管较宽松的墨西哥，因此极力倡导在贸易协定中纳入环境条款。NAFTA 环境条款的缔结及实施，正式拉开了 RTAs 环境议题的序幕。

从牵头谈判缔结并实施 NAFTA 环境条款以来，美国在 FTA 环境条款的制定及实施过程中一直发挥着主导作用。美国对外缔结的所有 RTAs 至少在前言中都提及保护和改善环境。② 美式 FTA 环境条款一直被视为 RTAs 环境条款的"先驱"，因为美国既是在贸易与环境谈判领域的先驱，同时在起草 FTA 环境条款方面也具有创造性。此外，美式 FTAs 还提供了"公众提议"（public submission）的机会，允许公民社会参与。除美国—约旦 FTA 外，这些美式 FTAs 规定对违反环境规定的行为给予金钱补偿。如果一方未支付

---

① Stefan R. Miller, "NAFTA: A Model for Reconciling the Conflict between Free Trade and International Environmental Protection", *University of Pittsburgh Law Review*, Vol. 56, Issue 2, 1994, pp.483–534.

② Kamala Dawar, Assessing Labour and Environmental Regimes in Regional Trading Arrangements.2008. SIEL Inaugural Conference Working Paper No.55/08. Available at: http://www.ssrn.com/link/SIEL-InauguralConference.htm.

这种补偿，则存在暂停关税的补救办法。

但随着欧盟对环境议题的积极推进，陆续签订《京都议定书》、《巴黎协定》等多边环境公约，美国意识到由于履行多边环境保护义务，美国国家利益难以在多边框架下得以保全，在国家主义和反全球化思潮影响下，开始启动"退群"模式。2001 年美国拒绝签署《京都议定书》。2017 年 1 月 23 日，美国前总统特朗普签署了上任后第一份行政命令，正式宣布美国退出 TPP协定。2017 年 6 月 2 日，美国借口《巴黎协定》以美国就业为代价，退出《巴黎协定》这一全球性气候协议。2020 年底美国总统拜登上台后，美国重返《巴黎协定》。

尽管美国曾退出联合国气候变化框架体系，在气候变化影响下，美国国内采取了可持续的能源政策，实施了激进的环境保护和法律救济制度，并在所有新缔结或修订的 RTAs 中直接解决环境保护问题，而不再采取附属协定模式①。由于欧盟在国际环境法中发挥的作用和国际影响力越来越大，美国开始尝试通过强化奉行美国标准的 FTA 环境条款，"以区域撬动多边"的方法，试图巩固美国在国际贸易规则中的主导地位。

（一）澳美自贸协定（Australia-United States Free Trade Agreement，以下简称 AUSFTA）

前 WTO 副总干事安德鲁将 2005 年 1 月 1 日生效的 AUSFTA 描述为"第三次浪潮"的自由贸易协定（FTA）②，超出了 WTO 涵盖范围。当然，超越现有的 WTO 规则并不一定是进步，甚至不一定是更大的贸易自由化。在本章中，我们从双方以及更广泛的 WTO 成员角度来考虑 AUSFTA 在多大程度

---

① Richard D. Vogel, "Combating Globalization: Confronting the Impact of Neoliberal Free Trade Policies on Labor and the Environment". Available at:http://www.combatingglobalization.com/articles/combating_globalization5.html.

② Andrew L. Stoler, "The Australia-United States FTA as a 'Third Wave' Trade Agreement: Beyond the WTO Envelope' in Andrew D. Mitchell（ed.）, *Challenges and Prospects for the WTO*, London: Cameron May, 2005, pp.253–256.

上代表了对 WTO 协议的改进。

那么，美国为什么想要缔结 AUSFTA 环境条款呢？美国的谈判目标是
（1）寻求促进相互支持的贸易和环境政策；（2）敦促澳大利亚就有效执行其
环境法作出适当承诺；（3）确定澳大利亚将努力确保其不会为了鼓励贸易或
投资而削弱或减少其环境法所提供的保护；（4）寻求合作的方式解决共同关
心的环境问题。与澳大利亚一样，美国也将 AUSFTA 与其国家安全利益挂
钩。① 在本章中，我们主要从澳大利亚的角度来解释和评估 AUSFTA，因为
大多数国家认为：在与美国进行 PTA 谈判时，与澳大利亚有或多或少的相
似之处。AUSFTA 是一个例证，说明了那些讨价还价能力和经济实力相对
较弱的国家可以从这样的 PTA 中期待什么样的结果。

摆在谈判桌面上的许多关键问题都包含环境因素，环境条款贯穿于整
个 AUSFTA 之中。在序言中，声明了以符合其对可持续发展和环境保护承
诺的方式实施自由贸易协定的重要性。在第 19 章中，承认各方有权建立自
己的环境保护水平和环境发展优先事项，并据此通过或修改其环境法律和政
策。但 AUSFTA 第 19.1 条还要求缔约方确保其国内环境法律规定并鼓励高
水平的环境保护，并努力继续提高各自的环境保护水平。第 19.2 条应用程
序和执行环境法也承认自愿机制来提高环境绩效，因此要求每个缔约方鼓励
灵活的、自愿的市场机制的发展。第 19.5 条规定了体制安排和公众参与以
及第 19.6 条规定了环境合作。第 19.8 条中规定了自贸协定与多边环境协定
之间的关系，要求缔约方寻求加强多边环境协定相互支持的手段。这些环境
条款加强了澳美双方对环境问题的关注，创设了积极的环境保护义务，而不
仅仅是通常的 GATT/WTO 贸易自由化规则的例外。这是 AUSFTA 作为第三
次浪潮的 FTA，在 WTO 贸易与环境规则基础上的重大改进。

国际社会应该一直谨慎对待像 AUSFTA 这样的贸易协定，尤其当它们
是在闭门谈判的情况下缔结。由于澳大利亚没有正式的方法评估该贸易协定

---

① Letters from Robert Zoellick, USTR, to Senator Robert Byrd and Dennis Hastert,
Speaker, United States House of Representatives, 13 November 2002.

的环境影响，谈判代表将很难把 AUSFTA 的环境影响作为一个问题加以优先考虑。①

在与美国的 FTA 和 TPP 框架下，澳大利亚已经同意就环境问题单独制定一章。而澳大利亚的其他 FTAs，包括最近与中国达成的 FTAs，都没有单独的关于环境的章节。TPP 协议公布后，美国、加拿大、澳大利亚、日本和新西兰的立场基本上都与美国的立场一致。

（二）USMCA vs. NAFTA

1994 年，NAFTA 是第一个明确将贸易政策与环境保护目标联系起来的 RTA，以确保贸易自由化不会导致环境恶化的加剧。将环境问题纳入 NAFTA 被认为是国际贸易法领域一个分水岭事件，因为它代表着 RTAs 决策者首次明确寻求解决环境保护和自由贸易之间的复杂联系。② 当时，NAFTA 被吹捧为有史以来"最环保"的贸易协定，其政策框架被作为未来所有贸易协定的样板。NAFTA 环境条款主要涉及解决假想的环境污染问题，例如工业外逃、污染港、向下协调以及环境法和贸易规则之间的冲突。这些政策一直延续至今，并成为美国随后 FTAs 的模板。然而 25 年过去，美国学者研究认为，贸易自由化对环境的实际影响并不像原先认为的那样剧烈或深远。③ 因此，将广泛的环境条款纳入一般的贸易协定，特别是 NAFTA 不再合理。相反，有必要更新 NAFTA 的政策框架，将重点放在建立其贸易伙伴体制能力最需要的地方，同时纳入一套以规则冲突为重点的核心环境条款。虽然号称"最环保的 RTA"，甚至被誉为协调环境与贸易政策以适应

---

① Jane Andrew, "AUSFTA: Linking War, Free Trade and the Environment AUSFTA: Linking War, Free Trade and the Environment", Available at: https://ro.uow.edu.au/commpapers/182.

② LINDA J. ALLEN, "The Environment and NAFTA Policy Debate Redux: Separating Rhetoric From Reality", *William & Mary Environmental Law & Policy Review*, Vol.42, No.3, 2018, pp.965–1024.

③ Linda J. ALLEN, "Reassessing the 'Green' in NAFTA", *Journal of World Trade*, Vol.52, No.4, 2018, pp.557–574.

未来贸易的"试金石"，NAFTA 自 25 年前签订以来毁誉参半，如今又重新成为热点。美国学者研究表明，NAFTA 下的贸易自由化的许多环境目标并未实现，破坏了许多环境政策的基本原理，NAFTA 环境条款并未发挥应有效力。

人们对 NAFTA 保护环境的政策法律是否适当表示担忧，随后二十多年不断出现要求重新谈判或加强 NAFTA 环境条款的呼声。美国推动与墨西哥和加拿大的贸易协定重新谈判，更新其条款，以反映"自 NAFTA1994 年生效以来世界经济的诸多变革"。作为这项努力的一部分，NAFTA 成员国还就一些具有开创性的环境条款重新谈判。

1. NAFTA 环境条款——争论的根源

总体而言，NAFTA 环境条款着重于尽量减少贸易规则对国内环境法的挑战，以及 MEAs 下贸易措施优先于国内环境法适用的可能性。[1] 为了保障这些措施不受挑战，必须直接对 NAFTA 贸易规则作出改变，而不能在 NAFTA 范围之外加以解决。因此，NAFTA 大多数环境条款都涉及修改贸易规则的条约文本问题。

虽然解决规则冲突是 NAFTA 环境条款的主要重点，但还有一项规则的重点是防止美、加、墨三个缔约国的环境保护水平整体下降。然而，在 NAFTA 范围内很难解决这一问题。鉴于规则冲突的性质，NAFTA 所包含的环境条款散布在整个贸易协定中，其内容相对微妙。NAFTA 环境条款主要载于第 104 条和第 1114 条，以及第 7 章、第 9 章和第 20 章中的几条。NAFTA 序言部分也载有一些与可持续发展和加强环境保护有关的措辞，对"环境"的关注显然要比 WTO/GATT 更加突出、鲜明。[2]

NAFTA 第 104 条也许是 NAFTA 最实质性的环境条款，它提供与 NAFTA 不相符的 MEAs 项下贸易措施某种程度的保护，如限制濒危物种贸

---

① Pierre Marc Johnson & Andre Beaulieu, *The Environment and NAFTA: Understanding and Implementing the New Continental Law*, Washington: Island Press 1996, p.30.

② 李寿平：《北美自由贸易协定对环境与贸易问题的协调及其启示》，《时代法学》2005 年第 5 期。

易，阻止搭便车和减少碳泄漏。因此，对贸易措施的挑战可能影响 MEAs 的有效执行。NAFTA 第 104 条所列的例外是为了保护三个 MEAs 下的贸易措施不受挑战，虽然该条例外的某些方面还需解释，但它为贸易措施提供了相当强的保护。这实际是鼓励成员国以贸易影响最小的方式实施 MEAs，可能导致成员国作出不实施或削弱这些环境条款的选择。

NAFTA 环境与贸易条款争论的根源是什么？

其一，批评者认为，贸易在解决冲突过程中比环境优先得多，环境条款不足以解决 NAFTA 对环境的不利影响，远远达不到环保人士最初的期望。NAFTA 下确保国内环保法规执行的机制欠缺法律约束力，贸易与环境的一体化并未实现，一些 NAFTA 条款的规定甚至产生了破坏环境的不良后果，如下文所述 Metalclad 公司案就是范例。[①] 旧的环境问题尚未解决，新的环境问题层出不穷。总而言之，虽然 NAFTA 包括了贸易协定中影响最为深远的环境条款，但目前普遍看法是，这些条款必须大幅度修订和扩大。

其二，NAFTA 第 11 章投资章节第 1114 条在所有条款中最具有争议性，也遭到了环保人士的强烈批评。该条允许投资者在认为存在环境或公共卫生的歧视性或保护主义行动时，对 NAFTA 缔约国启动国际仲裁程序。如果投资者胜诉，政府有义务赔偿他们。对 Metalclad 公司有利而对墨西哥政府不利的裁决是 NAFTA 第 11 章关于投资的最著名的争议之一。此案中，投资者胜诉的主要论据是投资者未来财产被墨西哥征用，从而从墨西哥政府获得 1600 万美元的赔偿。[②] 简而言之，NAFTA 第 11 章一方面不清楚什么样的政府义务能为投资者提供一个稳定的、可预测的环境；另一方面过度授予投资

---

① Laura Carlsen & Hilda Salazar, "Limits to Cooperation: A Mexican Perspective on the NAFTA's Environmental Side Agreement and Institutions", in *Greening Americas: NAFTA's Lessons for Hemispheric Trade*, Caronlyn L. Deere & Daniel C. Esty, eds., Cambridge: MIT Press, 2002, pp.221–228.

② Laura Carlsen & Hilda Salazar, "Limits to Cooperation: A Mexican Perspective on the NAFTA's Environmental Side Agreement and Institutions", in *Greening Americas: NAFTA's Lessons for Hemispheric Trade*, Caronlyn L. Deere & Daniel C. Esty, eds., Cambridge: MIT Press, 2002, p.230.

者权利，从而对本已脆弱的墨西哥环境保护法规造成双重侵蚀。NAFTA 第
11 章可能会进一步抑制地方政府对环境的监管。因此，从环境的角度来看，
精确地说明第 11 章所涵盖的内容是绝对必要的。①

　　其三，NAFTA 给予发展中国家的优惠待遇形同虚设。在协调环境与贸
易的关系中，关键问题之一就是要努力提高发展中国家的能力，使发展中国
家有能力改善环境。为此，在国际贸易中给予发展中国家差别待遇和优惠
待遇来提高发展中国家的经济实力，加强发展中国家的能力建设具有十分
重要的意义。在 NAFTA 中，发达国家通过一系列贸易优惠、经济支持和技
术支持等方式给予发展中国家优惠待遇来换取发展中国家对环境的支持。但
NAFTA 相关案例使得条约规定形同虚设。1994 年美国废渣处理公司 Met-
alclad 在墨西哥一个小村庄瓜达尔卡扎尔建造有毒废渣场。尽管遭到当地社
区反对，市政当局也未批准，但工程仍在继续推进。最后，当市政当局下令
暂停这项工作时，该公司根据 NAFTA 第 11 章对墨西哥政府提起诉讼，声
称其已经采取了等同于征用的措施。Metalclad 公司案仲裁庭援引了 NAFTA
序言中三项一般性规定和 NAFTA 第 1 章案文的一般目标。其中包括在各项
目标中提供透明度，大幅度增加贸易机会，以及为投资者保证一个可预测的
贸易框架。但由于 NAFTA 第 11 章序言所使用的条约语言不具体，仲裁庭
选择了自己对案文的解释，同时忽略了条约序言保护环境的宗旨目标。墨西
哥作为发展中国家，在此案中"赔了夫人又折兵"。

　　如何实现 NAFTA 项下贸易与环境的再平衡？首先，NAFTA 贸易与环
境之间存在整合不足，缺乏三方政府之间真正的协调、沟通与信任。其次，
未对环境过程和可持续发展进行完整的监测和评价。再次，缺乏足够的机
制、资源和政治承诺来确保其职责的执行。问题的根源在于 NAFTA 谈判的
遗留问题。为了成功地将贸易自由化与环境保护结合起来，未来的 FTA 必

① 　Edit Antal, "Lessons from NAFTA: The Role of the North American Commission for
Environmental Cooperation in Conciliating Trade and Environment", Michigan State Journal of
International Law, Vol.14, No.2, 2006, pp.167–190.

须减少对创新性规范的重视，重新设想环境合作与评估机制。在实施 FTA 之前，必须考虑环境需求，包括加强执行相关环境保护制度的需求，因为以贸易为基础的经济增长相应的环境损害，通常会超过任何适当有效的环境保护制度带来的环境收益。

2.USMCA 对 NAFTA 环境章节的发展

就引入的新环境条款数量而言，USMCA 包含的环境条款比以往任何贸易协定都多，但如上文所析，它的创新程度远不及 NAFTA。此外，从环境治理的角度来看，USMCA 从 NAFTA 中取消的条款与其补充的条款同样有价值，甚至更有价值。然而，该协定在某些方面仍有不足之处，最明显的是缺乏气候条款，与 MEAs 的联系也很少。[①]

反映了长期以来贸易协定中复制或"样板化"环境条款的做法，USMCA 保留了 72% 的 NAFTA 环境条款。包括防止缔约方为吸引投资而减损执行其环境条例的规定；建立利益相关者参与的手段，确保有足够的程序来推动环境法的实施。除了具有可比性的国家主权、国内环境法的实施和公众参与之外，USMCA 和 NAFTA 在环境合作方面有着惊人的相似。例如，它们都鼓励环境货物贸易、与环境有关的科学资料交换、联合研究和环境措施的协调。它们还包括在商品、服务、知识产权、卫生和植物检疫措施以及技术性贸易壁垒中类似的环境例外。[②]

尽管 NAFTA 与 USMCA 的环境条款相差无几，但前者迄今已有 25 年之久。在这段时间里，贸易协定解决环境问题的方式发生了重大变化，USMCA 反映了其中的许多变化。这些发展既是结构性的，也是实质性的。例如，只包括在《北美环境合作协定》中的 26 项环境条款现在出现在 USMCA 的主要文本中，包括但不限于环境争端解决、公众参与、提交执行事务和特定的环境问题（如保护濒危物种和空气污染）。因此，USMCA 以

---

① Noemie Lauren, Zachary Dove, Jean Frederic Morin & Sikina Jinnah, "NAFTA 2.0: The Greenest Trade Agreement Ever?" *World Trade Review*, Vol.18, Issue 4, 2019, pp.659–677.

② Noemie Lauren, Zachary Dove, Jean Frederic Morin & Sikina Jinnah, "NAFTA 2.0: The Greenest Trade Agreement Ever?" *World Trade Review*, Vol.18, Issue 4, 2019, pp.659–677.

一种比 NAFTA 更强的方式将环境条款纳入贸易协定，并将其置于该协定的争端解决机制中，这是目前美国 FTA 的标准做法。重要的是，这意味着环境条款现在可以通过贸易制裁，而不仅仅是通过严格限定的惩罚来充分执行。

USMCA 第 24 章专门为各方之间的环境问题制定了条约框架。第 24 章强调了 USMCA 各方合作保护环境的重要性。它需要每个国家维持一个环境影响评估机制，涉及保护臭氧层，保护海洋环境不受船舶污染，改善空气质量，防止生物多样性的丧失，预防、检测和控制侵入性外来物种，保护海洋物种以及促进可持续森林管理等相关问题。这些都超出了 NAFTA 环境条款的范围。总体而言，USMCA 包含了 30 项 NAFTA 并未涉及的环境议题。虽然直到最近，列入具体问题的环境条款主要是欧式 RTAs 的一个特点，但令人感兴趣的是，USMCA 各方越来越多地将具体问题的条款添加到其 RTAs 中较一般的环境条款中。自 2006 年美国—秘鲁 FTA 以来，这种逐渐转变的趋势尤其明显。特别是自 2003 年以来，根据 NAFTA 第 11 章，投资者声称环境法规具有征用的间接影响的几个案例，导致美国从此所有的 RTAs 都包括一项条款，旨在保护环境的监管行动不构成间接征用。

以下是 USMCA 中其他一些值得关注的条款：（1）环保产品及服务。各方一致认为，对环境产品和服务进行贸易和投资十分重要，其中包括促进这一重要领域潜在增长的清洁技术。（2）海洋及渔业事务。有许多规定涉及渔业管理，涉及过度捕捞、鱼类种群健康、养护和保护海洋物种和处理海洋垃圾。（3）企业社会责任。各方同意通过鼓励企业"采取和实施自愿的最佳实践，履行与环境有关的企业社会责任"，在其境内促进企业社会责任和负责任的商业行为。（4）执法。USMCA 的环境条款旨在允许各方自由决定如何最好地分配其环境执法资源。然而，各方同意，他们将执行环境法，并且不会以削弱环境法的方式"减损"这些法律，以鼓励贸易或投资。在实践中，NAFTA 及随后的贸易协定的执法条款在解决监管倒退方面收效甚微。但 USMCA 进行了真正的测试，以确保各方的重点和议程项目与实现更大程度环境保护的共同目标相一致。此外，它规定了一项环境合作协定，其中有一个扩大环境事项合作机制，并规定有义务设立一个由高级政府代表组成的环境委员会，以协助执行这项协定。（5）多边环境协定（MEAs）。USMCA 不可能引用《联合国气候变化框架公约》（UNFCCC）或《巴黎协定》。USMCA 反映了美国国会批准的 MEAs 清单，特别是《蒙特利尔议定书》、《濒危野生动植物种国际贸易公约》（CITES）、《联合国海洋法公约》等。在 NAFTA 实施 20 多年里，由于协定本身有许多正式的合作渠道，围绕 MEAs 有持续的三边协调。①

3. USMCA 对环境保护的新贡献有限

然而，将 USMCA 与最近的 RTAs 尤其是 CPTPP 进行更详细的比较，会发现 USMCA 对环境保护的新贡献有限。RTAs 对环境保护的贡献可以通过多种方式进行评估。本书只评估 USMCA 的创新，即纳入了事先没有列入任何 RTA 的环境条款。尽管 USMCA 的环境条款数量有所增加，但它缺乏创新，特别是与 NAFTA 相比。事实上，NAFTA 仍然是有史以来谈判过的最具创新性的 FTA，因为它创造了 46 项新的环境条款，例如，包括濒危物种和环境措施执行中的监管主权。而全球 96% 的 RTAs 只包含两个或更少的创新。例如，CPTPP 中只有一项关于对环境有害的补贴的创新。即使是最具创新的 2006 年美国—秘鲁 FTA，也只有 18 项环境创新，包括在获取遗传资源时取得适当当局的事先知情同意，以及打击非法采伐森林。至于 USMCA，它仅仅包含了塑料污染、野生动物贩运和食物浪费三方面创新。

USMCA 在很大程度上复制了 CPTPP 环境条款，这意味着两个协定的环境条款高度相似，从而进一步凸显了 USMCA 缺乏创新。在美国的 RTAs 中，只有 2006 年的美国—哥伦比亚 FTA 和 2006 年的美国—秘鲁 FTA 与 CPTPP 和 USMCA 类似。如上所述，CPTPP 和 USMCA 之间这种相似性的最佳解释是，环境条款从一个贸易协定复制到下一个贸易协定。这种做

---

① Scott Vaughan, "USMCA Versus NAFTA on the Environment", available at: https://www.iisd.org/articles/usmca-nafta-environment（Last visited at Sept.15, 2020）.

法在各方面都具有协调性和一致性，但谈判代表依赖重复条款也可能扼杀创新。

然而，USMCA 确实包含了三项以前的 RTAs 中从未包含过的环境条款。首先，加强对野生动物走私的执法。USMCA 指出，"每一缔约方应……将其法律所保护的有意跨国贩运野生动物视为《联合国跨国有组织犯罪公约》中所界定的严重罪行"，这是符合《联合国经济和社会理事会决议》（2013 年）的。此外，2017 年美国关于加强对跨国犯罪的执法的第 13773 号行政命令明确解决了野生动物贩运问题。这反映出特朗普总统对这一问题考虑的优先考虑程度，也有助于解释为什么特朗普政府会将美国的环境保护条款纳入谈判，通过打击野生动物走私来保护动植物。其次，USMCA 要求签署国"采取措施减少温室气体排放"（第 24.12 条）。美国签署了第一个包含塑料污染相关条款的贸易协定。然而应该指出的是，这种创新——作为贸易制度中大多数的环境创新，实际上是现有条款的组合。事实上，一些先前的 RTAs 一方面已经处理了家庭垃圾，另一方面也处理了海洋污染。USMCA 列入一项关于海洋垃圾的条款，反映了国际社会对这一专题的日益关注。例如，结束塑料污染是 2018 年地球日的主题，USMCA 也遵循了联合国环境规划署（UNEP）关于海洋塑料污染问题的一系列决议和报告。最后，USMCA 的环境合作协议为与食品浪费有关的贸易制度引入了第三项环境创新。

（三）现代美式 FTA 环境条款之级别

自 1992 年以来，美国已与 16 个国家签订了包含环境条款的贸易协定。[①]那么这些美式 FTAs 环境条款有何特点？现代美式 FTAs 中的环境标准随着时代演变而变得更加严格，其中 TPP 的环境标准最高。虽然环境保护不是 NAFTA 实际贸易文本的一部分，但现代贸易协定处理这些问题的方式却大不相同，如 TPP 环境章节对所有成员均具有约束力。

概括而言，现代美式 FTAs 环境条款可分为三类：青铜级、白银级和黄

---

① ustr.gov/issue-areas/environment/bilateral-and-regional-trade-agreements.

金级。①

1. 青铜级：包括与智利（2004 年）、新加坡（2004 年）、澳大利亚（2005年）、巴林（2006 年）、CAFTA-DR（2006—2009 年）、摩洛哥（2006 年）和阿曼（2009 年）的 FTAs。在这些 FTAs 中，环境保护是协议的核心，而不是像 NAFTA 那样被排除在协议正文中，并且协议规定各方必须有效地执行自己的环境法规。然而，这些协议只有一个单一的可执行条款，即缔约国家不能以影响贸易的方式放松环境法的执行。简而言之，一个国家不能停止执行环境法以获取经济利益。在这一类别中，对违规者的处罚是罚款，不包括任何贸易利益的暂停。

2. 白银级：该类别包括最近与秘鲁（2009 年）、哥伦比亚（2012 年）、韩国（2012 年）和巴拿马（2012 年）签订的美国自由贸易协定。这些自由贸易协定采取了比以前的协议更强大的环境立场，这是 2007 年达成的两党妥协，要求在未来的贸易协定中使用强有力的环境语言，许多环境保护措施变得可执行。此外，此类协议环境条款规定使用贸易制裁（包括无上限的罚款）以及贸易协议其他部分中使用的相同争端解决机制。

3. 黄金级：TPP 包括有史以来任何贸易协定的最高环境标准。在白银级保护基础上，TPP 拥有更强大的环境权利、更严格的执法和对违规者更严厉的惩罚，其中包括停止贸易利益。而且，值得注意的是，TPP 升级了已经与美国签订自由贸易协定的六个国家（澳大利亚、加拿大、智利、墨西哥、秘鲁和新加坡）的环境条款。此外，任何希望加入 TPP 的国家都必须在加入之前满足这些标准。

总而言之，自从 NAFTA 中的环境条款实际上被搁置以来，美式 FTAs环境条款取得了长足的进步。环境标准逐步提高，执法力度逐步加大。最终结果是 TPP 包含了最严格的环境标准。美国将环境条款嵌入贸易协定，实现了贸易协定与全球环境治理的战略性链接，极大地促进了美式环境治理的

---

① Jay Chittooran, TPP in Brief: Environmental Standards, April 15, 2016. <https://www.thirdway.org/memo/tpp-in-brief-environmental-standards>.

有效性。①

三、更新换代的欧式 FTA 环境条款

欧盟一贯是 RTAs 的急先锋。② 如何协调环境保护与自由贸易之间的矛盾，既是 GATT/WTO 多边贸易体制亟待解决的问题，也是欧盟 RTAs 一直在努力协调的问题。1958 年生效的《欧共体条约》是欧共体第一个纳入环境问题的 FTA，规定保护动植物生命和健康可以作为禁止或限制货物进出口的理由。欧盟协调贸易与环境的 FTA 模式既与美国协调贸易与环境的 FTA 有异曲同工之妙，又有其独一无二之处，对 WTO 多边贸易体制有一定的借鉴意义。

欧盟早期的 FTAs 如与墨西哥、智利等发展中国家缔结的 FTAs 很少有措施宽泛的环境条款。以 NAFTA 用附加协定的方式纳入环境保护条款为起点，③ 在对外缔结贸易协定时，欧盟逐步引入环境保护条款并有逐步强化该条款覆盖面与执行力的趋势。如今，美国、欧盟对外缔结的 FTA 均含有环境条款，而欧盟近期对外缔结的 FTA 更倾向于采纳可持续发展条款，尤其欧盟—加拿大 FTA 同时缔结了"环境条款"与"贸易和可持续发展条款"，更接近于 TPP 的环境章节特色。美国和欧盟 RTAs 纳入独立环境章节的比例高达 86% 和 90%，④ 然而两者之间有一个实质性区别：欧盟 RTAs 中涉及

---

① SikinaJinnah, "Strategic Linkages: The Evolving Role of Trade Agreements in Global Environmental Governance", *Journal of Environment & Development*, Vol.2, No.20, 2011, pp.191–215.

② 曾令良：《区域贸易协定的最新趋势及其对多哈发展议程的负面影响》，《法学研究》2004 年第 5 期。

③ The Library of Congress, Congressional Research Service, The Trans-Pacific Partnership（TPP）: Key Provisions and Issues for Congress, Crs Report, June 14, 2016, p.63, <https://www.fas.org/sgp/crs/row/R44489.pdf>.

④ Ida Bastiaens and EvgenyPostnikov, "Growing Up: The Effects of Environmental Standards in EU and US Trade Agreements", *Environmental Politics*, Vol.26, No.5, 2017, pp.847–869.

环境问题的争端不受 RTAs 一般争端解决机制的约束，而是在 RTAs 环境与可持续发展章节单独的协商机制下，由专门任命的环境专家组进行审查处理。任何不遵守规定的行为都不能诉诸贸易制裁。从某种程度上说，欧盟的方式是一种贸易伙伴之间合作的方式来解决环境问题，从而消除贸易制裁的威胁。[①]

欧盟庞大的一体化市场对发展中国家具有很强吸引力。欧盟与北非、拉丁美洲和东亚等地区全面展开贸易协定谈判。欧盟不仅注重经济利益，而且偏好环境保护等规范性议题。[②] 美国倾向于通过对未能履约的缔约方进行制裁，促使发展中国家倾向于进行事前环境评估与变革；而欧盟则更多地通过对话及学习的方式对缔约国政府、市民社会等行为体施加影响，促使同欧盟缔结贸易协定的发展中国家采取事后措施。[③] 例如，根据 2000 年欧盟—墨西哥经济伙伴关系协定[④]，双方可针对与环境相关的特定部门或更广泛的事项进行合作。该协定第 23 条"能源合作"要求双方在能源领域进行深入合作，通过设计更高效的能源发电装置，促进能源的更合理使用，支持可再生能源的使用，等等。该协定第 34 条"环境和自然资源合作"要求缔约方开展合作，防止环境退化；促进自然资源的养护和可持续管理；发展、传播和交流有关环境立法的资料和经验，等等。

2016 年签署的欧盟—加拿大《全面经济和贸易协定》设置了环境与贸易的"双保险"章节，堪称新一代 RTAs 环境章节的集大成者。其第 22 章"贸易与可持续发展"章节包括内容与目标、透明度、支持可持续发展的贸易合

---

① Julien Chaisse, Henry Gao & Chang-fa Lo, "Paradigm Shift in International Economic Law Rule-Making: TPP as a New Model for Trade Agreements", Springer, 2017, p.246.

② Henrik Horn, Petros C. Mavroidis and Andre Sapir, "Beyond the WTO? An Anatomy of EU and US Preferential Trade Agreements", *The World Economy*, Vol.33, No.11, 2010, p.1581.

③ Ida Bastiaens and EvgenyPostnikov, "Environmental Provisions in EU and US Trade Agreements and Regulatory Change in the Developing World", 14th Biennial Conference of the European Unions Studies Association, Boston, March 5–7, 2015.

④ EU-Mexico Economic Partnership, Political Coordination and Cooperation Agreement of 2000, available at: https://eur-lex.europa.eu/.

作与促进等，第 24 章"环境与贸易"章节涉及渔业养护、濒危物种、森林管理、环境产品贸易和企业社会责任等。其中一些环境承诺比多边环境协定更精细和可执行。

四、RTAs 环境规范全景展望

（一）RTAs 环境规范有从条约法演变为习惯国际法的趋势

自 NAFTA 环境与贸易的初次联姻开始，环境保护已从 GATT 第 20 条项下贸易义务的"一般例外"，演变到 GATT/WTO 环境相关司法裁决中审慎推进的贸易义务项下的叠加环境义务，再发展到 RTAs 环境规范中通过争端解决机制予以保障实施的独立的环境义务。当这些环境监管承诺与贸易协定相挂钩时，RTAs 摇身一变为"武装到牙齿"的可执行法律，在争端解决或单边行动导致的条约不遵守情形下，允许采取贸易报复措施。这一理由足以解释 RTAs 环境条款如雨后春笋般涌现的内在动因。本结论通过第四节 RTAs 环境规范的执行得以印证。

RTAs 环境条款还产生了"多米诺骨牌"效应。1994 年 NAFTA 的 NAAEC 中开创性的环境条款在加拿大—智利 RTA^①（CCAEC）中得以复制，并为未来的协定奠定了基石。然而，确保高环境标准的最重要的限制是缺乏环境法的区域协调。同样，RTAs 一方不能将其环境保护水平强加于另一方；各方有义务确保其在国内确定的标准得到有效执行。CPTPP 等 21 世纪大型综合性 RTAs 中均有类似条款规定。这种 RTAs 国际法规范的演进，极大地缓解了环境法与贸易法在价值理念、规范冲突、争端管辖权冲突等诸多方面的矛盾，一定程度上实现了环境与贸易的"规则融合"，缓解了国际法日益碎片化的紧张局面。

---

① The Canada-Chile Agreement on Environmental Cooperaion（CCAEC）came into effect in June 1997.

GATT/WTO 非歧视原则作为多边贸易体制的基石，通过强有力的争端解决机制进一步巩固了非歧视原则在多边贸易体制中坚如磐石的地位，但非歧视原则无论从制定法还是判例法角度而言，均尚未发展成为习惯国际法。RTAs 环境规范则不可同日而语。RTAs 环境—贸易规则最初以条约法面世，继而通过美国、欧盟等发达经济体的强力推进，发展中国家在国际经济新秩序构建过程中，也出于政治、外交等原因参与缔结 RTAs 环境条款，从而使得 RTAs 环境规范有特殊习惯国际经济法的特性。RTAs 环境条款本身虽不构成习惯国际法规则，但此类条款作为"国家意志的明确表示"，可提供贸易协定中此类环境义务存在或不存在及其内容的有价值证据。发达国家、发展中国家等在 RTA 环境规范的国家意志协调中，基于边界后环境措施、环境标准的趋同、认可和协调，逐渐形成 RTAs 环境规范的法律确信。毋庸置疑，RTAs 环境规范有从条约法演变为习惯国际法的趋势，从而对以"互惠"和"非歧视"原则为基础的多边贸易体制产生新的冲击和侵蚀。

（二）RTAs 环境规范已从"应然法"到"实然法"

"完整意义上的法律研究，应当包括对法的必然性、实然性和应然性的研究。"[1] 自然法学派认为，"应然法"（Lex Ferenda）是指法应当是什么，它是法的理想状态；而"实然法"（Lex Leta）是指法实际是什么，它是法的现实状态。[2] 近代"国际法之父"格老秀斯认为，自然法应是国家成文法与国际法的根本准则。[3] 不同历史时期的法学家应然法和实然法的探索和争论对"二战"之后国际经济法的发展起到了规范和指引作用。

环境问题尤其应当遵循自然法则。从战后贸易协定中的环境规范来看，GATT1947 序言仅提及"实现世界资源的充分利用"，并未从基本宗旨和原

---

① 登特列夫：《自然法——法律哲学导论》，李日章译，台湾联经出版事业公司 1984 年版，第 25 页。

② 李步云：《法的应然与实然》，《法学研究》1997 年第 5 期。

③ 法学教材编辑部：《西方法律思想史资料选编》，北京大学出版社 1983 年版，第 138 页。

则角度将"可持续发展和环境保护"等应然法纳入多边贸易体制中。随着全球经济一体化进程的加速，环境恶化问题成为国际社会"共同关切的事项"而提上议事日程。理想很丰满，现实很骨感。当前，环境保护无论从多边环境协定还是 WTO 多边贸易体制抑或 RTAs 等层面而言，"应然法"理想状态与"实然法"现实状态呈现相当程度的脱节。

环境资源的特性决定了国际制度安排离不开各国的通力协作，资源的养护和利用需要在各国认同的框架内协调一致地行事。鉴于气候变化、资源衰竭等诱因，RTAs 成员在协调各国环境与贸易利益的博弈下，达成 RTAs 环境规范基本框架，以区域乃至全球环境保护为目标，以可持续发展为航向，通过区域组织协调缔约国实施环境与贸易协同治理的法律模式。

从法的"应然"性视角分析，RTAs 区域层面环境保护应当以人类命运共同体为逻辑起点，站在全球人类环境利益的高度，依照环境资源的特性进行区域贸易与环境协调法律制度设计，只有这样，整体发展观下的区域利益、国家利益才能得到有效保障。

但从法的"实然"性视角分析，RTAs 环境规范囿于区域内现有的法律及其框架范围内建立起来的环境与贸易法律制度，实则是"分而治之"，RTAs 环境与贸易法律制度呈现出"割裂环境、划界而治"，忽视生态环境及物种关联性，导致 RTAs 法律规范实施效果欠佳。本章第四节 RTA 环境规范的执行中已有详细论述。

国际经济法领域从来都不乏挑战。然而，贸易协定的环境条款更是备受争议。① 这些辩论呼应了环境法与贸易法律制度之间关系的更广泛的学术纷争。一些学者认为，贸易体制瓦解了"30 年的全球环境规则制定"，并背叛了"全球共同利益的重要维度"。② 其他分析人士认为，贸易体制并不总是"将

---

① Jean-Frédéric Morin, Andreas Dür, and Lisa Lechner, "Mapping the Trade and Environment Nexus: Insights from a New Data Set", *Global Environmental Politics*, Vol.18, No.1, 2018, pp.122–139.

② Conca, Ken, "The WTO and the Undermining of Global Environmental Governance", *Review of International Political Economy*, Vol.7, No.3, 2000, pp.484–494.

贸易置于环境保护之上"。[①] 例如，Johnson 认为："国际贸易制度提供了各种手段来推行环境政策，即使是以牺牲自由贸易为代价。"[②]

提交给 WTO 总干事咨询委员会（萨瑟兰委员会）的海关总署 2005 年报告[③] 曾就如何使用 RTAs 进行了大量讨论。这份报告似乎是在批评 RTAs 中注入特定的"非贸易"目标作为"重要的劳工及环境保护目标"。[④] 委员会的提问是 RTAs 是否是保护环境或其他非贸易目标首要的最佳工具。[⑤] 然而，即使 RTAs 不是最佳选择，也可能是次佳选择。

（三）RTAs 环境规范对发展中非缔约国影响不可低估

条约未经第三国同意不为其创设权利或义务，并不等于一项条约对当事国以外的国家毫无影响。此外，条约中确立的某项规则可以是同时作为公认的习惯国际法规则而对第三国有拘束力。[⑥]RTAs 环境规范恰恰属于可能演变为习惯国际法而对第三国特别是发展中非缔约国产生潜移默化的拘束力。

《维也纳条约法公约》第 35 条并不禁止条约对第三国课以义务，但必须满足两个基本条件：一是条约当事国有意将条约规定作为义务加诸第三国；

---

① DeSombre, Elizabeth R., and J. Samuel Barkin. "Turtles and Trade: The WTO's Acceptance of Environmental Trade Restrictions", *Global Environmental Politics*, Vol.2, No.1, 2002, pp.12–18.

② Johnson, Tana. "Information Revelation and Structural Supremacy: The World Trade Organization's Incorporation of Environmental Policy", *Review of International Organizations*, Vol.10, No.2, 2015, pp.207–229.

③ See "Mini-Symposium on the Consultative Board's Report on the Future of the WTO", *Journal of International Economic Law*, Vol.8, Issue 3, 2005, pp.591–593.

④ "The Future of the WTO, Addressing Institutional Challenges in the New Millennium", Report by the Consultative Board to the Director-General Supachai Panitchpakdi, January 2005, para.87, http://www.wto.org/english/thewto_e/10anniv_e/future_wto_e.pdf（visited 6 June 2020）.

⑤ "The Future of the WTO, Addressing Institutional Challenges in the New Millennium", *Journal of World Trade*, Vol.39, Issue 4, 2005, pp.795–804.

⑥ 万鄂湘等：《国际条约法》，武汉大学出版社 1998 年版，第 194 页。

二是第三国必须以书面形式明确表示接受该项义务。在满足了上述两个条件的情况下，给第三国设定义务的法律根据不是条约本身，而是第三国借以表达接受此种义务的"附加协定"（collateral agreement）。[①]

RTAs 环境规范本属于契约性条约法，但是 RTAs 环境规范有从条约法演变为习惯国际法的趋势。如条约系对于某种新习惯国际法规则的确认，如环境权益的国际性安排，则条约可以对第三国适用。此时并不是条约直接对第三国产生权利和义务，而是习惯国际法附着于条约而产生。

现代 RTAs 环境规范早已超越了传统的贸易政策，涵盖了缔约国边界内（behind the border）贸易政策和环境政策领域。CPTPP 等深度 RTA 可以使成员在环境监管方面更趋同，因此对第三国尤其是发展中国家影响不可低估。例如，通过协调环境产品和技术标准，一个深度 RTA 可以为缔约国创设直接的权利和义务。但是，环境产品和技术标准较低的发展中非缔约国将面临着两难的困境。最终，RTAs 环境规范对第三国的"溢出效应"取决于这些环境规范的具体内容。如 CPTPP 第 20 章环境章节中打击野生动植物非法获取和非法贸易、向低排放和适应型经济转变等条款，关涉全人类共同利益，未来可形成习惯国际法，从而为非缔约国创设权利和义务。当然，在 RTAs 中加入非歧视条款会对第三国产生积极影响，而在 RTAs 中加入高标准的环境监管条款对发展中非缔约国影响会更大。

（四）RTAs 环境规范产生"意大利面碗"效应

对待环境问题，RTAs 并没有"一刀切"（one-size-fits-all）的做法。由于缔约国环境利益、争端解决的备选方案等各异，RTAs 环境条款内容差异很大，这不仅限制了环境保护的有效性，而且当不同贸易伙伴在不同 RTAs 项下承担不同的环境条款义务时，会产生"意大利面碗效应"。

一些 RTAs 已经演变成"中心—辐射"（hub-and-spoke）体系。鉴于环境与贸易规则日益不可分割，因此环境与贸易相互联系产生的许多当前问

---

① 万鄂湘等：《国际条约法》，武汉大学出版社 1998 年版，第 196 页。

题均与规则的连贯性有关，涉及从国家到 RTAs 之间"规则一致性"（rule coherence）的问题。大量相互重叠的 RTAs 环境条款或附属协定，会造成混乱、不确定和法律冲突的风险，特别在有关协定遵循不同结构的情况下。缺乏规则一致性对条约的稳定性和可预见性构成威胁，而稳定性和可预见性恰恰是 RTAs 的基本目标。与贸易有所不同，环境对不确定性和不稳定性尤其敏感。正如经济合作与发展组织（OECD）的一项研究指出的那样，政策制定者面临着"在一系列 RTAs 下管理不同层次的环境承诺和不同类型的环境合作项目这一日益复杂的问题"。①

无论如何，RTAs 环境规范给国际经济新秩序注入了新的希望和平衡，增加了我们抵御单边贸易保护主义及防御 MTS 分崩离析的力量，有可能在未来形成一种有内聚力的习惯国际法规范。GATT 从来都有一种矛盾的特性：它体现着国际贸易体制最高的理想，同时又是缔约方通过谈判可能达成妥协的一种反映。它在序言和第 1 条中所体现的贸易自由与非歧视原则是应当永远坚持的。GATT 第 24 条在处理 RTAs 时允许存在的例外，则又是国际贸易体制的脆弱性和政治权术的一种标记。面向未来，WTO 全盛时期"唯MTS 是瞻"的法治理想国，在短期或中期内尚无法重现。但这绝不意味着从 MTS 全身而退。相反，完成乌拉圭回合谈判并进行必要而充分的环境与贸易问题谈判，仍然是最当务之急。就乌拉圭回合谈判的范围和目标而言，它是走向一个更加有效的国际贸易体制的重要阶梯。但就其在国际法体系中的规范等级本身而言，GATT/WTO 仍然应当发挥主导作用，加强 GATT 第24 条对 RTAs 环境规范的法律约束力，加强国际贸易法的确定性和稳定性。现代的国际贸易体制应当有能力调节各种"新"的贸易障碍，它如此深刻地涉及各国的国家主权，以至于即使在欧盟这样高度一体化的区域集团中，环境规范也是从"软法"到"硬法"软硬兼施。应当把 RTAs 环境规范放在其应有的位置上。尽管任何时候都存在着 RTAs 环境规范演变为绿色贸易保护

---

① OECD, Regional Trade Agreements and Environment. Document COM/ENV/TD（2006）47/FINAL.

主义的危险，国际社会成员仍然应当把 RTAs 环境规范看做是对国际经济旧秩序业已瓦解，而国际经济新秩序又不能在一夜之间充分形成的局势下所作出的一种合理反响。特别是 21 世纪以 CPTPP 为代言人的新 RTAs 环境规范，其法律约束力远超全球层面任何一个 MEAs。在国际经济新秩序创建过程中，RTAs 环境规范从条约法、习惯国际法形成多层次区域环境规范体制，并不是一种即兴创作或临时妥协，而是深刻的国际政治经济法律秩序变革的重要特征。

第三章 CPTPP 环境章节文本分析

　　CPTPP 全称为《全面进步的跨太平洋伙伴关系协定》(*The Comprehensive and Progressive Agreement for Trans-Pacific Partnership*)，恰如其名，这绝不是一个简单的 FTA，而是一个高标准、高目标、全面、先进、综合的巨型伙伴关系协定，这五大特征足以使得 CPTPP 从 TPP 这一区域贸易协定华丽转身而成为一份 21 世纪的综合性协定，在全球贸易体制中扮演更广泛的角色，从而为全球贸易和环境设立新标准，并着手应对当前乃至未来的环境问题。

　　早在 2016 年 2 月 4 日，美国、加拿大等 12 个环太平洋国家[①]在新西兰签署《跨太平洋伙伴关系协定》(TPP) 时，就在国内外学术界掀起了 TPP 研究热潮[②]。尽管美国 2017 年 1 月 23 日宣布退出 TPP，但并未动摇其他 11 国推进此协定落地生根的信念。2018 年 3 月 8 日，原 TPP 协定 11 国代表在智利举行协定签字仪式，2018 年 12 月 30 日，举世瞩目的 CPTPP 正式生效。CPTPP 保持高度的开放性，并确保该贸易制度具有相应灵活性，能对快速变化的国际贸易环境作出迅即反应，从而使其能够成为未来贸易协定的主

---

　　① 美国、加拿大、墨西哥、智利、秘鲁、日本、越南、文莱、新加坡、马拉西亚、澳大利亚和新西兰。

　　② 在七年的秘密谈判中，TPP 的草案或文本一直未公于众，只有维基解密泄露了一些机密草案，比如 2014 年 1 月 14 日发布 TPP 环境章节。即使 TPP 在 2015 年 10 月 5 日签署后，直到 2015 年 11 月 5 日才公布完整的协议草案。而 TPP 谈判整个过程缺乏透明度在大众媒体和学术界中得到了广泛的关注和批评。

导模式。①2020 年 11 月 20 日，习近平主席直言：中方将积极考虑加入全面与进步跨太平洋伙伴关系协定。2021 年 9 月 16 日，中国正式提出申请加入 CPTPP。因此，我们可以预期，国际经济法学者们在近几年会加大 CPTPP 特别是具体条款研究力度，重回具体寻找灵感。尽管如此，由 CPTPP 环境条款支撑的本专著关键部分，绝不应简单复述 CPTPP 环境章节本身，而应深刻挖掘 CPTPP 环境章节背后的政治经济学、法学原理，从而为 CPTPP 环境章节的国际经济法学研究提供真知灼见。

第一节　CPTPP 环境章节的生态经济学分析

一、稳态经济学思想横空出世

全球环境的破坏，特别是全球变暖问题和由此产生的气候变化的关切，在 20 世纪 80 年代成为主要的政治问题。1988 年 11 月，政府间气候变化专门委员会（IPCC）召开第一次大会。20 世纪 80 年代的几次科学会议达成共识，即人类排放二氧化碳和其他气体将导致地球表面变暖，相关的气候变化可能对人类社会产生重大的不利影响。人类活动对环境造成的破坏是当代世界政治经济无法回避甚至刻不容缓的社会问题。生物圈的再生和同化能力甚至无法支持目前的资源消耗水平，更不用说在全世界推广更高标准所需的成倍增长。于是在政策制定者普遍认为增长才是解决一切问题的基础的大政治背景下，稳态经济学思想横空出世，逆主流而行之。不知主流经济学是否有

---

① Takemasa Sekine, The United States Reasserts Trade Rule-Making through USMCA and Challenges CPTPP, Dec.12, 2018.<https://www.eastwestcenter.org/system/tdf/private/apb448_0.pdf?file=1&type=node&id=36922>.

一种风雨飘摇之感？①

（一）稳态经济学概念及特征

稳态经济学（Steady-state Economics, SSE）②的理念是走出这种经济增长与环境之间迷宫的一种潜在途径。1973 年美国生态经济学家戴利（Herman E. Daly）发表《走向稳态经济》③文集，代表着现代稳态经济学的形成。戴利 1996 年出版的《超越增长：可持续发展的经济学》④是现代稳态经济学的代表性著作。戴利提出了稳态经济力量和建立宏观环境经济学的主张，认为人类应该停止传统的经济增长，取缔妨碍可持续发展实现的全球贸易制度，加强国家共同体对社会、经济发展的控制。⑤一直以来，戴利的学术主张都与主流经济学界迥异，他本人也被视为经济学界的一个奥德塞式人物。⑥尽管面临种种非议和责难，戴利对于环境危机和可持续发展的研究与思考极具革命性、深刻性和系统性，很少有人能够与之匹敌。曾被戴利批判的 Wilfred Beckerman 评论道："尽管戴利的很多观点令人质疑，但是在他的著作中充

<hr />

① ShlomoMaital 对 50 所美国重点大学知名经济学教授做过问卷调查："经济学是否有一种风雨飘摇之感？"2/3 受访者作出了肯定回答。See ShlomoMaital, *Minds, Markets, and Money*, New York: Basic Books, 1982, p.17.

② 稳态经济学是西方经济增长和经济发展力量的一个分支。它是利用经济学、生态学和伦理学的分析方法，实证地考察经济稳定增长的可能性的一门学科。稳态经济是指物质财富存量不变，人口不变，通过较低的吞吐率，物质财富存量和人口规模都保持在一个特定的、可行的水平。（参见赫尔曼·戴利著，季曦、骆臻译：《稳态经济新论》，中国人民大学出版社 2020 年版，第 11 页）

③ Daly, Herman E, *Toward a Steady-State Economy*, San Francisco, CA: Freeman, 1973.

④ ［美］赫尔曼·E.戴利：《超越增长：可持续发展的经济学》，诸大建、胡圣等译，上海译文出版社 2001 年版。

⑤ 李涛等：《赫尔曼·戴利及其生态经济力量评述》，《中国人口·资源与环境》2006 年第 2 期。

⑥ Holden Constance. "A Heretic Amid Economic Odyssey", *Science*, Vol.240, Issue 4859,1988, p.1611.

满了诚实的、思想深刻并且学识渊博的见解。"① 也有学者赞他为"对传统经济学发起哥白尼式革命的最卓越的倡导者"。

稳态经济学把经济看做是有限的、非生长的、物质封闭的生态系统中的一个开放子系统。一个开放的系统将从环境中获取物质和能量作为原材料，然后将它们作为废料返回。然而，在一个封闭的系统中，物质会不断地在内部循环，只有能量流过。作为输入进入系统并作为输出退出的任何内容称为吞吐量。就像有机体靠消耗营养物质和排泄废物生存一样，经济在某种程度上也会消耗和污染环境。在一个稳定的经济中，吞吐量保持在一个不变的水平，既不会消耗环境超过其再生能力，也不会污染环境超过其吸收能力。② 如果经济是一个有限的、非生长的生态系统的一个子系统，那么它的物质和能量吞吐量必须有一个最大的规模。更重要的是，游戏中还必须存在一个最佳关卡。经济增长超过这一最佳水平，环境成本增加的速度将快于生产收益的增加，从而迎来一个经济时代，使我们变得更穷，而不是更富。

工业革命开始之前，人类及其财产相对较少，而其他物种及其栖息地相对较多。工业革命的特征是转向化石燃料能源和矿产，我们在没有充分意识到其中含义的状态下，多年的经济增长和自然资源开发改变了这一基本格局。因此，未来经济增长的制约因素已经改变。例如，从前市场上出售的鱼的数量受船只建造和载人的数量的主要限制，而现在船只建造和载人的数量受海里可捕鱼的数量及其繁殖能力所限制；过去石油开采量受到钻探设备和油泵的限制，现在它受地面上的剩余沉积物，或者是大气吸收其燃烧产物的能力所限制。规模稳定的经济仍可能通过提高资源利用效率、修正社会制度和重新设定经济规模来继续提高其满足人类需求的能力，但不是通过增加资

① Wilfred Beckerman. "Steady-State Economics: Second Edition with New Essays", *Economic Affairs*, Vol.11, No.2, 1992, pp.41–42.

② Brundtland, Gro Harlem, "Our Common Future, World Commission on Environment and Development", 1987.<URL: http://www.un-documents.net/our-common-future.pdf>.

源的使用。①

稳态经济观具备四个基本特征：适度的人口规模；平衡的产品和资本数量；人口和财富的数量能够使人们生活较好并延续到未来；维系人口和资本量所需要的物质能量流通率降到最低的可能水平上。

替代经济不可持续增长和去增长的可持续经济就是稳态经济，它稳定了商品和服务等生产要素的生产和消费总量。"稳态"是指物质存量与流量的稳态，而不是福利或国内生产总值（GDP）的稳态。② 稳态经济学对传统经济学的反叛体现在哪里？不是经济系统包含生态系统，而是生态系统包含经济系统，生态系统根据可持续发展的原则为经济系统提供生产所需要的物质能量。这种观念来自于从马尔萨斯到穆勒等古典政治经济学家的科学预测，即"人口和经济的增长过程受到不可违背的资源短缺的制约"。传统经济学只把注意力集中在实现商品价值的最大化和经济无限增长上。稳定经济学认为物质能量的守衡性对价值增长的约束是严格的，价值所固有的物质性必须符合稳态标准，即人口和商品维持在最佳规模以及恒定水平，物质和能量的流通率保持最小。所以，现代经济学必须采取必要的行动来研究最佳人口和经济规模而走向稳态经济。③

（二）稳态经济观下的自由贸易批判及反思

戴利将经济的最佳规模形象地比喻为经济装载线（Economic Plimsoll Line）。④ 他认为，"宏观环境经济学的主要任务是设计出一个与装载线相类似的制度，用以确定重量即经济的绝对规模，使经济之船不在生物圈中沉

---

① Brundtland, "Gro Harlem, Our Common Future, World Commission on Environment and Development", 1987. URL:<http://www.un-documents.net/our-common-future.pdf>.

② 赫尔曼·戴利：《稳态经济新论》，季曦、骆臻译，中国人民大学出版社 2020 年版，"前言"第 2 页。

③ 袁茵：《稳态经济学：现代经济学新范式》，《人民论坛》2017 年第 11 期。

④ 装载线（Plimsoll line）是海事制度中的一个术语，是画在轮船外舷的一条表示载重极限的安全线，一旦超过，轮船在航行途中就容易发生沉没事故。

没。"① 稳态经济论只能是立论于经济与生态关系矛盾对立基础上的改进方案，而对于贸易与环境二者之间的互动关系，尤其是二者之间的协同发展的认识不足，这注定了稳态经济论只能限于理论研究层面，而很难应用于环境与贸易的冲突与协调具体实践活动。

戴利明确反对将自由贸易作为国际贸易的"默认立场"。这一假设是GATT/WTO 和 NAFTA 的法律基石。GATT 乌拉圭回合谈判加强了它对自由贸易和经济全球化的基本承诺。戴利认为，这一推定应该被推翻。默认的立场应该是支持国内市场的国内生产，而平衡的（balanced）即未解除规制的（Deregulated）国际贸易有时是一种方便的替代选择。他形象地将国内经济比作狗，将国际贸易比作尾巴。GATT 力图把所有国家的尾巴紧紧地绑在一起，这样国际结就能把各个国家的"狗"摇来摇去。② 凯恩斯（J.M. Keynes）表达了他的相反观点："因此，我同情那些将国家间经济纠纷最小化的人，而不是那些将国家间经济纠纷最大化的人。"③

与凯恩斯完全相反，乌拉圭回合的捍卫者提议 GATT 变革，希望不仅减少"本土产品"，也通过加强知识产权的国际保护让思想、知识和艺术在国际范围内自由流动。自由贸易倾向导致低效分配、不公平分配和相对于生物圈的不可持续的总经济活动规模的深层次问题。分配和分配问题可以在新古典主义范式中讨论，但规模问题将需要向稳态经济学或生态经济学范式转变。

稳态经济理论认为，自由贸易的立场是基于比较优势但一个经常被遗忘的关键逻辑即生产要素，尤其是资本，被认为在国际上是不可移动的。一个依赖于国家边界对资本不渗透的论点，正在被用来支持一项旨在使这些边界

---

① ［美］赫尔曼・E．戴利：《超越增长：可持续发展的经济学》，诸大建、胡圣译，上海译文出版社 2006 年版，第 59 页。

② Herman E. Daly, "The Perils of Free Trade", *Scientific American*, Vol.269, No.5, 1993, p.50.

③ Herman E. Daly, "Against Free Trade: Neoclassical and Steady-state Perspectives", *The Global Dimension of Economic Evolution*, 1996, p.133.

对资本和商品越来越具有渗透性的政策。因此，基于比较优势的自由贸易观点在现实中并不成立。首先，自由贸易使单一国家的成本难以内部化，导致降低标准的竞争和分配不当。其次，资本的国际流动给单个国家带来的是绝对优势，而不是比较优势，从而导致资本分配不均。最后，生态基础严重限制了一些国家追赶其他国家经济的范围。另外，还应优先考虑贸易平衡的稳态型国内生产。① 仅这一事实就否定了国际贸易会不可避免地使所有合作伙伴受益的主流观点。此外，为了使贸易互惠互利，收益不能被更高的负债所限制。专业化分工之后，国家不再有不进行贸易的自由，国家独立性的丧失可能就成为一种负担。此外，国际货物运输的成本不能抵消利润，而且运输成本是能源密集型的，燃烧化石燃料的环境成本也没有计入汽油价格。② 就能源补贴的程度而言，化石燃料贸易补贴恰恰是 WTO 多哈回合谈判新议题及 RTAs 谈判的焦点问题之一。

根据经济增长与经济发展的区别，不妨反思关于国际贸易的两个问题：什么是自由贸易对经济增长可能产生的影响？什么又是自由贸易对经济发展可能产生的影响？自由贸易很可能会刺激吞吐量的增长。它实际上允许一个国家超过其国内资源再生和吸收限制从其他国家"进口"这些能力。然而总的来说，贸易确实推迟了各国必须面对的达到其自然再生和吸收能力的那一天。此外，它迫使各国与此同时而非继而面对日益严格的环境限制。这些国家很少有机会从彼此控制吞吐量的经验中学习，也很少有机会控制本国环境。③

戴利认为，自由贸易者和环保主义者有时被描述为支持和反对自由贸易的截然相反的两派，这种两极分化并不利于解决环境与贸易的冲突和协调。

---

① Herman E. Daly, "Against Free Trade: Neoclassical and Steady-state Perspectives", *The Global Dimension of Economic Evolution*, 1996, p.133.

② Herman E. Daly, "The Perils of Free Trade", *Scientific American*, Vol.269, No.5, 1993, p.51.

③ Herman E. Daly, "The Perils of Free Trade", *Scientific American*, Vol.269, No.5, 1993, p.57.

真正的辩论在于应该建立什么样的规章制度？什么样的政策目标是合法的？经济学科总是偏爱逻辑上美丽的结果，而不是基于事实的政策。

支持以比较优势为基础的自由贸易的逻辑推理也依赖于静态促进效率（static promotions of efficiency）。因此，有毒废物的自由贸易促进了静态效率，允许按照今天的价格和技术在成本较低的地方处置废物。但是，禁止进口有毒废物将有助于更有效地提高效率。这样做可以确保有毒废物的处理成本在其发源地内部化。遵循这一政策会促使人们寻找技术上优越的处理有毒废物的方法，或重新设计工业过程，以在来源地避免产生有毒物质。所有这些源于自由贸易的新资源配置、分配和规模问题，应该会有利于扭转自由贸易的传统错误立场。

总之，稳态经济理论对人类因狂热追求经济增长而导致生态、经济、社会不可持续进行批判，对现代经济增长的成果在发达国家与发展中国家之间、社会精英阶层和社会底层人民之间、当代人和后代人之间不公平分配深感遗憾，从而观点鲜明地提出发达国家要率先践行稳态经济，为落后国家和发展中国家腾让出生存和发展的空间，同时要放弃"增长使人们互利共赢、共同富裕，增长让再分配多余"的幻想，必须优化社会再分配机制，使贫困阶层和落后人群受益，或至少不使他们受害。稳态经济理论所倡导的总量控制、配额交易、生态税收、社会再分配等政策建议对于我国在"新常态"下如何调整制度与政策以适应不断放缓的经济增长有诸多启示。①

二、从稳态经济、循环经济到低碳经济

（一）稳态经济到循环经济

现代西方民主国家的经济信奉新古典主义经济学（Neoclassical Econom-

---

① 赫尔曼·戴利：《稳态经济新论》，季曦、骆臻译，中国人民大学出版社 2020 年版，"前言"第 4 页。

ics），其目的是追求经济增长，作为增加国家经济和社会福利的手段。气候变化带来的短期和长期的威胁，加上高强度的碳排放经济活动，以及发达国家和发展中国家的不平等和贫困，使人们越来越怀疑经济增长是否以环境可持续的方式实现真正社会公平？尽管仍然在很大程度上被主流政治和经济辩论所边缘化，但生态经济学领域的关于增长的替代话语正变得越来越突出。

这类论述中两个特别引人注目的是"去增长"（Degrowth）和"稳态经济"（Steady-state Economics, SSE），第三个是循环经济（Circular Economics），严格地说，循环经济不属于生态经济学的范畴，但可以加以调整和整合。尽管替代话语的概念并不完全是新的，但在过去的 5—10 年里，"去增长"和"稳态经济"的研究兴趣以及媒体和公众的关注都得到了迅速扩展。

稳态经济学、去增长和循环经济是实现环境可持续性和社会公平的经济增长的三个截然不同但日益趋同的可替代术语。广义而言，可持续的增长需要公平地降低生产规模，增加人类福祉，在短期和长期改善当地和全球生态条件。可持续的去增长不同于增长型经济中的无计划去增长或衰退，因为去增长是一种自愿的、顺利计划的、公平地向低生产和低消费状态的过渡。① 循环经济是可恢复和可再生的经济，恢复取代了产品"报废"的概念，能源系统转向可再生技术，通过改进材料、产品和系统设计，使用可再生能源系统为循环经济提供动力，从而减少不可再生资源的消耗和建立抵御外部冲击的弹性，比如石油短缺。② 去增长被定义为社会可持续和公平稳定的社会吞吐量。吞吐量（Throughput）表示一个社会提取、加工、运输和分配材料和能源，消耗并作为废弃物返回环境。一个稳态经济既不经历增长也不经历衰退，维持一个恒定的吞吐量率。与"去增长"设想非常相似，它也是环境可

---

① Kallis, G., "In defense of degrowth", *Ecological Economics*, Vol.70, 2011, pp.873–880.

② Ellen MacArthur Foundation, "Towards the Circular Economy: Economic and Business Rationale for an Accelerated Transition". First International Conference on Economic De-Growth for Ecological Sustainability and Social Equity, Proceedings of the Conference, Paris, 2008.

持续和社会公平的。①

　　这些替代话语的简要定义似乎并不矛盾或相互排斥。事实上，去增长、稳态经济和循环经济都有一些共同的原则和目标。即人类社会必须在地球的生态极限范围内运行，这恰恰是主流经济范式和工业模式没有确保的。尽管技术效率不断提高，但对环境的负面影响并未消除，包括不断增加的碳排放和资源消耗。经济增长和对不断增长的国内生产总值（GDP）的追求并没有解决关键的社会和环境问题。从根本上说，就循环经济而言，需要一种新的产业模式；更广泛地说，就去增长和稳态经济学而言，需要一种新的宏观经济模式，从而实现一个生态可持续和公平的社会。

　　但是，严格来说，"循环经济"不是"经济增长的替代话语"，而是"替代增长"的话语。而且它远不如"去增长"和"稳态经济"的概念发达，没有充分考虑到一些关键问题如人口、就业、国际贸易等，所有这些在"去增长"和"稳态经济"的经典论著中有详细论述。

（二）循环经济到低碳经济

　　1990 年英国经济学家珀斯和特纳（D. Pearce 和 R. K. Turner）率先提出循环经济概念。从国内外循环经济发展历程来看，循环经济的理论研究和实际运用都在不断创新，循环经济是对传统经济发展模式的一场深刻革命，代表了以可持续的方式将经济活动和环境福祉结合起来的最新尝试。循环经济可以定义为一种以自然资源生态循环为基础的经济发展模式，要求经济发展遵循生态规律，合理利用自然资源。UNEP 的报告表明，循环经济的特点是"低能耗"、"低排放"，它超越了传统的可持续性概念，通过关注环境的积极恢复、重新设计来实现价值，而不只是提高资源利用率。循环经济的重点是通过 4R 方法——减少（Reduce）、再利用（Reuse）、回收（Recycle）和恢

---

① Schneider, F., Kallis, G., Martinez-Alier, J., 2010, "Crisis or opportunity? Economic degrowth for social equity and ecological sustainability: Introduction to this special issue", *Journal of Cleaner Production*, Vol.18, 2010, pp.511–518.

复（Recover）提高资源生产率和生态效率，其最终目标是实现经济增长与自然资源枯竭和环境退化的脱钩。它在经济活动的源头以资源投入最小化为目标，注意节约资源和减少环境污染。在生产环节，通过产品清洁生产而非末端技术治理，最大限度地减少对不可再生资源的开采和利用，以替代性的可再生资源为主体，对废弃物的产生和排放实行总量控制。此外，还要求产品在完成其使用功能后尽可能重新变成可重复利用的资源而不是有害垃圾。它在能源生产和消费中发挥着关键作用，特别是传统化石燃料的枯竭，可再生能源和低碳能源的优势吸引了越来越多的关注。

但是到目前为止，循环经济可能缺乏充足的理论基础来充分解决我们面临的严重问题，如其首要目标是经济繁荣，其次是环境质量，而对社会公平和代际公平的影响很少提及。因此其应用很少甚至只是零星的。

而从循环经济到低碳经济，源于人类对全球气候变化的关注，发展低碳经济旨在解决全球变暖问题。1992 年 UNFCCC 和 2005 年《京都议定书》是低碳经济条约化的萌芽开端。1992 年通过的 UNFCCC，是世界上第一个为全面控制二氧化碳等温室气体排放，应对全球气候变暖给人类经济和社会带来不利影响的国际公约，也是国际社会在应对全球气候变化问题上进行国际合作的一个基本框架。2005 年生效的《京都议定书》是控制温室气体排放最重要的多边国际条约之一，它不仅明确规定了发达国家应完成的量化了的减排义务及其时间表，也具体落实了 UNFCCC 确定的公平原则和可持续发展原则，从而成为 UNFCCC 的执行版。作为应对全球性气候变化的国际法规范，UNFCCC 和《京都议定书》是各方谈判利益折中的结果。[①] 此外，最早规范低碳经济的政府文件是 2003 年英国发布《我们能源的未来：创建低碳经济》。为了应对全球气候变化，实现《京都议定书》所规定的目标，欧洲委员会于 2003 年 10 月 13 日批准了《欧盟温室气体排放交易指令》（The

---

① 郑玲丽：《低碳经济下碳交易法律体系的构建》，《华东政法大学学报》2011 年第 1 期。

Directive on Emission Trading inEU）①，建立了世界上第一个具有公法拘束力的温室气体总量控制的欧盟碳排放权交易机制②。

　　所谓低碳经济，是低碳发展低碳产业、低碳技术、低碳生活等一系列经济形态的总称。它以低能耗、低排放、低污染和高效能、高效率、高效益为基本特征，以较少的温室气体排放获得较大产出的新经济发展模式。先有可持续发展的理念，以及追求这一理念的政策与法律制度的架构，然后才会有必要通过创新开发出实现这些政策目标的科学技术的手段。循环经济和低碳经济在这方面体现了本质上的一致。③

　　循环经济和低碳经济都是起源于发达国家的经济发展理念和模式，双方既有联系又有区别。在最终目标上，都是要实现人与自然和谐的可持续发展。但循环经济追求的是经济发展与资源能源节约和环境友好三位一体的三赢模式，而低碳经济是聚焦于经济发展与气候变化的双赢上；在实现的途径上，二者都强调提高效率和减少排放。但低碳经济强调的是通过改善能源结构、提高能源效率，减少温室气体的排放。循环经济强调的是提高所有资源能源的利用效率，减少所有废弃物的排放。从循环经济在世界各国的实践来看，循环经济与低碳经济根本的不同是所对应的经济发展阶段不同。低碳经济是循环经济理念在能源领域的延伸，循环经济是发展低碳经济的基础，循环经济发展的结果必然走向低碳经济。对于处于工业化、城市化过程中的发展中国家来说，循环经济是不可逾越经济发展阶段的。④

---

　　①　Directive 2003/87/ EC of the European Parliament and of the Council of 13 October 2003 establishing a scheme for greenhouse gas emission allowance trading within the Community and amending Council Directive 96/61/ EC.

　　②　See R.Dornau,"The Emission Trading Scheme of the European Union", in D. Freestone, C. Streck（eds.）, *Legal Aspects of Implementing The Kyoto Protocol Mechanisms: Making Kyoto Work*, New York: Oxford University Press, 2005, pp.417–418.

　　③　袁丽静：《循环经济与低碳经济的共同经济原理及其衔接》，《中国人口·资源与环境》2010 年第 20 卷专刊。

　　④　杨春平：《循环经济与低碳经济内涵及其关系》，http://www.china-reform. org/?content_156.html。

有人提出，低碳经济是继《联合国宪章》和GATT之后，工业革命以来的第三次世界秩序重构。从这个角度来看，应对气候变化将推动创建全球政治经济新秩序。①但是由于应对气候变化进行低碳转型是个全球性问题，发达国家之间、发达国家与发展中国家之间甚至发展中国家相互之间在责任、技术、资金等诸多问题上有较大分歧，国内法律制度也存在诸多障碍。如哥本哈根气候大会上与会各方出于各自国家利益和诉求，或浑水摸鱼，或隔岸观火，上演了"三十六计"。欧盟是国际气候谈判的最初发起者，也是全球气候变化合作的中坚力量。美国一度退出了《京都议定书》和《巴黎协定》，拜登政府重返《巴黎协定》，从而成为左右全球的低碳砝码。在气候变化和可持续发展道路上，中国是发展中国家的重要代言人，在"谁该为气候变化买单"、"共同但有区别责任原则如何落实"等焦点问题上举足轻重。

三、CPTPP对成员国环境影响评估

（一）CPTPP与气候变化

气候变化与贸易有着千丝万缕的联系。贸易自由化可以根据商品的碳含量增加或减少碳排放。因此，规范贸易措施的贸易协定对实现气候目标至关重要。

CPTPP的起草者似乎深知法律与经济增长、环境之间的关系。CPTPP保留了TPP的全部30个章节，尽管该协定超越了大多数RTAs，涉及保护臭氧层、生物多样性、野生动物走私等诸多环境新议题，然而，它并未名副其实地包含一套全面综合的气候变化条款，甚至未明确提到"气候变化"、"二氧化碳排放"等概念术语。在其独立环境章节中，CPTPP碳规则体现在第20章序言、第20.1条"定义"、第20.2条"目标"、第20.3条"一般性

---

① 熊焰：《低碳转型路线图——国际经验、中国选择与地方实践》，中国经济出版社2011年版，第46页。

承诺"、第 20.4 条"多边环境协定"、第 20.5 条"保护臭氧层"、第 20.12 条"合作框架"、第 20.15 条"向低排放和适应经济转型"中。CPTPP 鼓励成员国"向低排放经济过渡"和确认履行其加入的 MEAs 如《蒙特利尔议定书》项下的承诺。CPTPP 第 20.15 条"向低排放和适应经济转型",似乎通过承认"向低排放经济转型需要集体行动"[①] 而间接地解决了气候危机各方"应合作解决共同利益的问题"[②]。但重要的是要从条约法的角度认识到,这些温和的承认和第 20.12 条反复无常的环境"合作框架"与旨在保护外国投资者利益的可执行规则形成鲜明对比。

总体而言,CPTPP 碳规则具有与其他 MEAs 相似的特性:第一,经历了基于软法的渐进式演变,这在规则制定的框架和逐步制度化中得以体现。第二,这些规则以一种便于参与的方式制定,通过浅浅的最初承诺伴随着一种随时间而发展的合作机制,[③] 驾驭了减缓和应对气候变化环境保护广阔的疆域。在碳排放承诺方面有相应的灵活性,以及对发达国家和发展中国家不同的待遇标准,进一步减少了碳减排合作参与的难度。但是,CPTPP 号称"武装到牙齿"的环境争端解决机制,与 MEAs 大多数非对抗性的遵约机制大相径庭。

正如第二章所强调的 RTAs 环境影响评估具有不可忽视的重要性,有些国家缺乏正式的方法评估该贸易协定的环境影响,谈判代表将很难把 RTAs 环境条款作为一个问题加以优先考虑。因为列入环境条款并不一定意味着 RTAs 更高的环境标准或环境保护。这些环境条款规定的效力取决于缔约国的承诺,取决于该环境条款对参加各方的约束力,各缔约国执行和合作的程

---

① CPTPP 第 20.15.1 条。

② CPTPP 第 20.15.2 条:"合作领域包括但不限于:能源效率,开发有成本效益的低排放的技术和替代性可再生清洁能源,可持续运输和可持续城市基础设施开发,解决森林滥伐和森林退化,排放监管,市场和非市场机制,低排放和适应发展以及解决此问题的信息和经验分享。此外,缔约方应酌情参与向低排放经济转型相关的合作和能力建设活动。"

③ Daniel Bodansky, *The Art and Craft of International Environmental Law*, Cambridge, Harvard University Press, 2010, pp.183–187.

度。NAFTA 是第一个包含"具有法律约束力"的环境条款的 FTA，墨西哥各地的空气污染由于帮助提高生产过程的能源效率的投资和新技术而减少，但是由于工业污染在 NAFTA 通过八年后仍然相当高，这种高污染不能作为 NAFTA 环境条款的影响而加以解释。在其他经济因素不变的情况下，很难区分 NAFTA 环境条款的影响。[①]

由于贸易自由化导致温室气体排放上升，气候变化是 CPTPP 成员国的主要担忧。作为一项 FTA，CPTPP 没有任何抵消温室气体排放的条约承诺，因此有环保主义者担心 CPTPP 和 NAFTA 一样，在促进和执行环境保护方面将会失败，甚至很可能会对气候变化产生负面影响。为确保 CPTPP 缔约方的可持续发展和环境标准，有西方学者建议对 CPTPP 进出口都实施碳税或边界调节税，以帮助各方抵消因各国不同的碳税制度而造成的经济负担。[②]

从经济学角度来看，温室气体排放带来的气候变化是一种负外部性，需要内部化环境成本。因此，为二氧化碳排放定价已成为许多国家的一种流行政策，主要通过碳排放的内部税即碳税（Carbon Tax）和碳排放权交易机制（Emission Trading Scheme, ETS）这两种方式实现。国际碳排放权交易制度的必要性源于对竞争力和碳泄漏的关切。碳边界调节税就是解决这些问题的一项措施。碳边界调节税（Carbon Border Adjustment Tax，CBAT）是一种对进口产品征收的税，以配合对进口征税国内产品在生产过程中的碳排放政策会影响货物的国内价格和国际贸易。WTO 争端解决机构尚未对碳边界调节税采取支持或反对立场，至今尚无任何国家实施此类边界措施。在实施此类边界措施时，主要的困难在于评估出口产品所含的碳排放量，以及根据货物的性质和生产地点来确定排放源。作为一个特定产品，其生产资源和制造成品分处不同国家，因此基于生产国确定的碳边界调节税是脱离实际的，需

---

① UNCTAD. *Trading Into Sustainable Development: Trade, Market Access, and the Sustainable Development Goals*, New York and Geneva: UN, 2016, p.86.

② David P. Vincent, "The Trans-Pacific Partnership: Environmental Savior or Regulatory Carte Blanche?" *Minnesota Journal of International Law*, Vol.23, Issue 1, 2014, pp.1–46.

要替代方案来计算税收。

在 CPTPP 国家中，只有日本在国家层面上成功实施了碳税。澳大利亚在 2011 年引入了碳税，目的是通过开发清洁能源技术来控制排放和维持经济增长。尽管引入碳税后排放量减少了 1.4%，但由于家庭和工业的能源价格上涨，最终于 2014 年被废除。新西兰在 2005 年废除了碳排放税，2008年颁布了全国碳排放权交易计划。日本、墨西哥、智利和越南正在考虑在未来几年实施碳排放权交易计划。2019 年，许多 CPTPP 国家政府开始推动净零排放，制定了国家目标和新的政策战略。①

（二）CPTPP 环境章节对成员国的环境影响评估

CPTPP 是一个涵盖商品、服务、投资和政府采购市场准入的综合性协定，通常是对环境影响最大的类别。该协议包含了广泛领域的规则，如知识产权（IP）、电子商务和技术贸易壁垒（TBT）等。

以加拿大为例，《2001 年贸易谈判环境评估框架》（*The 2001 Framework for the Environmental Assessment of Trade Negotiations*，以下简称"框架"）详细介绍了环境影响评估，适用该框架的详细指导载于 2008 年《贸易谈判环境评估手册》（*The Handbook for the Environmental Assessment of Trade Negotiations*，以下简称"手册"）。该框架提供了进行贸易谈判环境评估的程序和方法。它有意保持灵活性，以便根据协定的性质在个案基础上予以适用，并已被《2020 年修订环境评估框架》（*Environmental Assessment of Trade Agreements: Process and Revised Framework*）取代。

1.评估过程。该框架规定了三个阶段的评估：

（1）初步环境评估：初步审查，以确定贸易谈判可能产生的关键问题和环境影响，并提供机会，在谈判进行期间对环境因素进行反思。

---

① ICAP，Emissions Trading Worldwide: Status Report 2020. Berlin: International Carbon Action Partnership. Available at https://icapcarbonaction.com/en/?option=com_attach&task=download&id=677.

（2）环境评估草案：如有需要，以初步环境评估结果为基础，对这些问题进行详细分析。

（3）最终环境评估：在谈判结束后公布，它记录了谈判的结果，并确定了与之前的环境评估的任何显著差异。

在环境评估的每个阶段结束时，会发布一份公开报告，并征求意见。如果初步环境评估发现由于一项协议而产生重大环境影响的可能性很小，则不需要环境评估草案。

就 CPTPP 而言，在完成 TPP 协定的初始环境评估后，并没有进行环境评估草案，预计对主要缔约方的环境影响较小。由于美国缺席谈判并不会改变 CPTPP 潜在结果，因此确定 TPP 的环境评估草案同样适用于 CPTPP 谈判。加拿大在谈判 TPP 时所采取的办法中纳入了环境方面的考虑。最终加拿大环境影响评估于 2018 年 10 月 26 日完成，随后 CPTPP 获得批准。环境影响评估的结果，将用作日后其他自由贸易协定的环境影响评估。

2.评估方法。该框架提供了进行环境评估的三阶段分析方法。手册中概述了如何进行分析的每个阶段的指导。

（1）确定要谈判的协定的经济效果。这一阶段确定正在谈判的协定的贸易自由化活动。它审查了该协定可能包括的潜在领域，这些领域可能产生的变化或新的贸易活动，以及对加拿大的总体经济意义。

（2）确定这种变化可能造成的环境影响。一旦对拟议的贸易协定的经济影响进行了评估，就可以估计这种变化可能造成的环境影响，包括潜在的积极和消极影响。

（3）评估已确定的可能环境影响的重要性。该框架概述了确定重要性的各种标准，并将酌情使用，包括频率、持续时间、持久性、地理范围和规模、风险水平、影响的不可逆转性，以及影响之间可能的协同作用。

（4）确定加强／缓解备选办法，以便为谈判提供信息。初步环境评估旨在初步确定为减轻拟议的协定可能产生的负面影响和／或增强可能产生的积极影响而可能需要的政策选择或行动。

3.评估范围。初步环境影响评估的主要目的是确定拟议的协定可能引起的主要环境问题。它考虑了与 TPP 国家签订自由贸易协定可能直接导致的加拿大新贸易和投资的影响，以及对加拿大环境的潜在影响。因此，初步环境评估根据协定一旦实施后对经济活动所造成的任何潜在变化作出知情判断，估计可能的环境影响。

在 2012 年 12 月 1 日发布的《对未来 TPP 协定进行战略环境评估意向通知》之后，在与跨部门环境评估委员会（Environmental Assessment Committee）磋商后，加拿大起草了 TPP 初步环境评估。

4.评估结论。初步环境评估包括定性和定量分析，以便向谈判人员和加拿大公众通报《协定》对加拿大的潜在经济和环境影响。初步环境评估的总体结果是，TPP（现在的 CPTPP）对加拿大的环境影响可能在性质上是次要的。2013 年 12 月初，《初步环境评估》草案送交加拿大外部环境评估咨询组（EAAG）及各省和地区进行咨询和审查。评论总体上是积极的，但建议进一步进行定量分析。对此，GAC 首席经济学家办公室进行了定量分析，也得出了 TPP 对加拿大环境影响较小的结论。[1]

总而言之，RTAs 环境影响评估纯粹是一个实证性问题。[2]2017 年日本生态经济学家采用全球贸易分析项目模型[3] 分析了 TPP 造成的成员国二氧化碳排放变化。结果表明，在完全取消所有 TPP 成员国进口关税的前提下，由于所有 TPP 成员国的进出口总额增加，TPP 可能会增加 TPP12 个成员国的温室气体排放总量，以及全球排放量。主要原因在于美国和澳大利亚等国

---

① Thomassin, P.J.; Mukhopadhyay, K. "Impact of East-Asian Free Trade on Regional Greenhouse Gas Emissions". *Journal of International Global Economic Studies*, Vol.1 Issue 2, 2008, pp.57–83.

② Final Environmental Assessment of the Comprehensive and Progressive Agreement for Trans-Pacific Partnership, October 26, 2018. <https://www.international.gc.ca/trade-commerce/trade-agreements-accords-commerciaux/agr-acc/cptpp-ptpgp/final_ea-ee_finale.aspx?lang=eng#shr-pg0>.

③ HirokazuAkahori, Daisuke Sawauchi& Yasutaka Yamamoto, "Measuring the Changes of Greenhouse Gas Emissions Caused by the Trans-Pacific Partnership", *Sustainability*, Vol.9 No.5, 2017.

非二氧化碳排放的增加。与亚太地区其他大型 FTAs 相比，TPP 成员国温室气体排放增幅最小，且 TPP 成员国排放量比缔约前各自排放量之和仅增加了 0.17%。TPP 最大温室气体排放国是美国，其次日本、澳大利亚、新西兰。如果 TPP 生效后技术变革能减少温室气体排放，则 TPP 环境章节的环境影响评估可圈可点。

2019 年加拿大滑铁卢大学可持续管理环境研究硕士 SyedaTasnia Hasan 在其毕业论文① 中，以消费性碳排放量为参数，通过数据分析预测了 CPTPP 实施以后发达成员国和发展中成员国碳排放有明显不同影响。2017—2035 年，加拿大、日本、新西兰这三个国家排放量减少，原因之一就是它们从 CPTPP 其他缔约国进口从而降低了本国碳排放。CPTPP 为加拿大在澳大利亚、日本、马来西亚、文莱、新西兰、新加坡和越南等国创造了新机遇，而这些国家之前与加拿大从未签署 FTAs。随着条约的实施，新西兰与加拿大、墨西哥、秘鲁和日本建立了新的零关税关系，导致更高的消费性碳排放。而生产性碳排放值中，马来西亚增幅最大，其次是越南、墨西哥和秘鲁。越南消费性碳排放远高于其他伙伴国，也是唯一一个消费性碳排放在所有 10 个部门中都有所增加的 CPTPP 成员国。

综上所述，CPTPP 成员国之间的国际贸易对全球温室气体排放格局具有举足轻重的潜在深远影响。CPTPP 这样的国际经济条约是实现碳减排这一议程巩固和扩大的关键机制。

第二节　CPTPP 环境章节的条约法解析

过去 30 多年，国际公法和国际经济法都发生了影响深远的变革，与此同时，世界的核心发生了翻天覆地的变化，国际法也从相对较小的专门学科

---

① 　Syeda Tasnia Hasan, "Carbon Implications of the Comprehensive and Progressive Agreement for Trans-Pacific Partnership". <https://uwspace.uwaterloo.ca/handle/10012/14595>.

领域扩展到对地缘政治和国家间关系产生巨大的影响。这种扩张通常被称为法治的全球化（Globalization of the rule of law）。是什么力量造成了国际法法治的迅速发展？这些历史成就是具有历史意义的，还是只是暂时的、微不足道的？无论条约还是习惯，国际法的核心都反映了法治全球化这一进程以及国家间关系的法律地位，从而最终达成协议提炼出条约语言。此外，一致接受的国家行为模式可以提炼成为习惯国际法。条约和习惯国际法这两个主要渊源明确载于《维也纳条约法公约》第 38 条。要想实现国际法作为一个学科当前和未来的愿景，理应充分意识到这两个法律渊源之间的相互作用。

当 WTO 争端解决机制戴着荆棘的"皇冠"在危机中蹒跚前行时，CPTPP 环境规范通过国际贸易法与国际环境法的联姻确立了 21 世纪缔约国广泛接受的环境与贸易冲突与协调的新路标、灯塔。在一个动荡不安的世界里这是国际经济新秩序的象征。第二次世界大战后确立的以规则为基础的 WTO 多边贸易体制将接力棒交给了新一代 RTAs，那么 CPTPP 环境章节在整个国际条约法体系中又处于何种法律地位？本节将尝试着回答这个问题，讨论 CPTPP 环境章节如何带来环境与贸易的规则一致性，为下一节讨论在 CPTPP 缔约国国家实践和习惯中体现出来的新一代 RTAs 环境规范做铺垫。

一、国际经济法体系的演进

（一）布雷顿森林体系时代的制度建设

1945 年后至 21 世纪初是国际经济法成就的太平盛世。第二次世界大战后的政治共识促使各国政府建立了新的国际经济法律制度，这些制度的规则随着时间的推移具有可持续性，有助于将世界带入和平与繁荣的前景。1945 年联合国的成立和布雷顿森林协定机构——国际货币基金组织（IMF）、世界银行和 GATT 是里程碑式的成就。它们以团结世界为目标，建立在秩序、稳定和经济进步的基础之上，但并未关涉环境问题。这些新的进步性的全球机构是由法治支撑的。1947 年 GATT 确立的国际贸易体制，就是对这些机构及其法律基础健全性的有力证明。挑战在于，无论是通过条约还是习惯法，政府间是否有足够的共识，来延续我们在 20 世纪下半叶创造的逐步发展？

（二）当今国际经济法新面孔

威斯特伐利亚和约迎来了西方国家中民族国家至高无上的新政权。[①] 从近四百年国际法与国际秩序的演变来看，脱胎于欧洲中世纪教廷至上社会的威斯特伐利亚体系，一开始完全排斥任何凌驾于民族国家主权之上的组织构建，各国"既不接受也不准备承认任何更高的权威"[②]。近几十年来，威斯特伐利亚学说发生了根本的变化。虽然民族国家无疑仍是国际法舞台上的中心角色，但许多事态发展已改变了国家主权的不可渗透性。TPP 给予私人投资者挑战东道国环境法规及政策，诉诸投资者—东道国争端解决机制的权利。UNFCCC 附属协议特别是《巴黎协定》现在已经深入到国内事务中，颠覆了威斯特伐利亚学说下国家主权的神圣不可侵犯。这一变化是公民社会一直施加压力和最后被国际社会广泛接受的证据。国际经济法在威斯特伐利亚框架的严格限制之外得以发展，包含了一系列个人和企业参与者的行为，这在以前是不可想象的。

那么威斯特伐利亚体系过时了吗？主权真的就无用了？以国家主权观念为基础的威斯特伐利亚体系国际关系模式仍然意味着，国际关系与国内关系是不同的、分开的。而国际法和国内法没有任何与生俱来的"脐带"来连接它们，因此需要有规则来管理它们之间的法律关系。John Currie 将这一特征

---

① Bardo Fassbender and Anne Peters eds., *The Oxford Handbook of the History of International Law*, New York: Oxford University Press, 2012, p.50.

② 威斯特伐利亚学说来源于结束欧洲三十年战争的 1648 年《威斯特伐利亚和约》，是国家间关系的经验基础，在这种体系中，主权国家相互独立地存在和相互作用，并独立于任何更高的权威。根据这一学说，国际领域与主权国家的内部领域是不同的、分开的，这就意味着"国际公法存在于国家法系之外并独立于国家法系之外"。See John Currie, "*Public International Law*", *Toronto: Irwin Law*, Vol.33, No.2, p.193.

称为"国际法—国内法界面",其结果"将取决于法律规则,这些规则决定了一个法律体系如何对待另一个法律体系"。①

GATT 以促进世界贸易自由化为宗旨,以最惠国待遇原则为基石,消除关税和非关税壁垒,通过 GATT 第 20 条将环境保护作为自由贸易的例外情形,虽然其争端解决程序不像 WTO 那样成熟和完善,但毕竟通过一种准司法程序成功解决了环境与贸易争端,如美国海虾海龟案,从而为当今 WTO 环境与贸易的规范性规则提供了条约法和判例法基础。

1986—1994 年举行的 GATT 乌拉圭回合谈判取得了持久的成功。在短短八年时间里,在多边条约制定相对较短的时间范围内,乌拉圭回合无疑是最重要的一场"足球赛",因为它催生了 WTO。GATT 缔约方临门一脚,将 GATT 踢进了"球门",摇身一变成为真正的政府间国际组织——WTO,具有其他布雷顿森林机构的所有特征。但是这轮谈判留下了许多悬而未决的关键问题,为下一轮多哈回合的环境与贸易谈判布下了重重迷阵。

第一,多哈回合环境与贸易谈判缺乏乌拉圭回合及其前几轮回合谈判的 GATT 缔约方集体政治意愿,因为环境与贸易问题已今非昔比。第二,本轮谈判的环境议题清单涵盖了法律和其他复杂领域,限制了寻找解决办法的能力。第三,需要以共识(consensus)为基础的全体协商一致的谈判进程,不可能达成解决方案。最后,一个烦琐的程序覆盖了这些政治和法律复杂性,成员国不得不接受整个多哈回合的一揽子协议(single undertaking)。乌拉圭回合期间,地缘政治权力关系的变化被掩盖,而多哈回合以来,WTO 成员间地缘政治权力关系已发生了深刻变革,无法通过 WTO 一项全面的多边一揽子环境与贸易的"交易"来平衡 WTO 多个成员间相互冲突的国家利益。②

从国际组织法角度而言,全球经济的增长,主要归功于 GATT 和 WTO。

---

① Lawrence L. Herman, "International Law in a Turbulent World", *Canada-United States Law Journal*, Vol.41, Issue 1, 2017, p.64.

② Lawrence L. Herman, "International Law in a Turbulent World", *Canada-United States Law Journal*, Vol.41, Issue 1, 2017, p.66.

具有讽刺意味的是，这种经济增长增加了在多边基础上寻求共识的挑战。全球经济的快速发展给国际法的可持续发展带来了额外的压力，国际法在贸易方面的相关性受到损害。无论在多边、区域还是双边层面上，全球环境与贸易发展速度在国际规则制定方面带来了前所未有的挑战。

以 USMCA、CPTPP 等为代表的 21 世纪区域性贸易协定，是对 WTO 多边贸易体制以及"全球化"法治的重大挑战。政府行为之外私营企业监管是另一个日益增长的国际经济法新现象，仅由私营部门制定的企业社会责任（Corporate Social Responsibility, CSR）标准的增长，证明了政府立法和监管的作用正在减弱。[①] 目前，企业社会责任在国际投资法领域是一种普遍现象。以《威斯特伐利亚和约》以来国际条约制定和国际法复杂而缓慢的演变步伐，国际经济法如何能够不被巨大和纯粹的变化速度所淹没或席卷？

考虑到所有这些，国际经济法面临的挑战似乎是不可征服的。政治意愿的分散、规则碎片化似乎统治着全球，而全球立法的多边贸易谈判进程似乎已经停摆。然而，但凡对国际法有信念者仍对国际经济法抱有乐观的期望。在贸易领域，尽管第二次世界大战后多边主义的共识正在减弱，但 GATT 时代的成就仍不可低估。以 GATT 第 20 条环境一般例外为基础的规则，体现在 WTO 协议中，受到尊重，并在多边轨道之外的许多区域和双边协议中适用，包括 NAFTA 及 USMCA、CETA 和 CPTPP。WTO 体系的普遍性和权威性面临重大挑战，也加深了国际社会对更加全球化的法治的渴望。多哈回合谈判的失败提醒人们，在一个参与者众多、利益各异的世界里，MTS 存在自身局限性。它揭示了当今全球政治的现实，以及 WTO 争端解决上诉机构为何瘫痪。在 WTO 争端解决这一制度下，成功的申诉方可以通过撤销拒绝执行 WTO 专家组或上诉机构报告的败诉方的贸易利益进行报复。这种"自动执行"机制在 WTO 进程中的意义常常被忽视。它体现了国际法的一项持

---

① Marc L. Busch & Eric Reinhardt, The Evolution of GATT/WTO Dispute Settlement, http://faculty.georgetown.edu /mlb66/TPR2003_BuschReinhardt.pdf; PETER VAN DEN BOSS-CHE, THE LAW AND POLICY OF THE WORLD TRADE ORGANIZATION（2005）

久成就，这是一个建立在主权国家法治基础上的有效执法系统的胜利。①

虽然 MTS 深陷僵局，双边及区域贸易协定大行其道，但关键在于双边和区域贸易协定的繁衍和多边主义的缩减并没有取代最惠国待遇和国民待遇。相对于环境规范而言，两者都是历史悠久的国际贸易法律规则，仍然是国际贸易体系的支柱。这些规则是国际贸易法为这个动荡和不确定的世界源源不断输出确定性、可预见性的环境与贸易新规则的稳压器。

（三）CPTPP 在当下国际经济法体系中的定位

清华大学杨国华教授在《〈跨太平洋伙伴关系协定〉规则研究》②一书中分析了 TPP 在整个国际经济法法律体系中的地位，将它视为国际市场深度自由化的一个表现，是新的多边国际贸易体制的探路者。

第一，TPP 促进了国际法的规范增益。首先，TPP 对于环境、公共健康、安全等公共福利目标进行了嵌入式规制。TPP 规定了单独的环境章节，该章共有 23 个条款，在一个贸易协定中采用如此多的规范确立环境方面的义务，属于一个重要的先例。此外，TPP 设立了包容性的争端解决机制。不仅允许成员在 WTO 等贸易体制框架下解决问题，而且在解决争端的时候，不仅要考虑 DSU，还要考虑《维也纳条约法公约》第 31 条、第 32 条的条约解释规则和 WTO 争端解决机构采纳的报告中所做的解释③。这种试图联系其他体制的做法，显然是国际法律体制建设能力和技巧更加成熟的表现。其次，TPP 在国际经济法律环境中的地位不可小觑。TPP 可以视为是一些国际市场成员，在 WTO 规范建设停滞的背景下，促进国际经济贸易制度前进，进行

---

①　新自由主义是一种经济和政治学思潮，它反对国家和政府对经济的不必要干预，强调自由市场的重要性。但不同于古典自由主义，它提倡社会市场经济，即政府只对经济起调节以及规定市场活动框架条件的作用。在国际政策上，强调开放国际市场，支持全球性的自由贸易和国际分工。新自由主义者反对贸易保护主义、环境保护主义和民粹主义，认为这会妨碍个人自由。

②　CPTPP 第 28 条第 11 款。

③　Julien Chaisse, Henry Gao & Chang-fa Lo, *Paradigm Shift in International Economic Law Rule-Making: TPP as a New Model for Trade Agreements*, Singapore Springer, 2017, p.104.

局部制度提升的尝试。最后，TPP 对于制度创新而言也有意义。以一系列的较高标准、较深度的市场融合构成一个更为自由的市场，在经济上试图促进国际经济要素的加速、顺畅跨国流动，在制度上试图继承原来国际经济制度已经取得的成就，并有所提升，构建起与欧盟（EU）、USMCA 等区域一体化体制并立的"WTO+"国际经济自由化新高地。作为国际经济制度的新典范，TPP 可以对后续的全球性国际经济法律体系、区域性国际经济法律体系构成示范，各种新建设和正在完善中的国际经济体制都可以进行借鉴，并对新设立的制度提供指引和参考，对既有的制度予以提升和完善，形成一系列内容更为细致和清晰，更具有执行力的规范。

第二，TPP 加剧了国际法的体系分化。从具体规则的设立而言，TPP 有利于国际经济法领域的制度完善。然而 TPP 这种安排侵蚀着全球性的国际经济贸易体制的基础，对国际法的整体体系和国际市场的建设而言，负面因素居多。TPP 的形成不利于 WTO 体系的凝聚，而且使得本来就复杂的国际经济体制变得更加复杂，在当前已经非常碎片化的国际经济体制之上又添加了新的碎片。

香港中文大学 Julien Chaisse 教授、新加坡管理大学高树超副教授等主编的《国际经济法的立法范式转变——TPP 作为贸易协定的一种新范式》① 一书详细论述了 TPP 与其他 FTAs 甚至 WTO 的关系，认为 TPP 作为 21 世纪贸易协定的新范式，在许多关键监管领域的规则制定方面处于先行者地位。这些不仅包括对已有的 WTO 货物、服务和知识产权规则传统问题的改进和增强，还精心设计了未在 WTO 规则或其他 FTAs 中解决的新议题条约文本，如国有企业、电子商务、劳工和环境问题。TPP 有可能成为一场国际贸易法、国际经济法革命的开端。

TPP 与目前和之前的国际经济法体系有着广泛的相似和联系，人们可以合理地辩称，TPP 是国际经济法协定包括 WTO、其他大型 FTAs 和其他

---

① Julien Chaisse, Henry Gao & Chang-fa Lo, *Paradigm Shift in International Economic Law Rule-Making: TPP as a New Model for Trade Agreements*, Singapore Springer, 2017, p.42.

有影响力的 RTAs 的继承者。因此，1947 年的 GATT 是多边国际经济法协议 1.0，美国—以色列自由贸易协定是 RTAs2.0，CUSFTA 是 3.0，等等，直到我们达成 TPP，可能是 RTAs 7.0。尽管如此，有人建议，由于各自的"操作系统"自 1947 年甚至 1995 年 WTO 诞生以来可能都没有太大的变化，该系列应该编号为 1.0、1.1、1.2，然后最终以 1.7 的 TPP 达到顶峰。换句话说，无论采用哪个系列，RTAs 的每个新版本都包含一些新的"铃声和哨子"，可能是一个外观更整洁的界面，但是，进一步扩展比喻，可能不值得花费带宽下载它。也许以前一切都很好，虽然新的外观和应用程序令人印象深刻，但它们在很大程度上是不必要的。因此，这一章发生了变化，从中世纪对 TPP 的描述"大同小同"，到现代对 TPP 的描述"IEL 7.0 版"甚至"IEL 1.7 版"。①

　　该书中，澳大利亚伍伦贡大学 Colin Picker 教授还从宏观角度出发，考察了 TPP 的性质和组成部分是否真的在破坏国际经济法律秩序（IELO），导致 IELO 的进一步碎片化？他发现，尽管 IELO 有许多组成部分，但在概念层面上，它仍然是连贯的。这可以称为"连贯的碎片化"（coherent frag-mentation）。而 TPP 并未真正对国际经济法的创新做出重大贡献，从而据此推断，TPP 不会破坏 IELO 的连贯性，但可能会导致国际经济法"物理上"的碎片化。

　　本书作者赞同上述学者观点，并进一步认为，国际经济法作为国际法最具活力和普遍约束力的法律领域，在过去 20 年经历了深刻的制度性变革。国际经济法也因扩张而不得不应对前所未有的新挑战，从而发展到许多前所未有的新领域。CPTPP 作为 21 世纪巨型 RTAs，也是几十年来最重要的大型 RTAs，其产生及生效本身就是国际经济法顺应区域贸易一体化发展的产

---

　　①　早在 2005 年 Coin Picker 教授就证明 RTAs 的确会产生贸易转移效应，但认为 RTAs 繁衍最终影响国际经济法的一致性的观点可能过于悲观。See Coin B. Picker，"Regional Trade Agreements v. the WTO: A Proposal for Reform of Article XXIV to Counter this Institutional Threat"，*Pennsylvania Journal of International Economic Law*，Vol.26，No.2，2005，pp.267–320.

物。首先，国际经济法范式有从以国家为中心发展到以人为本的政策原则的趋势。[1] 虽然 CPTPP 成员相当独特，包括西方和非西方国家，发展中国家和发达国家，市场经济国家和非市场经济国家，大国和小国等，但国家主权原则被弱化和稀释，促进和保护贸易和投资自由化下个人权利和公司权利得以发展，这也符合《联合国宪章》所设想的建立在追求个人和平、繁荣和幸福基础上的全球秩序的愿景。其次，国际经济法的基本原则被构造和重塑。国际经济法是以传统国际法原则为基础的，如遵循契约必须遵守、主权平等、自由、互惠等基本原则。它还基于现代和不断发展的原则而进行构造和重塑，如对自然资源的永久主权与环境合作义务的再平衡。以环境与贸易为例，国际经济法未来的进展，这一追求平衡制度的建立取决于各国在环境产品贸易自由化、渔业补贴等问题上的协调，从而在 WTO 多边贸易议程中纳入环境议题，并平衡和扩大与环境有关的国际贸易。发达国家将继续以 CPTPP 为模板，这将对国际经济法谈判的影响产生溢出效应，就像示范性投资条约对投资谈判的影响一样。有鉴于此，发展中国家既要谨慎行事，又要善于接受。[2]

二、CPTPP 环境章节的条约创新

CPTPP 在很大程度上代表了国际经济规则的未来走向，必将对我国产生重要影响。因此，有必要采用文本解读与法理分析相结合的方法，对 CPTPP 协定进行系统而深入的研究。

CPTPP 被称为"世界历史上经济和地缘政治意义上最重要的贸易协定"。加拿大国际治理创新中心（Centre for International Governance Innovation,

---

[1]　Surya P. Subedi, "A Shift in Paradigm in International Economic Law: From State-centric Principles to People-centred Policies", *Journal of International Economic Law*, Volume 10, Issue 3, 2013, pp.314–335.

[2]　Juan Nascimbene, "The Phantom of the TPP: The Impact of the TPP On International Trade Negotiations", *Trade, Law and Development,* Vol.9 No.1, 2017, p.70.

CIGI）国际法研究项目高级研究员、拉瓦尔大学国际政治经济研究员 Jean-Frédéric Morin 将 CPTPP 环境章节誉为贸易协定中的"宝石"[1]，美国布鲁金斯学会（Brookings Institution）全球经济与发展研究员、约翰霍普金斯大学高级国际研究学院（Johns Hopkins School for Advanced International Studies）兼职教授 Joshua P. Meltzer 认为，TPP 作为 21 世纪的贸易协定，是目前应对环境挑战的最佳机遇，[2] 美国彼得森国际经济研究所 Jeffrey J. Schott 将 CPTPP 誉为"史上最绿的贸易协定"[3]。诚然，CPTPP 环境章节在环境与贸易问题上进行了若干条约创新。

（一）独树一帜特设专门的、涵盖主题广泛的环境章节

环境保护已经成为仅次于贸易的全球规则制定的第二大最常见领域。[4]环境章节谈判无疑成为整个 CPTPP 正式文本中最具有挑战的领域之一。[5] 而 CPTPP 将 RTAs 环境章节地位日益彰显的特色发挥到极致，将零散的环境条款发展为独立的环境章节，其地位也从附属条款提升到去边缘化。CPTPP

---

① Jean-Frédéric Morin and Rosalie Gauthier Nadeau, "Environmental Gems in Trade Agreements: Little-known Clauses for Progressive Trade Agreements", *CIGI Papers* No.148, October 2017，p.5.

② Joshua P. Meltzer, "The Trans-Pacific Partnership Agreement, the Environment and Climate Change", in Tania Voon（ed），*Trade Liberalisation and International Co-operation: A Legal Analysis of the Trans-Pacific Partnership Agreement*, Edward Elgar, 2014，p.2.

③ Jeffrey J. Schott &Cathleen Cimino-Isaacs, *Assessing the Trans-Pacific Partnership, Volume 2: Innovations in Trading Rules*, 2016.<https://piie.com/system/files/documents/piieb16-4.pdf>.

④ John Vidal, *Many Treaties to Save The Earth, But Where's the Will to Implement Them?*, THE GUARDIAN（June 7, 2012）<http://www.theguardian.com /environment/blog/2012/jun/07/earth-treaties-environmental-agreements>.

⑤ Key Areas Of TPP Talks At Different Stages After 30 Months Of Effort, INSIDE U.S. TRADE'S WORLD TRADE ONLINE（Sept.5, 2012）<http://insidetrade.com/Inside-Trade-General/Public-Content-World-TradeOnline/key-areas-of-tpp-talks-at-different-stages-after-30-months-ofeffort/menu-id-896.html>.

第 20 章拥有 23 个具体环境条款，在一个贸易协定中采用如此多的规范确立环境方面的义务，属于一个重要的先例。[①]

（二）将美式 FTA 条文主义与欧式 FTA 部门路径相结合

首先，CPTPP 很大程度上沿袭了美国环境保护方面的法律手段。自从 NAFTA 开始，美国每一项贸易协定都承诺在国内立法中提供高水平的环境保护，并有效执行这些法律。缔约国还需确保对遭受违反环境法行为侵害的主体提供私力救济，从而保障只在于涉嫌环境法规执法不力的贸易伙伴建立公平的竞争环境。美式 FTA 环境条款将贸易法强有力的法律效力延伸至多边环境协定，而后者更为世人所知的是对不合规问题的软管理。在 CPTPP 环境章节项下，未能以影响贸易的方式履行贸易协定的环境义务现在可能会导致贸易利益的中止。[②] 在 CPTPP 环境章节第 20 条第 7 款至第 9 款集中体现了美式 FTA 的公众参与规则。每一缔约国必须提高公众对其环境法的认识，鼓励使用自愿措施和基于市场的激励措施，解决环境产品和服务的贸易壁垒，通过信息交流和联合科学活动进行合作，促进公众参与制定环保措施。

其次，在美式 FTA 条文主义基础上，CPTPP 兼容并蓄地吸收了欧式 FTA 部门式的环境保护模式。CPTPP 还包括了几项有关具体环境问题的条款，如第 20 条第 5 款臭氧层保护、第 20 条第 6 款保护海洋环境免受船舶污染、第 20 条第 13 款贸易和生物多样性、第 20 条第 14 款入侵外来物种、第 20 条第 16 款海洋渔业捕捞等，在美式 FTAs 中前所未有，但在新近签署生效的欧式 FTAs 中相当普遍。自 20 世纪 90 年代以来，欧盟谈判代表经常在贸易协定中加入具体而详细的环境条款，通常是针对贸易伙伴特定的生态环

[①] 何志鹏：《国际经济法治格局的研判与应对——兼论 TPP 的中国立场》，《当代法学》2016 年第 1 期。

[②] Jinnah, Sikina, "Strategic Linkages: The Evolving Role of Trade Agreements in Global Environmental Governance." *The Journal of Environment & Development*, Vol.20 No.2, 2011, pp.191–215.

境问题量身定做的。如 2014 年欧盟—摩尔多瓦 FTA 有关于采矿、渔业、能源和气候行动的章节。越来越多的国家，特别是那些与欧盟签署 FTAs 的国家，在与第三方缔结 FTAs 中重复了这种部门路径。其中，美国—秘鲁 FTA 是美国第一批就具体环境问题达成详细条款的贸易协定之一。与其他 FTAs 相比，CPTPP 积累了更多的部门性条款，涉及 17 个不同的环境问题领域。其中有些是复制 TPP 缔约国之间其他 FTAs，如限制非法渔业捕捞在以前的澳大利亚 FTA 中可觅其踪影，采取合作措施抵御外来入侵物种在以前的美式 FTAs 中已有出现，但另一些规定比以前的更加详细和严格，属于真正的监管创新，如渔业补贴的新规定。

再次，进一步推广 RTAs 最佳环境保护条约实践。RTAs 环境规范的效率水平很大程度上取决于它对环境问题的影响力。[①]NAFTA 附属的 NAAEC 是环境与贸易问题上的重大突破。而 21 世纪的 CPTPP 代表着又一次重大飞跃，但在环境规范创新方面，它的进步并不大，反而在环境规范组合方面，进步更大。CPTPP 将美国的条文主义和对抗风格与欧盟条约中更常见的部门主义风格相结合，是迄今为止敲定的最为详尽的环境章节。它实质上比美国迄今为止签署的任何 RTAs 环境条款都更加详细和具体，但在法律上又比欧盟迄今为止签署的任何 RTAs 环境条款都更具执行力。CPTPP 环境章节在环境与贸易问题上的条约创新充分表明，RTAs 环境规范的突破要么来自于监管创新，要么来自于监管模仿。

（三）不以影响贸易或投资的方式减损环境法的具有约束力的义务

评价 CPTPP 是否是"史上最环保"的综合性贸易协定，至关重要的是衡量其环境条款是否尽量减少了环境与贸易、投资之间的冲突，环境条款规定是否可以促进改善环境标准。CPTPP 是 21 世纪最具代表性、先进性、高标准、高目标的 RTAs，恰如其名，CPTPP 也是史无前例的、全面、综合、

① David P. Vincent, "The Trans—Pacific Partnership: Environmental Savior or Regulatory Carte Blanche", *Minnesota Journal of International Law*, Vol.23, Issue 1, Winter 2014, p.8.

现代化、司法化的协定，因此其条约文本中环境绝不仅仅只与传统的货物贸易挂钩，而且与服务贸易、投资都有密切联系。CPTPP 环境章节多次反复提及"贸易和环境政策之间的相互支持"①，强调"提高缔约方解决与贸易相关的环境议题的能力"②，不得构成对缔约方之间的贸易或投资的变相限制，③ "避免造成不必要的贸易壁垒"，④ "不得以影响缔约方之间贸易和投资的方式"，"怠于有效实施其环境法"，⑤ 强调本协定在促进环境货物和服务在自由贸易领域的贸易和投资的重要性。由此可见，CPTPP 环境章节调整的主要对象还是"环境"与"贸易"的冲突与协调，而且借助 CPTPP 第 20 条第 12 款具体的合作框架，"加强缔约方共同的或单独的保护环境和促进可持续发展的能力，强化缔约方之间的贸易和投资关系"。CPTPP 具有约束力的争端解决条款还强化了缔约方不得降低环境标准以鼓励贸易和投资的现有承诺。对一些发展中国家成员来说，这种环境治理改革可能与 CPTPP 新规则同样重要。⑥ 因此，应超越现有的 CPTPP 贸易和投资章节全面考虑环境问题。本节第四部分将进一步概述 CPTPP 对缔约国环境与贸易可能产生的其他章节。

（四）强调促进合作能力建设

在一个复杂的跨国供应链世界里，在一个国家为其人民提供福利的义务基础上建立的国际经济新秩序，应该围绕贸易法律法规和其他政策法规进行调整，在 RTAs 谈判中将贸易从"司机"的角色转为"乘客"，贸易不仅既

---

① CPTPP 第 20 条第 2 款第 1 项、CPTPP 第 20 条第 3 款第 1 项。

② CPTPP 第 20 条第 2 款第 1 项。

③ CPTPP 第 20 条第 2 款第 1 项规定，"本章目标在于促进贸易和环境政策之间的相互支持，促进高水平的环境保护和有效的环境法实施，以及提高缔约方解决与贸易相关的环境议题的能力，包括通过合作。"

④ CPTPP 第 20 条第 11 款第 1 项。

⑤ CPTPP 第 20 条第 3 款第 4 项、第 6 项。

⑥ Jeffrey J. Schott, *TPP and The Environment, Assessing The Trans-Pacific Partnership, Vol.2: Innovations in Trading Rules*, PIIE Briefing 16–4, March 2016.<https://piie.com/system/files/documents/piieb16-4.pdf/.

关注更深层次的贸易自由化，也应关注贸易政策的灵活性和公共政策目标。CPTPP 作为环保法律参差不齐的发达国家和发展中国家共同承诺缔结的综合性协定，第 20 条第 12 款"合作框架"对缔约方合作能力建设作出了详细的规定。首先，合作的重要性在于"执行本章，促进利益，加强缔约方共同的或单独的保护环境和促进可持续发展的能力，强化缔约方之间贸易和投资关系"。其次，"在顾及各自的国内优先事项和情形以及可利用资源的前提下，当能够从合作中共同获利时，各缔约方应当合作解决与执行本章有关的具有共同利益的事项。合作可以在双边或诸边基础上进行，在参加的缔约方同意时，可纳入非政府团体或组织以及非缔约方。"最后特别值得关注的是，CPTPP 第 20 条第 12 款第 9 项规定，"当一缔约方（第一缔约方）已根据第 20 条第 1 款（定义）将其环境法定义为只包括中央政府层面的法律，而另一缔约方（第二缔约方）认为第一缔约方在非中央政府层面的环境法没有得到非中央政府的有效执行，以影响缔约方之间贸易和投资的方式持续地且反复地作为或不作为，此时第二缔约方可以向第一缔约方提出对话请求。这一请求应当包括具体和足够的信息，从而使第一缔约方能够评估争议问题，同时应当表明该问题如何对第二缔约方的贸易和投资产生不利影响。"该项规定在其他任何 RTAs 中均从未提及，那么此项条文剑指何方？不言而喻，该条意味着 CPTPP 缔约方不仅可以监督其他缔约方中央政府环境法的执行，而且可以监督其他缔约方地方政府环境法的执行。

（五）将所有环境义务置于适用于其他条款的相同争端解决机制的约束下

在美国的强力推动下，TPP 克服了一些国家最初不愿接受环境领域如此强有力的争端解决程序。[①] 这种双重争端解决机制使得环境规范约束力表面

---

① Jeffrey J. Schott, *TPP and The Environment, Assessing The Trans-Pacific Partnership, Vol.2: Innovations in Trading Rules*, PIIE Briefing 16–4, March 2016.<https://piie.com/system/files/documents/piieb16-4.pdf/.

上大大增强，但也遗留了"挑选法庭"的隐患。何为"双重争端解决机制"？根据 CPTPP 第 20 条第 23 款，鼓励争端当事方通过合作和协商解决争端，如果争端当事方未能根据环境章节的磋商环节处理环境争端，则可以根据 CPTPP 第 28 章争端解决机制请求磋商，或者请求成立专家组。由于 CPTPP 缔约方同时也是 WTO 成员，而 WTO 有专门的争端解决机制，这就存在着缔约方"挑选法庭"的问题。CPTPP 第 1 章就规定了缔结 CPTPP 的法律依据①，该协定与其他国际协定之间的关系，并声明既往的协定包括 WTO 协定，应继续适用，除非给 CPTPP 带来了更重的负担。CPTPP 第 28 条第 4 款为缔约方提供了"争端解决机制的选择"，"如争端同时涉及本协定项下和包括 WTO 协定在内的争端方为缔约方的其他国际贸易协定项下事项，申诉方可以选择任一争端解决机制；一旦申诉方要求建立或将争端事项提交给本协定项下的专家组或第 1 款中所指的其他国际贸易协定下的专家组，所挑选的争端解决机制就应当排除其他争端解决机制的管辖。"② 由此看来，CPTPP 的争端解决似乎是希望取悦所有缔约方，但不可避免地可能导致不讨好任何缔约方的后果。因此，CPTPP 环境争端解决既有"软法"外壳又有"硬法"内核，本书将其喻为"桃李式"环境争端解决机制。在环境争端解决方面，CPTPP 比 WTO 和 USMCA 走得更远，后两者都不允许以这种客观和直接的方式解决环境问题。③CPTPP 这个羽翼未丰的环境争端解决机制接下来会发生什么？届时 CPTPP 可能会在这个新的受监管的主题上建立自己独特的管辖权体系。④ 那又如何处理 CPTPP 与 WTO 争端解决机制的管辖权冲突和规

---

① CPTPP 第 1 章第 1 条第 1 款："根据《1994 年关税与贸易总协定》第 24 条和《服务贸易总协定》第 5 条，本协定各缔约方按照本协定的规定建立自由贸易区。"

② CPTPP 第 28 条第 4 款第 1 项、第 2 项。

③ Jeffrey J. Schott, TPP and The Environment, Assessing The Trans-Pacific Partnership, Vol.2: Innovations in Trading Rules, PIIE Briefing 16–4, March 2016.<https://piie.com/system/files/documents/piieb16-4.pdf/.

④ Alberto do Amaral Júnior &AlebeLinhares Mesquita, "The New Rules On Trade And Environment Linkage In Preferential Trade Agreements", *Revista de DireitoInternacional, Brasília*, Vol.14, No.2, 2017, p.405.

范冲突？只有时间才能证明一切。

三、CPTPP 环境章节在环境与贸易问题上的条约僵局

CPTPP 作为世界历史上最重要的贸易协定，将解决同时被视为人类面临的最重要的环境与贸易问题，特别是在它有能力对此采取行动的情况下。那么 CPTPP 做得怎么样呢？加拿大环境法协会法律顾问 Jacqueline Wilson 认为 CPTPP 环境章节"偷梁换柱"（Bait-and-Switch）："这一章措辞总体很弱无法执行，TPP 成员在决定是否和如何应对环境问题上拥有广泛的自由裁量权。"还有学者认为，CPTPP 环境章节是空洞的承诺从而错失良机。[①] 当我们把聚光灯打在 CPTPP 环境章节上时，如何认清它的真面目？

在"与贸易有关的环境问题"上，虽然 CPTPP 环境规范远远超越了极简主义设计的 GATT 第 20 条一般例外，将"环境"从"环境例外"扶植成"环境规则"，制定了比 WTO 协定更严格的"贸易与环境"条约法纪律（即 WTO+ 规则），确立了 21 世纪 RTAs 环境规范的"黄金标准"。诚然，与 GATT/WTO 乃至以往任何 RTAs 环境规范更倾向于促进自由贸易推动经济增长相比，CPTPP 为缔约方确立了一系列积极的环境义务，并通过强有力的争端解决机制来执行这些环境义务。CPTPP 环境章节堪称 RTAs 环境规范的里程碑。但是，CPTPP 环境章节在环境与贸易问题上依然存在如下条约僵局。

（一）恪守传统国际法的国家本位、基于契约性条约的环境与贸易自治模式，对成员国国家主权有时无比谦恭，但有时又强加干涉

作为国家主权与人类共同生态环境利益之间妥协的产物，现代国际贸易

---

① Chris Wold, Empty Promises and Missed Opportunities: An Assessment of the Environmental Chapter of the Trans-Pacific Partnership.<https://law.lclark.edu/live/files/20857-assessing-the-tpp-environmental-chapter>.

法坚持人类共同利益本位，构建以国家主权为基石，以造法性条约、契约性条约以及习惯国际法为基本法治保障的环境与贸易治理模式。CPTPP 毫不例外地坚守国家利益本位和国家主权原则，即缔约方条约义务让位于"国内环境保护水平和环境保护优先事项"，让各国自由处理各自的环境问题，这与 NAFTA 中的类似措辞相呼应，这一规定阐明了条约项下缔约方法律义务具有约束性和非约束性的双重属性。一方面，义务是强制性的，正如术语"应"所表明的那样；另一方面，义务的措辞含糊其辞："应努力确保安全""……做好准备，鼓励发展……高水平的环境保护"。一个明显的问题是，可能很难确定缔约方是否已经履行了这一义务。缔约方可以争辩说，任何寻求改善环境保护的行动都可能构成履行职责，无论它是多么微小或无效。如果是这样的话，这项义务虽然表面上是强制性的，但在很大程度上将是毫无意义的。

在不干涉"各个缔约方主权范围内的事"的前提下，CPTPP 缔约方再就外来物种入侵、空气污染、海洋污染等跨边界、跨区域的环境与贸易问题签订具体的环境条款。[①] 虽然其中许多条款欠缺法律约束力，但一些条款确实包含了具有约束力的内容，如海洋渔业捕捞、臭氧层保护有关的条款。然而，目前尚不清楚这些规定将产生什么总体影响。

CPTPP 充分尊重缔约国国家主权本无可厚非，但 CPTPP 环境章节又设置了禁止性义务，为一缔约方针对另一缔约方国内主权的行使强加干涉埋下了伏笔。由于环境问题无国界，国家基于其主权，既要对主权管辖范围内的环境保护负有责任，同时又要对共同保护，至少是不损害主权管辖范围外的局部或全部区域的生态环境承担责任，如各国开始负有对公海、南极、外层空间等处于任何国家管辖之外的公共生态环境和自然资源进行保护的责任。简言之，在人类共同利益本位下，国家在环境领域肩负双重责

---

① CPTPP 第 20 条第 3 款第 2 项规定："缔约方承认，确定各自的国内环境保护水平和环境保护优先事项，并相应地制定、通过和修改国内环境法律和政策，属于各缔约方主权范围内的事。"

任。① 那么，国家主权平等原则在 21 世纪如何具体贯彻实施？

以 CPTPP 第 20 条第 12 款第 9 项为例，"当一缔约方（第一缔约方）已根据第 20 条第 1 款（定义）将其环境法定义为只包括中央政府层面的法律，而另一缔约方（第二缔约方）认为第一缔约方在非中央政府层面的环境法没有得到非中央政府的有效执行，以影响缔约方之间贸易和投资的方式持续地且反复地作为或不作为，此时第二缔约方可以向第一缔约方提出对话请求"。加拿大学者 NatassiaCiuriak 和 Dan Ciuriak 认为，CPTPP 这一条款仅限于中央政府层面的法律，对缔约方国内法涵盖范围过浅。申诉方仅仅可以提出对话请求，而被诉方似乎没有义务采取任何回应措施。WTO 使欧盟和日本能够在当地含量要求问题上挑战加拿大安大略省的上网电价计划，而 CPTPP 没有采取任何措施来阻止这一点，因此未能承担起解决贸易与环境关系问题的重任。② 本书作者完全不赞同这种观点，恰如本书在论述 CPTPP 环境章节的条约创新所言，该条意味着 CPTPP 缔约方不仅可以监督其他缔约方中央政府环境法的执行，而且可以监督其他缔约方地方政府环境法的执行。

首先，何为"持续地"、"反复地""作为或不作为"？ CPTPP 没有给出明确的解释，究竟是以时间还是频率作为衡量标准，无从得知。其次，一缔约方的行为达到何种程度才符合"影响贸易投资"的行为范围？是属于本协议下的还是属于包括协议外缔约方之间所有的贸易行为？再次，怎样甄别其主观上不是以环境保护之名，行贸易保护或投资保护之实呢？ CPTPP 这一条款的适用困难重重。CPTPP 表面上无比环保的贸易、投资条款背后，是否掩盖了某些国家"偷梁换柱"、"移花接木"的贸易保护主义真实意图？在21 世纪发展水平和国家利益迥异、超越传统毗连的地理区域甚至完全不毗邻的 11 个发达国家与发展中国家共同签署的 CPTPP 这一具有高度代表性的

---

① 王明远：《应对全球性环境问题的困境与出路：自治还是他治?》，见《清华法治论衡》第 13 辑，清华大学出版社 2010 年版。

② Natassia Ciuriak& Dan Ciuriak, "Climate Change and the Trading System: Implications of the Trans-Pacific Partnership," *The International Trade Journal, Taylor & Francis Journals*, Vol.30 No.4, 2016, pp.345–361.

贸易协定中，其缔约内容及实践显得尤为重要。

（二）与 MEAs 之间条约关系变幻不定，各项条约义务因协定不同而异

CPTPP 缔约方本身就是一系列 MEAs 的缔约方。2007 年，美国国会和美国贸易代表办公室确定了 7 个 MEAs，分别是：《濒危野生动植物种国际贸易公约》（CITES）、《关于消耗臭氧层物质的蒙特利尔议定书》（蒙特利尔议定书）、《国际防止船舶造成污染公约》（MARPOL）、《美洲热带金枪鱼公约》、《拉姆萨尔湿地公约》、《国际捕鲸公约》和《养护南极海洋生物资源公约》。然而，CPTPP 中只明确提到了三个 MEAs：CITES，蒙特利尔议定书和 MARPOL，它们是所有 CPTPP 缔约方共同批准的 MEAs。但是，根据 CPTPP 第 20 条第 4 款第 2 项，CPTPP 强调有必要就未来 MEAs 中与贸易相关的内容进行对话。

CPTPP 缔约方首先"确认"（affirm）其实施所有这些 MEAs 承诺的义务。仅仅声明履行这些义务的承诺，并不能增加 MEAs 项下义务。要求 CPTPP 缔约国通过和执行其 MEAs 义务的规定，如果在相关 MEAs 没有得到有力的争端解决的支持，CPTPP 则可能是有意义的。然而，尽管 CPTPP 环境章节包括了争端解决条款，但这些条款极可能不被使用。更匪夷所思的是，CPTPP 对 MEAs 项下缔约方现有义务的处理因协议而异。CPTPP 第 20 条第 4 款规定了缔约方在 MEAs 方面的义务。缔约方确认致力于执行其加入的 MEAs，承认这些协定在保护环境方面的重要性，并认识到在谈判和执行 MEAs 方面合作的重要性。第 20 条第 5 款"臭氧层保护"并没有向当事各方强加任何实质性或可强制执行的义务，只是要求缔约方采取措施控制《蒙特利尔议定书》及其未来修正案规定的物质的生产、消费和贸易。关于 CITES，CITES 的遵约制度是基于缔约方的自我报告，每个 CPTPP 缔约方都被要求履行其 CITES 项下的义务，并有效执行其法律和法规。[①] 否则，

---

① CPTPP 第 20 条第 17 项第 2 款。

CPTPP 其他缔约方就可以利用 CPTPP 争端解决机制提出索赔，尽管首先鼓励缔约方通过 CITES 下的磋商或其他程序解决任何相关争端。[①] 要证明某一缔约方违反了本款项下义务，另一缔约方不仅必须证明该缔约方未能采取、维持或执行法律、法规或其他措施以履行其在 CITES 项下的义务，且须证明这种做法影响了缔约方之间的贸易或投资。当然，CPTPP 包括打击非法获取的来自于 CPTPP 缔约方的野生动物、植物和鱼类贸易的条款，无论它们是否受到 CITES 的保护。因此，CPTPP 对濒危野生动植物物种的保护超越了 CITES 的规定。[②] 关于《蒙特利尔议定书》和 MARPOL[③]，仅在第20 章脚注中提及，CPTPP 要求每一缔约方"维持"现有的国内政策，这些政策具体列在协定附件中，履行缔约方在这两项协定下的义务。CPTPP 不提供执行 CPTPP 缔约方的《蒙特利尔议定书》和 MARPOL 义务的独立机制，但提供了执行这些义务的间接机制，前提是 CPTPP 缔约方未能履行其《蒙特利尔议定书》和 MARPOL 义务，而这些不履行影响了缔约方之间的贸易或投资。尤其值得注意的是，CPTPP 第 20 条第 1 款"环境法"包括"缔约方为履行其基于多边环境协定所承担的义务而制定的法律法规"，通过将环境法定义为包括实施 MEAs 的法律，CPTPP 的环境条款实质上纳入了缔约方缔结的任何 MEAs，[④] 而不仅仅是其第 20 章环境条款明确提及的那三个 MEAs。

　　为什么 MEAs 条款存在于 CPTPP 中，而 CPTPP 似乎没有为 MEAs 增加任何实质性义务？难道它们只是装点门面，在一项主要旨在扩大贸易和地缘政治优先地位的条约中提供了一种环境关切的光环？首先，CPTPP 并不

---

　　① CPTPP 第 20 条第 17 项第 2 款脚注 23、24。

　　② Alberto do Amaral Júnior &AlebeLinhares Mesquita, "The New Rules On Trade And Environment Linkage In Preferential Trade Agreements", *Revista de DireitoInternacional*, Brasília, Vol.14, No.2, 2017, pp.388–411.

　　③ CPTPP 第 20 条第 5 款第 1 项脚注 3、4，CPTPP 第 20 条第 6 款第 1 项脚注 6、7。

　　④ Paul Nunez, "There's No Such Thing as a Free Trade Agreement The Environmental Costs of the Trans-Pacific Partnership", *University of Miami Inter-American Law Review*, Vol.48 No.2, 2016, pp.266–267.

是一个环境协议，它无意更新现有的 MEAs，也不能取代关于温室气体排放的《巴黎协定》。尽管如此，这些环境义务存在于一项重大 FTA 中仍然很重要，这表明这些 MEAs 项下环境义务与贸易密不可分，贸易必须对环境保护作出反应。因此，这种联系进一步传达了在可持续发展中，经济发展、环境保护和社会正义密不可分的信号。其次，CPTPP 不应被用来增加 MEAs 的约束力，因为 MEAs 有许多非 CPTPP 成员国。CPTPP 确实增加了缔约方在 MEA 上下文之外的实质性的、与贸易有关的环境义务。最后，尽管缔约方不会就未能履行 MEAs 项下的义务提出申诉，但如果显然未能履行义务与获取竞争优势有关，它们可能会根据 CPTPP 提出申诉。

（三）提高环境绩效的自愿机制缺乏条约刚性

作为美国提出加强环境争端解决程序的对价，其他国家坚持将一些条款纳入 CPTPP 环境一章不应被定义为硬性义务，各缔约方克服困难通过软化一些环境条款来实现国家意志的协调。CPTPP 第 20 条第 11 款创立了灵活、富有弹性的提高环境绩效自愿机制即为例证。CPTPP 缔约方认识到这些机制对于实现和维持高水平的环境保护和补充国内监管措施的重要性，它们的设计应遵循透明度原则，避免构成不必要的贸易壁垒，并促进环境利益。这些自愿机制包括自愿审计和报告，基于市场的激励、自愿分享信息和专业知识、公私合作模式等，可以成为实现可持续发展的重要工具。它们的设计可以为私营部门提供激励，使其在实施过程中采用可持续的标准。从这个意义上说，CPTPP 鼓励形成新的公共部门和私营部门之间的伙伴关系，推动私营部门、非政府组织负责和积极应对环境问题的挑战，具有积极意义。

但是，这种自愿机制欠缺条约的法律拘束力，其成功或失败很大程度上取决于 CPTPP 各方执行自愿机制的程度，并利用执行机制，敦促各方履行 CPTPP 环境章节中较实质性的义务。如果没有专门的资金用于此类活动，CPTPP 的非约束性条约承诺不太可能转化为有效的缔约国行动。可以预言，提高环境绩效的自愿机制由于缺乏条约刚性，且并未阐释如何"以透明和不造成不必要的贸易壁垒的方式使用灵活和自愿的机制"，将成为 CPTPP 环境章节的"阿喀琉斯之踵"。

与此紧密相关的是 CPTPP 第 20 条第 10 款"企业社会责任"。发达国家的跨国公司认为，企业社会责任是一种比国家和国际法更深入地构建社会契约的方式。在提高环境绩效的自愿机制实施过程中，由私营部门制定的企业社会责任标准的增长，证明了政府立法和监管的作用正在减弱。[1]但是，必须借助国家和国际法来规范企业社会责任私营治理方案。[2]而且 CPTPP 环境章节既为企业社会责任的发展提供了条约法依据，又为发达国家私营企业滥用其优势地位形成不正当竞争提供了温床。因此，CPTPP 可能同时触动监督和协商的动态开关，如果 CPTPP 发展中国家成员不遵守发达国家成员跨国公司及其供应商提高环境绩效的自愿行为准则，可能引发贸易制裁。从而印证了第二章第二节阐述的 RTAs 环境规范实时的动态性特征。

（四）对 WTO 基本原则和法律体系的进一步背离与侵蚀

第一，进一步纳入非贸易议题对既有的 WTO 实体规范的渗透和侵蚀。恰如第一章第一节论述非歧视原则的基石与险象所示，RTAs 环境规范构成 WTO 非歧视原则之下叠加的"合法的歧视"。环境与贸易议题在 CPTPP 项下有了进一步的缔约方承诺和条约义务作保障，但解决温室气体排放或其他环境问题的 CPTPP 缔约方国内政策法律法规可能与 WTO 规则相冲突，因为这些国内政策法律法规可能构成变相的贸易限制或歧视，从而对 GATT 第 1 条最惠国待遇原则和 GATT 第 24 条构成挑战。环境和贸易政策、法律制度相互交织的性质表明，CPTPP 更严格的环境标准也可能促进 WTO 法律体系外更严格的贸易法律法规，这包括限制缔约方合作条款的演变，缔约方政府倾向于对环境与贸易做出更全面具体的安排。

---

[1]　Lawrence L. Herman, "International Law in a Turbulent World", *Canada-United States Law Journal*, Vol.41, Issue 1, 2017, p.66.

[2]　Michèle Rioux and Christine Vaillancourt, "Regulating Corporate Social Responsibility（CSR）for Economic and Social Development Through Trade Rules", *Journal of Developing Societies*, Vol.36 No.3, May 2020, pp.335–352.

第二，将 WTO 规范纳入 CTPPP 但赋予 CPTPP 协定缔约方自由裁量权，造成 WTO、CPTPP 与缔约国之间管辖权的冲突，上文所述 CPTPP 环境争端解决机制"挑选法庭"的问题即为例证。因环境保护问题引发 CPTPP 缔约方之间的贸易制裁产生贸易争端，虽然 CPTPP 第 28 章建立了尊重 WTO 争端解决机构的推定，但第 28 条第 4 款为当事方挑选法庭创造了机会。①CPTPP 争端解决机构作为 WTO 争端解决机构的候补者，不应成为国际贸易中有争议法律问题的最后救济手段。②

第三，诸如 CPTPP 这样的超级 RTAs 将产生一个对气候变化政策不友好的体系，因为它们在范围上是诸边的，在性质上是竞争性排他的，在设计上是政策限制性的。有效的行动在范围上将是多边的，在性质上是集体的，在设计上将是政策激进主义的。③ CPTPP 作为新一代 RTAs，是对 21 世纪以贸易—投资—服务法律关系为核心的新区域主义要求的回应，④ 由于其缔约方广泛的代表性、地理延伸及政治意愿，目前已经通过的贸易与环境条约文本如非法渔业捕捞等在未来极可能被多边化，为未来的多边贸易与环境谈判和规范制定提供模板，从而对 WTO 产生塑形效应。CPTPP 环境章节所代表的 RTAs 环境规范模式及其发展趋势，对于理解区域主义和多边主义之间的关系以及预测其对国际贸易规则的影响至关重要。这部分内容将在第四章 CPTPP 环境章节与 WTO 协定之间的关系中展开详细论述。

---

① Steven K. Specht, "Dispute Resolution in the Trans-Pacific Partnership: Pillar or Pit-fall", *Journal of Transnational Law & Policy*, Vol.26, Issue 1, 2016–2017, p.182.

② Steven K. Specht, "Dispute Resolution in the Trans-Pacific Partnership: Pillar or Pit-fall", *Journal of Transnational Law & Policy*, Vol.26, Issue 1, 2016–2017, p.183.

③ Natassia Ciuriak& Dan Ciuriak, "Climate Change and the Trading System: Implications of the Trans-Pacific Partnership," *The International Trade Journal*, Taylor & Francis Journals, Vol.30 No.4, 2016, pp.345–361.

④ Baldwin, Richard, 21st Century Regionalism: filling the gap between 21st century trade and 20th century trade rules. WTO Staff Working Paper ERSD-2011-08. Available at:<www. wto. org/english/res_e/reser_e/ersd201108_e.pdf> Accessed on16 April，2021.

第三节　CPTPP 环境章节的习惯国际法考量

一、CPTPP 具体章节在缔约国的国家实践及法律确信

CPTPP 是一个 11 国共同签署的巨型 FTA，截至 2021 年 6 月 30 日，成员国包括加拿大、日本、澳大利亚、新西兰、新加坡、墨西哥、智利、秘鲁、马来西亚、越南和文莱。协定覆盖人口近 5 亿，签署国经济体量之和占全球 GDP 的 13%。CPTPP 是成员国针对贸易保护主义作出的积极条约法回应，如影随形的是其习惯国际法效应。鉴于加拿大既是 CPTPP 成员国，也是 USMCA 签署国的双重条约法身份，下文将以 CPTPP 在加拿大的实施为范例，论述 CPTPP 具体章节在缔约国产生的国家实践及其法律确信。

加拿大于 2018 年 10 月 29 日批准了 CPTPP，加拿大批准 CPTPP 与其国家利益密不可分。进入亚太地区市场将使加拿大成为七国集团中唯一一个在美国、欧盟和亚太市场享有优惠贸易准入的国家。美国退出 TPP 为加拿大的经济发展提供了新的动力，加拿大可以加强出口市场多元化，减少对美国市场的严重依赖。

加拿大认为 CPTPP 在包容性贸易的发展和全球衔接方面是一个重要的里程碑。包容性贸易意味着确保社会各阶层能够利用贸易和投资带来的机遇，包括传统上代表性不足的群体，如妇女、土著人民和中小型企业。这就意味着在确保贸易协定在诸如劳工权利、环境保护等重要领域中包含强有力的规定，并加强了政府出于公共利益进行监管的持续权利。但是作为处理复杂问题的法律文件，CPTPP 协议文本很难理解，部分原因是协议的权利和义务将在不同的法律传统和背景下实现。

2020 年 10 月 17 日，加拿大政府发表了《关于实施全面跨太平洋伙伴关系协定（CPTPP）的声明》（*Statement on Implementation for the CPTPP,*

以下简称"CPTPP 实施声明")①。该声明详细说明了政府对加拿大参与 CPTPP 所产生的权利和义务的解释，以及政府为执行该协定将采取的措施。

二、CPTPP 环境章节在非缔约国的国家实践及法律确信

CPTPP 是一个极具影响力的 FTA，不仅从加拿大这样的缔约国签署 CPTPP 之后的国家实践和法律确信中得以彰显，而且特别是对非成员国的影响，以及其他国家如中国对 CPTPP 的反应中得以印证。CPTPP 将在多大程度上改变区域主义的游戏规则，以及它将如何塑造贸易协定环境规范的未来？在回答诸如此类前瞻性问题之前，有必要动态评估 CPTPP 对非缔约国特别是中途退出 TPP 的美国的溢出效应，因为美国对 CPTPP 作出的国家实践映衬出美国在 CPTPP 协定外围对 CPTPP 的法律确信，从而更可能产生条约法和习惯国际法上的多米诺骨牌效应，深刻影响未来 FTA 环境规范的承诺和规定。

（一）USMCA 与 CPTPP 环境章节之异

2018 年 9 月 30 日，美国、墨西哥和加拿大在 NAFTA 的基础上重新进行谈判，形成了《美墨加协定》（The United States-Mexico-Canada Agreement，以下简称 USMCA）。这一贸易协定取代了之前的 NAFTA，也重新就贸易与环境问题进行谈判形成独立的环境章节。由于美国并未成为 CPTPP 缔约国之一，CPTPP 环境条款在美国同其他国家之间并无约束力，而 USMCA 环境保护章节是 TPP 中环境章节的内容、WTO 多哈回合环境议题谈判的早期成果以及几个新的环境议题的综合。② 可以说，USMCA 与

---

① https://www.smartbiggar.ca/insights/publication/canada-releases-statement-on-implementation-for-the-comprehensive-and-progressive-agreement-for-trans-pacific-partnership-（cptpp）.

② 边永民：《〈美墨加协定〉构建的贸易与环境保护规则》，《经贸法律评论》2019 年第 4 期。

CPTPP是当下环境保护水平最高的两个RTAs，研究与分析二者的异同对未来贸易规则中环境规范的制定与实施尤为重要。

将USMCA与CPTPP进行对比之后发现，二者在环境法的定义、范围与目标、保护水平、环境法的执行、多边环境协定、保护臭氧层、保护海洋环境不受船舶污染、企业社会责任和负责任的商业行为、提高环境绩效的自愿机制、贸易和生物多样性、外来入侵物种、可持续渔业管理、渔业补贴、非法、未报告和无管制（IUU）捕捞、保护和贸易、环境产品和服务、环境委员会和联络点、环境磋商、高级代表磋商、部长级磋商等制度设计上保持着高度相似性，但也就公众意见、程序事项、环境影响评估、空气质量、海洋垃圾、海洋野生捕捞、保护海洋物种、向低排放和适应型经济转变、可持续森林管理和贸易、环境合作、关于执行事项的呈件、事实记录和相关合作、争端解决等条款存在着或多或少的差异。①

USMCA的公众信息参与公众意见条款规定的较为简明。USMCA虽然规定了接收和审议其国内人员就环境的执行所提出的书面意见②，但未像CPTPP一样对接收和审议书面意见的程序和要求作出详致的规定，也没有设置通知义务。在内容编排上，USMCA把缔约国信息提供义务从程序性事项转移到公众信息参与条款，在设置上比CPTPP更为合理。在程序性事项条款中，USMCA增加了对最终裁决的诉讼程序要求：书面作出并在适当情况下说明理由、及时向缔约方和公众公布信息与证据。而且在最终裁决作出后，当事方有权请求复审，复审结果在正当理由下还有更正或重新裁定的可能。③USMCA还规定了CPTPP没有的环境影响评估制度④，空气质量⑤和海洋垃圾条款⑥，要求缔约方认识到空气质量的重要性、合作在保

---

① 详见USMCA-CHAPTER 24-Environment。

② See USMCA-CHAPTER 24-Article 24.5: Public Information and Participation.

③ Article 24.6: Procedural Matters.

④ Article 24.7: Environmental Impact Assessment.

⑤ Article 24.11: Air Quality.

⑥ Article 24.12: Marine Litter.

护空气质量中的作用、制定和实施防止空气污染的措施以及确保获得空气质量数据方面公众参与和透明度的重要性、空气质量监测方法的价值与合作交流的领域，还要认识到海洋垃圾对人类健康以及海洋和沿海生态系统造成的破坏，积极采取措施预防和减少海洋垃圾。在海洋野生捕捞条款①上，USMCA 规定了对鱼或鱼产品采取贸易限制措施的要件：一要有证明受措施影响的产品与受保护或养护物种之间存在联系的最佳科学证据，二要切合保育目标，三要进口方满足协商和采取适当措施解决该问题提供合理机会的条件。

继美国反对在 TPP 中谈论贸易与气候变化后，USMCA 甚至在向低排放和适应型经济转变条款的设置上留下空白。但它增加了对森林保护的思考，提出了可持续森林管理和贸易条款，除了强调养护和可持续管理森林的重要性外，规定了缔约方在此问题上需要维持或加强促进可持续森林管理的政府能力和体制框架，促进合法采伐的森林产品贸易。USMCA 还新设置了关于执行事项的呈件、事实记录和相关合作两项条款，规定是否有效执行环境法的争议交由环境合作委员会秘书处处理，以及呈件提交、答复期限、缔约方的通知义务、编制事实记录等程序类事项。最后的不同之处是争端解决条款，USMCA 提高了要求争端解决的前提条件，磋商各方在收到环境磋商的请求之日起 30 天内而不是 CPTPP 规定的 60 天内即可采取下一步行动解决问题。而且 USMCA 没有规定启动争端解决之前需要考虑其环境法范围是否与作为争议客体的环境法实质相同，更没有涉及环境法范围与作为争议客体的环境法实质不相同时应该如何做的问题。

显然，就 USMCA 与 CPTPP 环境章节的不一致之处来看，即使 USMCA 去掉了一些细枝末节的环境条款，例如接收和审议书面意见的程序与启动争端解决之前考虑其环境法范围是否与作为争议客体的环境法，但在条款编排、议题增加、程序公正问题上取得了很大的进步，虽然就贸易与气候变化的议题作出了回避，但仍可被称作是一项环境高标准的贸易协定。

---

① Article 24.17: Marine Wild Capture Fisheries.

（二）CPTPP 环境章节对美式 FTA 的溢出效应

自 TPP 打退堂鼓之后，美国继续把监管和履行现有的 FTAs 环境义务列为优先事项，以及与贸易伙伴在双边和多边论坛就新的承诺进行谈判。

在 WTO 多边层面，美国继续发挥领导作用，推动就禁止有害的渔业补贴进行新的多边谈判。

1. 自由贸易协定和双边国家实践

（1）USMCA

USMCA 是对 NAAEC 框架的现代化改造，将环境义务纳入 USMCA 第24 章的核心，而不是作为附属协议，并通过 USMCA 的争议解决条款使环境义务完全可执行。重要的是，违反环境义务现在将被认为影响贸易和投资。USMCA 环境章节包含美式 FTAs 内容最多，一套全面的可强制执行的环境义务。USMCA 包括承诺实施关键的 MEAs，如 CITES 和《关于消耗臭氧层物质的蒙特利尔议定书》。USMCA 还解决了关键的环境问题诸如 IUU捕鱼和有害渔业补贴等挑战。USMCA 三方承诺合作打击和防范非法贩运木材、鱼类和其他野生动物。作为美式 FTA，USMCA 第一次解决了空气质量和海洋垃圾等其他紧迫的环境问题。

但 USMCA 缺乏对北美贸易产生的温室气体排放的认真考虑，削弱了更健全的环境条款和修订后的环境合作协议所取得的任何成就。USMCA 只是间接地将气候变化与战略和行动的推广联系起来，如能源效率、替代和可再生能源、低排放技术等领域。幸运的是，可以选择修改 USMCA 以反映气候危机的重要性。在 USMCA 签署之前，《修正案议定书》为 USMCA 的环境章增加了一条新条款第 24.8 条。本条确认缔约方履行其作为缔约方的某些 MEAs 下的义务的现有承诺。第 24.8 条在解决争端方面具有可执行性，并要求各方"采取、维持和实施法律、法规和所有其他必要措施，以履行其在所列多边环境协定下的义务"。目前，《巴黎协定》并不是 USMCA 第 24.8条所列的 MEAs。然而，USMCA 第 34.3 条提供了一个简单的修订程序，可用于缔约方在未来增加更多的 MEAs，包括《巴黎协定》。

同样的 MEAs 清单也被新的《修正案议定书》第 1.3 条纳入 USMCA。第 1.3 条与原 NAFTA 第 104 条相似，尽管改写后的语言是一种改进，并为缔约方提供了更大的空间，以采取可能与 USMCA 不一致的措施，但需要遵守 MEAs 的义务。这一条款实际上是一项例外条款，允许缔约方在所列 MEAs 下采取行动保护环境，而不必担心该措施与 USMCA 不一致，但需要注意的是，该措施不能对国际贸易构成变相的限制。这一条款对于制定边界碳调整措施的贸易政策尤其有意义。同样，USMCA 第 1.3 条可由缔约方以简单的程序加以修订，将《巴黎协定》或缔约方批准的任何其他未来气候协定列入多边环境协定清单。

自 2020 年 12 月上任以来，美国贸易代表 Katherine Tai 已明确表示，她的职责包括在 FTAs 中利用贸易政策加强环境保护。第一步应该是纠正 USMCA 中"最明显的遗漏"，将《巴黎协定》纳入 USMCA 环境章和第一章，承认气候危机，而不是在 WTO 中解决环境问题。

修改 USMCA，将《巴黎协定》列在 USMCA 第 1.3 和 24.8 条中，将是一个重要的信号，表明 USMCA 缔约方准备在环境保护方面做出艰难的决定，其中可能包括将气候义务优先于贸易规则，以及潜在地利用 USMCA 有约束力的争端解决方案来执行 MEAs 中的环境义务。[①]

（2）美国—哥伦比亚贸易促进协定 CTPA

美国继续与哥伦比亚密切合作，以监测 CTPA 环境章的执行，并监督环境执法事务独立秘书处工作。秘书处位于哥伦比亚 Bogotá，接收和审议公众就下列事项提交的意见。2020 年，美国和哥伦比亚成功了与秘书处执行主任一起编写外联材料，支持秘书处的工作。执行主任在哥伦比亚对公众进行了虚拟的和亲自的宣传秘书处的认识和 CTPA 的公开提交机制。美国和哥伦比亚通过谈判达成理事会关于管理秘书处人员的雇用和管理的决定以及对

[①] Addressing Trade and Climate Change through a 'Simple Amendment' in USMCA. <https://ielp.worldtradelaw.net/2021/05/addressing-trade-and-climate-change-through-a-simple-amendment-in-usmca.html>.

美国—哥伦比亚工作计划的初步更新，支持哥伦比亚履行 CTPA 规定的环境义务的环境合作协议，包括旨在改善环境法执法的项目打击非法伐木和非法采矿。

（3）美国—巴拿马贸易促进协定

美国和巴拿马继续努力加强环境保护和监测执行 UPTPA 环境章，包括通过秘书处执行环境执法事宜。秘书处促进公众参与接受和考虑环境执法问题，确定和解决公众就执行环保法例事宜所提交的意见书。2020 年，秘书处收到一份来文，指称巴拿马没有遵守环境法与开发和审批过程中环境影响的评价和确定有关 Coclé 省的两个风电场项目。秘书处确定，提交的文件没有符合所有需要考虑的标准。支持美国—巴拿马环境合作委员会 2018 年工作计划。到 2022 年，美国通过虚拟参与提供能力建设援助帮助巴拿马履行 UPTPA 规定的环境义务，包括支持打击野生动物贩运的努力，加强 CITES 的实施和打击非法采伐，加强森林管理。

（4）美国—秘鲁贸易促进协定 UPTPA

美国继续把监测和执行 UPTPA 及其标志性的森林附件作为优先事项，包括召开秘鲁木材产品贸易机构委员会会议，进行讨论和监督秘鲁打击非法伐木。

美国贸易代表办公室和其他美国政府机构将继续与秘鲁密切接触，打击非法伐木和致力于改善森林部门的管理。美国贸易代表办公室和木材委员会将会继续监测秘鲁落实 UPTPA 环境一章承诺的情况。

此外，美国和秘鲁还根据 UPTPA 的环境章和森林附件的义务定期举行双边讨论，包括 PTPA 第 18.8 条设立的环境执法事宜。

（5）美韩 FTA

美国和韩国继续努力监督和执行 KORUS 环境一章。2020 年 4 月，两国举行了韩美联合会议审查 KORUS 执行情况和处理共同关切领域。美国欢迎近期在某些领域取得的进展，包括韩国打击非法捕鱼的新措施。美国在整个 2020 年期间不断与韩国稳步推进 KORUS，努力加强对其制度的威慑并惩罚 IUU 捕鱼。

第四节　CPTPP 环境章节实体法和程序法

CPTPP 环境章节重申了 CPTPP 缔约方致力于在增进贸易关系的同时推进环境保护目标的承诺。本章中的规定包含了有助于确保贸易与环境相互支持的承诺，并且确保贸易自由化不会以牺牲环境为代价。本章受第 28 章（争端解决）下具有约束力且可执行的争端解决机制的约束，该机制可用于解决有关合规性的问题。

环境章节的目标是促进相互支持的贸易与环境政策；促进高水平的环境保护和有效执行环境法律；增强缔约方处理与贸易有关的环境问题的能力。这些目标得到了实质性和可执行性承诺的支持，这些承诺要求缔约方保持高水平的环境保护，有效地执行其各自的环境法并促进公众的参与和透明度。本章还包含对广泛环境问题的承诺，并创建了在此类问题上合作的框架。

一、CPTPP 环境章节实体法

第 20 章涉及的实质性议题涵盖的范围相对较广，包括：濒危物种保护；非法木材、鱼类和野生动物贩运；海洋污染控制；臭氧层保护；渔业补贴；环境执法；一般环境合作；以及增加环境技术转让。气候变化没有被提及，尽管人们认识到"向低排放经济转型"以及在能源效率、低排放技术、可持续运输等问题上进行合作的重要性。

（一）一般义务

在评估一项贸易协定中的义务或权利时，需考察的要素有：（1）义务（强制性语言）、（2）精确度（义务的清晰度）和（3）制度化（拟定和裁决机制）。①

---

① Kenneth W. Abbott and others, "The Concept of Legalization", *International Organization*, Vol.54, No.3, Summer 2000, pp.401–419.

在重申习惯国际法格言确认"每一缔约方有权确定自己的国内环境保护水平和自己的环境优先事项，以及制定、通过或修改其环境法律和政策"之后，CPTPP规定了三项一般义务。第一，"每一缔约方应努力确保其环境法律和政策提供并鼓励高水平的环境保护，并继续提高其各自的环境保护水平"，这与NAFTA中的类似措辞相呼应。这一规定说明了阐明法律义务所涉及的语义选择。第二，"任何缔约方都不得通过持续或反复的行动或不采取行动，影响双方之间的贸易或投资，从而有效地执行其环境法。"① 虽然这一规定也是含糊的，但与"努力确保"相比，"有效执行"似乎是一项潜在要求更高、更具威慑力的义务。第三，CPTPP寻求为增强竞争优势的目的对削弱国家环境法的行为建立约束："一方不得放弃或以其他方式减损、或提出放弃或以其他方式减损其环境法，以削弱或减少这些法律提供的保护，以鼓励缔约方之间的贸易或投资。"

（二）额外的实质性条款

CPTPP涉及缔约方参与的MEAs以外的许多重要环境问题，其中四个与贸易直接相关。

1. 入侵物种

CPTPP要求制订一项初步计划，由环境委员会与卫生与植物卫生措施委员会协调，以确定关于外来入侵物种流动和控制的信息共享的合作机会。② CPTPP针对入侵物种是完全合适的，但这是一项相当有限的措施，短期内几乎看不到改变交易行为的可能性，而且显然将主要重点放在了不受约束的航运做法上。虽然从长远来看，委员会的程序可能会导致改善措施，但短期内它们将不会导致任何重大的监管变革。

2. 海洋渔业资源枯竭

CPTPP是第一个解决鱼类资源枯竭问题的贸易协定。在默认缔约方间

---

① CPTPP第20.3.4条。

② TPP第20.14.2条。

贸易在渔业枯竭中发挥重要作用之后，①CPTPP 规定缔约方有义务运行渔业管理系统，以可持续的方式监管野生捕捞。②

补贴部分也很重要，它禁止缔约方提供"对处于任何过度捕捞状态的鱼类种群产生负面影响"或某些特定类型渔船的捕捞次级方案。虽然这一规定仅限于大约 32% 的被归类为过度捕捞的鱼类种群，③ 并且没有涉及影响正在减少并可能很快被过度捕捞的种群的补贴，但它确实确立了取消破坏环境补贴的共同原则，这可能是一个非常重要的进步，特别是考虑到 WTO 在解决这一问题方面仍然存在困难。④

CPTPP 要求缔约方采取各种行动打击非法捕捞行为，包括相互合作，不破坏区域渔业管理组织，可能更重要的是：(1)"威慑"船只和 (2)"执行港口国措施"。⑤ 与 CPTPP 中的大多数强制性环境措施一样，"威慑"和"港口国措施"没有定义。

3.非法捕捞的鱼类、野生动物和植物贸易

CPTPP 遵循了最近的一种趋势，即试图通过拒绝市场准入来限制非法捕捞鱼类、野生动物和植物，无论它们是否被列为濒危物种。缔约方将分享信息和经验，相互合作并与非政府实体合作，加强保护本国的野生动植物，并采取行动履行其在 CITES 项下的职责。CPTPP 的范围超出了 CITES，要求每个缔约方"采取措施打击"野生动物非法贸易。

4.环境产品和服务

减少贸易增加造成的破坏性和不公平分布的环境影响的一种方法是确保

---

① TPP 第 20.16.1 条。

② TPP 第 20.16.1 条。

③ FAO, "The State of World Fisheries and Aquaculture 2016". <http://www.indiaenvironmentportal.org.in/files/file/The%20State%20of%20World%20Fisheries%20and%20Aquaculture%202016.pdf >.

④ FAO, "The State of World Fisheries and Aquaculture 2016". <http://www.indiaenvironmentportal.org.in/files/file/The%20State%20of%20World%20Fisheries%20and%20Aquaculture%202016.pdf >.

⑤ CPTPP 第 20.16.14.c 条。

发展中国家的消费者和生产者能够获得现有的最环保的技术。① 但先进技术往往受到限制性关税的限制，这使得发展中国家的许多企业无法接触到它，并导致每单位生产造成的环境破坏比必要的更大。尽管 CPTPP 包含一项条款，"承认"环境产品和服务的贸易和投资，② 但并无其他规定。环境委员会负责审议该地区的缔约方问题，各方的任务是"努力解决任何潜在的环境产品和服务贸易壁垒"。③ 换句话说，CPTPP 认识到这一问题，但将其留到未来的发展和其他谈判场合，如 WTO 的《环境产品协定》。

值得注意的是，CPTPP 没有解决许多重要的跨国环境问题。这些问题至少包括：除船舶以外的海洋环境污染；气候变化和可能的碳边界调节税；荒漠化；环境正义；化石燃料补贴；转基因生物；有害废物和有毒化学品；土著环境权；核废料；石油和天然气开发；持久性有机污染物；湿地保护等。

(三) 具体条款

具体而言，第 20.1 条将"环境法"一词定义为一缔约方的法规或规章，其主要目的是通过防止污染物，化学物质的释放来保护环境或防止危害人类生命或健康，废物管理或野生动植物群（包括濒危物种和保护区）的保护和养护。该定义不包括与工人健康和安全直接相关的措施，也不包括主要为生存或原住民采伐自然资源而采取的措施。该条款还阐明了该定义所涵盖的法律范围。

第 20.2 条概述了本章的目标，并强调了加强合作的重要性。它还指出，环境法不应被用作对贸易或投资的变相限制。

第 20.3 条概述了本章中的主要承诺。缔约双方承认缔约各方在建立自己的环境优先事项和保护水平的同时，争取实现高水平环境保护的国家主

---

① OECD, "Invention and Transfer of Environmental Technologies", *OECD Studies on Environmental Innovation*, 2011.<https://www.oecd.org/env/consumption-innovation/invention-andtransferofenvironmentaltechnologies.htm>.

② CPTPP 第 20.18.1 条。

③ CPTPP 第 20.18.3 条。

权。双方承诺有效执行各自的国内法律，并且不减损或放弃此类法律，以鼓励贸易或投资。

第 20.4 条承认多边环境协定（MEAs）的重要作用，并申明了每个缔约方对执行其加入的 MEAs 的承诺。缔约方认识到就 MEAs 和 FTAs 的谈判和执行进行对话的重要性。

缔约方在第 20.5 条中同意采取措施，通过控制消耗或以其他方式改变臭氧层的物质的生产，消费和交易来保护臭氧层。缔约方同意公开提供有关其与臭氧层保护有关的计划和活动的信息，并在解决共同关心的领域进行合作。

缔约方在第 20.6 条中认识到保护和维护海洋环境的重要性，并同意采取措施防止船舶污染海洋环境。缔约方承诺向公众提供其与防止船舶污染海洋环境有关的计划和活动的适当信息，并致力于在共同关心的领域进行合作。

第 20.7 条规定了要求，以确保当事方对所谓的违反环境法行为给予应有的考虑，并确保具有法律认可利益的人可以使用程序寻求补救或制裁。这些程序不得不必要地复杂或过高地花费，也不应造成不合理的时限或不必要的延误。这些程序也必须是公平，公正和透明的。这些程序中的任何听证会将对公众开放，除非司法机关另有要求。

第 20.8 条规定了公众参与的潜在方式，并承诺各缔约方寻求满足有关该缔约方实施本章的信息要求。

在第 20.9 条中，缔约方同意规定，公众应接受并考虑有关缔约方执行本章的书面意见。缔约方将使此类提交的程序易于获取和公开获得。如果呈件声称某缔约方未能有效执行其环境法律，则在该缔约方作出书面答复后，环境委员会（根据第 20.19 条设立）可考虑此事是否可从合作活动中受益。该条还要求委员会建立讨论提交给委员会的来文和答复的程序。这些程序还可规定使用专家或现有机构为委员会编写报告。

在第 20.10 条中，缔约方同意鼓励其境内的企业自愿采用与环境相关的企业社会责任原则，并符合该缔约方认可或支持的国际公认标准和准则。

第 20.11 条鼓励使用灵活和自愿的机制，为实现和维持高水平的环境保护做出贡献，并补充国内监管措施。此类机制的设计应以相关国际标准为基础，以最大限度地发挥其环境效益，避免造成不必要的贸易壁垒，应是真实的且不会造成误导。他们还应促进竞争和创新，并且不应在原产地基础上对产品给予不利的对待。

第 20.12 条规定了缔约方之间为解决与执行本章有关的共同或共同利益事项而进行合作的潜在方式。这种合作可以在双边或诸边基础上进行，在现有机制的基础上或作为补充，并包括 CPTPP 的非政府机构或组织和非缔约方。

缔约方在第 20.13 条中同意根据各自的法律或政策促进和鼓励保护和可持续利用生物多样性。缔约方认识到尊重，保存和维护体现传统生活方式的土著和地方社区的知识和做法的重要性，这有助于保护和可持续利用生物多样性。缔约方还认识到促进其各自国家管辖范围内遗传资源的获取，符合其国际义务的重要性，以及与保护和可持续利用生物多样性有关的公众参与和磋商的重要性。

第 20.14 条规定，各缔约方应共同努力，确定评估和解决外来入侵物种的风险和不利影响的方法。

缔约方在第 20.15 条中承认，向低排放经济过渡需要采取集体行动，并同意合作解决共同关心的问题。缔约方还同意酌情参与向低排放经济过渡有关的合作和能力建设活动。

缔约方在第 20.16 条中承认，渔业管理不当，造成过度捕捞和能力过度的渔业补贴以及非法，不报告和不管制捕捞可能对贸易，发展和环境产生重大不利影响，并同意采取旨在解决这些问题的措施问题。缔约方承诺采取旨在保护和可持续管理渔业的措施。缔约方还承诺禁止某些导致过度捕捞和能力过剩的补贴，并有最多三年的时间在本协定生效之日前实施已实施的合格补贴计划。双方同意将给予或维持给从事捕鱼或与捕鱼有关的活动的人的任何有关补贴通知其他缔约方。

第 20.17 条规定，各缔约方应履行《濒危野生动植物种国际贸易公约》（CITES）规定的义务，采取措施保护处于危险之中的物种，并打击对野生动植物和野生动植物的非法获取和非法贸易。包括通过信息交流和有关保护问题的联合活动以及通过执法网络之间的合作活动。CPTPP 暂停了第 20.17 条第 5 款中的"或其他适用法律"一词。

缔约方在第 20.18 条中认识到本协定对于促进环境产品和服务的贸易和投资的重要性。环境委员会将审议缔约方确定的与环境产品和服务贸易有关的问题，包括确定为潜在的非关税壁垒的问题。缔约方将努力解决这些障碍，包括与其他委员会合作。

二、CPTPP 环境章节程序法

（一）一般体制改革安排

1. 投资者—国家争端解决

CPTPP 延续了美式 FTAs 具有投资者—国家争端解决（ISDS）条款的模式。

作为部分回应，CPTPP 投资章节也在环境措施上相应设置了较为宽泛的条款：本章的任何规定均不得解释为阻止缔约方采取、维持或执行其认为适当的与本章相一致的任何措施，以确保在其领土上的投资活动不以对环境、健康或其他监管目标敏感的方式进行。

虽然这一条款似乎是保护性的，但迄今为止的研究表明，类似的条款并没有阻止许多投资者提出索赔。[1]CPTPP 投资章节还规定发布通知、诉状、听证文件和命令（受当事人声称信息受保护的约束）[2] 并向公众开放听证，但讨论受保护的信息除外。尽管规模不大，但这些仍是在透明度方向上值得注意的动向。

---

① Haydn Davies, "Investor-State Dispute Settlement and the Future of the Precautionary Principle", *British Journal of American Legal Studies*, Vol.5, No.2, 2016, pp.449–86.

② CPTPP 第 9.24.1 条。

2. 综合性争端解决机制

有无强有力的争端解决机制也是判断一项条约约束力的一个核心要素。CPTPP 第 28 章的争端解决机制，适用于缔约方之间的环境争端。在范围上，除适用于未被排除的章节、条款外，还可适用于缔约方签署的双边换文等。在具体分析 CPTPP 第 28 章之前，应回顾 CPTPP 第 1 章的规定。第 1 章明确了 CPTPP 与 WTO 协定等其他协定的关系。如果某一争端既涉及 CPTPP 协定的条款，又涉及 WTO 协定的条款，申诉方可选择其一解决争端，该选择是排他性的。WTO 和 RTAs 之间存在的平行裁决机制正越来越多地通过法院选择条款来处理。[1] 其核心思想是，一旦一方选择将争端提交给一个选定的争端解决机构，这个选择是不可逆转的，并且该方不得将争端提交给另一个争端解决机构。甚至有人认为，国际经济法为使用和发展各种工具以协调国际争端解决提供了一个有趣的实验室。[2]

CPTPP 环境争端解决机制规定了磋商程序、第三方调解程序和专家组审理程序。这些程序基本类似于 WTO 争端解决机制的相应程序。与 WTO 争端解决机制根本不同的是，CPTPP 协定争端解决机制无上诉程序，专家组裁决报告无需缔约方通过。另一根本不同是，CPTPP 协定规定了被诉方不执行裁决时的赔偿制度。提供赔偿是被诉方可选取的执行裁决的一种方法。如果被诉方不执行裁决，申诉方和被诉方又未就赔偿达成协议或达成赔偿协议又遵循该协议，申诉方可以采取措施拒绝授予被诉方协定规定的利益。[3]

CPTPP 环境章节受制于 CPTPP 争端解决程序，具有一定的局限性。作为一项新的规定，CPTPP 成员在启动环境争端解决程序之前，应考虑其环

---

[1] Michelle Q Zang, "When the Multilateral Meets the Regionals: Regional Trade Agreements at WTO Dispute Settlement", *World Trade Review*, Vol.18 No.1, 2019, p.38.

[2] L. Boisson de Chazournes, "Plurality in the Fabric of International Courts and Tribunals: The Threads of a Managerial Approach", *European Journal of International Law*, Vol.28 No.1, 2017, pp.13–72.

[3] 参见韩立余：《TPP 协定的规则体系：议题与结构分析》，《求索》2016 年第 5 期。

境法是否"在范围上实质相当于"争议中的"环境法"。①

3. CPTPP 委员会

除了上述争端解决机制之外，CPTPP 还有一个总务委员会——跨太平洋伙伴关系委员会——由每一方的高级代表团组成。该委员会负责总体执行，并可设立其他特设或常设委员会。它是以协商一致方式作出决定的，意思是"在作出决定时，没有一方出席任何会议，反对拟议的决定"。这似乎是一个相当严格的标准，因为它赋予每一方有效的否决权。

还有一个环境委员会，由各缔约方贸易部和环境部的高级政府代表组成，其职责相对模糊，包括监测环境章节的执行情况，并在 CPTPP 生效后三年内编写一份书面报告，提供持续讨论的论坛，与其他委员会协商和协调，等等。该委员会也将以协商一致方式运作，除非它以协商一致方式同意以其他方式运作。委员会的这种有限权力似乎表明，缔约方将保留在各自领域内实施 CPTPP 的大多数环境问题，并不打算由条约机构来解决其中的许多问题。CPTPP 只是重申了在各种议题上"合作解决共同感兴趣的问题"的义务。另一方面，委员会将提供定期讨论的论坛。

CPTPPP 还旨在塑造国家环境监管项目的内部运作。每一缔约方的任务是：（1）确保向公众提供关于其环境法律、政策、执法和遵守程序的相关信息；（2）"确保在其领土上居住或设立的利害关系人可以要求缔约方主管当局调查涉嫌违反其环境法的行为，主管当局对这些请求给予应有的考虑"；（3）"确保可获得执行的司法、准司法或行政诉讼"，并"公平、公正、透明和遵守正当程序"；（4）"确保提供执法的司法、准司法或行政诉讼"，并"公平、公正、透明和遵守正当程序"；（5）"为违反其环境法的行为提供适当的制裁或补救措施"，包括由非国家行为者提起执行诉讼的可能性；（6）确保这种制裁和补救措施"适当考虑到相关因素"，这些因素可能包括违反行为的性质和严重性、对环境的破坏以及违法者从违法行为中获得的

---

① Heng Wang, "The Future of Deep Free Trade Agreements: The Convergence of TPP (And CPTPP) And CETA?" *Journal of World Trade*, Vol.53 No.2, 2019.

任何经济利益。

（二）具体条款

第 20.19 条设立了环境委员会，负责监督本章的实施，包括合作活动。委员会还负责努力解决与本章的解释和适用，以及缔约双方确定的任何其他职能有关的事项。委员会的决定以协商一致方式作出，并应向公众公开。还要求每一缔约方指定并通知一个联络点，以促进各缔约方之间在执行本章中的沟通。

第 20.20 条概述了缔约方在环境章下有任何问题时要求进行磋商的程序，并规定了可能对此事有重大兴趣的其他缔约方参加磋商。重点是通过合作与对话，包括寻求相关专家的建议，尽一切努力来解决问题。

在第 20.21 条中，如果协商方未能按照第 20.20 条解决此事，则一缔约方可要求委员会召集审议此事。

第 20.22 条规定，如果协商双方未能按照第 20.21 条解决此事，则应进行部长级磋商。此类磋商将是机密的，并且不影响任何一方在任何未来程序中的任何权利。

第 20.23 条规定，如果磋商方未能解决此事，则请求方可以寻求利用协议的争端解决（第 28 章）。对于根据第 20.17 条第 2 款（保护和贸易）引起的争议，争端解决小组必须遵循某些特定要求。

三、CPTPP 环境章节的特性及发展趋势

一方面，CPTPP 环境章节可以促进可持续发展，提高缔约国环保水平，促进贸易自由化；另一方面，CPTPP 环境章节可能构成绿色贸易壁垒，被缔约国利用作为贸易保护主义的工具。

CPTPP 针对环境与贸易问题采取了"冲突避免模式"（conflict-avoiding mode）。为了避免环境义务与贸易义务之间的冲突，贸易规则的解释和适用应与环境法一起考虑。例如，对环境友好型产品的偏好可能不会违反最惠国

待遇和国民待遇，因为它可以在 MEAs 中或在国内环境法中寻找法律依据。同样，根据贸易协定，可能有必要制定一项高于国际标准的国内环境标准，因为贸易协定要求各缔约方执行国内环境法。①

而 WTO 环境与贸易规则采取的是具体问题路径（Issue-Specific Approach），WTO 多哈回合环境议题谈判，只会修改有关具体问题的贸易规则，例如关于取消环境产品关税清单、渔业补贴案文草案等。在 WTO 多哈回合谈判中，环境与贸易一体化（Integration）只发生在某一具体问题的范围内。这种模式有助于稳定贸易与环境规则之间的关系。但是，如果不处理具体的环境问题，WTO 规则中对环境支持程度较低的部分将保持不变。总之，WTO 只能在环境与贸易一个问题一个问题的基础上取得最小的进展。

CPTPP 似乎同时采用了避免冲突模式以及具体问题模式。② 避免冲突模式和具体问题模式包括：关于消耗臭氧物质的《蒙特利尔议定书》，防止船舶污染的海洋环境保护，生物多样性，外来物种入侵，向低排放和弹性经济转型，气候变化，海洋渔业捕捞，保护濒危物种，和环境产品和服务。

目前 CPTPP 高标准的"与环境和贸易相关"的若干条约规定一方面有其先进性，另一方面可能导致发达国家与发展中国家之间贸易与环境尤其是可持续发展目标的进一步紧张关系，有时甚至是直接冲突。尽管不太可能消除竞争部门法律和政策之间所有的不一致，但有管理地减少潜在的发达国家与发展中国家间环境及贸易法律和政策不一致，对于实现可持续发展目标的全球努力至关重要。由于贸易谈判已从多边一级转移到区域和双边一级，跨国公司发挥了越来越大的影响力，并成功地游说纳入对它们直接有利的极具争议的条款，如 CPTPP 的 ISDS 条款。贸易谈判的这种政治性质，以及许

---

① Ching-Wen Hsueh, "A Greener Trade Agreement: Approaches to Environmental Issues in The TPP Negotiations", *Asian Journal of WTO & International Health Law and Policy*, Vol.8, No.2, September 2013, p.535.

② Ching-Wen Hsueh, "A Greener Trade Agreement: Approaches to Environmental Issues in The TPP Negotiations", *Asian Journal of WTO & International Health Law and Policy*, Vol.8, No.2, September 2013, p.536.

多企业在 CPTPP 发展过程中也参与了闭门磋商，意味着未来的贸易谈判必须承认并试图限制来自特殊（企业）利益的影响，以防出现对环境敏感的贸易政策。这并非易事。贸易谈判固有的权力失衡（power imbalance），最终反映了自 20 世纪 80 年代初新自由主义兴起以来全球经济更广泛且仍在不断扩大的失衡，其特征是资源分配日益不公平，同时强调市场机制和个人责任。①

CPTPP 是典型的发达国家与发展中国家间缔结的南北型 FTA，CPTPP 环境章节代表了南北型 FTA 非贸易问题的发展和演变。非贸易问题所覆盖的范围和承诺的深度也随着时间的推移而不断在推进，似乎已经形成了在新建 FTA 中普遍包括非贸易条款的趋势。② 这种趋势的发展是否会逐渐自动扩大到 WTO 多边贸易体制？ WTO 多边谈判中僵持不下的环境议题可以通过双边或诸边谈判予以解决，其中奥秘何在？反之，在双边或诸边协定中解决了的非贸易问题是否也会回归到 WTO，顺理成章演化成多边规则的条款呢？这些都是值得国际经济法学界同仁继续深入研究的理论问题。

---

① Walls, H., Baker, P., & Smith, R., "Moving towards Policy Coherence in Trade", *Journal of Public Health Policy*, Vol.36, No.1, pp.491–501. <doi:10.1057/jphp.2015.23>.

② 孙玉红：《南北型自由贸易协定非贸易问题演化趋势和中国的对策》，中国社会科学出版社 2015 年版，"前言"第 2 页。

第四章　影响缔约国环境与贸易的 CPTPP 其他章节概览

　　CPTPP 一共 30 个章节，每一种规则对未来国际贸易谈判可能产生的影响都值得深究。① 而环境问题与知识产权、国有企业和透明度一直是 TPP 处于谈判僵局的四大问题之一。例如，TPP 各方对 MEAs 有不同立场，美国尚未签署《生物多样性公约》，CPTPP11 个国家中只有极少数国家签署或批准了《关于获取遗传资源和公平分享利用遗传资源惠益的名古屋议定书》。为打破核心章节僵局，CPTPP 环境一章平衡了其他各章中所推进的经济利益。由于 CPTPP 属于 21 世纪全面的综合性协定，在用显微镜微观解剖 CPTPP 环境章节这只"麻雀"之后，有必要从宏观角度概述可能对 CPTPP 缔约方环境措施产生影响的其他章节及其具体规定。通过系统梳理 CPTPP 三十章主要内容及其具体实施，发现对 CPTPP 缔约国环境与贸易可能直接产生影响的章节远不止 CPTPP 第 20 章，还包括序言、第 1 章、第 2 章、第 7 章、第 8 章、第 9 章、第 10 章、第 18 章、第 21 章、第 23 章、第 25 章、第 26 章、第 28 章等。这些章节都详细制定了自己的规则，这些规则将补充并可能与环境章节中的规则相冲突。许多国家还将有自己的委员会来审查合规、义务和协商程序，以及执行机制。② 那么这些章节如何相互关联？如果存在

---

　　①　Juan Nascimbene, "The Phantom of the TPP: The Impact of the TPP On International Trade Negotiations", *Trade, Law and Development*, Vol.9 No.1, 2017, p.44.

　　②　Jane Kelsey, TPPA Environment Chapter & Chair's Commentary Posted by WikiLeaks Issues for NZ1, <https://www.sierraclub.ca/en/main-page/tppa-environment-chapter-chairs-commentary-posted-wikileaks-issues-nz1-prof-jane-kelsey>.

法律冲突，如何协调和解决？本章将尝试通过规范分析和比较分析方法，针对可能直接影响 CPTPP 缔约国环境与贸易的章节进行系统梳理和深入探析。总之，CPTPP 协定的范围及其谈判方的影响意味着它们的条款有可能对未来的条约设计产生重大影响。

第一节　与环境和贸易有关的 CPTPP 初始章节

一、序言

最近通过的《联合国 2030 年议程》可持续发展目标强调了协调经济、社会和环境目标的重要性。

CPTPP"承认各缔约方固有的监管权，并决心保留缔约方的灵活性制定立法和监管优先事项、保护公共福利目标，诸如公共卫生、安全、环境、有生命或无生命的可用尽自然资源的保存等；通过有效实施环境法等措施促进高水平的环境保护，通过相互支持的贸易和环境政策和做法等，促进可持续发展目标"。

为了解决环境问题以及全球经济中的其他可持续性问题，CPTPP 序言开宗明义地概述了缔约方的共同愿望，并为解释该协定提供了基础。它反映了各缔约方对促进经济一体化和彼此之间的合作以及对保持开放市场、增加世界贸易和为各种收入和经济背景的人民创造新的经济机会的承诺，尤其内嵌包容性的社会价值，包括企业社会责任、环境保护和执法、可持续发展等。

二、第 1 章初始条款和一般定义

CPTPP 第 1 章，首先明确 CPTPP 的法律依据是 GATT1994 第 24 条和 GATS 第 5 条。这一方面表明，CPTPP 是 WTO 框架内的、WTO 规则允许的国际贸易协定。另一方面也表明，只要依据 GATT1994 第 24 条和 GATS 第 5 条，无论缔结的协定具体使用什么名称，都不影响该协定的性质。此外，尽管自由贸易协定是 1994 年 GATT 第 24 条内的概念，似乎是一个货物贸易概念，但现实中自由贸易协定这一概念已经演变为一个通用名称，既包括货物贸易，也包括服务贸易，还包括其他贸易和规则，例如投资、知识产权、劳工、环境等。因此，现实中存在的自由贸易协定，包括 CPTPP，其涵盖内容和调整范围都比 GATT1994 和 GATS 广。[①]

CPTPP 第 1.1 条宣布根据 GATT1994 第 24 条和 GATS 第 5 条建立自由贸易区。第 1.2 条规定了该协定，WTO 协定和其他协定之间的关系。根据第 1.2 条，缔约双方重申各自在 WTO 和双方均已加入的其他协定下相互之间的现有权利和义务。

第二节　与环境和贸易有关的 CPTPP 货物贸易章节

一、第 2 章货物国民待遇和市场准入

约束关税、取消关税是所有 FTAs 货物贸易规则的最基本要求。第 2 章对 CPTPP 缔约国环境与贸易可能直接产生影响的有：

（一）促进绿色贸易的关税政策

1. 有机产品的差别关税

当 CPTPP 对每个缔约方生效时，大多数关税细目变为免税，其他货物的关税将在"逐步取消"阶段逐步取消，具体情况因国家而异，详见各国的关税取消表。但是，有机产品的差别关税值得关注。在 CPTPP 许多发展中国家

---

① 韩立余主编：《〈跨太平洋伙伴关系协定〉全译本导读》（上），北京大学出版社 2018 年版，第 2 页。

是用传统方法培育农产品，很少或不使用农用化学品，如墨西哥、秘鲁和越南。有机农业可以在许多方面为发展中国家的贸易和可持续发展作出贡献，它尤其与出口多样化、减少贫穷、环境保护有关。但是，发展中国家的有机农业面临着几个问题，生产、销售和体制方面的限制需要克服，发达国家的补贴等扶持措施对发展中国家当地或区域生产的有机产品产生了严重的负面影响。亚洲发展中国家以科学为基础的受市场影响的有机产业还处于初级阶段，例如，有机产品的认证标准及其协调问题，日本走在世界前列。最近由联合国贸易和发展会议、联合国食品和农业组织（粮农组织）、国际有机农业运动联合会发起旨在促进发展中国家走向国际有机市场的国际贸易和市场准入的活动。特别是农业方面的贸易自由化，取消出口补贴和减少国内支持，可以将比较优势转移到发展中国家。然而，发展中国家抢占有机食品市场的能力将取决于发达国家的供应情况。此外，促进有机食品当地消费在发达国家一直是一种农业哲学特色，这限制了发展中国家进入他们的市场。[①] 最后，有机食品市场受到政策的显著影响。因此，如果要与发展中国家进行贸易，CPTPP 发达缔约方需要增加从发展中国家进口有机食品，鼓励就必须落实到位。

CPTPP 第 2 章 C 节农业、农业规定强化了 WTO《农业协定》中的出口补贴纪律以及特殊保障措施义务，规定缔约方不得对运往另一缔约方境内的农产品采取或维持任何出口补贴，来自缔约方的原产农产品不适用缔约方依据 WTO《农产品协定》采取的特殊保障措施征收的关税，且缔约方将共同努力在 WTO 达成协议取消农业补贴，并防止其以任何形式被重新采用。

CPTPP 第 8 章 "技术性贸易壁垒" 附件 8—G 专门就有机产品作出了规定。CPTPP 第 8 章适用于 "缔约方就其境内销售或分销的有机产品的生产、加工或标识，正在制定或维持有关标准、技术法规或合格评定程序，本附件适用于该缔约方"[②]。并鼓励缔约方采取措施，就关于有机生产、有机产品认

---

① 　UNCTAD, Trading Opportunities for Organic Food Products from Developing Countries. <https://unctad.org/system/files/official-document/ditcted11d.pdf>.

② 　CPTPP 第 8 章附件 8-G-1。

证和相关控制系统的事项，酌情交换信息；相互合作制定、完善和加强与有机产品贸易有关的国际指引、标准和建议。①

2.现代生物技术产品贸易

根据 CPTPP 第 2 条第 19 款，现代生物技术产品是指采用现代生物技术培育的农产品以及鱼类和鱼类产品；本条规定不阻碍缔约方依其在 WTO 协定或本协定其他条款所授予的权利和义务采取的措施。在现代生物技术产品贸易方面，CPTPP 缔约方重在强调透明度、合作和信息交换在这方面的重要性，特别是为了防止或降低转基因低水平混杂（Low-level Presence, LLP）现象，出口缔约方应提供增加透明度，并通报有关生物技术产品的国家法律法规，进口缔约方也应履行相应义务，降低转基因低水平混杂现象损害贸易的可能性。为尽量减少 LLP 事故和因 LLP 事故可能导致的任何贸易中断，进口商和出口商承诺交换某些信息，例如产品风险评估和批准植物新品种。为了促进这一工作，CPTPP 还在农业贸易委员会下专门成立现代生物技术贸易工作组，并提供交流信息的论坛和平台，进一步推动缔约方之间对具有共同利益的现代生物科技产品贸易的双边或多边合作。最后，该协定指出，缔约国没有义务通过或修改适用于现代生物技术的现有法律、条例或政策。

USMCA 是第一个包含现代生物技术农产品条款的 FTA，包括那些通过基因组编辑创造的农产品。② 这些规定侧重于在批准和将此类产品推向市场方面提高透明度和协调。现代生物技术产品的市场准入是美国的一个主要贸易目标。③ 目标包括建立通用批准和采用共同框架，并协调有关农产品中通用标准的监管程序与美国相一致。2019 年 6 月发布的《农业生物

① CPTPP 第 8 章附件 8-G-2。

② USMCA, Chapter 3, Section B, https://ustr.gov/trade-agreements/free-trade-agreements/united-states-mexicocanada-agreement/agreement-between.

③ See USTR, 2020 National Trade Estimate Report on Foreign Trade Barriers, March 2020.

技术产品监管框架现代化行政令》①重申了美国对农业生物技术和贸易的一般政策。2020 年 5 月，美国农业部动植物卫生检验局发布了一项修订某些转基因植物和其他生物管理的最终规则。② 修订后的法规基本上免除了通过基因编辑创建的产品面临的许多监管障碍，而其他转基因产品必须克服这些障碍才能获得批准。同样，2016 年，中国发布了转基因作物商业化路线图。从那时起，中国已经批准了用于食品、饲料和加工的进口作物的新转基因特性，中国还修订了有关转基因农产品安全评估、进口批准和标签的法规。

最近谈判的贸易协定，包括 USMCA 和美中"第一阶段"协议，使人们对美国在农业生物技术产品更大程度上的成功谈判产生了疑问。一些美国国会议员已经呼吁美国执行 USMCA 的农业生物技术条款，理由是墨西哥没有遵守。美国农业组织对中国是否会遵守美中"第一阶段"协议中有关农业生物技术的条款提出了质疑。

（二）非关税措施

非关税贸易壁垒是亚太地区出口商面临的最大挑战之一。非关税措施（NTMs），如卫生和植物卫生措施（SPS）和技术性贸易壁垒（TBT）被用作实现目标的政策工具，例如保护人类、动植物生命健康、安全和保护环境等。然而，它们也增加了贸易成本。这种成本的一个重要组成部分是在亚太地区国家监管的高度分歧。CPTPP 缔约方政策制定者通过监管条款在CPTPP 中相互承认或协调等合作来解决这一问题。

CPTPP 第 2 章规制的涉及缔约国环境与贸易的非关税措施主要是绿色或清洁能源生产补贴和反补贴措施。技术变革使得绿色或清洁能源有取代化石燃料向低碳经济转型的先天优势，有人可能会说，清洁能源市场的建立首

---

① E.O.13874, June 2019; see https://www.whitehouse.gov/presidential-actions/executive-order-modernizingregulatory-framework-agricultural-biotechnology-products/.

② CRS In Focus IF11573, USDA's SECURE Rule to Regulate Agricultural Biotechnology.

先需要补贴，因为当时清洁能源比化石燃料贵。[1] 自 2009 年以来，补贴构成了贸易干预的绝大部分。[2] 随着清洁能源技术的成本持续下降，清洁能源补贴和进口限制可能更多的是出于竞争或寻租行为的动机，而不是出于环境目标，因为政府试图在全球市场中确立自己的行业地位，既得利益集团寻求推迟从化石燃料向清洁能源的过渡。因此有必要规范清洁能源补贴，加快向低碳世界过渡。有学者赞成在贸易和投资协定中加强监管自主权以促进公共利益监管。然而，当"绿色产业政策"造成妨碍竞争的贸易扭曲时，它可能就不符合公共利益监管的条件。监管自主权和公共利益并不是同义词。在清洁能源补贴方面，监管自主权需要受到限制，因为市场扭曲会增加清洁能源技术的成本并降低其竞争力，从而减少全球公共福利。然而，在贸易和投资协定的当事方承受着保护监管空间的压力的环境下，这可能是一项挑战。[3] 在这方面，环境问题可能是一个导火线。

第 2.14 条"管理费用和手续"对反补贴税作出了相应规定。[4]CPTPP 缔约方许多税收支出、直接支出、研发拨款和优惠的信贷条件促进了清洁能源的生产和消费，以替代传统燃料。那么在该条适用于 CPTPP 缔约方绿色或清洁能源补贴时，应考察该项补贴是否造成了市场扭曲？如果一项绿色或清洁能源补贴正在造成市场扭曲，该措施应该被撤销、反对还是安全的？如果

① See Luca Rubini, "Ain't Wastin'Time No More: Subsidies for Renewable Energy, The SCM Agreement, Policy Space, and Law Reform", *Journal of International Economic Law*, Vol.15, No.2, 2012, p.525.

② Evenett, S. "Protectionism, State Discrimination, and International Business Since the Onset of the Global Financial Crisis." *Journal of International Business Policy*, Vol.2, No.1, 2019, pp.9–36.<https://doi.org/10.1057/s42214-019-00021-0>.

③ Armand de Mestral, "When Does the Exception Become the Rule? Conserving Regulatory Space Under CETA", *Journal of International Economic Law*, Vol.18, Issue 3, 2015, p.641.

④ CPTPP 第 2 条第 14 款"管理费用和手续"："1. 缔约方应当确保，根据 GATT1994 第 8.1 条及其解释说明，所有对进出口征收或与进出口有关的任何性质的规费和费用（下列税费除外：出口税、关税、符合 GATT1994 第 3.2 条的与国内税费等同的费用、反倾销税和反补贴税），在数量上大致限于提供服务的成本，且不应成为对国内货物的一种间接保护，也不应成为为了财政目的而征收的进口税或出口税。"

这些补贴是针对某一行业的，那么它们中有许多是可以抵消的。特别是支持生物燃料生产的补贴可能存在争议。其中一些补贴还视当地内容而定，并在此基础上向 WTO 提出了挑战。①WTO 是否为 CPTPP 缔约方绿色或清洁能源补贴提供了适当的政策空间呢？目前还存在法律上的不确定性，从而对政策空间产生了限制。有些问题可以通过诉讼加以澄清，但这并不是最佳办法，因为争端有许多变幻莫测之处，充其量只能提供零碎和局部的解决办法。WTO 司法机构所承受的压力也不应被低估。最好的例子是对诉诸GATT 第 20 条为某些补贴辩护的可信但有争议的可能性进行的分析，因为对可再生能源的补贴日益成为 WTO 和国家一级的争端。在这种法律框架不健全、诉讼日益增多的情况下，WTO 法律改革成为最佳选择。目前需要的是一个法律庇护，以明确和积极的方式界定支持绿色和清洁能源的补贴类型是合法和许可的。②

第 2.23 条责成各缔约方努力在 WTO 达成与国有贸易企业有关的协议，其中包括：取消对农产品出口授权的扭曲贸易的限制；取消给予国有贸易企业的特殊融资，这些国有贸易企业出口农产品占农业出口总额的很大一部分；以及增加出口国营贸易企业的运营和维护的透明度。

第 2.27 条规定了与现代生物技术产品贸易有关的义务。第 2.27 条第 1款肯定了与现代生物技术产品贸易有关的透明度，合作和信息交流的重要性。第 2 和第 3 款提供了更大的确定性，即该条不影响该缔约方根据 WTO或 CPTPP 其他条款或其与现代生物技术产品有关的国内法律，法规或政策

---

① Appellate Body Report, Canada–Measures Affecting the Renewable Energy Generation Sector, WT/DS412/AB/R, and Canada—Measures Relating to the Feed-in Tariff Program, WT/DS426/AB/R, 6 May 2013. Ongoing cases include EU–Measures Concerning the Importation of Biodiesel, WT/DS459; India–Solar Cells and Solar Modules WT/DS456; EU–Certain Measures Relating to the Energy Sector WT/DS452; and China–Measures Concerning Wind Power Equipment, WT/DS419.

② Luca Rubini, "Ain'tWastin'Time No More Subsidies For Renewable Energy: SCM Policy Space and Law Reform", *Journal of International Economic Law*, Vol.15 No.2, 2012, pp.525–579.

的权利或义务。第 4 款要求各缔约方根据其法律和信息的可用性，公开以下与现代生物技术产品有关的信息：完成产品授权申请的文件要求；导致产品授权的任何风险或安全评估的摘要；以及在其领土内已获授权的产品列表。第 5、第 6 和第 7 款规定了在现代生物技术产品低水平存在的情况下，建立联络点以及与信息共享有关的进口方和出口方的义务。第 8 款规定了旨在减少缔约方产品授权之间的时间间隔的可能性的义务。

二、第 7 章卫生与植物卫生措施

CPTPP 第 7 章"卫生与植物卫生措施"声明，其目标之一是加强和发展 WTO《SPS 协定》。① 然而，从它的提议来看，它在处理 SPS 问题方面与 WTO《SPS 协定》存在一些实质性的差异。CPTPP 协定强调了保持 SPS 与贸易之间兼容性的重要性。事实上，它在其目标范围内规定保护人类、动物和植物的生命或健康，正如《SPS 协定》所做的那样，但同时便利和扩大贸易。② 《SPS 协定》只是规定，SPS 措施不得构成对国际贸易的变相限制。CPTPP 目标是确保在科学的基础上，以透明和非歧视的方式制定和实施 SPS 措施，此外，CPTPP 还将通过解决不科学、歧视性和其他毫无根据的贸易壁垒。因此，CPTPP 的 SPS 章节属于 WTO 的"SPS＋规则"。

在制定 SPS 标准的过程中，CPTPP 各缔约方强调了它们的共同利益，即在科学的基础上确保规定的透明和非歧视性，同时重申了在各自国家保护人类、动植物或健康的权利。CPTPP 为减少 SPS 对贸易的潜在影响而提出的战略之一是加强缔约方之间的沟通、协商和合作。同时为了对缔约方执行本章规定的一般监督，CPTPP 设立了自己的 SPS 措施委员会。这个委员会的主要功能是：(ⅰ)作为当事人探讨 SPS 问题的一个论坛；(ⅱ)在缔约方之

---

① CPTPP 第 7 条第 2 款："本章旨在（b）强化并基于《SPS 协定》。"

② CPTPP 第 7 条第 2 款："本章旨在（a）保护缔约方境内人类、动植物生命或健康，同时采取各种手段解决并寻求解决 SPS 问题，以便利和扩大贸易。"

间确认和开发合作项目；(iii) 在 WTO 的 SPS 委员会会议和《SPS 协定》认可的三个国际标准制定组织包括食品法典委员会、世界动物卫生组织和国际植物保护公约举办的会议上就会议事项和立场进行磋商。

CPTPP 缔约方之间加强沟通也依赖于透明度规定。CPTPP 协定的一个特殊之处在于，它不仅强调了缔约方之间共享信息的重要性，而且强调了与"利害关系人"共享信息的重要性，使双方都有机会就其拟议的 SPS 措施发表评论。[①] 这表明 CPTPP 协定寻求促进缔约方的私营部门纳入 SPS 措施的概念。事实上，在美国，企业、公众舆论和利益集团在制定国家的 SPS 措施方面已经有了高度的参与。

为了避免对贸易流动的负面影响，CPTPP 协定不仅强调 SPS 事项的交流与合作，也对其有关概念加以明确。与 WTO《SPS 协定》一样，优先考虑遵守国际标准。然而，当一个缔约方决定制定不同于国际措施的自己的 SPS 措施时，CPTPP 规定，这些措施必须以书面的和客观的科学证据为基础。[②] 在《SPS 协定》中，使用形容词"书面的和客观的"而不是"可用的"，意味着必须考虑可能存在风险的预防原则（如《SPS 协定》第 5.7 条）被削弱了。

CPTPP 第 7 章中关于透明度的另一项特别规定是，它通过出口缔约方主管当局和联络点，加强了缔约方之间在通报 SPS 措施之外的沟通。双方交换的信息涉及：(a) 其是否了解源自其境内的出口货物的重要 SPS 风险；(b) 出口缔约方境内动植物健康状况的变化可能影响当前贸易的紧急状况；(c) 病虫害区域的状况发生了重大变化；(d) 重要的对于食品安全病虫害的监管对策具有影响的新的科学发现；和 (e) 在食品安全、病虫害管理、控制或根除政策或做法发生的、可能影响当前贸易的重大变化。

WTO 的《SPS 协定》也通过国家咨询点加强成员之间的沟通。然而，

---

① CPTPP 第 7 条第 13 款第 1 项："各缔约方认识到持续性分享 SPS 措施之信息，向利害关系人及其他缔约方提供机会评议缔约方提议的 SPS 措施，是有价值的。"

② CPTPP 第 7 条第 9 款第 2 项："在承认各缔约方具有《SPS 协定》第 5 条项下的风险评估义务的同时，每一缔约方应当保证其 SPS 措施符合相关国际标准指南或建议，或者如果不符合，则应基于与措施有合理联系的文献和客观的科学依据。"

CPTPP 将此交流的重点放在产生 SPS 措施的触发因素上，似乎是为了推动 CPTPP 缔约方预测与其他缔约方的 SPS 监管和程序相关的复杂、可能的、即将到来的情景为了适应和避免对贸易的负面影响。CPTPP 特别关注 SPS 措施的科学证据和风险分析的要求。

CPTPP 第 7 章为缔约方之间的合作所采取的方法与 WTO《SPS 协定》的技术援助和特殊和差别待遇条款也有很大不同，这些条款具体体现在标准和贸易发展基金中。发达国家和欠发达国家之间的真正合作、分享经验以及技术和财政支助可以减轻执行方面的困难并促进协调。CPTPP 侧重于促进贸易合作和信息交流，但技术援助具体包括什么不太清楚。事实上，它规定在 SPS 措施方面进行合作的目标是消除缔约国之间不必要的贸易障碍。①

最后，与 CPTPP 未来的 SPS 争端间接相关的是将"现代生物技术产品贸易"纳入货物国民待遇和市场准入章节。这意味着 CPTPP 缔约方之间有关包括转基因生物在内的生物技术食品的任何争议，将主要通过考虑市场准入原则的 CPTPP 争端解决方案来解决，而不是考虑卫生或植物卫生保护原则。这与 2003 年 WTO 关于欧盟暂停进口生物技术产品的争端完全不同，后者专家组的决定和程序完全以 WTO 的《SPS 协定》为基础。②

三、第 8 章技术性贸易壁垒

技术性贸易壁垒（Technical Barriers to Trade，以下简称 TBT）正成为继边界措施后贸易自由化的主要障碍，因此成为"21 世纪贸易协定"关注的重点议题。③CPTPP 不仅解决边界保护和关税自由化问题，它还特别关注

---

① CPTPP 第 7 条第 15 款第 2 项："为了消除缔约方之间不必要的贸易障碍，各缔约方应当展开合作，共同确定 SPS 事项方面的工作。"

② SOFÍA BOZA，"Sanitary and phytosanitary measures in the context of the CPTPP agreement"，*Bio-based and Applied Economics*，Vol.7 No.1, 2018, pp.87–98.

③ 李冬冬：《"21 世纪贸易协定"技术性壁垒规则：内容、特征及启示》，《国际经贸探索》2016 年第 11 期。

成员国的境内措施和监管水平，包括产品和生产标准、成员国之间现有的 TBT 问题。成员国之间的这种深度一体化是 CPTPP 这种巨型 RTA 有别于以往 FTAs 的新特征。21 世纪贸易的具体情况表明，在全球价值链的推动下，生产过程日益碎片化，建立共同监管框架的重要性不言而喻。CPTPP 成员考虑到产品和生产标准作为强大的技术性贸易壁垒在当今全球价值链贸易中的作用日益重要。从 CPTPP 来看，其对成员国监管框架趋同的关注是显而易见的。TPP 谈判旨在制定一个高层次的 21 世纪贸易协定，特别关注可持续性标准，包括环境产品和生产标准。CPTPP 谈判对可持续性标准的特别重视表明了其在世界贸易中的作用越来越大。遵守这些标准对市场准入越来越重要。对于 CPTPP 政府间谈判而言，公共标准要求特别值得关注。然而，企业制定的私人标准在全球价值链和可持续性要求中越来越重要。公共标准和私人标准相互影响。私人标准有时甚至比公共标准更苛刻。

CPTPP 第 8 章与 WTO 的《技术性贸易壁垒协定》（*Agreement on Technical Trade Barrier*，TBT）是继承与发展的条约法关系。CPTPP 技术性贸易壁垒章节直接并入了 TBT 的部分既有规则，又做了大部分条款的相应细化拓展，还有少量的突破和创新。其中从无到有的突破有：①规制模式变更。不同于 TBT 不分产品类别的统一规制模式，CPTPP 第 8 章采用了区分一般产品和特殊产品的区别规制模式。②针对特定对象加强规制。附件 8 分别针对有机产品等 7 类特定产品进行了具体规制。但是，CPTPP 第 8 章又有历史性的倒退：①未规定技术援助制度，而是规定了性质完全不同于 TBT 对其他成员的技术援助和对发展中国家成员的特殊与差别待遇的技术讨论制度。②未针对 TBT 争端规定特别的争端解决规则，甚至将 TBT 条款有关的争端排除在 CPTPP 争端解决机制之外。①

第 8.2 条规定了本章的目标，即促进贸易，包括消除不必要的技术贸易壁垒，提高透明度，促进更大的监管合作和良好的监管做法。在此基础上，

① 参见韩立余主编：《〈跨太平洋伙伴关系协定〉全译本导读》（上），北京大学出版社 2018 年版，第 188—190 页。

255

CPTPP 确认并以 WTO 关于技术性贸易壁垒的承诺为基础。确保承诺提高透明度，减少不必要的测试和认证成本，并促进标准开发的更大开放性。为了确保不同缔约方产品得到公平对待，重要的是标准制定、合格评定程序和技术法规要以公平透明的方式制定，并有机会让不同利益相关者"自下而上"参与。为此，CPTPP 鼓励缔约国政府增加公众对政府机构制定技术法规、标准和合格评定程序的参与，要求 CPTPP 国家提高政府决策的透明度，包括：发布新的技术法规和合格评定程序，提供公众信息交流和技术讨论的机会，对讨论中提出的实质性问题作出回应。此外，CPTPP 特别旨在加强葡萄酒和蒸馏酒、医疗设备、化妆品、药品以及信息和通信技术产品等关键领域合作的可靠承诺。

具体而言，节能电器标签要求、转基因追踪标签要求、机动车排放标准的绿色技术、工艺与生产方法（Process and Production Methods，以下简称 PPMs）、食品成分标签等，许多国家都有规定，出口商、进口商以及当地生产商必须遵守。这些类型的卫生和植物检疫措施（SPS）和技术性贸易壁垒措施可能给生产者带来额外的合规成本。各国之间的 SPS 措施和技术性贸易壁垒的差异导致贸易成本更高。为确保食品安全等，许多法规都是必要的，监管趋同（Regulatory Convergence）通过协调可以带来重要的收益，技术性法规的统一也降低了贸易成本。[①]

值得一提的是，CPTPP 第 8.13 条介绍了"技术性贸易壁垒"一章的部门附件。其中包括七个特定领域（化妆品，医疗设备，药品，葡萄酒和蒸馏酒，信息和通信技术产品，预包装食品和食品添加剂的专有配方以及有机产品）。这些部门性成果建立在本章义务基础上并进一步补充，从而提高了监管透明度和可预测性，同时保留了各方为公共利益进行监管以实现合法公共政策目标的权利。

---

① Knebel, C.& Peters, R. "Non-tariff Measures and the Impact of regulatory convergence in ASEAN." In *Non-tariff Measures in ASEAN*, edited by Ing, L. Y., Cadot, O.& Peters, R. Jakarta: Economic Research Institute for ASEAN and East Asia, 2018，p.485.

第三节　与环境和贸易有关的 CPTPP 投资章节

一、第 9 章投资章节具体内容

（一）A 节

第 9.1 条规定了专门针对"投资"一章的定义。在这些当中：

"投资"的定义是包括企业，企业的股权，债务工具和贷款，知识产权，衍生工具，合同和特许权，许可，许可证和其他相关产权。所涵盖的投资类型不受限制；但是，在定义之内，"投资"必须具有投资的特征，例如资本的承诺，对收益或利润的期望或承担风险；"缔约方的投资者"的定义是试图在另一缔约方的领土内进行，正在进行或已经进行投资的一方，或者该方的国民或企业。

第 9.2 条第 1 款规定，本章适用于一缔约方采取或维持的与另一缔约方的投资者有关的措施，并涵盖该投资者的投资。与绩效要求有关的第 9.10 条和与投资以及环境，健康和其他监管目标有关的第 9.16 条适用于在缔约方领土内采取或维持该措施的所有投资，包括来自非缔约方的投资。第 2 款将本章的义务适用于中央，区域和地方各级政府，以及行使其中某一级政府授予的权力的任何个人或团体。第 3 款明确指出，在本协定生效之前已不存在某行为或情况的情况，本章不作涵盖。

第 9.3 条第 1 款规定，如果本章与 CPTPP 的任何其他章之间存在不一致之处，则以不一致之处为准。第 3 款规定，在第 11 章（金融服务）涵盖该措施的范围内，本章不适用于该措施。与金融机构，金融机构的投资或投资者或金融服务的跨境贸易有关的措施，将在《金融服务》一章中介绍。然后，该措施应服从《金融服务》一章的特定义务，该章纳入了本章的某些义务。

第 9.4 条和第 9.5 条共同防止了对 CPTPP 投资者及其投资的基于国籍的

歧视。以下本章条款从略。

（二）B 节

B 节列出了本章的 ISDS 机制，规定了特设法庭中立和有效执行 A 节中规定的义务。

二、评价

外国投资保护与东道国国家主权的协调与平衡，是国际投资协定（IIA）永恒的主题。20 世纪 90 年代末，人们对投资法庭的裁决对政府寻求公共福利措施能力的影响感到担忧，并且这种担忧有所增加。不精确的投资条约规范所产生的不确定性，被认为对各国的监管行为产生了"寒蝉效应"（Chilling Effect）。[①] 晚近国际投资法的趋势体现在起草投资条约时力求更加精确，准确地说，指的是在条约条款中通过禁止性或承担义务的行为阐明国家承诺的特殊性。[②] 起草一项法律规范的精确程度对受该规范约束的人以及对因该规范引起的争端的裁决者都有影响。在所有的法律领域，立法者可能会选择采用更精确的语言，以减少错误产生的可能性。在投资条约中制定更精确的规范，是各国可以通过向仲裁员提供指导或试图对其施加控制来重申主权的一种方式。[③] 这种向更精确方向的转变反映了国际公法中越来越倾向于以规则

---

① Joost Pauwelyn, "At the Edge of Chaos? Foreign Investment Law as a Complex Adaptive System, How It Emerged and How It Can Be Reformed", *ICSID Review-Foreign Investment Law Journal,* Vol.29, Issue 2, 2014, pp.372–418.

② Mark S. Manger and Clint Peinhardt, "Learning and Diffusion in International Investment Agreements"（2014）14, 17<http://www.uni-heidelberg.de/md/awi/peio/manger__peinhardt_26.08.2013.pdf>.

③ Kathleen M. Sullivan, "The Justices of Rules and Standards", *Harvard Law Review,* Vol.106, Issue1,1992, p.106.

为基础。①

CPTPP 投资章节旨在"保护外国投资和国家主权之间建立一个有趣的平衡，以规范它们的利益，追求合法的公共政策目标"。②CPTPP 主要反映了美国在投资协定方面的趋势。③ 托默·布劳德等人得出了 TPP 投资章节建立在现有协议的基础上，非常接近 NAFTA。④ 但事实上，CPTPP 第 9 章 82% 的文本取自美国—哥伦比亚 FTA 的投资章，⑤ 然而，CPTPP 的规范性使其成为最详细、最重要的投资协定之一。与早期 FTA 和 BIT 相比，CPTPP 的投资者—东道国争端解决条款给 CPTPP 在投资领域带来的真正创新，属于为其他国际经济条约奠定基调的特定条款。因此，在这一监管领域，CPTPP 所留下的烙印显然与先前的优惠贸易协定之间的差异有关。⑥

CPTPP 投资章至少有四处与缔约方环境或贸易相关。第一，第 9.8 条征收和补偿，特别是当一个非歧视性的公益监管行为将构成征用时，只有在"罕见"的情况下才规定非歧视性的、为保护合法公共福利目标而"设计和

① Daniel Bodansky, "Rules vs. Standards in International Environmental Law", *Proceedings of the Annual Meeting*, *American Society of International Law*, Vol.98, 2004, p.278.

② AcuerdoTranspacfico, TPP Inversiones [Transpadic Partnership TPP Investments], General Directerate of International Economic Relations. http://www.direcon.gob.cl/tpp/capitulo-inversiones (last visited May 14, 2021).

③ Rodrigo Polanco Lazo&Sebasti~n G6mez Fiedler, "A Requiem for the Trans-Pacific Partnership: Something New, Something Old and Something Borrowed?" *Melbourne Journal of International Law*, Vol.18, No.2, 2017, pp.298–300.

④ Tomer Broude, Yoram Z Haftel and Alexander Thompson, "The Trans-Pacific Partnership and Regulatory Space: A Comparison of Treaty Texts", *Journal ofInternational Economic Law*, Vol.20, No.2, 2017, pp.391–417.

⑤ Wolfgang Alschner& Dmitriy Shougarevskiy, The New Gold Standard? Empirically Situating the TPP in the Investment Treaty Universe (Graduate Institute of International and Development Studies Working Paper Series, Nov.23, 2015) .<http://graduateinstitute.ch/files/live/sites/iheid/files/sites/ctei/shared/CTEI/working_papers/CTEI%202015-8%20AlschnerSkougarevskiyTPP.pdf>.

⑥ Juan Nascimbene, "The Phantom of the TPP: The Impact of the TPP On International Trade Negotiations", *Trade, Law and Development*, Vol.9 No.31, 2017, p.46.

应用"的监管行动将构成间接征收。但是，CPTPP 没有为仲裁员提供任何进一步的指导，即什么"罕见情况"会使这种措施具有征收性。[①] 而且东道国监管的权力并没有执行机制加以保障。第二，第9.16条规定了投资和环境、卫生及其他规制目标，体现了为了公共利益的政府规制权。CPTPP 文本已经详细阐述了一些可允许的公共政策目标的含义，说明了保护人类、动植物生命或健康"包括环境措施以及与之有关的措施"，GATT1994第20条(g)项"保护可用竭的自然资源"适用于与有生命的和无生命的、可用竭的自然资源[②]。如东道国更严格的采矿和修复规则，要求外国投资者使用清洁技术等。第三，第9.17条引入了企业社会责任条款，缔约方鼓励企业采纳这样的条款。这是 CPTPP 投资章节重要的实质性创新，显然不属于美式 BIT 的"模板"，而是加拿大与哥伦比亚、巴拿马和秘鲁签订的 FTAs 条款的再现[③]。第四，第9章B节投资者—国家争端解决条款。在程序问题上，CPTPP 投资者—国家争端解决条款的架构类似于 NAFTA 第11章结构，详细介绍了仲裁程序。然而，从这种模式中可以发现一些创新。首先，CPTPP 将采用由当事人的仲裁员的行为准则和指南的利益冲突，基于行为准则下的争端解决程序第28章（争端解决）和其他有关规则或指导方针在国际仲裁的利益冲突。其次，它明确指出，投资者承担证明其主张的所有要素的责任，以符合适用于国际仲裁的一般国际法原则（第9.23.7条）。再次，CPTPP 似乎扩大了争端解决的范围，即传统上出现在美式 BITs 中的争端解决。一般做法是将 ISDS 限于核心实质性标准，但现在其他条款似乎也需要解决争端，如不符合措施（第9.12条）、代位（第9.13条）、特殊手续和信息要求（第

---

① Caroline Henckels, "Protecting Regulatory Autonomy through Greater Precision in Investment Treaties: The TPP, CETA, and TTIP", *Journal of International Economic Law*, Vol.19, Issue.1, 2016, pp.27–50.

② CPTPP 第 29.1（2）条。

③ Vid Prislan and Ruben Zandvliet, "Labor Provisions in International Investment Agreements" in Andrea K Bjorklund（ed）, *Yearbook of International Investment Law and Policy 2012/2013*, Oxford University Press, 2014，386.

9.14 条）、拒绝给付（第 9.15 条）、投资和环境卫生及其他监管目标（第 9.16 条），甚至上述企业社会责任条款（第 9.17 条）。[①] 虽然 CPTPP 的 ISDS 一直受到利益相关者的各种批评诟病，因为它赋予投资者过度的权力，以挑战东道国政府为国家社会发展而制定的公共政策目标，如许多国家因采取行动控制"废物管理"措施、征税和试图征税而对违反投资者利益的行为负责；禁止使用有害化学品；禁止采矿；对采矿方式的环境限制；环境影响评估的要求；危险废物运输和处置条例；健康保险条例；旨在减少吸烟的措施；影响水的价格和供应的措施；等等。此外，第 9.3.3 条规定，本章不适用于缔约一方采取或维持的、第 11 章（金融服务）所涵盖的措施。

不难预言，CPTPP 对环境影响最严重的威胁是投资章节，CPTPP 第 9 章 B 节投资者—东道国争端解决机制（ISDS）规定因东道国环境政策、法律法规侵害其合法权益如征收等，外国投资者可起诉东道国提请仲裁。[②] 澳大利亚、加拿大、墨西哥和新西兰对本章投资者—东道国争端解决条款提出了保留。

第四节　与环境和贸易有关的 CPTPP 金融服务贸易章节

一、概述

金融服务贸易与环境密切相关的领域主要是气候变化应对措施，如能源衍生品、碳信用等。联合国环境规划署金融倡议气候变化工作组探讨了气候变化对金融服务业的密切相关性，需要长期的、超越京都议定书以市

---

① Melida Hodgson, "The Leaked TPP Investment Chapter Draft: Few Surprises ... Is that a Surprise?" *Transnational Dispute Management*，2015, <http://www.transnational-dispute-management.com/journal-browse-issues-toc.asp? key=63> (Last visited at May 20, 2021).

② CPTPP 第 9 章附件 9—B："除非在极个别情况下，缔约方以保护如公共健康、安全和环境等公共福利为目标所设计并采取的非歧视性管制措施，不构成间接征收。"

场为基础的框架，以促进金融部门的参与，以及金融部门面临的威胁和机遇。[1]2021 年 6 月，美国审慎监管局（FCA）和金融行为监管局（PRA）发布了一份指南，解释说气候变化将对金融服务业产生重大影响，并将影响消费者的决策。[2]

对可持续投资不断增长的需求激发了信贷市场的创新。以 CPTPP 发展中成员越南为例，最明显的体现是绿色债券市场的快速增长。2019 年越南新发行的绿色债券超过 2500 亿美元。[3]绿色债券是一种固定收益工具，为环境友好型项目提供资金，尤其吸引越来越多的投资者，资本市场在向绿色经济转型的融资过程中发挥着至关重要的作用。然而，这些市场在许多发展中国家仍然相对不发达，这些国家的银行和金融机构可以通过将资本流动转向对环境负责的项目和创新技术，在降低快速增长的碳足迹方面发挥重要作用。碳作为金融价值驱动因素显然存在风险，即气候变化问题不会获得必要的关注，从而带来碳金融市场的风险。

UNFCCC 特别呼吁举办研讨会，以帮助最不发达国家应对气候变化问题。但因为气候变化有可能跨越几乎所有金融服务的职能，它创造了一种共同的责任感，阻止任何一个团体单独采取主动。此外，与石棉或转基因食品不同，气候变化不是人们可以感觉到或触摸到的东西，也不能说它有一个明确的"开始"日期，不像千年虫威胁那样。气候变化被视为一个"长期"问题，与金融服务业由季度业绩驱动的短期主义背道而驰。目前，气候变化与金融风险之间缺乏联系，而且碳价格发现的步伐缓慢，这意味着金融服务部门可能看不到气候行动的任何价值。随着欧洲、日本、加拿大和美国温室气

---

[1]　Climate Change & The Financial Services Industry Module 2– A Blueprint For Action.<https://www.ecosystemmarketplace.com/wp-content/uploads/archive/documents/Doc_330.pdf> (Last visited at May 21, 2021).

[2]　https://www.fca.org.uk/publication/corporate/climate-financial-risk-forum-guide-2020-summary.pdf. (Last visited at May 21, 2021).

[3]　Farah Imrana Hussain, "Green Loans: Financing the Transition to a Low-carbon Economy", April 27, 2020. <https://blogs.worldbank.org/climatechange/green-loans-financing-transition-low-carbon-economy> (Lasted visited at May 24, 2021).

体监管的逐步普及，再加上规模较小的温室气体市场的稳步增长，将明显加速温室气体的价值产生过程。金融机构只有在赚钱、损失或创造价值的情况下，才会认真对待气候变化问题。

在关注金融市场问题方面也缺乏政治领导。强有力的政府领导是成功利用市场机制应对气候变化的关键。监管机构对长期约束性减排目标的持续确立和执行承诺存在不确定性。金融机构内部对政府对待温室气体监管的认真态度持怀疑态度，对私营部门减排要求缺乏确定性，担心监管可能会发生变化，这样做会破坏行动的价值。

此外，涉及碳排放交易系统的规则和法规缺乏确定性。排放交易"固有"的低效和市场特征正在削弱其吸引力。碳信用（Carbon Credits）将被视为受 CPTPP 跨境金融服务和投资条款保护的"投资"。损害这些投资价值的碳排放交易机制（ETS）改革也可能引发投资纠纷，而法庭结果的不确定性和不可预测性意味着投资者—东道国争端解决（ISDS）条款为污染者提供了另一种对政府施压保持隐性补贴的手段。[1]

二、CPTPP 具体规定

那么 CPTPP 如何运用金融服务章节来应对这些问题呢？贸易为服务提供者提供更多的机会和竞争，这可以支持 FTAs 成员国的经济从重工业转向对环境危害较小的服务业，并导致更有效率和更环保的生产过程。[2]CPTPP确实降低了现有和未来金融服务的贸易壁垒——包括咨询、运输、物流、维护和与低碳技术相关的金融服务，从而为加强金融服务贸易、降低金融服务贸易成本、加速部署支持低碳转型的商品和服务奠定了基础。

概括起来，CPTPP 第 11 章含有最惠国待遇、国民待遇、金融机构的

---

[1]　TPP Trade Pact Might Hinder Effective NZ ETS Reform.<https://carbon-pulse.com/14449/> (Lasted visited at May 25, 2021).

[2]　Gene Grossman and Alan Krueger, "Environmental Impact of a North American Free Trade Agreement", Working Paper No 3914, *National Bureau of Economic Research*, 1991, p.4.

市场准入以及跨境贸易等方面的规定，也包括不符措施的例外。需要注意 CPTPP 第 11 章与第 9 章投资和第 10 章跨境服务贸易之间的条约法关系，后两章的内容被纳入到第 11 章中。因此，应结合第 9 章投资和第 10 章跨境服务贸易解释和适用第 11 章金融服务贸易。第 11.11 条（例外）是第 11 章所含的一个独立条款，包括审慎措施例外、货币政策例外、转移例外以及反欺诈例外等。第 11.21 条还规定了适用于金融服务争端的争端解决机制：原则上适用 CPTPP 第 28 章规定的争端解决机制，但另有规定的除外。第 11.22 条还规定了金融服务投资争端的解决办法，对具有投资性质的金融服务作出特别规定：适用第 9 章的投资仲裁规定，另有规定者除外。① 而且 CPTPP 缔约国政府对服务的国内监管有详细的义务来确保许可证、资格和技术标准的规定是"合理的"，不构成"不必要的贸易壁垒"（第 10.8—9 条，第 10.6—10.8 条）。为了应对气候变化，各国政府还需要对能源市场和碳排放水平进行新形式的监管，未来的政府将需要有灵活性调整这些政策。CPTPP 规则可能会限制这种灵活性。这些新的或改变的监管领域也可能面临来自 CPTPP 缔约国的外国投资者的 ISDS 案件的挑战。

第五节　与环境和贸易有关的 CPTPP 知识产权章节

知识产权与环境在 GATT/WTO 项下均为"与贸易相关的法律问题"（Trade-related legal issues）。从历史上看，知识产权和环境问题有一个共同连接点，那就是工业革命。工业化生产和全球经济繁荣的伟大时期是这两个学科的分水岭。一方面，虽然以前存在的商标和专利保护规定和立法使得知识产权创建在工业化国家；另一方面，加速了化石燃料消费，产生了地球上许多负面环境影响。知识产权规则从根本上影响创新思想和产品的质量和可

---

① 参见韩立余主编：《〈跨太平洋伙伴关系协定〉全译本导读》（上），北京大学出版社 2018 年版，第 264—265 页。

得性，因此在实现可持续发展、确保人类健康和保护环境方面极为重要。知识产权保护的水平和范围，影响着工业化国家和发展中国家之间的技术流动。这些标准还影响到对其传统知识、获得药品和教育的机会的影响，以及对可持续发展至关重要的其他此类问题。近三个世纪过去了，知识产权和环境不再是相互排斥的力量，它们开始相互合作。当今，"绿色技术"对于抵消人类活动造成的环境影响（人为环境影响）至关重要。

"绿色知识产权"的前提是拥有"绿色技术"。那么什么是"绿色技术"呢？"绿色技术"没有单一的定义。然而，1992 年联合国里约热内卢环境与发展宣言将其概括为包括"保护环境、污染较少、以较可持续的方式使用所有资源、回收更多的废物和产品、以较可接受的方式处理剩余废物的无害环境技术"。①"绿色知识产权"也是一个未定义的术语，涵盖了环境友好创新领域的知识产权保护。"绿色知识产权"正成为减缓气候变化最有效的工具之一，因为它与新技术的创造直接相关。对这些技术的投资、保护、营销、分配或许可，加上清洁技术，对于减缓全球变暖至关重要，同时也为私营部门提供了大量的经济机会。"绿色技术"虽然往往在发达国家产生，特别是在北美、西欧和亚洲的韩国、日本等，但更重要的市场往往是欠发达国家，如美国的清洁水技术在拉美偏远地区拥有最好的市场，因为在这些国家，"绿色技术"可能会产生更深远的影响，从而更需要这些技术。

一、CPTPP 具体规定

（一）A 节：一般规定

第 18.1 条列出了本章通篇使用的术语的定义。该条款包括"知识产权"

---

① Report of the United Nations Conference on Environment and Development. (Rio de Janeiro, 3–14 June 1992) <https://www.un.org/en/development/desa/population/migration/general-assembly/docs/globalcompact/A_CONF.151_26_Vol.I_Declaration.pdf>.

的定义,以及各种国际知识产权条约和文书。

第 18.2 和 18.3 条规定了本章的目标和原则。

第 18.4 条规定了缔约方之间对本章的总体理解,认识到有必要促进创新和创造,促进信息,知识,技术,文化和艺术的传播,并促进竞争和开放高效的市场,关于国家系统的基本公共政策目标。

第 18.5 条要求每个缔约方提供适当和有效的知识产权保护和执行。第 18.5 条指出,各当事方可以在自己的法律体系和实践中自由决定执行本章义务的最适当方法。

第 18.6 条申明了缔约方对《关于 TRIPS 协定和公共卫生的 WTO 多哈宣言》的承诺,包括缔约方采取措施保护公共卫生和促进获得药品的权利。此外,该章并没有阻止有效的利用"TRIPS 健康解决方案"来强制出口到没有足够的药品生产能力的 WTO 成员的强制许可,并规定各缔约方应立即进行磋商以适当地修改知识产权章。

第 18.7 条确认每一当事方已成为或将成为所列国际协定的当事方。

第 18.8 条第 1 款就本章涵盖的所有知识产权类别而言,在遵守知识产权程序方面,每一缔约方应给予另一缔约方国民同等待遇,其待遇应不低于其本国国民的待遇。本条还规定,一缔约方可以通过以下方式将录音制品的二次使用限制为另一方的表演者和生产者的权利,即该人在该另一方的管辖范围内所赋予的权利:模拟通信和免费空中广播。

第 18.9 条规定了透明性义务,包括各缔约方必须努力在线发布其有关知识产权保护和执法的一般性法律,法规,程序和行政裁决,以及有关商标,地理标志,外观设计申请的公共信息,专利和植物品种权,以及与注册或授予的商标,地理标志,外观设计,专利和植物品种权有关的公共信息。

第 18.10 条规定了知识产权章节对现有主题的适用。

第 18.11 条涉及知识产权权利的穷竭,这是对所有者在知识产权保护的物品不再行使其部分或全部权利时所提供的知识产权范围的限制。第 18.11 条明确指出,协议中没有任何内容可以阻止一方确定在其法律制度下知识产权的穷竭是否适用或在何种条件下适用。

（二）B 部分：合作

第 18.12 条规定，各 CPTPP 缔约方可为本节规定的合作目的指定和通知联络点。

第 18.13 条规定了缔约方之间在知识产权方面的合作。

第 18.14 条规定了缔约方各自专利局之间的合作，包括促进共享和使用检索和审查工作，并减少各自程序和过程之间的差异。

第 18.15 条包括缔约方承认丰富和可访问的公共领域的重要性。

第 18.16 条包括当事双方承认与遗传资源相关的知识产权制度和传统知识彼此之间的相关性。第 18.16 条要求缔约方努力通过各自的知识产权机构或其他机构进行合作，以加深对与遗传资源和遗传资源相关的传统知识有关的问题的了解，并努力在与遗传资源有关的领域中进行高质量的专利审查。

第 18.17 条规定，本章下的合作活动应视资源的供应情况以及双方共同商定的条款和条件而定。

二、评价

CPTPP 知识产权章节致力于制定和加强支持知识和技术创新和转让的政策，加强发展中国家和发达国家在处理知识产权问题上的区域和多边合作。如 CPTPP 第 18.2 条"目标"所规定的内容。[1]"绿色知识产权"（Green IP）可以确保研发投资通过技术商品化来销售，但它们也可能构成变相的贸易限制或贸易保护主义。因此，CPTPP 第 18.3 条"原则"一方面确认"缔约方可采取必要措施来保护公共健康和营养，促进对其社会经济和技术发展至关重要部门的公共利益"；另一方面又授权缔约方"可采取适当措施防止

---

[1]　CPTPP 第 18.2 条"目标：知识产权的保护和实施应有助于促进技术创新及技术转让和传播，有助于以增进社会和经济福利的方式，促进技术知识生产者与使用者之间的互利，以及有助于权利与义务的平衡"。

权利持有人滥用知识产权，防止不合理限制贸易或对国际技术转让造成不利影响的做法"。尤其值得一提的是，CPTPP 第 18 章 B 节以较大篇幅规定了知识产权领域的合作，特别是"当遗传资源相关传统知识与知识产权制度相联系时，此类传统知识与知识产权制度的关联性"。

但是，在现行的国际法框架下，环境技术转让的每一个环节、不同的参与主体都面临着一定的障碍。发达国家没有转让环境技术的强制性义务。而环境技术的私有主体跨国公司也存在着企业环境社会责任的缺失。此外，发展中国家也存在着市场失效、政策和体制风险等障碍。[①]CPTPP 中的知识产权标准表面上并不太关心贸易本身。某些孤立条款反映了贸易协定中特有的原则，特别是要求成员国对外国和本国知识产权申请人和所有者提供平等待遇（"国民待遇"）。在这方面，CPTPP 遵循了国际经济法中长期确立的模式。经济理论和证据表明，知识产权保护水平应随着各国发展水平的不同而不同。[②]CPTPP 未能充分适应欠发达国家的发展需要，并强加了一种"一劳永逸"（one-size-fits-all）的知识产权保护模式。因此，CPTPP 现有知识产权章节难以保障发达国家向发展中国家提供"绿色技术转让"。为了确保各缔约方切实履行义务，CPTPP 对"绿色技术"的合理保护和良好运行法律体系不仅是促使发达国家履行环境保护义务的关键条件，也是对 MEAs 下技术转让制度的强化和补充。

为此，我们呼吁 CPTPP 缔约方实体法方面应建立起环境技术转让的国家责任制度，CPTPP 缔约方应强化有关技术转让规范的法律效力，制定具体、可操作的规范，落实以最优惠条件向发展中国家转让环境技术，并以此作为让发达国家一方承担环境责任的依据。发达国家通常以国家经济安全、知识产权保护等为借口，对包括绿色技术在内的先进技术的输出采取严格的

---

① 参见秦天宝、周琛：《国际环境技术转让的法律障碍及其克服》，《江西社会科学》2011 年第 3 期。

② Commission on Intellectual Property Rights, 'Integrating Intellectual Property Rights and Development Policy' (September 2002)；United Nations Conference on Trade and Development, 'The *TRIPS* Agreement and Developing Countries', UN Doc UNCTAD/ITE/1 (1996).

管制措施。例如，美国对政府支持开发的专利环境技术转让许可有限制性规定，除非专利环境技术受让人连续在美国生产体现发明的产品，否则不得给予独占许可。CPTPP 发达缔约国应切实履行国际义务解除对环境技术的出口管制，减轻相关法律对本国企业出口环境技术和对外直接投资的不当激励，并借助采购合同、税收优惠和财政补贴等手段，提高环境技术在公共领域的转让；就后者而言，政府可通过有效的环境立法，对环境技术许可证的发放和转让产生影响。此外，建立国际绿色技术专利池并使其与国际贸易惩罚机制相挂钩，是比较好的选择。①

第六节　与环境和贸易有关的 CPTPP 发展章节

一、概述

发展权（The right to development）于 1986 年由联合国通过《发展权利宣言》（*the Declaration on the Right to Development*）正式确立，是为了给发展中国家的人民发展的权利。虽然这个宣言没有强制约束力，但它仍然是国际法的一部分，理应得到遵守。近年来，环境问题已将国际关注的焦点从发展权转移到可持续发展概念，而发展权却被忽视。在可持续发展可以作为一种工具通过环境和贸易相关的政策造福于不发达国家之前，必须承认发展的法律权利。

WTO 声称多边贸易体制的目的是促进发展，希望通过贸易援助来促进发展，但现有因素甚至与 WTO 体制设想的自由贸易概念相悖，WTO 多哈发展议程停滞不前。人们很容易认为，WTO 已经把可持续发展的概念变成使 WTO 制度合法化的工具。表面上是发展议程，实际上却没有把重点放在

---

① 丁晓迪：《国际绿色技术转让制度的缺陷及完善》，《湖北警官学院学报》2014 年第 2 期。

发展上。①

在美国已签署生效的任何贸易协定中，TPP 首次包含专门讨论发展和能力建设的独立章节，以及促进可持续发展和包容性经济增长、减少贫困、促进粮食安全的广泛承诺。②CPTPP 第 23 章"发展"章节完全继承了 TPP 的衣钵。

CPTPP 第 23 章冠名为"发展"，实则强调缔约方经济可持续发展的重要性。确认了各缔约方对发展的共识。该章旨在凝聚共识，9 个条文中竟然有 15 处提及"缔约方认识到"，这种口号式条文并无实质性义务。而且本章产生的争端，并不适用于 CPTPP 第 28 章确立的争端解决机制。

那么，CPTPP 第 23 章"发展"章节是否优于其他章节呢？第 23.8 条"同其他章的关系"明确规定："若本章与本协定下其他章规定有不一致或冲突之处，其他章规定优先。"因此，从第 23 章的章节内容及条约上下文来看，"发展"章节不仅不得优于其他章节，而且在整个协定中的分量明显小于其他部分，在条约不一致或条约冲突情形下，其他章优先。

虽然第 23.2 条中，"各缔约方认识到，本协定的设计方式考虑了各缔约方的不同发展阶段这一事实"，但无论是从 CPTPP"发展"章节的条约法地位还是条约内容来看，CPTPP"发展"章节无视 11 个成员国巨大的经济发展水平差异，完全置特殊和差别待遇原则于不顾，将对贫穷的发展中国家产生负面影响，因为"可持续发展"目标要求所有国家一视同仁地开展有效的伙伴关系。

---

① Upendra D. Acharya, "Is Development a Lost Paradise? Trade, Environment, and Development: A Triadic Dream of International Law", *Alberta Law Review*, Vol.45 No.2, 2007, pp.401–420.

② The White House, Fact Sheet: How the Trans-Pacific Partnership（TPP）Boosts Made in America Exports, Supports Higher-Paying American Jobs, and Protects American Workers.<https://obamawhitehouse.archives.gov/the-press-office/2015/10/05/fact-sheet-how-trans-pacific-partnership-tpp-boosts-made-america-exports>.

二、CPTPP 具体规定

该章认识到开放贸易和投资以及包容性增长在改善福利，减少贫困，提高生活水平以及创造新的就业机会以支持发展方面所起的重要作用。

第 23.1 条确认了创造和加强促进包容性经济发展与繁荣的贸易和投资环境的重要性。它承认贸易和投资在促进经济发展和繁荣方面的潜力。它还承认经济增长和发展对促进区域经济一体化发展的重要性。该条款认识到联合发展活动有可能加强实现可持续发展目标的努力。本条承认，《协定》的合作和能力建设活动是发展活动的重要组成部分。

第 23.2 条承认实施发展政策的重要性；该部分的设计考虑到了 CPTPP 缔约方经济发展的不同水平；透明度，善政和问责制对于制定有效的发展政策的重要性。

第 23.3 条承认基础广泛的经济增长的好处，以及政府为产生和维持这种增长而需要持续的高层承诺的必要性。该条款还提供了可以促进广泛的经济增长的政府政策类型的示例。

第 23.4 条认识到为妇女促进经济增长而增加和鼓励其商业和工作机会的重要性，并概述了各缔约方应考虑开展的合作活动，以增强妇女充分获得本协定所规定的利益的能力。

第 23.5 条认识到了促进和发展教育，科学，技术，研究和创新以及制定相关的政府政策对于最大限度地提高《协定》所带来的利益的重要性。

根据第 23.6 条，各缔约方承诺努力促进政府，私营和多边机构之间的联合活动，以使该协定的惠益可以更有效地促进发展目标。它概述了为促进每个缔约方的发展目标而可能进行的活动的类型。

第 23.7 条设立了一个发展委员会，并概述其框架和范围。该委员会将由政府代表组成，审议与本章的执行和运作有关的问题，并促进就与发展有关的问题交流信息。

如果有任何不一致之处，则第 23.8 条管辖本协议的本章与其他各章之间的关系。

第 23.9 条规定，第 23 章的规定不受第 28 章争端解决约束。

第七节　与环境和贸易有关的 CPTPP 监管协调章节

一、概述

市场开放不仅取决于边界措施，还取决于各国政府所实施的"边界后"（behind the border）政策措施。最近达成或正在谈判的 RTAs 中"监管合作"（Regulatory Cooperation）、"监管改进"（Regulatory Improvement）、"监管协调"（Regulatory Coherence）章节，为其他 RTAs 和 WTO 全球规范的演变创造了法律先例。[①] 在 RTAs 中引入监管趋同条款背后的基本原理源于这样一种想法，即监管多样性可能带来重大成本，从而阻碍跨境交易[②]，而维持不必要的跨境监管差异会导致一些额外的负面政策影响，包括信息不对称导致的更高的交易成本。缺乏透明度或清晰的监管，以及过度的、低效的或无效的监管，带来不必要的延迟或对交易方和投资者造成额外的成本。

监管趋同也可以通过法律趋同理论来理解。虽然不同的法律体系可能从不同的出发点对同一个问题采用不同的解决方案，但它们最终可能导致类似的结果。[③] 一些学者甚至认为，法律问题往往有一种独特的、最优的解决方案，因此各国应该自发地趋同于同一规则，即使它们之间没有任何互动（这

---

① Rodrigo Polanco Lazo, "The Treatment of Regulatory Convergence in Preferential Trade Agreements", *World Trade Review*, Vol.17 No.4, 2018, p.575.

② Hoekman, B."Fostering Transatlantic Regulatory Cooperation and Gradual Multilateralization", *Journal of International Economic Law,* Vol.18 No.3, 2015, pp.609–624.

③ Mattei, U. A., L. Antoniolli, and A. Rossato（2000），"Comparative Law and Economics", in B. Bouckaert and G. De Geest（eds.），*Encyclopedia of Law and Economics*, Cheltenham: Edward Elgar, p.508.

个过程被称为"自然趋同")。① 如果没有最低限度的融合，现代多层次的法律秩序可能导致法律规范和原则、法律文书和方法的深远碎片化，从而产生法律不确定性。②

二、CPTPP 具体规定及评价

CPTPP 不同于以前任何一个 FTA 之一就是在第 25 章新设"监管协调"这一新规定。TPP 是第一个专门针对监管协调问题进行谈判的 FTA。这一议题是 CPTPP 谈判进程中被广为关注、突出宣传、关系到未来发展方向的一个议题。事实上，监管协调体现在各个方面，CPTPP 其他章节的内容都在促进缔约方之间的监管协调。第 25 章重在从监管制度本身促进监管协调。③ 第 25 章监管协调在第 20 章环境这一章之外要求环境监管协调。第 25 章要求各缔约方确定并公布受该章规范的监管措施，通过跨部门协商和协调的国内机制，促进监管协调。简而言之，它涉及不同缔约方之间法规的趋同和等同。

CPTPP 缔约国在遵守这些原则时所承担的环境义务的实质范围是什么？实施这些原则需要什么？它们是否只能通过法律上的"约束性"承诺来实现，还是"软"（非约束性）承诺可以发挥作用？在探索国际贸易法和环境政策的这一新前沿时，经研究发现，监管合作条款可能损害国家主权，特别是以环境标准相互承认的形式，可以产生放松环境监管的效果，因为标准趋近于最低的公分母。这是因为相互承认本质上涉及在不同的环境标准制度之间画上等号，这就促使该国拥有更高标准的监管机构降低环境标准，以降低生产

---

① Merryman, J. H., *The Civil Law Tradition: Europe, Latin America, and East Asia*, Charlottesville: Micchie Co., 1994, p.695.

② Lierman, S., "Law as a Complex Adaptive System: The Importance of Convergence in a Multi Layered Legal Order", *Maastricht Journal of European and Comparative Law*, Vol.21, Issue 4, 2014, pp.611–629.

③ 参见韩立余主编：《〈跨太平洋伙伴关系协定〉全译本导读》（上），北京大学出版社 2018 年版，第 551 页。

商的成本，使他们能够与来自另一方的进口产品竞争。相互承认也会让一国政府难以提高本国的环境标准，因为作为 FTAs 的一部分，该国承诺承认对方较低的环境标准，而在这方面它无法控制。随后提高环境标准需要成员国之间的协调，这可能在政治上困难且缓慢。CPTPP 直接与监管一致性有关的条款是非约束性的，采取自愿合作的形式。因此，"鼓励"参与国在引入 CPTPP 涵盖的法律、法规和政策时"考虑利害关系人"的意见。它们承诺：（1）建立政府机构之间的协调机制；（2）审查和报告所涉管制措施的协调机构；（3）及时披露拟议的规例，并检讨现有的规例，看是否应废除。虽然这些条款在法律上没有限制政府引入法规的能力，但仍存在潜在的重大政治压力，要求政府作出改变，包括取消或不引入各种法规。这些规定在实践工作中将取决于在不同国家的各种利益。

监管协调机制可以被视为削弱了国家的监管自主权，限制了它们在追求公共政策目标方面的选择。① 在 CPTPP 这样最新一代的 FTA 中，许多有关监管协调的规定本质上都是理想化的，这就提出了关于它们最终有效性的问题。而且 CPTPP 第 25 章引起的事项，缔约方不得诉诸 CPTPP 第 28 章确立的争端解决程序，这就意味着监管协调争端被排除在 CPTPP 争端解决条款之外，从而回避了这样一个问题：如果它们的承诺水平与"软"（非约束性）工具（如亚太经合组织清单）中的承诺水平相似，为什么 CPTPP 缔约国还是希望通过"法律"手段——缔结条约来促进监管协调？如果监管协调的概念不包含任何具有法律约束力和可强制执行的义务，为什么要在 CPTPP 这样一项国际条约中嵌入此类软法纪律呢？事实上，CPTPP"软法"通过标准化和统一化条款的硬化所带来的挑战，才是所有 CPTPP 缔约国特别是未来希望加入 CPTPP 的国家更持久的担忧。②

---

① Sheargold, E. and A. D. Mitchell（2016），"The TPP and Good Regulatory Practices: An Opportunity for Regulatory Coherence to Promote Regulatory Autonomy？"，*World Trade Review*，Vol.15 No.4，pp.587–612.

② Phoenix X. F. Cai，"Regulatory Coherence and Standardization Mechanisms in the Trans-Pacific Partnership"，*British Journal of American Legal Studies*，Vol.5 No.2，2016，p.508.

涉及贸易与环境的具体关切时，CPTPP 监管协调条款不免造成政府监管灵活性的降低，从而可能会侵犯国家对国内环境与贸易问题决策的主权，在很大程度上超越了 WTO 协定中仍然允许的 GATT 第 20 条、GATS 第 5 条的公共政策目标例外的灵活性，在有能力监管和无能力监管的缔约国之间制造了新的鸿沟。以可持续发展目标为例，CPTPP 的监管协调此类规定可能会减少实施可持续发展目标所需的政策空间和监管灵活性。①

第八节 与环境和贸易有关的 CPTPP 透明度和反腐败章节

一、概述

人们普遍认为，贸易规则的透明度增加了发现腐败的可能性。透明度是指有关决策过程的信息公开，并且可以很容易地从规则和决策者的身份两方面加以核实。此外，透明度还有助于检测并降低腐败行为的可能性，因为它降低了信息壁垒，便于审查和监控。根据亚洲开发银行和 OECD 2014 的报告，透明度对于培养公众对政府的信任以及有效遏制、预防和发现腐败至关重要。《联合国反腐败公约》强调透明度是打击腐败的关键。尽管建立在透明和非歧视的基本原则基础上，但 WTO 全球贸易体系对贸易协定中所谓的"深度条款"的权限有限，比如治理问题。而全球贸易性质的变化意味着剩下的贸易壁垒不再是高关税而是非关税措施，比如不同辖区缺乏管辖协调。

在 WTO 层面缺乏提高透明度和减少国际贸易贿赂的措施的情况下，美国率先在过去 15 年的贸易协定中加入了反腐败和透明度条款。必然地，大

---

① O'Brien, P. L., & Gleeson, D. H., "Retaining Our Right to Regulate Alcohol Warnings", *The Medical Journal of Australia*, Vol.199, Issue 7, 2013, p.447.

多数最近的贸易协定主要关注的是建立共同或至少相互理解的程序和政策，降低规章制度上的分歧可能会造成阻碍贸易自由化的风险。① 这意味着现代RTAs现在普遍涉及环境和劳工标准等监管领域，而且越来越频繁地涉及透明度和反腐败条款。现在，在将反腐败和透明度条款的最佳实践纳入贸易协定方面已经达成了一些共识。过去二十年来，一些国家在双边和区域贸易协定的序言中明确规定透明度原则已成为一种普遍现象。具有讽刺意味的是，当代RTAs谈判进程的核心缺陷之一，就是贸易协定谈判本身缺乏透明度和公众参与。② 就连明确将"透明度"确定为缔约方条约义务的CPTPP也不例外。此外，一些贸易协定也开始加入关于透明度的"横向"章节，将透明度义务扩展到贸易协定中所有问题的政策领域。例如，将具体的反腐败和反贿赂承诺纳入这些"横向"透明度章节已成为美国贸易协定的标准做法。将反腐败措施纳入透明度章节的事实表明，美国认为打击腐败是加强贸易政策透明度议程的重要手段。③

尽管在将反腐败原则纳入贸易协定的主流方面取得了进展，但这些反腐败条款的有效性仍有待商榷。特别是在RTAs中缺乏WTO争端解决机构这样的机制，一个国家反腐败义务的执行和实施有赖于在国家一级采取强有力的措施。④ 然而，有证据表明，在贸易协定中加入反腐败和透明度条款有充分的商业理由。而且最近的学者甚至认为，FTAs可能是反腐败最有效的手

---

① Paul Brothers, "Transparency and Corruption: A Role in Mega Trade Deals", Working Paper No.02/2016.<http://www.transparency.org/whatwedo/publication/work ing_paper_2_2016_transparency_and_corruption_a_role_ in_mega_trade_deals>.

② Ottersen, O.P., et al., "The Political Origins of Health Inequity: Prospects for Change", *The Lancet-University of Oslo Commission on Global Governance for Health*, Vol.383, Is-sue.9917, 2014, pp.630–667.

③ Lejárraga, I. and Shepherd, B. "Quantitative Evidence on Transparency in Regional Trade Agreements", *OECD Trade Policy Papers No.153*.<http://dx.doi.org/10.1787/5k450q9v2mg5-en>.

④ Matthew Jenkins, "*Anti-corruption and Transparency Provisions in Trade Agree-ments*", 2018. <https://knowledgehub.transparency.org/assets/uploads/helpdesk/Anti-corruption-and-transparency-provisions-in-trade-agreements-2018.pdf>.

段之一。①

二、CPTPP 具体规定

CPTPP 第 26 章"透明度和反腐败"包括正文和 1 个附件，正文分 A、B、C 三部分，分别涉及定义、透明度和反腐败。第 26 章包括文件的准备和披露、外国商业利益参与国内决策的权利、行政程序、审查和上诉以及信息提供等。这些可能共同向政府提供多个压力点。值得一提的是，CPTPP 第 26.10 条为贸易协定开辟了新领域，它要求签署国采取措施促进私营部门和民间社会组织积极参与国际贸易和投资中的腐败行为，尽管在监督反腐败承诺时缺乏与公民社会的强制性协商。②

至关重要的是，第 26 章本身就设立了争端解决机制，而且本章大部分义务都受制于 CPTPP 的争端解决机制，当一国以"不符合义务"的方式行事时，可以诉诸于本章争端解决机制或第 28 章争端解决机制。这可能意味着如果一个国家未能通过反贿赂立法，那么它将被追究责任，尽管争端解决机制不能用来挑战反腐败法律的不充分执行或未能根据其国内反贿赂立法起诉或定罪。③ 此外，尽管该章第 26.9 条要求成员有效地执行反腐败法律，但它没有具体说明什么是"有效"执法。④

---

① Mungiu-Pippidi, "Anti-Corruption Provisions in EU Free Trade and Investment Agreements: Delivering on clean trade".<http://www.europarl.europa.eu/thinktank/en/document.html?reference=EXPO_STU（2018）603867>.

② Clifford Chance. "Time to Up Your Game: The TPP's Enhanced Anti-Corruption Provisions". <https://tinyurl.com/zh5bfg5>.

③ Beach, K. "A Trade-Anti-corruption breakthrough? The Trans-Pacific Partnership's Transparency and Anticorruption Chapter", Global Anti-Corruption Blog.<https://globalanticorruptionblog.com/2015/11/23/thetrans-pacific-partnerships-transparency-andanticorruption-chapter/>.

④ Clifford Chance，"Time to Up Your Game: The TPP's Enhanced Anti-Corruption Provisions". <https://tinyurl.com/zh5bfg5>.

第五章　CPTPP 环境章节对中国的
影响和法律对策

　　国际法是避免战争维系和平的法律。国际法和国际法学伴随世界和平、发展、合作、共赢的时代潮流不断发展繁荣。贸易与和平的关系是一个古老的话题。自由主义者认为贸易能够推动两国间的政治合作，是两国政治关系的"黏合剂"或是"压舱石"，并且成为两国间维持和平的力量。①冷战后新的政治经济现实表明，贸易既体现出和平的一面，也体现出冲突的一面。一方面，经济全球化进程大大地推动了国际贸易在全球的拓展，贸易所产生的国际条约在不断发展，即使多哈回合谈判停滞，即使上诉机构停摆，WTO 多边贸易体制在全球贸易法治领域仍然发挥着不可替代的领军作用；另一方面，与贸易相关的冲突和争端仍继续存在，涉及的领域和地区有所扩大，不仅是前文浓墨重彩描绘的环境与贸易之间的冲突，不仅是美国剑拔弩张的出口管制对中国进行经济制裁。那么贸易到底是否能够成为推动和平的力量呢？有学者从国家利益的角度分析，得出的结论是：贸易能够在多大程度上推动和平，取决于两国贸易在国家利益中的定位以及贸易利益与安全利益的排序，贸易是否能够推动和平则取决于冲突所涉及的安全利益是否存在"生死攸关"的情况。②

　　贸易协定又是维系和平促进合作与发展的重要纽带。在贸易协定中纳

---

　　①　郎平：《贸易何以促成和平：以中美关系为例》，《世界经济与政治》2006 年第 11 期。

　　②　郎平：《贸易是推动和平的力量吗?》，《世界经济与政治》2005 年第 10 期。

入环境条款，主要是利用贸易争端解决机制作为解决国内环境问题的一种手段。如前所述，CPTPP 环境规范对缔约国产生了条约法和习惯国际法的双重效力，对非缔约国也日渐产生习惯国际法的效应。CPTPP 协定有望成为世界上最高标准的协定，并可能成为 21 世纪上半叶最重要的贸易协定。由于其规则允许成员扩大，该协定将创建全球最大和最重要的贸易集团，其中包括几个太平洋最大的经济体，如加拿大、日本、澳大利亚、新西兰、印度尼西亚、菲律宾、新加坡，当然还有中国。但事实上，CPTPP 是次区域的（sub-regional），需要进一步扩大成员国规模和影响力，只有吸纳进中美两个大国，才能具有更重要的区域意义，发挥全球引领作用。

党的十七大报告指出，要和平，求合作，促发展已经成为时代的主流。2020 年 11 月 20 日，中国国家主席习近平在 APEC 非正式会议上表示，中国将积极考量加入 CPTPP。[①]2021 年 9 月 16 日，中国商务部部长王文涛提交了中国正式申请加入 CPTPP 的书面信函。中国国际法学应顺应世界百年未有之大变局，加强对世界大变局下国际法实践的多角度研究。注重国际法理论和实践结合，努力构建中国特色国际法学科体系、学术体系、话语体系。同时，关注国际法前沿问题，与构建人类命运共同体相适应，立足国际法实践，为建设相互尊重、公平正义、合作共赢的新型国际关系提供理论支撑。[②] 因此，恰如本书引言所述，在理论上深入分析研究 CPTPP 环境章节，在实践中正确处理贸易与环境及环境保护的条约法和国内法关系，具有极其重要的学术价值和应用价值。在第三章系统分析了 CPTPP 环境章节、第四章裙带分析了 CPTPP 其他章节之后，本章作为专著最后一章，将在全面分析 CPTPP 环境章节对中国影响的基础上，细致梳理 CPTPP 环境规则并与我国现已签署生效 RTAs 环境条款进行比较研究，为我国未来签署 RTAs 环境条款提供理论依据。

---

① https://baijiahao.baidu.com/s?id=1683957579806966667&wfr=spider&for=pc.

② 肖永平：《立足世界大变局深化国际法研究》，《人民日报》2020 年 7 月 20 日。

第一节　CPTPP 环境章节对中国的条约法效应

一、条约三部曲

对于条约，我们往往重视的是其文本本身的规定，重视对文本本身的研究。从表面上看，这样的研究无可厚非。然而，从国家实践和维护国家利益的角度来看，这样的观点和实践有失偏颇，实质上既不利于我们对自身利益的维护，也不利于形成和发展自身的国际法实践。具体而言，我们应该重视研究条约三部曲。

（一）条约缔结前阶段

条约缔结前阶段主要是国家相关实践形成与发展阶段。这个阶段持续时间可能很长，也可能很短。而在这个阶段，国家主要是通过自身实践，来为后续条约的谈判和缔结提供"素材"。此种素材，既可以是一国通过自身单方面行为所形成的，也可以是多国"联合"形成的，还可以是其他国家跟进并适当发展的。而一旦这些"素材"积累到一定阶段，已经比较成熟和系统了，国际社会的国家就觉得有必要考虑以此素材为基础，来缔结相关的国际条约了。这样，就会"自然而然"地进入条约的第二个阶段。

（二）条约缔结阶段

在条约缔结阶段，尽管存在着第一阶段的大量素材，却并不意味着这些素材就能自动、全部地"进入"条约。一方面，即使一国能在前期形成相关实践，但存在相关实践与实践能否被"植入"条约，这是两个问题，彼此之间并不完全具有必然的逻辑联系。对于后者而言，则主要取决于国家的谈判能力。另一方面，不同国家的实践多少存在差异，此种差异直接决定了条约谈判阶段博弈的激烈。国家不仅要捍卫自身的实践，还需要充分研究他国的相关实践，将自身实践与他国实践"勾兑"起来，从而增强自身实践的基础和说服力。

对于缺乏相关实践的国家而言，在条约谈判过程中则可能存在两种完全不同的"境遇"：

一方面，由于欠缺本国的相关实践，本国就很难提出基于自身实践的建议，将自身实践融入相关条约将无从谈起；另一方面，由于欠缺本国实践，对于他国实践的意义及所存在的问题，本国将很难具有较好的"洞察力"。而这两方面的因素叠加之后，将在很大程度上影响到本国对于相关条约谈判参与的有效性。而我们知道，一旦参与条约谈判的有效性有限，通过谈判保护或扩展本国利益就成为空谈。

条约缔结过程一旦完成，条约生效之后，就进入条约行为的第三个阶段。

（三）条约的解释与适用阶段

在这个阶段，一方面，国家有义务善意履行条约义务，另一方面，国家也有权通过自身实践来对条约进行解释与适用，并在此种解释与适用的过程中来发展条约。此阶段存在的主要问题就是：国家通过自身实践来对条约进行解释与发展，同其履行条约义务之间的关系问题。具体言之就是：一方面，国家有权通过自身实践来解释和适用条约，另一方面，即使相关解释与适用构成了对条约规定的"突破"，他国不满意此种"突破"，他国充其量也只能以存在围绕条约解释与适用的争端为由，来指称前者违约。由于此种监督"违约"的成本非常高昂，在实践中并不能"保证"每一项类似违约都会有"违约救济"，在此背景下，一旦采取类似实践的国家增多，明显地构成了条约适用的新发展，而此种新发展，可能会构成对此前条约的"颠覆"。

从条约行为的前述三个阶段可以看出，国家实践始终构成条约行为的基础和核心。没有国家实践，就没有条约的"萌芽"与"生成"；而在条约缔结之后，国家实践既是条约解释和适用的最重要形式，也是发展条约的重要路径。不同的是，在不同阶段，国家实践所扮演和发挥的作用有所不同：在条约行为前阶段，国家实践是相关条约的"催化剂"；在条约谈判阶段，国家实践是条约形成的基础和内容，而在条约后阶段，国家实践既是解释和适用该条约的重要路径，也是发展甚至颠覆条约的重要形式。

而从我国的实践来看，在条约行为的三个阶段中，我国相关意识和表现都是有所不足的。在前条约阶段，我国很少能产生自主的"制造"自身的并具有可复制性、可推广性的实践的意识，更遑论相关实践了。这直接导致我国很少为条约的形成制作"源头"或"材料"；在条约缔结阶段，由于既缺乏相关实践，又缺乏对他国类似实践的持续和穷尽性跟进研究，导致自身在提出方案和参与讨论等方面的有效性存在欠缺；在条约缔结之后，有意识地通过解释和适用条约来形成实践同样缺乏，对于通过解释和适用来发展甚至颠覆条约的既有规定则明显缺乏应有意识。由于实践构成条约行为全部过程的最基础和最重要核心，在这方面，我国在诸多方面都存在改善和提高空间。

二、中国 FTAs 环境条款的既往国家实践

（一）中国 FTAs 环境条款的既往概况

本书试图在已有的研究成果上，通过文本分析、实证分析以及比较分析的研究方法对中国已签署生效的 FTAs 环境条款进行梳理和分析，以实现对中国 FTAs 环境条款更加系统、细致的研究，从而条分缕析中国 FTAs 环境条款存在的不足之处及其原因。

截至 2020 年 12 月 31 日，中国已与 26 个国家签署并实施了 19 个 FTAs，[①] 中国还参与了中日韩、中以、中挪自贸协定等 11 个自贸协定谈判，并分别与印度、哥伦比亚、斐济、尼泊尔、加拿大等国开展自贸协定可行性研究。[②] 在中国的 FTAs 缔约国中，智利、澳大利亚、新加坡、新西兰和秘

---

① http://fta.mofcom.gov.cn/article/chinachile/chinachilegfguandian/202012/44120_1.html.

② http://fta.mofcom.gov.cn/english/index.shtml.

鲁都是 CPTPP 的成员国。当非成员与 CPTPP 成员国谈判 FTAs 时，CPTPP 环境条款的显著溢出效应可能会导致非成员承担 CPTPP 的环境保护义务，中国也不例外。这是因为贸易和投资协定所规定的与环境和环境标准有关的法律义务，很可能会产生改善成员国国内有关环境法律法规的效果。随着国内法的完善，CPTPP 成员在与其他国家进行 FTAs 谈判时，可能会期待这些国家秉持类似的环保标准。例如，他们可能要求其他 FTAs 缔约方批准 CITES 并全面实施。因此，最终一些 CPTPP 条款可能会被间接转移到 CPTPP 成员与非 CPTPP 成员之间的 FTAs 中，中国在与 CPTPP 成员谈判双边和多边 FTAs 时，将不得不接受 CPTPP 的一些高标准的环境要求。

我国一直都谨慎地在双边和区域贸易协定中解决环境问题，其结果是在大多数的 FTAs 中几乎没有环境条款规定。知识产权、环境和透明度等，都是阻碍中国加入 CPTPP 的关键障碍。截至 2021 年 6 月 6 日，我国已签署的 FTAs 包含环境条款的有：中—智 FTA（2007）、中—新西兰 FTA（2008）、中—巴基斯坦 FTA（2009）、中—秘 FTA（2009）、中—哥斯达黎加（2011）、中—瑞士 FTA（2014）、中—冰 FTA（2014）、中—韩 FTA（2015）、中—格鲁吉亚 FTA（2018）和中—新加坡 FTA 升级议定书（2021）。中—新加坡 FTA 是单独的环境合作协定。

即使是上述这些中国缔结的有环境条款的 FTAs 也往往采取谨慎的态度。通常，这些协定的环境条款限于序言中承认"可持续发展"的原则，列入环境措施贸易义务的例外情况，一些非约束性的关于环境产品合作的最佳努力条款，偶尔也包括市场准入承诺服务。鉴于中国 FTA 对环境议题的覆盖面有限，外界对中国的期望较高。

（二）中国 FTAs 环境条款的新进展

然而在最近的 FTAs 中，中国采取了更务实灵活的方式，表现得更出色，愿意列入更实质性的环境条款。例如，中—瑞士 FTA（2014 年）和中—韩 FTA（2015 年）又向前迈进了一步，包括环境方面的专门章节。但是，许多环境合作是通过具有政治意义而非法律约束力的协定组织的，再加上环境合作的复杂性，这种环境合作的政治意义大于法律意义。

第一，中—瑞士 FTA 首开中国 FTAs 环境条款先河。在背景和目标中，双方回顾了与环境保护有关的 1972 年《斯德哥尔摩人类环境宣言》等的成果，并确立了可持续发展目标以及环境保护是该目标的重要组成部分；关于 MEAs 和环境原则，双方再次承诺，在其法律和实践中有效实施二者均为成员的 MEAs 及 FTA 中提及的国际文件的环境原则和义务，并规定双方不得为贸易保护之目的实施环保标准；在促进有利于环境的货物和服务贸易中提及鼓励有利于环境的货物、服务、技术并开展这些领域合作；国际论坛合作方面规定双方应加强共同关心的环境问题的合作；双边合作方面，双方努力寻求进一步的环境合作，特别是环境友好型技术的合作和转让问题；关于资源和资金安排，协定指出，应根据双方的社会和经济水平安排资源和资金并尽力支持发展中国家为可持续发展作出的努力；在实施和协商方面，双方约定将中国商务部和瑞士联邦经济总局设为联络点，在联合委员会框架内协商问题；就审议而言，缔约双方应考虑相关的国际动态，在联合委员会上定期审议本章所设目标的进展情况。①

第二，中—韩 FTA 包含所有中国对外签署的 FTAs 中最全面的环境保护章节。该章节确立了对环境保护的承诺，维护了环境法的适用和执行，并承诺了履行 MEAs 项的义务。双方同意执行环保措施，但没有规定对违反环境章节规定的任何处罚措施。此外，该义务不受争端解决的约束，相反，双方成立了一个环境和贸易委员会，监督该章的执行，并促进协商解决争端。具体而言，中—韩 FTA 第 16 章包括 9 条：背景和目标、范围、保护水平、MEAs、环境措施的执行、环境影响评估、双边合作、制度和财政安排以及不适用争端解决办法。尽管这是中国 FTAs 中第一个包含环境条款的协定，但其中一些措施已提供了高水平的环境保护，如环境影响评估。这些条款表明，中国愿意更多地在 FTAs 中参与解决环境问题。同时，中—瑞士 FTA 和中—韩 FTA 这两项协议都不允许适用争端解决机制到环境章节，暗示中

---

① http://fta.mofcom.gov.cn/ruishi/xieyi/xieyizw_cn.pdf.

国仍不愿接受环境承诺是有约束力的，法律强制执行的义务。尽管中国和韩国政府公开宣称中—韩 FTA 符合高标准，其内容在质量上仍然落后于其他 FTAs，双方在保护环境方面作出了相对比较宽松的承诺。中—韩 FTA 并不能成为东亚和亚太地区未来发展 FTAs 的典范。① 早在 2015 年，彼得森国际经济研究所学者就指出，在韩国缔结的所有自贸协定中，中—韩 FTA 在贸易额方面可能是最大的。但是，就贸易自由化的深度和义务的范围而言，它远远不是最好的。要做到这一点，最好的办法是在更广泛的区域性 TPP 框架下谈判达成协议。② 相对不那么雄心勃勃的中国—东盟 FTA 被视为典型的南南 FTA，中国与新西兰的 FTA 起初也不涉及竞争、劳工、环境或电子商务条款。

中国—新西兰 FTA 本未设立单独的环境章节，但同意"环境合作"的广泛领域。2021 年 1 月 26 日中国与新西兰签署 FTA《升级议定书》，《升级议定书》实现了中新自贸关系在《区域全面经济伙伴关系协定》（RCEP）基础上进一步提质增效。其中环境与贸易章节超出了 RCEP，就提高环境保护水平、加强环境执法、履行多边环境公约达成了较高水平的合作条款。③ 双方承诺将有效实施环境措施，不通过降低环境保护水平鼓励贸易和投资，环境标准不得用于贸易保护主义目的；在协定生效后适当时间，对协定实施后的环境影响进行评估；通过现有双边协定，在有共同利益的领域开展并适时深化合作。④

除了现有的 FTAs 外，中国目前正在与数十个国家进行 FTAs 谈判或进行 FTAs 可行性研究。从前面提到的中国在可持续性问题上的立场转变来看，

---

① Inkyo Cheong, "Analysis of the FTA Negotiation between China and Korea", *Asian Economic Papers*, Vol.15 No.3, 2016.<https://www.mitpressjournals.orgpdf>ASEP_a_00467>.

② Jeffrey J. Schott, Euijin Jung, and Cathleen Cimino-Isaacs, "An Assessment of the Korea China Free Trade Agreement", December 2015.<https://www.piie.com/sites/default/files/publications/pb/pb15-24.pdf>.

③ http://fta.mofcom.gov.cn/article/zhengwugk/202101/44354_1.html.

④ http://fta.mofcom.gov.cn/article/zhengwugk/202101/44360_1.html.

中国更愿意将环境条款纳入这些协议中。

尽管中国已经达成了几个含有环境条款的 FTAs，但在解决环境与贸易的法律问题方面存在很大差异，相对缺乏类似 CPTPP 高质量环境条款 FTAs 谈判的经验。欧盟、美国、加拿大、韩国等对外签署的 FTAs 有明确的环境目标，相形之下，中国更倾向于设计个性化（case-by-case）的 FTAs 环境条款，在与不同的合作伙伴谈判时可能会采取不同的方法。对于发达国家的贸易伙伴，中国将要求在环境产品和服务的技术援助和技术转让方面提供更多条款；对于发展中国家的合作伙伴，重点将放在联合研究和协调环境标准上。[①] 这种个性化 FTAs 环境条款模式一方面解决了贸易合作伙伴的不同偏好，但另一方面导致在所有中国对外缔结的 FTAs 实质性环境条款方面存在高度差异。FTAs 中的环境条款必将要求与之相适应的国内环境法律与政策的配合，进而加快我国环境法律与政策的改革，不断完善现有的环境保护法律机制，形成一套完整并有效的环境保护机制，而不是各自为政。

从国际趋势及我国参与 FTAs 谈判的实践来看，环境议题在 FTAs 中日益突出。我国对于 FTAs 环境条款，并非谈不谈的问题，而是怎样谈的问题。

第二节　CPTPP 环境章节对中国的习惯国际法效力

一、CPTPP 环境规范是现代特殊习惯国际经济法

传统习惯国际法是各国出于法律义务意识所遵循的普遍和一贯的国家实践的结果。[②] 它主要关注国家之间的相互作用和默许形式的国家实践。法律确信是用来区分法律义务和非法律义务的次要考虑因素。传统习惯国际法是

---

① Henry Gao, "China's Evolving Approach to Environmental and Labour Provisions in Regional Trade Agreements", August 2017. <http://e15initiative.org/blogs/chinas-evolving-approach-to-environmental-and-labour-provisions-in-regional-trade-agreements/>.

② North Sea Continental Shelf, 1969 ICJ REP. at 44.

逐步演变形成的，它是通过一个归纳过程来识别。在这个归纳过程中，一般习惯国际法是从国家实践的具体实例中派生出来。

相比之下，现代习惯国际法是由一个从规则的一般陈述开始的演绎过程，而不是从国家实践的特定实例开始。[①] 这种方法强调的是法律确信而并非国家实践，它主要依赖于陈述而不是行动。[②] 现代习惯国际法之所以能够迅速发展，是由联合国大会等多边条约和宣言衍生而来。这些文本是否成为习惯国际法取决于各种因素，例如它们是否以宣言的方式表述，是否得到广泛和具有代表性国家的支持，是否被国家实践所确认。[③]

CPTPP 环境规范作为现代特殊习惯国际经济法，具有以下属性。

（一）道德性

近年来，国际法学者积极探讨了现代习惯国际法观念的变化，还有学者对道德在此背景下的法律形成过程中的作用进行了专门研究。现代习惯国际法的倡导者声称，如果法律确信强有力，并且如果是强制性的理由通常是道德上的理由呼唤这样的规则，即使没有国家实践，习惯国际法也能出现。[④] 在没有国家实践前提下，通过道德的法律化而产生规则的主要例子是强行法规范（jus cogens norms），即国际法的强制性规范。中间立场结合了传统和现代模式，即实证主义和自然法立场，如果大多数国家的条约和宣言表明保护人权、保护环境等这些实质性价值得到普遍接受，则可以将道德实质纳入

---

① Bruno Simma& Philip Alston, "The Sources of Human Rights Law: Custom, Jus Cogens, and General Principles", *Australian Year Book of International Law*, Vol.12, Issue 1988–1989, 1992, pp.82–108.

② Bin Cheng, "United Nations Resolutions on Outer Space: 'Instant' International Customary Law?" *Indian Journal of International Law*, Vol.5, 1965, p.35.

③ Jonathan I. "Charney, Universal International Law", *American Journal of International Law*, Vol.87, Issue 4, 1993, pp.529–551.

④ Tasioulas, John, "In Defence of Relative Normativity: Communitarian Values and the Nicaragua Case", *Oxford Journal of Legal Studies*, Vol.16, No.1, 1996, pp.85–128.

习惯国际法。①

CPTPP 环境规范首先属于一种基于道德判断的现代特殊习惯国际经济法。道德判断对于习惯国际法的形成起着双重作用。第一，基于道德判断的习惯国际法是对法律确信的析取分析的一部分，这就涉及对法律确信内容的道德判断。第二，引证习惯国际法规范的解释过程需要解释者作出一些道德判断。因此，CPTPP 环境条款作为现代条款，要产生特殊习惯国际经济法的作用，那么法律确信不仅涉及 CPTPP 环境规范的法律拘束力，而且遵守它是出于道德上认为它是正当的。这是一个国家在形成法律确信时所作出的价值判断，且可靠的道德判断位于形成法律确信的中心地位。

也有学者认为国际环境法对环境的保护是通过法律规则而不是通过道德规范来实现的。② 但是，国际环境法本身具有软法性特征，缺乏强制约束力，道德规范在不可逆转的生态破坏、恃强欺弱的生态侵略等环境问题方面可以起到重要的教化作用。例如，在反映 1994 年《国际热带木材协定》(the International Tropical Timber Agreement) 的第 7 次欧盟—日本 EPA 会议和南方共同市场 FTA 中，欧盟在热带林业问题上占据了较高的道德制高点。加拿大 FTA 中对可持续林业和濒危树种保护的要求也可以理解为对保护欧盟林业的认可。③

（二）合作性

国际合作以谋发展原则是国际经济法的基本原则，要求加强国际合作公平合理开发利用自然资源。而水流、大气、野生物种乃至整个自然环境都不

---

① Kirgis, Frederick L. Jr., "Custom on a Sliding Scale", *American Journal of International al Law*, Vol.81, Issue 1, 1987, pp.146–151; Roberts, Anthea Elizabeth, "Traditional and Modern Approaches to Customary International Law: A Reconciliation", *American Journal of International Law*, Vol. 95, Issue 4, 2001, p.757.

② 林灿铃：《论国际环境法的性质》，《比较法研究》2005 年第 2 期。

③ Jeffrey Mcneill, "Exporting Environmental Objectives or Erecting Trade Barriers in Recent EU Free Trade Agreements", *Australian and New Zealand Journal of European Studies*, Vol.12 No.1, 2020.<https://cesaa.org.au/anzjes/>.

受人为国界的限制，一国境内严重的环境污染，其危害性在很多情况下会波及多个国家乃至影响整个地球的生态系统。所以，环境问题的有效解决，单靠各国的国内立法是难于实现的，国际合作是保护人类环境的必由之路。而国际法则是保证国际环境合作取得成功的必要基础。①《人类环境宣言》第21条规定："依照联合国宪章和国际法原则，各国有根据其环境政策开发其资源的主权权利，各国也有义务使其管辖范围内或控制下的活动不对其他国家的环境和任何国家管辖范围以外的地区造成损害。"

就实质意义而言，国际经济法已从"国际共存法"发展成为"国际合作法"，② 但有关文件缺乏制度上的支持，因此很难实施。而 RTAs 环境条款作为现代特殊习惯国际经济法，特别强调合作性。例如，各国借鉴 19—20 世纪的经验，围绕公平利用原则构建了跨界淡水资源习惯国际法。这一法律体系最早完整地制定归功于国际法协会 1966 年的《国际河流适用赫尔辛基规则》（*The Helsinki Rules on the Uses of International Rivers*）。同所有习惯法一样，这一国际法体系也保持了灵活性，因为它含混不清，只允许相对原始的执行机制。为了改善这一状况，联合国最初通过国际法委员会起草了一项公约来编纂习惯法。甚至在该条约生效之前，它就成为有关习惯国际法最令人信服的总结。尽管条约在习惯法方面取得了某些进展，但它最终未能充分地将目前国际法中出现的环境或生态问题纳入旧的国际水法体系。《赫尔辛基规则》需要依赖各国进一步加强合作推动国际水法适应 21 世纪的需要。在此基础上，1997 年联合国大会通过了《国际水道非航行使用法公约》（*UN-Watercourses Convention*），是迄今为止在调整国际淡水资源利用关系领域最全面的造法性公约。该《公约》的生效，提高了国际习惯法在国际水道非航行使用冲突中的地位，为跨界淡水资源利用创造了一个新的参考点。该《公约》为国际水道数据共享、谈判和争端解决提供了合法有效的基础。总之，

---

① 林灿铃：《论国际环境法的性质》，《比较法研究》2005 年第 2 期。

② W. Friedmann, *The Changing Structure of International Law*, London: Stevens & Sons, 1964, p.657.

RTAs 环境条款使得国际经济法的国际合作以谋发展原则得到了新发展，不仅保护了区域环境，而且大大推动了建立国际经济新秩序。

本书第二章第三节在论述 RTAs 环境规范的法律确信时，国际海洋法法庭首例渔业争端案中，澳大利亚、新西兰认为日本违反了《金枪鱼养护公约》和《海洋法公约》规定的"合作义务"（Duty to Cooperate），但国际海洋法法庭以《海洋法公约》尊重争端当事方之间的其他协定为由，认为应适用《金枪鱼养护公约》争端解决机制，从而认定自身对本案缺乏管辖权，并撤销临时措施。因此，司法判例暴露了 RTAs 环境条款"合作义务"的局限性，如演化为现代特殊习惯国际经济法则情况有所不同。

最初，RTAs 环境合作领域实际上限于 RTAs 缔约国之间的跨界环境问题。而在当代，CPTPP 环境合作义务的主体实际上不再限于国家，也日益牵涉私人部门和非政府组织。如 CPTPP 第 20.8 条就强调公众参与机会，CPTPP 第 20.9 条明确规定了公众意见。而 CPTPP 第 20.12 条构建了迄今为止所有 RTAs 环境章节中最为详尽的"合作框架"。

（三）预防性

预防原则（the Precautionary Principle）是国际环境法的一项"黄金法则"。该原则为在缺乏科学确定性的情况下制定和适用国际环境法提供了指导。1972 年《斯德哥尔摩宣言》[①]为国际法中确立预防原则奠定了基础。1992 年《里约宣言》第 15 条采纳了预防措施，[②] 极大地巩固了预防原则在国际法中的地位。1992 年签署 1994 年生效的《联合国气候变化框架公约》（UNFCCC）第 3.3

---

① *The Stockholm Declaration of the United Nations Conference on the Human Environment*, 16 June 1972.

② 1992 年《里约宣言》第 15 条："为了保护环境，各国应根据它们的能力广泛采取预防措施。遇有严重或不可逆转的损害威胁时，不得以缺乏充分的科学确定性为由，推迟采取符合成本效益的合理措施防止环境退化。"Rio Declaration on Environment and Development 1992，<https://link.springer.com/referenceworkentry/10.1007%2F978-3-642-28036-8_19>.

条也有类似规定。①

在预防原则的概念产生之前，GATT1947 第 20（g）条已有相关的条约保障。②预防原则同样在 RTAs 环境规范中得以移植并开花结果。一些国家特别是美国避免适用"预防原则"而采用"预防措施"（Precautionary Approach），因为后者法律分量更小，可操纵性更强。预防措施在某些法律领域也得到更多认可，比如渔业管理。③RTAs 环境章节中的预防原则 / 措施要求不应以缺乏科学确定性为由，推迟为保护人类、动植物生命、健康和环境而采取的措施。

但是，由于规定预防原则 / 措施的 RTAs 法律文书数目繁多、规制对象具有多样性，预防的概念非常复杂，导致预防原则在实施中成为最具有争议性的原则之一。④批评者将该原则视为阻碍进步的工具；倡导者则认为，该原则对避免对公共健康和公共卫生造成严重损害非常关键，"防患于未然"。事实上，大多数 RTAs 环境规范目标都是防止环境损害，无论这些文书涉及海洋、内河、大气、土壤污染或人类生命或生物资源的保护。因此，预防概念产生的一项义务是事先进行环境影响评估。由于不进行适当的努力以防止跨界损害可能导致国际责任，因此可以认为，适当进行环境影响评估可以作为确定是否进行适当努力的标准。预防机制还包括监测、通知和信息交流，

---

①　UNFCCC 第 3.3 条："缔约方应当采取预防措施，预测、防止或尽量减少引起气候变化的原因并缓解其不利影响。当存在造成严重或不可逆转的损害的威胁时，不应当以科学上没有完全的确定性为理由推迟采取这类措施，同时考虑到应对气候变化的政策和措施应当讲求成本效益，确保以尽可能最低的费用获得全球效益。"

②　GATT1947 第 20（g）条："在遵守关于此类措施的实施不在情形相同的国家之间构成任意或不合理歧视的手段或构成对国际贸易的变相限制的要求前提下，本协定的任何规定不得解释为阻止任何缔约方采取或实施以下措施：（g）与保护可用尽的自然资源有关的措施，如此类措施与限制国内生产或消费一同实施。"

③　由于科学不确定性是渔业管理中的规则，人们经常担心直接应用该原则会导致暂时禁止捕鱼。F.Orrego Vicuna, *The Changing International Law of High Seas Fisheries*, Cambridge University Press, 1999, p.157.

④　Wiener, J. B, Precaution, in Bodansky, D., Brunnée, J., & Hey, E.（Eds.）. *The Oxford Handbook of International Environmental Law*. Oxford University Press, 2007，p.843.

这些几乎都是所有最近 MEAs 规定的预防义务。

预防原则发源于欧洲，并通过《马斯特里赫特条约》成为欧盟环境法的核心原则。欧式 FTAs 环境规范将预防性义务体现得淋漓尽致。欧盟委员会还确保欧盟 FTAs 符合欧盟现有的食品安全法规及其他环境保护法律法规。如欧盟—日本 FTA 规定，如有客观的初步证据表明有合理的理由，担心对人类、动植物生命健康等潜在的环境威胁，但是在这方面存在科学上的不确定性，缔约方可以采取措施规避潜在风险。该协定也包括复制 GATT 1994第 20 条的一般例外条款。欧—日 FTA 明确提到预防原则的是在贸易和可持续发展章，此外，有关规定在其他章节也有分布。韩国、加拿大和日本对外签署的 FTAs 都是"新一代"欧盟 FTAs 的跟随者。

预防原则将预防作为处理风险的一种必要形式，给予恰当的法律地位。其核心要素是当存在不可逆转的环境严重损害的威胁或风险时必须采取措施保护环境，而科学上的不确定性不应成为不采取行动来防止损害的正当性理由。但是目前，预防原则在国际法上的地位有很大争议。一方面，预防原则在实践中得到了广泛采纳和适用，体现在众多国际条约以及国际组织与国际会议决议和文件中，国家在国际争端解决中亦时常援引预防原则；另一方面，仍有一些国家和学者对预防原则的地位持迟疑态度，国际司法机构对该原则的态度亦含糊不清。① 所幸，WTO 通过判例确认了《SPS 协定》第 5.7条和《TBT 协定》中的预防原则。② 判例法表明专家组对"预防"的措辞非常谨慎，上诉机构不愿让预防原则凌驾于协定的具体义务之上。上诉机构在审了大量国际环境法文献后得出结论，预防原则是否已被广泛接受为一般国际法或习惯国际法的一项原则尚不清楚。但通过 WTO 判例法预测仍然存

---

① 刘韵清：《预防原则的习惯国际法地位分析》，《国际法研究》2020 年第 4 期。

② Appellate Body Report, European Communities - Measures Affecting Meat and Meat Products, （"European Communities – Hormones"）, WT/DS26/AB/R, WT/DS48/AB/R, adopted 13 February 1998. Panel Report, Japan – Measures Affecting Agricultural Products（"Japan – Agricultural Products"）, WT/DS76/R, adopted as modified by the Appellate Body Report on 19 March 1999.

在应用预防原则的空间。①

因此，在采取卫生和植物检疫措施对环境和健康构成不可逆转的威胁的情况下，应谨慎采取预防措施，确保该措施的必要性和有效性。在疫情大流行和食品安全危机时，要高度重视 RTAs 环境条款项下 SPS 措施的制定和执行。一方面，要确保该措施为保护人类、动植物生命和健康所"必需"，以满足公众对疾病和食品安全问题的关注；另一方面，要防止 RTAs 成员利用 SPS 预防措施滥用自由裁量权，构成变相的贸易保护主义。② 因此，《SPS 协定》要求 WTO 成员贸易措施具有透明度，并允许贸易伙伴对 SPS 措施草案发表意见。2020 年新冠疫情爆发以后，截至 2020 年 11 月 3 日，与动物疾病和人畜共患病（包括新出现的疾病）有关的具体贸易问题占 SPS 委员会提出的所有贸易问题的 35%，SPS 相关的 49 个 WTO 争端有 14 个涉及动物健康问题。③ 在此背景下，许多人强烈呼吁 WTO 成员遵守《SPS 协定》的核心原则，包括透明度和新冠肺炎应对措施的设计和实施都要有科学依据。因此，在预防原则是否成为习惯国际法尚无定论的前提下，"预防措施"更为中性且法律约束力相对较弱，从而更为灵活且适用范围更为广阔，且包含了预防原则的实质。而"透明度"和"科学依据"理应成为预防措施在 RTAs 环境章节实施中的两道必备"护身符"。

二、中国在国际经济法非贸易问题上的关键角色

（一）非贸易问题与贸易问题的区域协调

民族国家花了很长时间才意识到公民的幸福并不仅仅取决于经济增长。

---

① I. Cheyne, "Gateways to the Precautionary Principle in WTO Law", *Journal of Environmental Law*, Vol.19, Issue 2, 2007, p.155.

② Fu Jiangyuan, Joanne Blennerhasse, "Is Article 5.7 of the SPS Agreement an Application of the Precautionary Principle?" *Frontiers of Law in China*, Vol.10, No.2, 2015.

③ Stanton, G. and Prakash, G., "World Trade Organization Disputes Related to Animal Diseases", *Scientific and Technical Review*, Vol.39, Issue 1, 2020, pp.35–45.

目前几乎所有国家都在制定将非贸易事项纳入政府法治化轨道，这也反映出人们越来越认识到除了有助于实现可持续发展目标之外，非经济价值在确保现有体制稳定方面的重要性。

对于国际社会而言，中国在平衡经济增长和可持续发展政策方面的立场非常关键。中国已经在保护环境促进可持续发展方面采取了重大措施，通过制定和完善环境法律法规来更好地规范贸易和投资行为，鼓励可持续发展。

环境问题属于可能与现有国际经济法规则特别是 WTO 规则相冲突的议题，一个新的国际经济新秩序将以循环和可持续的经济为基础，以应对气候变化带来的挑战。中国将不可避免地在这一全球努力中发挥主导作用。事实上，中国拥有全世界人口最多的国家，全世界增长最快的经济，目前是地球上最大的可持续发展"实验室"，对全球温室气体减排作出巨大贡献。中国是践行可持续发展的重要舞台。

随着全球化在各个方面的推进，贸易问题不可能再孤立于其他问题。在WTO 的 MTS 范围内，这一点已经非常明显。WTO 和其他国际组织虽然不遗余力地处理贸易和非贸易问题之间的相互作用，但效果不佳。非贸易问题在诸边贸易谈判中逐渐拥有一席之地并产生了重大影响。由于非贸易问题背后的国家利益差异及其角逐，很难确定一个全球统一的条约框架，将非贸易问题与贸易自由化的目标有机结合。这种复杂的多样性不仅表现在发达国家与发展中国家之间，而且表现在发达国家之间。发达国家经常利用各种非商业目标如环境、人权作为贸易保护主义的工具。关键的挑战在于找到协商一致的解决方案，使得发达国家有权给予环境保护等社会价值它们认为适当的保护程度，同时尽量减少市场扭曲对贸易和投资的负面影响。越来越多的国家另辟蹊径，在区域层面谋求贸易和非贸易问题的耦合，对于环境、公共健康、安全等公共福利目标进行嵌入式规制。[1]

---

① 何志鹏：《国际经济法治格局的研判与应对——兼论 TPP 的中国立场》，《当代法学》2016 年第 1 期。

（二）"人类命运共同体"思想与国际经济法律制度的变革[1]

中国作为新兴经济体与发展中国家，在国际经济新秩序的构建中处于关键地位。一方面，通过中国这个独特的视角来审视国际经济法中贸易和非贸易之间紧张的法律关系；另一方面，这一分析置于更广泛的国际法框架内，进而会产生新的习惯国际法效力。

"构建人类命运共同体"是中国从顺应历史潮流、增进人类福祉出发提出的重大命题，是习近平新时代中国特色社会主义思想的重要组成部分，是中国在世界多极化、经济全球化以及人类面对更多共同问题背景下提出的当前国际法问题的新理念和新立场。人类命运共同体理念不但具有丰富的国际法内涵，而且具有重大的国际法意义。人类命运共同体理念不仅坚持可持续发展原则等国际经济法基本原则，而且进一步发展了国际法理念，表现为其与国际社会的现状相结合，自身即构成指导国际法向前发展的新理念。[2] 人类命运共同体理念对全人类共同利益的维护与发展表现为其不仅坚持和传承了诸如人类共同继承财产、可持续发展等体现全人类共同利益价值的国际法原则和规则，而且高屋建瓴地归纳和阐释了维护全人类共同利益的原因，即在各国已然"利益交融、兴衰相伴、安危与共，形成你中有我、我中有你的命运共同体"[3] 的现实背景下，维护和发展全人类共同利益就是维护和发展各国及其人民的各自利益，损害全人类的共同利益最终也将损害各国及其人民的各自利益。[4]

当前中国在环境保护与可持续发展方面的法律和政策正走在国际法治的

---

[1]　左海聪：《人类命运共同体思想与国际经济法律制度的变革》，《法学杂志》2020年第 1 期。

[2]　中国国际私法学会课题组：《习近平法治思想中的国际法治观》，《武大国际法评论》2021 年第 1 期。

[3]　习近平：《中国人民不接受"国强必霸"的逻辑》，见习近平：《论坚持推动构建人类命运共同体》，中央文献出版社 2018 年版，第 105 页。

[4]　黄进：《习近平法治思想的国际法治意涵》，《政法论坛》2021 年第 3 期。

轨道，不仅在国内进行积极的环境保护法治变革，而且在国际上积极参加 MEAs 如《巴黎协定》的谈判和实施，从而开辟了新天地。中国作为最大的发展中国家，可以在国际经济法非贸易问题上发挥主导作用，其 FTAs 环境条款的演变有望成为一般国际法，更具体而言，可以在现代国际经济法体系构建中贯彻落实"特殊和差别待遇原则"发挥关键角色。通过评估中国内部和外部的法律行为，可以了解其在国际经济法背景下塑造国家实践和法律确信方面的影响。

中国是否有必要根据自己在历史上的独特经历和广大发展中国家的共同遭遇，创立与西方国家主导的单纯促动自由化的国际经济秩序不同的国际经济新规范、国际经济新秩序，恐怕也仍然是需要考虑的问题。在 CPTPP 已经在市场建设领域进行了非常详尽而周全的区域性安排的背景下，中国非常有必要汲取其中的经验，对于我们所倡导和推动的区域性、双边性经济贸易安排，予以更为详细、更为清晰、更为可操作的制度性设计和建构。①

传统的国际经济法律制度以"华盛顿共识"（Washington Consensus）为基础，强调开放透明的市场加上最低程度的政府干预可以实现经济发展，以布雷顿森林体系为核心，构建出自由的国际经济秩序。该制度强调非歧视、市场开放、汇率稳定和透明度，对于"二战"后的世界经济繁荣作出了历史性贡献。但是近二十年来，国际经济法律制度面临严重挑战，遭遇了前所未有的危机。

构建人类命运共同体思想发展了国际合作的基本途径理论，也丰富了国际经济法基本原则的内涵。中国正在人类命运共同体思想顶层设计下，以"北京共识"（BeijingConsensus）② 为基础，通过"一带一路"倡议构建 21 世

---

① 何志鹏：《国际经济法治格局的研判与应对——兼论 TPP 的中国立场》，《当代法学》2016 年第 1 期。

② 2004 年 Joshua Cooper Ramo 创造了"北京共识"这个术语，作为一种替代"华盛顿共识"的中国经验模式，强调其创新和实验，可持续性和平等，自决设计和实施社会经济政策。这一概念在经济学家中引发了激烈的争论，也受到了政治学家的关注，但在法律学界却鲜有共鸣。

纪创新型国际经济法律制度。中国正在通过"一带一路"倡议逐步发展一种新的国际贸易治理模式，这种中国模式建立在基础设施、私法合同和可替代争议解决（ADR）的基础之上，其中发展融资和条约起到了催化剂和补充作用。它与美国和欧洲在"二战"后建立并扩大和巩固的自由、多边、法律为中心的模式不同，从法律制度的角度来看，它是否既独特又在其他情况下可复制？这是一个很重要的问题。

表 1　"华盛顿共识"与"北京共识"之甄别

	华盛顿共识	北京共识
经济发展模式	自由放任、开放的市场经济，政府很少干预	国有企业主导，国家干预产业政策
非贸易问题	对非贸易问题高水平的非歧视保护	求同存异，力求规则趋同、协调和合作
贸易与环境法律政策	贸易与环境紧密挂钩，不得以牺牲环境为代价鼓励贸易、投资	贸易与环境关系较为松散，仅强调环境标准不得用于贸易保护主义之目的
争端解决机制	FTA 专设环境争端解决机制，通过贸易制裁确保环境目标	FTA 基本无强制性环境争端解决机制，提倡 ADR
环境合作	强调公众参与	双边、区域及多边合作

　　纵观西方学界，有学者认为，"北京共识"为反思"华盛顿共识"提供了更具批判性的视角，而不是构成替代方案的具体政策建议。"北京对话"可能是更恰当的称谓。[1] 还有学者认为这是"战略辞让"（strategic rhetoric），而不是在具体的政策决策中遵循的真正模式。甚至还有学者认为，中国模式"要么不存在，要么不独特"[2]。即使中国模式[3]确实存在，它也只是程序

---

　　① Weitseng Chen, ed. *The Beijing Consensus? How China Has Changed Western Ideas of Law and Economic Development*, Cambridge: Cambridge University Press, 2017, p.38.

　　② Weitseng Chen, ed. *The Beijing Consensus? How China Has Changed Western Ideas of Law and Economic Development*, Cambridge: Cambridge University Press, 2017, p.71.

　　③ Weitseng Chen, ed. *The Beijing Consensus? How China Has Changed Western Ideas of Law and Economic Development*, Cambridge: Cambridge University Press, 2017, p.97, p.114.

上的，也就是说，采取"更加谨慎和务实"的方式走向市场经济。①

运用批判性眼光审视西方学者种种观点，不难推断，从本体论角度而言，中国模式确实挑战西方的"华盛顿共识"，但要树立"人类命运共同体"思想下的"北京共识"，作为 21 世纪国际经济法制度变革的创新型模式，尚需时日。具体以环境与贸易法律问题的冲突与协调为例，我国对外签署的 FTAs 环境条款属于个性化 FTAs 环境条款模式，一方面解决了贸易合作伙伴的不同偏好；另一方面导致在所有中国对外缔结的 FTAs 实质性环境条款方面存在高度差异，难以塑造"共识"，难以复制推广。诚然，对于环境等非贸易问题，没有普遍适用的放之四海而皆准的解决方案，也没有衡量可持续发展的单一标准。每个国家必须从本国国情、经济、法律、政治环境出发，认真思考，"摸着石头过河"，逐步采取行动。中国与其他发展中国家应该在国际经贸新规则领域获得更多的权重，以换取其国内法与全球规则及规范的更大一致性。随着影响力的扩大，中国将对国际经济法的非贸易问题拥有更多的话语权，从而进一步提升国际影响力。中国模式可以鼓励其他发展中国家放弃传统的模式化思维方式，而且这种务实的、反传统模式的方法也允许其他发展中国家选择性地借鉴"华盛顿共识"。总而言之，"北京共识"是一项具有开创性的工作，可以引发全球进一步的关于国际经济法律制度变革的思考和辩论。所有热衷于国际经济法学术研究及实践的理论界、实务界人士，将乐在其中。

第三节　中国 FTAs 环境条款与 CPTPP 环境章节比较分析

尽管美国退出 TPP 改变了 CPTPP 的直接影响范围，但丝毫不影响

---

① Weitseng Chen, ed. *The Beijing Consensus? How China Has Changed Western Ideas of Law and Economic Development*, Cambridge: Cambridge University Press, 2017, p.75.

CPTPP 继续代表着一个主要贸易协定的强有力的模式。CPTPP 环境条款是经过激烈谈判达成的条约正式文本，由于现有条约文本经常被用作后续谈判的基础，有充分理由相信 CPTPP 将成为一个重要的参考模板，其部分条款很可能直接纳入未来的贸易协定。一个贸易自由化协议能否取得成功，关键在于能否处理好开放程度与发展中经济体承受能力的关系。CPTPP 通过实行跨境经济资源流动"高标准"开放规则，构建 21 世纪的 FTA 模板。

截至 2021 年 6 月 6 日，贸易与环境议题上，中国除了遵守 WTO 与环境有关的非歧视原则、减少数量限制、GATT 第 20 条一般例外、GATS 第 5 条外，分别与格鲁吉亚、韩国、瑞士、新加坡、新西兰、巴基斯坦、东盟、秘鲁、哥斯达黎加、冰岛等在 FTAs 中以单独成章或部分条款的形式制定了环境条款。[①] 具有内容完备、单独成章的环境章节的 FTAs 有 2008 年中—新加坡 FTA、2008 年中—新西兰 FTA、2014 年中—瑞士 FTA、2015 年中—韩 FTA、2018 年中—格鲁吉亚 FTA 这 5 个 FTAs。

与 CPTPP 相比，中国与这五个国家签订的环境条款占协定总篇幅较少，涉及的内容主要是环境目标、多边环境协定、包括国内环境法律法规在内的环境措施的执行、环境合作等常规问题。而且，在磋商和争端解决条款中，不像 CPTPP 环境章节具备环境磋商、高级代表磋商和部长级磋商等完整的制度约束，中国与格鲁吉亚、瑞士达成的自贸协定只设置了联合委员会框架下进行磋商的程序。在与韩国、瑞士、新加坡签订的自贸协定中，更是规定就环境章节下产生的任何事项，任一缔约方不得诉诸协定中的争端解决。

---

① 参见中华人民共和国商务部—中国自由贸易区服务网协定专题，网址 http://fta. mofcom.gov.cn/。纳入环境条款的有：2006 年中—智利 FTA、2008 年中—新加坡 FTA、2008 年中—新西兰 FTA、2009 年中—巴基斯坦 FTA、2010 年中—秘鲁 FTA、2014 年中—冰岛 FTA、2014 年中—瑞士 FTA、2015 年中—韩 FTA、2018 年中—格鲁吉亚 FTA，占中国对外签署的 FTAs33%。其中智利、新西兰、新加坡、秘鲁 4 国为 CPTPP 缔约国。

一、环境与贸易的关系

（一）CPTPP

CPTPP 环境章节着重于缔约国边界内环境问题，它的重要性在于通过11 个发达国家和发展中国家就向来有争议性的环境与贸易议题达成最新最强有力的条约共识，其环境章节文本将为未来缔约国和非缔约国涉及环境问题的 FTAs 谈判和 FTAs 环境规范制定提供启示。因此，其规定对环境和贸易关系的条约法效力和习惯国际法效力是十分重要的。

CPTPP 关于环境和自然资源政策的规定有明确的目标："促进相互支持的贸易和环境政策；促进高水平的环境保护和环境法律的有效执行；并提高各方处理贸易相关环境问题的能力。"① 然而，它们以一种特殊的方式践行，并有助于建立一种特殊的国际经济新秩序。为了理解 CPTPP 环境条款，在它们隐含地帮助构建的环境与贸易国际经济新秩序中理解它们是有帮助的。

CPTPP 确立了 FTAs 环境保护的最高标准。那么，何谓贸易协定的环境高标准？ CPTPP 作为新一代贸易协定，更强调公平贸易，相对于旧的只关注自由贸易的贸易协定，具有更高的环保标准和"进步性"。事实上，CPTPP 是第一个强调公平贸易的 FTA，为保护劳工权益、环境保护和知识产权制定了新标准。

CPTPP 环境章节寻求建立巨大的监管关系，并通过建立巨大的 RTAs 来推动广泛的制度协调。它的目的是描述和评估环境条款有助于在跨太平洋超级区域参与者之间重新配置管理安排的方式，以促进跨界商业交易和跨国经济一体化，但在很大程度上回避增加贸易对环境的影响，并尽量减少新的实质性要求。②

---

① CPTPP 第 20.2.1 条。

② Andrew Hurrell, Benedict Kingsbury, and Richard B. Stewart, *Megaregulation Contested Global Economic Ordering After TPP*, New York: Oxford University Press, 2019, p.175.

　　CPTPP 主要是由发达国家推动一系列谈判，意图重塑国际贸易规则。该贸易协定的支持者认为，CPTPP 环境条款不仅可以使该贸易协定的环境损害最小化，而且还可以减少 CPTPP 产生之前的环境损害。

　　CPTPP 首先重申习惯国际法格言"缔约各方有权确定本国的环境保护水平和本国的环境优先事项，以及制定、采纳或修改本国的环境法律和政策"。但是，CPTPP 无法解决基于国家主权的国内环境法实施产生域外效应的治外法权问题。在不损害缔约国国家主权的前提下，为了避免"逐底竞争"，实现公平贸易，CPTPP 进而要求各缔约方必须执行其国内环境法，"不得以削弱或减少环境保护的方式放弃或减损其环境法，以鼓励各方之间的贸易或投资"。因此，CPTPP 不允许缔约方在保护环境与鼓励贸易和投资之间进行权衡，这是迄今为止最具有环保特色的 FTAs 贸易和投资禁止性条款，进而在以下几个方面实现了 FTAs 环境条款创新：第一个规定渔业补贴，第一个规定海洋渔业捕捞，第一个规定保护海洋环境免受船舶污染，第一个规定强有力的环境争端解决机制。

　　但是，CPTPP 怎样防范绿色贸易保护主义呢？特别是 CPTPP 环境章节基本未提及"气候变化"这个重要环境议题，从而无法解决碳边界调节税（Carbon Border Adjustment Tax）的法律问题。如果 CPTPP 缔约国的气候政策包含贸易限制措施，此类争端将在何处或如何解决尚不清楚。《巴黎协定》目前不具备解决这些争端的能力，WTO 判例法也缺乏明确的指导，无法确定一项政策是否是应对气候需求的适当措施。因此，贸易与气候变化的冲突可能以各种方式出现。例如，如果认为环境补贴有利于国内公司而不利于外国竞争对手，WTO 可能会采取行动。WTO 成员可自由为其国内消费的所有产品制定健康或环境标准。然而，尚不清楚 WTO 是否允许一国政府限制进口商品或服务，这些商品或服务本身不会造成污染，但它们的生产和加工方法（PPMs）不符合国家环境法规或标准。碳边界调节税可能会被裁定与 GATT 第 20 条不符。WTO 确实允许各国对类似进口产品征收补偿性费用，以平衡国内生产的税收负担。所以，如果对进口燃料征收的环境税不超过对国内产品征收的费用，就可以符合 WTO 规则。然而，如果对温室气体密集型 PPMs 制造的产品征收边界税被视为歧视性，则可能与 WTO 不一致。

（二）中国 FTAs

2008 年生效的中—新加坡 FTA 已单独设立第 17 章"环境与贸易"章节，而 2015 年生效的中—韩 FTA 单独设立第 16 章"环境与贸易"章节，成为中国 FTAs 最完备的环境章节。[①] 从环境与贸易的关系来看，中—韩 FTA、中—瑞士 FTA（2014）、中—新加坡 FTA（2008）序言中，缔约双方首先回顾了《1972 年斯德哥尔摩人类环境宣言》、《1992 年里约环境与发展宣言》、《1992 年 21 世纪议程》、《2002 年约翰内斯堡可持续发展实施计划》和《2012 年"里约 + 20"峰会成果文件"我们希望的未来"》，认识到经济发展、社会发展和环境保护是可持续发展相互依存、相互支持的组成部分。缔约双方强调在环境议题的合作获益是实现可持续发展的全球努力的组成部分。缔约双方重申其承诺，以有助于实现可持续发展目标，并确保将该目标纳入和反映在双边贸易关系中的方式促进经济发展。

中—新加坡 FTA 第 17 章[②]、中—瑞士 FTA 第 12 章[③]、中—韩 FTA 第 16 章[④] 从整体上阐释了环境与贸易的关系后，确认环境义务在整个贸易协定中的条约法地位，并进一步明确规定，"缔约双方同意环境标准不得用于贸易保护主义之目的"。这是迄今为止 FTA 环境条款里程碑式的条约规定。绿色贸易保护主义历来由于法纪不明，长期游离在国际经济法的合法与非法的灰色地带。就连 GATT1994 第 20 条仅在序言部分规定，为保护人类、动植物生命或健康所必需的措施、与保护可用竭自然资源有关的措施等此类措施的实施，不得在情形相同的国家之间构成任意或不合理歧视的手段或构成对国际贸易的变相限制。而号称最高环境标准的 CPTPP 也没有对此作出明确规定。

---

① 截至 2021 年 6 月 6 日。
② 2008 年中—新加坡 FTA 第 17.1.3 条。
③ 2014 年中—瑞士 FTA 第 12.2 条。
④ 2015 中—韩 FTA 第 16.1 条。

与产品相关的环境标准是 FTAs 谈判中环境议题紧张的一个主要原因之一，换言之，这一领域最棘手的问题莫过于关于国家产品标准的贸易争端。通常进口国特别是发达国家为保护国内环境而制定较高的环境标准，而对发展中国家出口商而言，它们在不同的市场面临着同类产品的无数不同产品标准要求。产品的环境标准与市场准入之间有着千丝万缕剪不断理还乱的关系。出口国将其视为"伪装的贸易壁垒"或"绿色贸易保护主义"而进行质疑，这些措辞的确切含义足以引起激烈争议。显然，人们在国际贸易法中孜孜以求难以捉摸的"公平竞争环境"，导致在环境与贸易的紧张关系中，将产品标准与市场准入和竞争力联系起来的问题远未得到解决。中—新加坡 FTA 作为中国与第一个发达国家签署的 FTA，开创了中式 FTAs 规制绿色贸易保护主义的先河，并在随后与瑞士、韩国 FTA 中得以继承。

环境标准、市场准入和 PPM 问题备受关注的一个领域是生态标签。近年来，不同的生态标签之间的环境标准可能有显著差异，往往反映当地的环境问题。生态标签的教训之一是模糊了产品特性和 PPM 之间的法律界限，而贸易规则非常重视这一点。考虑到环境影响评估主要针对的是 PPM，而不是产品特性，中国 FTAs 对环境标准用于贸易保护主义之目的作出明确禁止性规定，是有效解决贸易和环境之间冲突的有益探索。碳标签问题也正在 WTO 贸易与环境委员会的框架内讨论，作为关于环境措施对市场准入的影响，特别是对发展中国家的影响的讨论的一部分。

二、包括国内法律法规在内的环境措施的执行

国内环境法和 RTAs 环境条款之间的关系日益重要并日益得到承认。国际社会成员日益认识到，如果要有效实施 RTAs 环境条款，就必须有效地执行国内环境法。许多 RTAs 要求保持或不放松国内环境标准，并应予以执行，是 RTAs 对缔约方国内环境立法施加影响的重要手段。第一，规定缔约国不得减损义务，即禁止缔约国以促进贸易或投资为目的削弱或减损环境法的效果。有关环境保护及其标准的水平问题是 RTAs 缔约国环境谈判的核心条款

之一。第二，规定了缔约国环境法的有效执行义务，特别是对发展中国家中央政府和地方政府的有关环境法规定、措施等的有效执行义务。

（一）CPTPP

CPTPP 第 20 条第 3 款第 2 项在确认"每一缔约方拥有设定其国内环境保护水平和环境优先事项的主权权利，并为此拥有制定、采取或修改其环境法律和政策的主权权利"之后，紧接着规定：首先，国内环境法制定及提高环境保护水平义务。"每一缔约方应努力保证其环境法律和政策规定并鼓励高水平的环境保护，并努力继续提高其各自的环境保护水平。"[1] 其次，缔约国不得减损义务和缔约国环境法的有效执行义务。"在本协定对一缔约方生效之日后，该缔约方不得通过持续或反复的作为或不作为，以影响缔约方间贸易或投资的方式，导致其环境法未有效执行。"[2]"通过弱化或减少各自环境法律所提供的保护以鼓励贸易或投资是不适当的。一缔约方不得以弱化或减少此类法律所提供的保护以鼓励缔约方间贸易和投资的方式，豁免或减损或提议豁免或减损其环境法律。"[3] 再次，一缔约方机关不得在另一缔约方领土内开展环境执法活动。

（二）中国 FTAs

中国 FTAs 对国内环境法律法规及环境措施的执行也越来越重视。有些中国 FTAs 也规定了缔约国不得减损义务和缔约国环境法的有效执行义务。2008 年中国—新加坡 FTA 就开创性做出了相应规定："一、一方不得通过持续或不间断的作为或有意的不作为，以影响到双边贸易或投资的方式，未能有效执行其包括法律法规在内的环境措施。二、双方认识到，通过削弱或减少其环境法律、法规、政策和实践所赋予的保护来鼓励贸易或投资是不恰当

---

① CPTPP 第 20 条第 3 款第 3 项。
② CPTPP 第 20 条第 3 款第 4 项。
③ CPTPP 第 20 条第 3 款第 6 项。

的。因此，任何一方不应以削弱或减少这些环境法律、法规、政策和实践所赋予的保护的方式而放弃或贬损这些环境法律、法规、政策和实践。三、本章的任何内容都不应被理解为授权一方机构在另一方领土内开展环境执法活动。"① 随后 2014 年中—瑞士 FTA、2015 年中—韩 FTA 和 2018 年中—格鲁吉亚 FTA 均做出了类似规定。但是，中国其他 FTAs 环境条款对此并未作出具体规定。

当然，国内环境法律法规是否有效，反过来又取决于一系列因素。例如：国内社会在多大程度上接受 RTAs 环境规范，国家在多大程度上愿意颁布必要的国家环境立法，以及有多大能力执行这些法律，以及国际和国家领域内的行为者认为遵守这些法律的成本超过预期的程度。值得注意的是，核心的 MEAs，如《巴黎协定》为各国提供了便利和支持，使它们能够在国家一级更有效地执行环境法律法规。

三、多边环境协定

如第二章所述，RTAs 确保了比 MEAs 更具法律约束力的环境保护，在贸易谈判中所做出的承诺可以解决可持续发展问题。因此，RTAs 可以有效地满足 MEAs 的许多目标。最重要的是，RTAs 通常包含有约束力的争端解决机制，这些机制在处理环境友好型争端时非常有效。通过 FTAs 使得 MEAs 合法化，FTAs 缔约国能够在另一国领土有效执行 MEAs，而该MEA 本身的法律约束力弱得多。这一过程被称为"规制转移"（regulatory transference）。② 但是，MEAs 与 FTAs、WTO 之间的条约法关系历来是环境与贸易问题的条约困境之一。MEAs 项下的单边贸易措施与 WTO 规制的兼容性如何？

---

① 2008 年中—新加坡 FTA 第 17.4 条。

② Sikina Jinnah, "Strategic Linkages: The Evolving Role of Trade Agreements in Global Environmental Governance", *Journal of Environment & Development*, Vol.20 No.2, 2011, pp.191-215.

（一）CPTPP

CPTPP 第 20.4 条规定："1.缔约方认识到，其参加的多边环境协定对于环境保护而言，在全球和其各自国内均发挥着重要作用，且同时认识到缔约方各自对此类协定的实施对于实现此类协定的环境目标至关重要。因此，每一缔约方确认履行其参加的多边环境协定承诺。2.缔约方强调通过缔约方就共同关注的贸易和环境问题，特别是就相关多边环境协定和贸易协定的谈判和实施进行对话来促进贸易与环境法律和政策之间的相互支持的必要性。"此外，CPTPP 明确提及的 MEAs 只有三个《关于消耗臭氧层物质的蒙特利尔议定书》、《防止船舶污染国际公约》及其《1997 年议定书》、《濒危野生动植物种国际贸易公约》。由于 CPTPP 的高度开放性，CPTPP 涉及目前和将来缔约国参加的 MEAs。总之，CPTPP 双管齐下，一方面加强 MEAs 的法律约束力促进缔约国遵约，另一方面为打击违反 MEAs 实施违法行为而开展缔约国国家执法和国际合作。

（二）中国 FTAs

2014 年生效的中—瑞士 FTA 第 12.1 条、第 12.2 条规定最为详尽："一、缔约双方回顾了 1972 年斯德哥尔摩人类环境宣言、1992 年里约环境与发展宣言、1992 年环境与发展 21 世纪议程、2002 年约翰内斯堡可持续发展实施计划和 2012 年里约＋20 峰会成果文件'我们希望的未来'"，[1]"一、缔约双方再次承诺，在其法律和实践中有效实施缔约双方均为成员的多边环境协定，以及本协定第 12.1 条中提到的国际文件中体现的环境原则和义务。努力通过各种手段，包括对各自环保法律和法规的有效实施，进一步提高环保水平…三、缔约双方认识到在制定和实施与环境有关的措施时，考虑科学技术和其他信息以及相关国际准则的重要性。"[2]此项规定比 CPTPP 对 MEAs

---

① 2014 年中—瑞士 FTA 第 12.1 条。

② 2014 年中—瑞士 FTA 第 12.2 条。

的规定更为具体详尽，尤其对 MEAs 项下"与环境有关的措施"需考虑科技和其他信息以及相关国际准则。

其次是 2015 年 12 月生效的中—韩 FTA："一、缔约双方认识到多边环境协定在全球和国内层面对保护环境均发挥着重要作用。双方进一步认识到本章将有助于实现多边环境协定的目标。二、缔约双方承诺，在双方均为缔约方的多边环境协定的谈判中，可在适当时就共同感兴趣的与贸易相关的环境问题进行磋商与合作。三、缔约双方重申其承诺，在各自的法律和相关实践中有效实施双方均为缔约方的多边环境协定。"

相对于 CPTPP 关于 MEAs 的规定而言，中—瑞士 FTA 不仅承诺遵守和执行双方均为缔约国的 MEAs 项下义务，而且还遵循其他国际文件中体现的环境原则和义务，如 1972 年斯德哥尔摩人类环境宣言、1992 年里约环境与发展宣言等规定的"发展中国家，尤其是最不发达国家和那些环境最易受到损害的国家的特殊情况和需要，应给予特别优先的考虑。在环境和发展领域采取的国际行动也应符合各国的利益和需要。""应避免采取单方面行动去处理进口国管辖范围以外的环境挑战。处理跨国界的或全球的环境问题的环境措施，应该尽可能建立在国际一致的基础上。"[①] 此处"遵守"是指由各缔约方履行某项 MEAs 以及对该项 MEAs 之修正所规定的义务；"执行"是指除其他外，由缔约方为履行某项 MEAs 及其修正所规定的义务而颁布和 / 或实行的各项相关的法律、条例、政策和其他措施和行动。

此外，中—韩 FTA 还倡议"在适当时就共同感兴趣的与贸易相关的环境问题进行磋商与合作"。此处合作也暗含以下一些基本义务：第一，"所有国家的环境政策应该提高，而不应该损及发展中国家现有或将来发展潜力，也不应该妨碍大家生活条件的改善。各国和各国际组织应当采取适当步骤，以便应付因实施环境措施所可能引起的国内或国际的经济后果达成协议。"[②]"各国还应以一种迅速的和更果断的方式进行合作，以进一步制订有

---

① 1992 年里约环境与发展宣言原则十二。

② 1972 年斯德哥尔摩人类环境宣言原则十一。

关对在它们管辖或控制范围之内的活动对它们管辖范围之外的地区造成的环境损害带来的不利影响负责和赔偿的国际法。"①"各国应有效地进行合作，以阻止或防止把任何会造成严重环境退化或查明对人健康有害的活动和物质迁移和转移到其他国家。"②

四、环境合作

区域环境治理对于防治跨界环境污染至关重要。亚太国家在其国内法律法规中制定了不同的环境标准，这些标准及其潜在的争端使得亚太地区建立区域环境治理的进程更加复杂。在多边层面上，WTO 关于贸易自由化和环境保护之间关系的辩论仍在继续。特别是，GATT 及 WTO 总共 9 个环境争端中，有 4 个发生在亚太地区。这些争端表明，在亚太地区建立区域环境治理的意义，不仅是为了处理跨界环境污染，也是为了防止与环境有关的贸易争端。基于亚太地区贸易与环境之间的联系，很有必要通过一个超大型 RTA 来建立区域环境治理。而环境合作是实现区域环境治理最为理想的路径。

如本专著第二章所述，环境合作是 RTAs 最常见的环境条款之一，因为 RTAs 的缔结使得缔约方与环境合作相关的关税减让、非关税壁垒削减更有效实施，从而激励贸易伙伴就可执行的环境义务达成一致，提高环境议题的谈判地位，并建立必要的制度安排。③ 但不同缔约方会选择不同的环境合作形式。在谈判时，缔约方将考虑：双方环保合作的目标为何？如何才能最好地确定和处理合作领域？各方将如何落实 RTAs 项下的合作安排？各方将如何审查、评估和更新合作成果？各方将如何确保 RTAs 项下的环境合作成为

---

① 1992 年里约环境与发展宣言原则十三。

② 1992 年里约环境与发展宣言原则十四。

③ Barbara Connolly, *The Greening of Trade Policy: Environment in U.S. Free Trade Agreements*, presented at the annual meeting of the International Studies Association, Mar.5, 2005, p.487.

MEAs 项下环境合作的补充？某些国家会就涵盖广泛领域的合作协议达成一致，其他国家则将合作重点放在共同关心的具体环境问题上。发达国家和发展中国家之间的协定往往更关注能力建设。

（一）CPTPP

NAFTA 附属的《环境合作协定》是环境与贸易问题上的重大突破。而21 世纪的 CPTPP 代表着又一次重大飞跃，更强调缔约方合作能力建设。缔约方充分认识到合作作为实施 CPTPP 第 20 章环境规则的一种机制的重要性，可以增强缔约方全体及各自处理贸易相关环境问题的能力，从而将环境合作作为一种条约义务加以确定，进而强化并巩固缔约方之间的贸易和投资关系。CPTPP 第 20.12 条共 10 个条款建立了较为详尽的环境合作框架。"在顾及各自的国内优先事项和情形以及可利用资源的前提下，当能够从合作中共同获利时，各缔约方应当合作解决执行本章有关的具有共同利益的事项。"合作的形式多样，"可以在双边或诸边基础上进行"。合作的主体不局限于缔约方，在参加的缔约方同意时，"可纳入非政府团体或组织"，甚至"非缔约方"。此外，"缔约方应当酌情促进公众对制定和实施合作活动的参与"。

CPTPP 环境合作涵盖领域、范围及主题非常广泛，将这些环境问题与更广泛的政治和经济合作趋势联系起来，可以增加缔约方从环境合作中获得的利益。这就凸显了密集的机构合作的重要性。此外，CPTPP 广泛的环境合作可以鼓励从狭隘地关注部门治理转向更全面的、以过程为导向的区域环境治理。

（二）中国 FTAs

中—新加坡 FTA、中—新西兰 FTA、中—瑞士 FTA 和中—韩 FTA 都对环境合作做出了具体规定，强调"以现有双边协定或安排为基础，在有共同利益的领域深化合作"。

其中条款最为详尽的是 2015 年中—韩 FTA："（一）推广包括环境友好产品在内的环境产品和环境服务；（二）环境技术开发与环境产业促进的合

作；（三）交流关于环境保护政策、活动和措施的信息；（四）建立包括环境专家交流的环境智库合作机制；（五）能力建设，包括环境领域的专题会、研讨会、博览会和展览会；（六）在两国各自建立环境产业示范区基地；及（七）双方认为适当的其他形式的环境合作。"

合作范围最广泛、合作最深入的是中—新西兰 FTA："一、认识到良好规章手段与贸易便利化之间的重要联系，双方同意在标准、技术法规和合格评定领域寻求合作，从而：……（三）在双方认为适当的情况下，制定有关健康、安全、环境和欺诈行为风险管理的共同倡议。"①"合作活动可能包括但不限于以下领域：环境治理，环境整治，自然保护和技术（包括系统和过程）环境效益。包括：（a）水环境管理；（b）沿海生态养护和污染控制；（c）空气污染控制和监测；（d）提高环境意识，包括环境教育及公众参与；（e）废物包括危险废物的管理和处置；（f）化学品的环境管理；（g）环境和贸易；（h）生物多样性保护；和（i）双方商定的其他领域。"②

强调在林业资源保护领域合作的是中—秘鲁 FTA 第 162 条："林业和环境保护 一、林业和环境保护合作的宗旨如下述但不限于：（一）在林业部门建立双边合作关系；（二）开发对森林资源可持续性管理的培训计划和研究；（三）提高森林恢复和可持续管理，旨在亚太地区增加碳汇和减少气候变化的影响；（四）国家项目的执行合作，目标为加强林区为改善转为工业用途和环境保护的人工林管理；（五）对木材可持续性利用的详尽研究；（六）开发用于转化加工木材和非木材产品的新技术；（七）加强农林技术合作。二、为达到第一百四十九条（目标）之目标，缔约双方应重点通过合作、磋商的方式就林业合作达成双边协定，这种合作如下所述：（一）相互交流森林资源可持续利用相关的科学、技术、政策和法律；（二）开展培训计划、实习、专家交流和项目咨询合作；（三）在森林资源可持续利用和环境保护方面对缔约双方的公共机构、组织提供建议和技术援助；（四）在第 15 届

---

① 2008 年中—新西兰 FTA 第 96 条规章合作。

② 2008 年中—新西兰环境合作协定第 2.2 条。

APEC 会议倡议的亚太恢复与可持续管理网络下促进森林政策对话和技术合作;(五)鼓励共同研究、工作访问、经验交流等其他活动;及(六)双方认可的其他活动。"

强调可持续发展领域合作的是 2018 年中—新加坡 FTA 升级议定书:"注意到中国—新加坡天津生态城重点项目是双边区域发展合作中的另一重要举措,双方同意紧密合作,争取将其建设成为可持续发展的典型,同时加强在环境保护和资源能源节约等领域的合作。"

首先,中国对外签署的 FTAs 环境合作条款合作对象既包括发达国家也包括发展中国家。目前,中国已在 FTA 战略实施中开展全方位的环境合作,合作对象包括新西兰等发达国家,也包括智利、秘鲁、巴基斯坦等发展中国家。与经济发展水平各异的 FTA 伙伴开展环境合作,不仅有利于中国从先进国家借鉴环保理念、环境治理方法以及法律体系,也有利于中国与经济发展水平相似的国家分享环境治理经验,协调环境问题方面的立场,并通过一定形式实现互利,促进中国环境技术和产业走向国际市场。[1]

其次,中国对外签署的 FTAs 环境合作不限于地理位置是否毗邻。早期中国也在与东盟的 FTA 协定中提及开展环境合作。中—韩 FTA 由于缔约双方毗邻关系,约定"将依据诸如 2014 年 7 月 3 日签署的《中华人民共和国环境保护部与韩国环境部之间的谅解备忘录》等现有双边协定,加强在包括空气污染物防治在内的环境领域的合作"。[2] 但是随着中国对于环境问题的日益重视,在 FTA 战略实施过程中,也开始与地理非毗邻国家开展环境合作。例如中—秘鲁 FTA 中,就约定以"相互交流森林资源可持续利用相关的科学、技术、政策和法律;开展培训计划、实习、专家交流和项目咨询合作;在森林资源可持续利用和环境保护方面对缔约双方的公共机构、组织提供建议和技术援助"等形式开展林业与环境保护合作。这些都标志着中国

----

[1]　余振、沈铭辉、吴莹:《中国 FTA 战略中的国际环境合作:现状、问题与对策》,《世界经济与政治论坛》2009 年第 5 期。

[2]　2015 年中—韩 FTA 第 16.7 条。

FTA 战略中的环境合作由周边走向了世界。[①]2018 年 11 月 12 日签署的《中华人民共和国生态环境部与新加坡共和国环境及水源部环境合作谅解备忘录》规定在适当的时候在有共同利益的领域深化合作。

五、环境争端解决机制

许多 RTAs 不仅包括与执行环境法有关的约束性义务，而且还可能包括更正式的争端解决机制，因为环境争端解决是妥善处理环境与贸易问题的最后一道法治屏障。

（一）CPTPP

在美国的强力推动下，TPP 克服了一些国家最初不愿接受环境领域如此强有力的争端解决程序的重重困难。[②]而 CPTPP 环境争端解决实体法和程序法保留了 TPP 的环境争端解决机制。

CPTPP 第 20 章中的所有义务都受制于 CPTPP 争端解决机制，但环境章有具体的磋商程序，在使用 CPTPP 争端解决条款之前必须使用该磋商程序。此外，《争端解决》一章要求当事方在诉诸本章规定的程序之前，尽一切努力通过合作和协商解决争端。这就有可能对违反环境章义务的行为实施贸易制裁或给予金钱补偿。虽然这一纪律造成了对所谓的违反环境章义务的行为采取行动的风险，但它强调了遵守承诺促进高水平的环境保护和有效执行环境法的重要性。发达国家在环境政策方面的稳健实践，以及 CPTPP 中对相关学科和争端解决机制的精心设计，意味着这些风险非常低。

---

① 余振、沈铭辉、吴莹：《中国 FTA 战略中的国际环境合作：现状、问题与对策》，《世界经济与政治论坛》2009 年第 5 期。

② Jeffrey J. Schott, *TPP and The Environment, Assessing The Trans-Pacific Partnership, Vol.2: Innovations in Trading Rules*, PIIE Briefing 16-4, March 2016，p.875.

（二）中国 FTAs

但是对中国而言，情况不容乐观。中国已签署的所有 FTAs 只是提到了加强环境保护准入管理等，对于相关的制裁以及强制性措施并未太多涉及。

2015 年中—韩 FTA 虽然制定了迄今为止中国 FTAs 内容最为详尽的环境条款，但第 16.9 条明确规定："争端解决不适用于本章产生的任何事项，任何一缔约方不得诉诸本协定第二十章（争端解决）。"2008 年中—新加坡 FTA 第 17.7 条也做了类似规定："对于本章下产生的任何事项不适用争端解决，任何一方不得诉诸第十二章（争端解决）。"2014 年中—瑞士 FTA 第 12.7 条规定："实施和协商三、本协定第十五章不适用于本章。如果缔约一方认为另一缔约方行为不符合本章有关条款的规定，其仅可诉诸在联合委员会下举行的双边协商和对话。"但是仅将协商和对话作为解决环境争端的手段而缺乏一套明确的争端解决机制，如何体现解决环境争端的强制力和执行力？这对环境保护显得尤为不利。总之，这些中国 FTAs 环境条款基本都不允许适用争端解决机制到环境章，暗示中国仍不愿接受环境承诺是有法律约束力的、强制执行的义务。那么中国加入 CPTPP，环境争端解决将成为环境议题谈判最大的挑战之一。

除了以上五个方面之外，CPTPP 还有一些创新性环境条款，如第 20 条第 5 款臭氧层保护、第 20 条第 6 款保护海洋环境免受船舶污染、第 20 条第 13 款贸易和生物多样性、第 20 条第 14 款入侵外来物种、第 20 条第 16 款海洋渔业捕捞等，在美式 FTAs 中前所未有，主要是吸纳了欧式 FTAs 的特色。与其他 FTAs 相比，CPTPP 积累了更多的部门性条款，涉及 17 个不同的环境问题领域。其中有些是复制 TPP 缔约国之间其他 FTAs，如限制非法渔业捕捞在以前的澳大利亚 FTA 中可觅其踪影，采取合作措施抵御外来入侵物种在以前的美式 FTAs 中已有出现，但另一些规定比以前的迭代更加详细和严格，属于真正的监管创新，如渔业补贴的新规定。在此基础上，CPTPP 确定了统一的高水平的践行标准，成为未来国际环境立法与国内环境修法的参照。但中国现行的 FTAs 环境条款却并没有涉及以上内容，在公众意见、公众参与机制和企业社会责任部分也仍处于条约空白状态，未能实现提高公众参与度与落实企业的社会责任。有学者曾将配置环境条款的贸易协定按照环境保护的内容与水平的不同划为三个等级：[①] 第一类协定规定了在贸易与环境领域进行合作的一般性规定，规定的文本形式一般是附带性协议、谅解备忘录或在少部分章节中提及；第二类协定旨在协调合作条款与确定最低环境保护水平及公众参与；第三类则通过更加实质性、更详细和更具约束力的承诺以深化环境保护与环境监管，从而实现贸易与环境的可持续性协调。根据上述分类，我国目前签订的贸易协定可能还处于第一类至第二类的过渡阶段，较之于第三类的 CPTPP 环境章节仍有较大的进步空间。

第四节　我国应对 CPTPP 环境规范的法律对策

一、确立环境可持续性的具体标准

一个长远有利的贸易政策要能够同时满足支持经济增长、促进社会发展和实现环境保护三个宗旨。即使中国当下签订的环境条款落后于 CPTPP，但也需斟酌发展中国家的立场和国情，确立适当的可持续环境标准。经济发展水平与阶段不同的国家，对环境的可牺牲程度也大有差异，将世界上各个国家不作区分地纳入相同的环境标准之下显然是不公平不合理的。从广度和深度上来分析，目前还没有超越 CPTPP 与 USMCA 环境章节而确立下来的环境标准。2020 年 11 月，习近平主席表示中国将积极考虑加入 CPTPP。[②] 考虑到环境对可持续发展的重要性，我国应当结合自身发展特点，针对不同事项进行综合全面的考察分析，明确环境法的定义和范畴，加大在新的贸易

[①]　Amaral Junior, Alberto; Mesquita, AlebeLinhares, "The New Rules on Trade and Environment Linkage in Preferential Trade Agreements", *Brazilian Journal of International Law*, Vol.14, Issue 2, 2017, pp.389–412.

[②]　http://www.xinhuanet.com/politics/leaders/2020-11/22/c_1126772494.htm.

规则中对高环境标准的支持力度，并主动提出符合我国国际贸易与经济发展需要的环保标准，避免依附于其他国家所主张的高水平的环境标准而丧失本国利益，避免环境保护标准成为我国贸易往来的新型贸易壁垒以及某些国家变相实施的贸易保护主义。

二、完善贸易协定环境承诺的具体内容

依据前文分析，CPTPP、USMCA 均设置了专门的公众参与和公众意见条款，希望更多非政府组织的机构与个人参与到环境监管中来，并要求为此设有在商业、自然资源保护与管理或其他环境事项方面具有经验的人组成的咨询机制，按照公开合法的程序以对公众的请求作出回答。我国目前并未就公众在贸易与环境中的作用作出过积极响应，更应该考虑公众参与与公众意见。[1] 例如，设置专门的环境咨询机构；就公众意见的接收与回复形成完整公开有序的程序机制；根据国内机构或个人所提交的意见，调查该事实如何影响了缔约方之间的贸易或投资以及在何种程度上影响缔约方之间的贸易或投资；提供公众参与的机会并有效地审查与落实公众意见，实现环境保护的目的。除此之外，我国还需鼓励企业承担企业社会责任，落实企业生产的环境标准与要求。贸易是在国与国企业之间互动的过程中形成的，鼓励与支持企业响应国际环境标准及指导方针，既有利于我国国内环境法目的的实现，又能避免因环境不达标而错失贸易机会，促进国家间的贸易流通。

而且，就中国签订的 FTAs 文本来看，环境条款还停留在序言、目标、合作、透明度、林业和环境保护等偏原则性的阶段，体系上不够完整，只是浅显地初步回应了国际上愈演愈烈的环境问题。CPTPP 规定的缔约国一般承诺范围广泛，环境保护分类更加具体、环境合作的支持力度更高、公

---

① 唐海涛、陈功：《CPTPP 环境规则：承诺、创新及对我国法完善的启示》，《重庆理工大学学报（社会科学）》2019 年第 8 期。

众意见对缔约国环境保护措施的影响更大、磋商与争端解决的制度更为健全。因此，我国可以考虑在将来的 FTAs 中增加适当的有关海洋渔业捕捞、臭氧层保护、防止海洋船舶污染等实质性条款，细化国家在不同环境分支下的保护义务。当下的 WTO 体制制度性缺陷明显，以双边或多边的贸易协定方式能够在更大程度上寻求各国间的一致同意并保证缔约条款的可执行性。在双边或多边的贸易协定中补充完善并适应国际上新的环保标准，能够使更多的未与中国签订 FTA 的国家在此问题上形成共识，对促进自由贸易大有裨益。

三、斟酌"中国版本"的 FTAs 环境条款

在全球经济相互联系、相互依存日益加深的今天，国际贸易是经济可持续发展的必要条件。任何被动接受国际法发展的国家都面临着无法保护国家利益的重大危险。尤其是对国际贸易带来的环境问题，中国有兴趣积极参与有关环境公约的谈判和发展，甚至是领先的 FTAs 环境条款，在提出修改不利的环境规定从而促进相关环境法的发展方面发挥着越来越重要的作用。中国应全面分析和考虑国家战略、环境经济利益和生态安全问题，制定环境条款谈判的战略思路、模式和时间表。中国应该改变现行的环境条款"逐案制定、各有不同"的做法，而应该提出一个高标准的"中国版本"的贸易环境条款，并在中国未来的 FTA 谈判中采用。这有助于确保中国贸易相关的环境义务在其 FTAs 中是一致的。

如 RCEP 作为我国迄今参与的最新、规模最大、影响最深远的 FTA，环境章节完全缺失，但部分章节暗含环境例外条款。如 RCEP 第 2 章货物贸易、第 5 章卫生与植物卫生措施、第 10 章投资等章节奉行了可持续发展原则。RCEP 第 17 章第 10 条提及《生物多样性公约》，第 17 章第 12 条一般例外把 GATT1994 第 20 条一般例外经必要修改后纳入。可在此文本基础上进一步补充完善"中国版本"的贸易环境条款。

四、与"一带一路"沿线国家在环境标准上相互承认

面对不同的合作伙伴，我国可以会采取不同的方式。对于"一带一路"沿线发达国家，中方可要求提供更多技术援助以及环境产品和服务的技术转让；对于发展中国家，我们将把重点放在联合研究和统一环境标准上。然而，中国与这些国家签订的 FTAs 很少，"在短时间内与所有一带一路国家签订 FTAs 是不现实的。"其中一些国家和非政府组织强烈敦促中国在实施"一带一路"倡议时要有环保意识。

在此背景下，中国应鼓励"一带一路"沿线国家相互承认彼此的环境保护措施和环境标准。这是因为"一带一路"既涉及德国等高度发达国家，也涉及柬埔寨等欠发达国家。"一带一路"沿线国家还包括 CPTPP 和非CPTPP 成员。由于这些国家处于不同的经济发展阶段，所以它们的环境标准存在巨大差异。由于遵守复杂的环境标准通常取决于一个国家的先进科学和技术能力，发展中国家处于明显的不利地位。这一不利之处一般反映在与贸易有关的环境公约中，并在其中加以说明。中国可以通过积极与"一带一路"国家签署双边和多边环境协定，采取环境保护措施和环境标准的相互承认，从而减少与环境相关的贸易摩擦。

五、合理运用 WTO 争端解决机制解决环境争端

考虑到中国和大多数"一带一路"国家都是 WTO 成员，在谈判失败的情况下，中国应该尝试通过 WTO 争端解决机制来解决与贸易相关的环境争端。WTO 对国家环境保护措施和标准没有实质性限制，对发达国家和发展中国家也没有区别对待。相反，WTO 建议所有成员国应该实施环境保护措施，并在国际标准的基础上建立环境标准。

利用 WTO 争端解决机制也是中国解决与 CPTPP 成员国之间的环境贸易争端的一种理想方法。与环境有关的贸易争端大多与 GATT 第 20（b）条和第 20（g）条的不同解释有关。这两段中使用的词语如此模糊，如"必要

性"和"相关性",以至于贸易保护主义者有机会利用这些含糊的词语为自己谋利。CPTPP 关于例外和一般规定的章节规定,CPTPP 缔约国有权援引 WTO 贸易规则中所载的"环境例外"。此外,当 CPTPP 缔约方与非缔约方之间发生贸易争端时,如果双方都是 WTO 成员,也可以诉诸 WTO 争端解决机制。中国可以利用 WTO 争端解决机制,在与 CPTPP 缔约方或"一带一路"参与国的贸易过程中发生与环境相关的贸易争端时,维护自身的贸易和环境利益。

结　语

　　"一时强弱在于力，万古胜负在于理。"根据上文分析结果，本书对 CPTPP 环境章节的中国对策提出建言：中国在签订 FTAs 环境条款时，要强化其效力，改变其"软法"的性质，并且要充分发挥环境条款的示范效应。

　　由于 WTO 多边贸易谈判停滞不前，携带环境保护高标准的双边或诸边 FTAs、RTAs 成为乌拉圭回合后的主要谈判路径。[①] 发达国家根据符合本国利益的环境法体系和规则，积极推动新型区域环境规范的全球趋同化。RTAs 环境规范成功扮演了发展中国家参与区域乃至多边贸易谈判的"拦路虎"。环境保护水平较低的发展中国家在 RTAs 签订中明显处于劣势，对"权力导向型"的南北 RTAs 环境条款做出迎合性接纳，被动接受来自发达国家的环境规制条款和履约承诺。[②] 主权国家比较普遍地将"规则导向型"的 WTO 作为国际贸易法的原生性框架，而将"权力导向型"的 RTAs 作为制定新一代国际经贸规则的主要路径，并以此带动多边规则谈判的发展。[③] 制度化的多边贸易合作，使得发达国家更多地将环境标准和国内规制等议题与贸易相联系，变相地采取保护主义政策。[④]

---

　　① Richard Baldwin, "The World Trade Organization and the Future of Multilateralism", *Journal of Economic Perspectives*, Vol.30, No.1, 2016, p.111.

　　② 管传靖：《全球价值链扩展与多边贸易体制的变革》，《外交评论》2018 年第 6 期。

　　③ Silke Trommer, "The WTO in an Era of Preferential Trade Agreements: Thick and Thin Institutions in Global Trade Governance", *World Trade Review*, Vol.16, No.3, 2017, p.521.

　　④ Moon Hawk Kim, "Disguised Protectionism and Linkages to the GATT/WTO", *World Politics*, Vol.64, No.3, 2012, p.429.

多边贸易体制具有"规则导向"的显著特征，发展中国家在多边贸易谈判中享有相当原则性、实质性的非歧视待遇，影响 WTO 环境议题谈判及规则制定，并希望有效维护自身权益。而 RTAs 具有与生俱来的天然歧视性，并且基本以"权力导向型"居多。为什么有些发展中成员在 WTO 中积极抵制美欧推动的环境新议题谈判，而又被动地在 RTAs 环境议题谈判中接受美欧的高标准规则？

当 WTO 争端解决机制戴着荆棘的"皇冠"在危机中蹒跚前行时，CPTPP 环境章节通过国际贸易法与国际环境法的联姻确立了 21 世纪缔约国广泛接受的环境与贸易冲突与协调的新路标、灯塔。在一个动荡不安的世界里这是国际经济新秩序的象征。CPTPP 环境章节在整个国际法体系中可能同时肩负条约法和习惯国际法的职责。

CPTPP 环境章节堪称"武装到牙齿的环境规范"，将环境保护与贸易制裁挂钩，CPTPP 缔约国将承担 CPTPP 争端解决机制下具有约束力的环境义务，极大地增强了 RTAs 环境规范的法律约束力和可执行性。基于国家主权平等这一不可动摇的基本原则，对于政府间组织的一成员国政府很难将其意志强加给另一成员国政府，贸易制裁是一缔约国享有自由裁量权对另一缔约国施加影响的为数不多的选择之一。[①] 虽然贸易制裁的有效性经常受到争议，但西方经济研究表明，"当环境和贸易政策具有内在性时，惩罚性关税可能是有效的。"[②] 使用贸易制裁不会在自由市场和环境保护之间创造完美的平衡，但可能非常有效。当然，贸易制裁也会带来无法回避的问题：第一，需设立一个超国家执法机构来调查和实施制裁，这是一个独特而艰巨的挑战。[③] 第二，确保贸易制裁的尺度非常重要，否则可能会演变为变相的贸易

[①] MilicaDelevic, "Economic Sanctions as a Foreign Policy Tool: The Cases of Yugoslavia", *International Journal of Peace Study*, 1998, Vol.3 No.1, p.795.

[②] Alireza Naghavi, "Trade Sanctions and Green Trade Liberalization", *Environment and Development Economics*, Vol.15, 2010, pp.379–394.

[③] David P. Vincent, "The Trans-Pacific Partnership: Environmental Savior or Regulatory Carte Blanche?" *Minnesota Journal of International Law*, Winter 2014, Vol.23, pp.142–143.

保护主义工具。理想状态下，贸易制裁应很少使用，主要起到威慑作用，否则会产生"寒蝉效应"。当非缔约国尤其是发展中国家国内环保水平较低、环境义务并不严格时，如意欲加入 CPTPP，最佳方案是未雨绸缪。

参考文献

一、中文

（一）著作

1. 韩立余主编：《〈跨太平洋伙伴关系协定〉全译本导读》（上下册），北京大学出版社 2018 年版。

2. 贺小勇、黄琳琳：《TPP 对服务贸易规则的重构及中国对策研究》，北京大学出版社 2021 年版。

3. 刘敬东：《WTO 中的贸易与环境问题》，社会科学文献出版社 2014 年版。

4. 王铁崖：《国际法导论》，见邓正来编：《王铁崖文选》，中国政法大学出版社 2003 年版。

5. 万鄂湘、石磊、杨成铭、邓洪武：《国际条约法》，武汉大学出版社 1998 年版。

6. 杨国华编著：《〈跨太平洋伙伴关系协定〉规则研究》，上海人民出版社 2020 年版。

7. 曾令良：《世界贸易组织法》，武汉大学出版社 1996 年版。

8. 张二震、马野青：《国际贸易学》，南京大学出版社 2009 年版。

9. 张辉：《国际法效力等级问题研究》，中国社会科学出版社 2013 年版。

10. 赵维田：《世贸组织（WTO）的法律制度》，吉林人民出版社 2000 年版。

11. 郑玲丽：《WTO 关于区域贸易协定的法律规范研究》，南京大学出版社 2008 年版。

12. 周鲠生：《国际法》，商务印书馆 1976 年版。

（二）论文

1. 边永民：《〈美墨加协定〉构建的贸易与环境保护规则》，《经贸法律评论》2019 年第 4 期。

2. 车丕照：《国际法规范等级化的趋势及其影响》，《吉林大学社会科学学报》1991 年第 2 期。

3. 陈咏梅：《国际知识产权协定之间的冲突与协调——以世贸组织和自由贸易区的知识产权协定 / 条款为视角》，《法商研究》2015 年第 1 期。

4. 东艳：《全球贸易规则的发展趋势与中国的机遇》，《国际经济评论》2014 年第 1 期。

5. 古祖雪：《现代国际法的多样化、碎片化与有序化》，《法学研究》2007 年第 1 期。

6. 何志鹏：《国际经济法治格局的研判与应对——兼论 TPP 的中国立场》，《当代法学》2016 年第 1 期。

7. 黄进：《习近平法治思想的国际法治意涵》，《政法论坛》2021 年第 3 期。

8. 廖诗评：《司法视野下国际强行法规则的新发展——基于不同机构司法实践的一个比较分析》，《华东政法大学学报》2008 年第 6 期。

9. 那力：《WTO 与环境保护法律问题》，《法制与社会发展》2001 年第 2 期。

10. 盛斌：《区域贸易协定与多边贸易体制》，《世界经济》1998 年第 9 期。

11. 肖永平：《立足世界大变局深化国际法研究》，《人民日报》2020 年 7 月 20 日。

12. 左海聪：《GATT 环境保护例外条款判例法的发展》，《法学》2008 年第 3 期。

二、英文

（一）著作

1.Andrew Hurrell, Benedict Kingsbury, and Richard B. Stewart, *Megaregulation Contested Global Economic Ordering After TPP*, Oxford University Press, 2019.

2.E. Brown Weiss & John Jackson, *Reconciling Environment and Trade,2nd ed.*, New York, Transnational,2001/ Leiden, Martinus Nijhoff, 2008.

3.Erich Vranes, *Trade and the Environment: Fundamental Issues in International Law, WTO Law, and Legal Theory*, Oxford University Press, 2009.

4.Errol Meidinger, *TPP and Environmental Regulation in Megaregulation Contested: Global Economic Ordering After TPP*, Benedict Kingsbury, et al., eds., Oxford University Press 2019.

5.James H. Mathis, *Regional Trade Agreements in the GATT/WTO: Article XXIV and the Internal Trade Requirement, H.M.C.* Asser Press, Hague, 2002.

6.Joost Pauwelyn, *Conflict of Norms in Public International Law: How WTO Law Relates to Other Rules of International Law*, Cambridge: Cambridge University Press, 2003.

7.Jorge A. Huerta-Goldman & David A. Gantz, *The Comprehensive and Progressive Trans-Pacific Partnership, Analysis and Commentary*, Cambridge University Press, 2021.

8.Julien Chaisse, Henry Gao & Chang-fa Lo, *Paradigm Shift in International Economic Law Rule-Making: TPP as a New Model for Trade Agreements*? Springer, 2017.

（二）论文

1.Ernst-Ulrich Petersmann,"De-Fragmentation of International Economic

Law Through Constitutional Interpretation and Adjudication with Due Respect for Reasonable Disagreement", *Loyola University Chicago International Law Review*, Vol.6, Issue.1, 2009.

2.Haifeng Deng &Jie Huang,"What Should China Learn from the CPTPP Environmental Provisions", *Asian Journal of WTO and International Health Law and Policy*, Vol.13, No.2, 2018.

3.J. H. Weiler and Andreas L Paulus,"The Structure of Change in International Law or is There a Hierarchy of Norms in International Law?" *European Journal of International Law*, Vol.8, 1997.

4.John H. Jackson, "Fragmentation or Unification Among International Institutions: The World Trade Organization", *New York University Journal of International Law and Politics*, Vol.31 No.4, Summer 1999.

5.Julia Ya Qin,"Defining Nondiscrimination under the Law of The World Trade Organization", *Boston University International Law Journal*, Vol.23., Fall2005.

6.Manjiao Chi,"'Exhaustible Natural Resource' in WTO Law: GATT Article XX(g) Disputesand Their Implications", *Journal of World Trade*, Vol.48 Issue5, 2014.

7.Paul Nunez,"There's No Such Thing as a Free Trade (Agreement): The Environmental Costs of the Trans-Pacific Partnership", *Miami Inter-American Law Review*, Vol.48 No.2, 2016.

8.Steve Charnovitz,"Trade and the Environment in the WTO", *Journal of International Economic Law*, Vol.10, 2007.

9.Sungjoon Cho,"Defragmenting World Trade", *New York Journal of International Law & Business*, Vol.27, 2006.

10. UNCTAD, "How to Encode Non-tariff Measures in Regional Trade Agreements?" *The Case of the CPTPP*, 2020.

后 记

"为天地立心，为生民立命，为往世继绝学，为万世开太平。"自古以来，我国知识分子就具有这样的宏远志向和优良传统。21世纪以来，国际法正面临百年未有之大变局。时代课题是理论创新的驱动力。国际法学者肩负着立足中国实际，回应时代召唤，把握时代发展脉搏，实现学术创新发展的学术使命和时代担当。

"人生如逆旅，我亦是行人。"本专著既是我承担2016年国家社科基金项目"TPP环境章节文本分析及我国法律对策研究"，五年潜心研究的最终成果；也是从事贸易与环境法律问题研究十余年阶段性成果的集大成者。

"合抱之木，生于毫末；九层之台；起于累土；千里之行，始于足下。"2008年我的第一本专著《WTO关于区域贸易协定的法律规范研究》由南京大学出版社出版。自此以后，我在科研之路上另辟蹊径，从贸易与环境的法律问题入手，潜下心来，十年如一日。2010年9月至2011年1月，我在南京大学—约翰斯·霍普金斯大学中美文化交流中心担任兼职研究员，课题为"WTO项下碳关税的法律问题研究"。2011年9月，我进入南京大学商学院应用经济学博士后流动站，课题为"国际贸易与气候变化——经济、法律与制度分析"。2011年12月赴加拿大温哥华的不列颠哥伦比亚大学（UBC）法学院进行为期一年访问学者研究，课题为"气候变化的全球规制问题研究——以中加为视角"。2015年获得教育部青年项目"区域碳交易法律制度研究"立项，2016年获得国家社科基金项目"TPP环境章节文本分析及我国法律对策研究"立项。

"欲穷千里目，更上一层楼。"2021年3月至7月，我有幸参加了中国法学会 WTO 法研究会"CPTPP 规则研究"课题研讨，承担的是"CPTPP 环境章节分析及我国法律政策调整建议"。特别感谢对外经贸大学法学院边永民教授、西南政法大学国际法学院陈咏梅教授和中国人民银行李波副行长（2021 年 8 月调任国际货币基金组织 IMF 副总裁）对成果提出的宝贵建议。

"问渠那得清如许，为有源头活水来。"感谢母校武汉大学十年的培养，感谢珞珈山诸位恩师的赐教。感谢学术之路上的引路人、同行人和过路人。我们是有国际主义情怀的爱国主义者，我们是有理想主义情怀的现实主义者，我们是有多边主义情怀的双边、诸边主义者。

2020 年 11 月 20 日，中国宣布"积极考虑加入 CPTPP"。2021 年 9 月 16 日，中国正式申请加入 CPTPP。本专著有幸于 2021 年由人民出版社付梓出版，特别感谢人民出版社法律编辑部主任洪琼及其团队为书稿审校付出的大量心血。

谨以此书作为中国入世二十周年庆的贺礼奉献给学术界。

郑玲丽

2021 年 10 月 8 日

于南京师范大学法学院